華北船王

賀中林——口述
賀郁芬——撰文

華北船王

紀念先嚴 賀仁菴 逝世四十周年

和成立於一九二六年的長記輪船行

謹以此書

獻給我那一生熱愛大海的父親

賀郁芬

目次

◆1948年賀仁菴 獲交通部頒發“抗戰期間從事航業功績昭著”照片

1948年賀仁菴 獲交通部頒發“抗戰期間從事航業功績昭著”照片

自序

二〇一一年的某一天，我無意間看到了早在二〇〇〇年，由前國防部長孫震先生等社會賢達所出版的《山東人在台灣》系列叢書中的《工商篇》，其中有篇文章敘述了父親一生的事業和對國家的豐功偉業。

由於我出生時父親已六十八歲，待我稍微懂事時，父親已經八十好幾了，而我又是家中的么女，自小備受寵愛。或許是因為父親當時覺得我仍年幼，無法體會錯綜複雜的世事，因此父親在世時，從未對我提過他那些曾經輝煌的事業和不堪回首的往事，記憶中的父親，是沉默寡言的。因此書上所描述的父親的生平事蹟，對我而言是既陌生又難以置信。

為了查尋更多父親的資料，我上了國家檔案資訊網，調閱了自一九四九來台後，所有關於父親的資料。某日，我將蒐集到的資料拿給律師看，律師建議我應該試著再一次向政府求償，盡一份為人子女的責任。

為了幫父親再一次打求償官司，我開始仔細研究這些資料，在這個過程中，我突然有了一個應該為父親出一本傳記的想法。自此開始，隨著時間的演進，這個念頭越來越清晰的深植於我的腦海中。

二〇一二年，我看到「旺報」有個「兩岸史話」的專欄，於是便嘗試投了稿子，那篇文稿只有七千多字，結果當然未獲主編青睞。

隔了不久，十月下旬一個周四下午，我接到該專欄主編的電話，詢問我可否在周日以前交出兩萬字的稿子，我回主編：「臨時通知我要在兩天內寫出兩萬字，難度很高，畢竟我不是專業作家，能寫多少算多少吧！」，主編答應了。於是我把原來稿子加寫成了一萬兩千多字，順利登上了報紙。那篇稿子連載了六天，閱覽人數陸續有幾千人，這更增加了我為父親出書的信念。

大約半年後，有位作家要幫她的朋友寫一本書，約我見面談一樁我們並不知情，有關父親曾經資助基隆懷魯一、二村的往事。我帶著好奇心和報紙赴約，在彼此聊過之後，我詢問這位作家有無可能也幫父親寫傳記，作家看了我的投稿，建議我應該自己寫。但當時我的想法是，一萬多字的稿子對我而言已經很勉強了，若要再加一個零，寫個十幾萬字，根本就是不可能的任務。

由於找不到合適的作家，因此，為父親出書這件事便停頓了下來。

二〇一三年十二月底，我終於找到了一位曾經寫過幾本名人口述傳記並自稱是具有歷史定位的作家，雙方很快就簽了合約，我也付了一半的撰稿訂金，合約註明交稿期限為一年，並預計在二〇一五年七月七日，紀念抗戰勝利七十周年時出書，這個時間對曾經沉船抗日的父親有其特殊意義。

期間我也和大哥陪同作家返回老家蒐集寫書資料，然而，過了十一個月，這位作家卻一字未寫！甚至連大綱都沒擬出來。

人生就是這樣，冥冥之中的每一件事，上帝都有祂美好的計畫。此時我已深深體認到，為父親寫書這件事，是父親賦予他在六十八歲時才生下的我，所必須要完成的使命！

二〇一五年七月初，我終於開始了我的訪談、打稿人生。每周日，從台北搭高鐵到新竹，和大哥坐在新竹國賓飯店的咖啡廳，這個地方，彷彿是我們專屬的書房，因為客人不多，非常適合訪談打稿。就這樣連續七個多月，週週往返。

正式開始訪談後，我也開始經歷父親所經歷過的人生，由於大哥比我年長二十四歲，自七歲時就開始逃難，一路跟著父親顛沛流離。人往往對於所歷經的患難都記得特別清楚，因此所有的往事，大哥都歷歷在目。而寫作期間我也多次感受到彷彿父親親自帶著我的手在寫稿，經常會有一些突如其來的靈感和問題讓我追根究底的詢問大哥，這也讓我的書稿進行的十分順利。

寫稿之初，我的心情十分平靜，但自寫到抗戰逃難開始，漸漸體會到父親在艱困的環境中求生存的毅力。等寫到父親撤退來台後所經歷的白色恐怖、牢獄之災、政府一再拒絕賠償等百般折磨的遭遇時，幾度崩潰。無法想像父親是如何度過那段悲慘的歲月和當時的心路歷程，也終於體認到為何這本書必須由大哥和我和共同來完成，因為只有身為子女的我們，才有對父親那種血濃於水的情感，而這種情感是外人無法體會也無法描述的！

在寫稿的同時，我也和多家有意出版此書的出版公司洽談出書事宜，之前我曾投搞的旺報所屬集團，也願意以六位數的費用幫我出版此書，但最後我選擇了在台灣出版界極具分量的某龍頭出版公司，並支付了高於業界「自費出書」價格的七位數「簽約金」，合約載明出版日期為二〇一六年六月三十日，但事實上這份合約所列明的條款，我方律師認為是一份不平等合約，只保障了出版公司的權利，對付費者並無保障。

不料，當我在二月底開始陸續交出十七萬八千字初稿後，過了五十多天，才收齊對方全部的改稿，不但把我寫的初稿刪成了僅剩十萬字左右，而且是交給五位中文、歷史和地理程度都有待加強的編輯，一人一把號，各改各的，還問了各種令人啼笑皆非的問題，甚至還嫌我的稿子寫的不夠「白話文」。

無奈之餘，我只好重新把被刪掉的稿子一段一段加回去。到了六月二十二日，雙方終於達成協議，僅刪除一千多字。

接著，我多次詢問該公司此書何時可出版？但遲遲未獲答覆，到了九月初，突然接獲該公司通知，謂：此書已無法出版。此時距初次交稿已經半年，也早已超過合約所訂出版日期兩個多月了。若無法出版，何不早說？

經律師發函後，原本不重視這本書的出版公司總經理終於親自出面道歉，並希望雙方能繼續合作，但仍未具體告知此書出版時間。而此時我對這家出版公司的專業、效率和基本商業誠信已完全失去信心，最後該公司終於同意解約。

若非親身經歷，令誰也不會相信，這家在業界經營已超過三十年，且具有口碑的知名出版公司，居然是如此的荒腔走板！

而究其無法出版此書的原因，無非是因為此書揭露了發生於一九四九到一九五〇年間，父親遭白色恐怖陷害入獄的真相。即使此事件已事隔超過六十年。此時我又再次體認到，我除了得自己寫書外，還必須自己出版這本書。

如今，此書在歷經各種波折後，終於付梓。我要感謝我的中林大哥，如果不是他在二十四歲時就開始設法賺錢養家，除了奉養父母，也把我扶養長大，今天就不會有這本書的誕生。當然也要感謝我有一位如此偉大的父親，和我那一生無論所經歷的環境如何，但從無抱怨的母親。

今年適逢父親逝世四十周年，也正好是九十年前父親成立長記輪船行的時刻，此時出書顯然更有意義，希望藉著這本書，表達我們對父親的緬懷，彰顯父親一生的豐功偉業和曾經受到的冤屈。也期盼能讓年輕世代能從此書中學習到父親一生面對命運堅忍不拔、不屈不撓的精神！

苦難中寫下的傳奇人生

前國安局局長— 丁渝洲

二十世紀，對於中華民族而言是個苦難的歲月。從帝制結束、民國肇建起，戰火一直綿延不歇，那個時期兩三代中國人，無不歷經連年兵燹，在險境裡出死入生，然而也是在如此衝突和折磨的陰暗人生裡，更能激發出生命的光輝。

日照位於山東省東南的海邊，當年國共內戰的砲火裡，我父母親帶著襁褓中的三個兒女千辛萬苦逃離家鄉，渡海來台，我父親在宜蘭任教，茹苦含辛地把子女教養成人，終能為國所用；同鄉的賀仁菴前輩，因著生長於黃海之濱，得以在早年經營航業成為鉅子，但他也經歷了一波未平一波又起的戰火，以致於大起大落。

然而，賀公在如此險惡的環境中，不僅堅定不移地彰顯自己的民族氣節，也在極端動盪而複雜的社會裡，始終有著熱愛鄉親、救苦救難的美德，更難能可貴的是，在人生每個關鍵之處，總能做出明智正確的決定，走出光明的轉折。

在航業本行，賀公曾經兩度將自己的事業發展到高峰，顯示出他在經營上的長才。但在對日抗戰中，賀公雖是商人卻把國家興亡置於個人利益之上，因而將自己的輪船沉於航道以擋敵艦之進入，如此愛國情操，實為後人之典範。而賀公長久熱心公益，乃至於來台後的樂善好施、照顧同鄉的善舉，更透出他內心良善愛人的光輝。

可以這麼說，賀公憑著自己的智慧、堅強的意志與過人的膽識，克服人生裡一個又一個的挑戰，終能在苦難中寫下傳奇人生。

賀公來到台灣後，因受限於當時混亂環境，於一九五二年結束曾經輝煌的事業，所幸後繼有人，長子賀中林先生成功地開創另一番事業，使賀公能無憂無慮地安享晚年。

這本書的問世，是子女發自內心對父親的懷念與景仰，更重要的是為父親洗刷了諸多的冤屈和屈辱，以慰賀公在天之靈。我身為山東日照同鄉，樂於為序。

可歌可泣的大時代

奇哥股份有限公司董事長／專欄作家——陶傳正

好友賀郁芬幫她的父親「華北船王」賀仁菴先生出了傳記書，希望我也能寫幾個字推薦此書。其實我心中真的是百感交集。

我自己沒有為我的父親出過傳記，也從來沒有想過這件事。尤其是父親過世多年，再加上我的記憶力又不好。要是寫的話，很多的事我都記不得了，勉強寫出來。很難見人。可是賀郁芬比我年輕很多，而且她的父親已過世四十年了，她居然能從她父親的出生開始寫起。而且十幾萬字，一氣呵成。這是我佩服萬分的。

雖然對賀老先生的生平事蹟，除了知道他當年是華北船王，而且是青島的首富。其他的生平並不是很瞭解。但是也許是好奇，更因為要我寫幾個字介紹這本書，就把郁芬的書稿看了一遍。才發覺到在那個大時代裡，還真有很多不為人知，而又可歌可泣的故事。

賀仁菴先生出身日照世家，後來自行創立了航運公司。成為當年華北最大的民營輪船公司。抗日戰爭時，更為了配合政府戰略，將數艘輪船沉塞於膠州灣航道，延滯日軍進攻山東半島。

抗日戰爭間，曾多次放賑救災。後來大陸失守，來到台灣。仍然不時發放救難金幫助逃離大陸來到台灣的難民。但是仍然難逃白色恐怖的污衊及迫害。這真是大時代的悲劇啊！

當年聽從政府的命令，將輪船沉於膠州灣。最後賠償也追討無門。不了了之。所幸賀家兄妹爭氣，不靠祖產過日子。從一九四九到二〇一四年雖然持續請求行政院和交通部賠償沉船損失。為的只是要爭一口氣。

恭喜郁芬為父親做了一件大事。而且以後更可以大聲的向世人說：「家父就是當年將自己的輪船沉塞於膠州灣航道，延滯日軍進攻山東半島的華北船王賀仁菴！」

賀仁菴：大江大海的大人物

海基會經貿處處長——鄧岱賢

賀郁芬女士是我在參加「魯青會」認識的山東鄉長，平日就熱心公益，積極推動山東與台灣各領域的交流事項，尤其是她的老家山東日照與台灣的全方位合作，她更是極力奔走，貢獻良多，居功厥偉。

賀女士同時也是個孝順的子女，幾年前她就開始著手整理父親賀仁菴先生的生平資料，準備出版傳記，這是為人子女對父親思念與孝順心意的最大展現，非常令人欽佩，所以賀女士要我幫忙寫推薦序，我毫不考慮就答應了。

拜讀完賀仁菴先生傳記全文後，著實讓我非常感動，在那個動盪的大時代中，當時的中國人都生活在內憂外患中，內有土匪、軍閥、以及極不穩定的政治環境，外有列強的侵略，導致人民的生命財產安全朝不保夕，每每讀到這段悲慘的歷史與當時人民所經歷的顛沛流離的生活，有血性的中國人都會淚流滿襟、義憤填膺的。

賀先生出生在那個非常不安全、不穩定的時代中，但他展現極強的生命力，勇敢地生存下來，不但妥善地照顧了全家老小的生活，更開創了自己的終生事業「長記輪船公司」，同時為了國家安全，配合當時政府的政策，將自己公司的輪船沉沒在青島港內以阻止日軍的軍艦駛入，其愛國情操非常令人欽佩。

綜觀賀先生的一生，真是生活在大江大海的大人物！他有許多值得後人敬佩的人格特質：第一、賀先生的家學淵源，自身學養兼備，是個學富五車的讀書人；第二、照顧宗族，愛護親人，在事業經營同時也積極照顧山東日照鄉親，是位溫柔敦厚的長者，也是地方最著名的仕紳；第三、眼光獨到，執行力非常強，在大環境惡劣的情況下，還能在事業上開疆闢土，成為華北船王，是位了不起的當代實業家；第四、犧牲財產，報效國家，在國家危難之時，能夠犧牲財產與事業，協助當時政府抵抗日軍侵略，是位愛國愛民的先烈先賢。

看到過去先人在戰火中的生活顛沛流離，不禁令人感嘆！海峽兩岸曾在一九四九年至一九五〇年代炮火相向，也曾在一九六〇至一九八〇年代冷戰對抗，其後也經歷過飛彈危機等風風雨雨的事件，好不容易在二〇〇八年以後，建立了和平穩定、繁榮發展的現狀，我們應該要好好珍惜，不讓過去悲慘的歷史在我們這一代身上重演，希望海峽兩岸的世世代代都可以安居樂業，有幸福美滿的生活。

「華北船王 賀仁菴」巨細靡遺地詳述了賀先生的一生，非常豐富精彩，內容包括八部：第一部 日出之時；第二部 風生水起；第三部 淵遠流長；第四部 波濤洶湧；第五部 乘風破浪；第六部 風雲變色；第七部 驚滔駭浪；第八部：磨難人生 撥雲見日。非常值得細細品味，一讀再讀，特此向讀者們隆重推薦！

第一部

日出之時

賀仁菴

華北船王

第一章　初露鋒芒

名門望族

在二十世紀的上半葉，中國航運史上，我的父親—賀仁菴，曾經是個叱吒風雲的人物。歷史上但凡被稱為人物者，必有其豐功偉業或轟轟烈烈之舉，對此，父親應是當之無愧的。

父親生於清光緒十三年（一八八七），山東省日照縣石臼所南門裡的名門望族。

賀氏在日照石臼所是古老的姓氏，也是石臼所四大姓氏之一。

賀氏遷居日照始祖為「賀儒」，字「文雅」，源自湖南湘鄉，至今已有六百餘年。明朝初年，賀儒因追隨信國公「湯和」與海上倭寇追逐後，遷居至日照安東衛[1]。

明洪武十七年，朝廷為防止倭寇滋擾，特封「賀儒」為石臼后所首任「掌印正

1 安東衛位于日照城南四十公里，地勢險要，為魯東南海一隅之名勝古蹟和軍事要地。有六百多年的歷史，早年就是一座海防古城。至明清時代，更發展成為海防要塞和對外貿易通商口岸，海陸交通順暢，城內外店鋪林立，南北商客絡繹不絕，是一座商賈雲集之城。

千戶」，可世襲官、祿，有「采邑」（古代君王賜給「卿大夫」作為世祿的田邑）之封，駐防此地，正式掌權，管理軍、民事務。

賀儒掌印時，採取安民措施，修城建墩、構築工事、習兵練武、屯田種糧，防備倭寇，其任內頗有建樹。又遵循朝廷戰略布署兵力，配合沿海防御倭寇侵略、保家衛國之策略，率領當地軍民認真備戰，屢次擊敗寇賊。清初雖已取消千戶官職，但並未削封地，故我賀氏一族仍安居於斯，此後賀氏在此地繁衍頗盛，約有三百餘戶。以石臼所、賀家溝兩地較多，各約百戶，其他則散居於尹家敖頭、漢家臯陸、陳家溝、小嶺南頭、黃墩等村莊。

傳至第九世，為「世」字輩，也就是我的曾祖父「世坡」公，庠名「定遠」，號「希超」，字「班侯」。

曾祖父生於清道光八年（一八二八），十二歲喪父，後承其伯父晉卿公「家學」（家族世代相傳之學）。曾祖父自幼天資聰穎、英邁絕倫，且好學不倦，十八歲時赴省城應考，中了秀才，因才華洋溢，為鄉里閭眾人所推崇。

數年後，曾祖父被推舉為「歲貢」生，當年石臼所只出過兩位貢生，一位是我的曾祖父，另一位是「恩貢」劉立章公，也就是我們繼祖母之父。

「貢生」是科舉時代，各府、州、縣每年從學性優良的秀才中推選出表現優異的「廩生[2]」，進入京師的國子監深造，成為太學生，並取得出仕做官的資格。也意謂以人才貢獻給皇帝。至清朝時又分為：歲貢、優貢、拔貢、副貢、恩貢，等五貢，統稱貢生。

曾祖父在出任貢生數年後，又獲「候選訓導」之銜，被推舉為「鄉飲大賓」。

「鄉飲大賓」是明、清時代，由各地方選出治家有方、內睦宗族、外和鄉里、義舉社會、有崇高威望之飽學之士任之。由於中國古代重仕途，若經賢者推舉，均由鄉大夫設宴為其送行，後來演變為地方父母官設宴款待應舉之士，此宴為「鄉飲」之由來。縣府每年舉辦「鄉飲大賓」活動，以宏揚其風節。這種文化傳承在當時的社會發揮了一定的敦親睦族、止惡揚善的作用，當年能被選為「鄉飲大賓」者，是一種崇高的榮譽。（清翰林院編修莊陔蘭，曾將此事寫於曾祖父墓碑銘上）

曾祖父進京城為官後，享有豐厚的俸祿。但在任期屆滿時，因無心續任仕途，遂返回石臼所南北大街路西的祖宅，以開設私塾，收徒授課為業，且不計「束脩[3]」，家境貧寒者仍收為學生。後以其多年積蓄，在湖西頭購置了良田二十畝，

2 古時科舉考試，成績名列一等的秀才，可獲官府廩米之津貼

3 束脩一詞始於《論語・述而》篇，『子曰：自行束脩以上，吾未嘗無誨焉。』，其詞原意為肉乾，延伸為學生與老師初次見面時，送上表示敬意的禮物，亦可解釋為學費。

加上祖產一共有四十畝，在當時石臼所一般人家來講，算是個小地主了。

曾祖父中了秀才後，於道光二十九年（一八四八），二十歲時，迎娶了日照縣夾倉鎮孫立梅公之長女為妻。清同治十年（一八七一）陰曆九月二十八日，祖父出生，依照族譜排列為「金」字輩，曾祖父為祖父取名「金錕」，字「仲吾」。由於祖父出生時，上面已有一個哥哥和三個姊姊，但此時曾祖母已四十五歲、曾祖父也已四十三歲，老來又得一子，因此祖父自幼即備受父母寵愛。

在光緒十三年（一八八七）陰曆二月，祖父還僅是個不到十六歲的小伙子時，曾祖父便選了一個「好日子」的未時（下午一至三時），命祖父穿上大禮服：藏青色絲質長袍、黑色團花緞子馬掛，頭上戴著黑色瓜皮帽，帽頂上還縫上了一個大紅絲線邊的帽珠，再穿上白布襪子和黑布鞋子，坐上四人抬的藍呢迎親轎子，去到石臼所正北方的「厲家莊子」，迎娶莊長厲德盛公之長女，這一年祖母十九歲。

迎親轎之後是八人抬的大花轎，轎身是一個木製的架子，披著大紅色絲綢並以金色絲線繡上了麒麟送子圖案的轎圍，轎頂四周垂著金色的流蘇，十分華麗考究。

迎親隊伍前面有前導，舉著一對六尺高的大紅燈籠，燈籠前後都描著大大的『囍』字，後面有二人吹著兩支細長的號角，以及兩位鼓吹手，各吹著一支長六尺，口八寸的伸縮喇叭，還有二人敲打著兩面二尺大的銅鑼，兩銅鑼的聲音一低沉，一洪亮，一面咚、咚、咚；另一面噹、噹、噹，此起彼落的響著，此外還有杖儀、大旗、牌子、傘、嗩吶和細吹等，大紅花轎兩邊還有禮賓陪著。

回程隊伍因為加上了女方的嫁妝，因此拉長了許多，到了石臼所村前約一里，就能聽見鳴鑼、號角和鼓吹手的響聲，告訴曾祖家，花轎快要進村了，得趕快做好準備。

當年石臼所的婚嫁習俗是必須等到掌燈之際（華燈初上時）新娘才能進門，之後新人雙方行禮如儀，送進洞房，儀式就算完成了。

這種迎娶的陣仗十分隆重氣派，是當時較體面的人家才會有的排場。

同年陰曆十一月廿三日，父親就出生了。在曾祖父的男孫中，大排行是老三，上面還有兩位堂兄，曾祖父替父親取了個乳名，叫做「順兒」（兩個字都得捲舌連著唸）。我懂事時，大媽曾一再告誡我，將來給孩子取名字時得迴避這個字。

在那個醫藥和衛生條件都十分落後的年代，嬰幼兒容易夭折，因此出生時都先取個乳名。後來父親五、六歲時得進入私孰讀書，必須取個正式的名字。依照族譜排列，父親是「淑」字輩，因此曾祖父為父親取了族名：「淑訪[4]」。而「仁菴」二字是父親出社會後所取的「字」，不敢肯定是否也是曾祖父所取。

[4] 賀氏族譜排列從曾祖父起算，依次為土、金、水、木、火，以此循環命名，曾祖父是土字輩，祖父是金字輩，父親則是水字輩，「淑」字從水部。

父親自小就長得十分俊美又聰明伶利，當年我的大媽劉氏講起父親時，都說父親小時候是個既漂亮又討喜的孩子，是日照土話說的「系將銀」（喜相人）。

父親幼年失恃，在光緒十五年陰曆十二月初二，兩週歲又七日時，祖母就病故了，此時父親幼小的心靈自是受到莫大的愴痛和打擊，隔年祖父又再娶繼祖母劉氏。幸好父親的童年並未受到苛待，因為有曾祖父的關愛和三位姑姑的照顧。

不久後，姑姑們相繼出閣，繼祖母也有了自己的孩子，此後父親在家中難免受到排擠，就讀私塾期間，幾乎沒有零花錢，父親個性十分好強，從不向祖父伸手要錢花，每年過年時長輩給的壓歲錢也都存了起來，這也是父親發跡後未曾花天酒地，胡亂揮霍的原因。

光緒二十二年（一八九六），曾祖父六十八歲時，決定分家，曾祖父將家產平均分給了二子，大祖父和祖父各分得了二十畝良田和每人一戶不同位置的祖宅和各一半的家具，但分家後曾祖父仍與我們這一房住在一起。

曾祖父有一張「八仙桌」（八仙桌是一張正方型的桌子，因於用餐或飲酒時可以圍坐八人而得名），原本分給了大祖父，父親當時雖僅是個九歲的孩子，卻極力主張得分給我們二房。主持分家的長輩開玩笑說：「你想要？那你去搬搬看，你能搬過來就是你的！」，於是父親就硬使力頂著，把那張八仙桌給頂了回來。分家的長輩們哈哈大笑說：「好！好！好！就是你的啦！」

這張八仙桌是以當時中國北方最上等的「柏樹」製成，桌子四邊有雕花，漆上了中國漆，非常考究。自此以後，這張桌子也成為我們這一房逢年過節時祭拜天地眾神和祖先的供桌，也是祖父偶爾用來吃飯的桌子。

塾師每年陰曆臘月廿日起開始休塾一個月，此時家裡也開始忙著張羅過年。臘月廿三是辭灶日，拜完了灶王爺後，小朋友們除了有芽仔糖（麥芽糖）可以吃外，自這天起還可以任意燃放炮竹等著過年了。

但父親自小就有生意頭腦，當大人們忙著張羅過年，小朋友在放炮竹玩耍時，父親則是利用這段年假期間自力賺取零花錢。

我的曾姥姥（曾外婆）家有一大片竹林，每到陰曆年前，父親就會分批去竹林裡劈竹子扛回家。較細的竹子連竹帶葉當作「搖錢樹」，竹子上端還繫上一串綁了一條一尺許紅布上的銅錢。父親將一株立在自家院中、兩株賣給同學。較粗的竹子則先劈開備用，等到大年初六後，開始利用這些竹子紮花燈，然後賣給各大商號，趁著元宵節這段期間，做起賣花燈的生意。

起初，祖父認為父親紮花燈去賣是件很沒面子的事情，曾經阻止過，但曾祖父認為父親自小就有生意頭腦，少年老成，況且自己賺取零花錢並不可恥。有了曾祖父的支持，父親從此逢年就做起紮花燈的「生意」。

父親所紮的花燈頗受好評，第一年賣了六盞，次年八盞。

過了正月廿之後，石臼所的習俗是可以開始放風箏，清明時節有三天假期，大家也都會去放風箏。

父親十一歲那年，紮了一個「劉海耍金蟾」的風箏去放，他的同學戴連臣看了愛不釋手，央求父親賣給他，父親不肯，纏了兩天，最後以二百制錢買了去。當時的二百制錢可以買七十個中國北方傳統麵食「火燒」[5]，算是不少的錢了。父親馬上回家又紮了一個，可是假期也過完了。

原來紮風箏賣也是一門好生意，此時年幼的父親開始展現他獨特的商業眼光，隔年紮完花燈接著就紮風箏，甚至後來到青島上洋學堂時，逢年假回家時也沒閒著。直到學校畢業後進入福春行學做生意，沒了假期，人也長大了，也不好意思再去做紮花燈賣的生意了。

清光緒二十九年（一九〇三），德國傳教士魏禮賢（Richard Wilhelm）在青島創辦的「德華神學院」正式更名為「禮賢書院」，這是中國早期的新式學堂，只收中國學生。禮賢書院的學科採用清政府欽定版的高等學堂章程授課，魏禮賢同時也提出「有教無類、一視同仁」及「中學為體、西學為用」的辦學方針。由於清朝末年提倡「廢科舉，興學堂」，因此吸引許多富戶人家將孩子送入該校就讀。這一

5 以麵粉為原料，揉成麵糰後，再用爐火炕出來的一塊厚約三公分、直徑約十公分的金黃色硬餅。

年父親十六歲，曾祖父命祖父將父親送入這所洋學堂念書，首屆學生只有二十餘人。

父親幼年時先入了私塾，後來又進了新式學堂，既受過中國傳統文化的薰陶，又接受了現代西洋科學教育的培養，在做人處事上自有其獨到之處。

第二章　江北第一桅

福春行

光緒二十二年（一八九六），曾祖父分家後，祖父隨即在祖宅對面，石臼所南北大街的路東（附圖：福春行原址），買下了一處約一千坪[6]的土地，蓋了房子，開設「福春行」。開始經營以帆船載運大宗民生物資買賣，和捕撈沿海漁獲出售的業務。

父親十八歲自禮賢書院畢業後，隨即進入福春行學生意。

福春行初創時，只有兩艘祖父以上等的福州杉木自己親手打造的五桅大帆船，一艘是一百二十噸的「福增茂」，另一艘是一百一十噸的「福祥茂」、以及兩艘一丈八的下海船，此外還有三十口的大網[7]。父親發跡後，往來石臼所的漁船和小商販日漸增多，祖父又在南門外買了一處約四百坪的店鋪，開設了「海豐漁行」。

---

6 此處為台坪，一台坪 =3.3 平米

7 大網又稱為定置漁網，網的一端以木樁和鐵錨固定，張在海流極強之處，海流會把各種漁獲沖進網內，之後拉起魚網尾，再用撈網將漁獲撈進船艙。

祖父開設的福春行主要經營項目有：

一、每年春天，以自家帆船到長江口一帶捕撈野生大黃花魚，賣給當地專門收購漁獲的商號，每天會有專門批貨的小船開來，批到貨後馬上零售給散客。

二、每年夏天，從上海一帶批購茶葉、白米、花箋紙[8]，從青島批購華、洋雜貨，運回石臼所，販售給小商號。

三、每年秋天，收購日照西南鄉農戶所生產的花生米和豬隻，經醃製三個月後製成劈豬，到了冬天，再將花生米和醃製好的劈豬以自家帆船運分別往上海、青島，而東北地區只運花生米。之後再從東北購買高粱、大豆，以回頭船運回石臼所批售。

四、每年開春後至中秋前，以大網捕撈石臼所沿海的漁獲，批發給當地漁販。

此外，父親當上大掌櫃後，也用福春行的營利所得，幫祖父在日照絲山前的九山子，買了一塊一百一十六畝的農地，租給佃戶安為泰種植高粱、小麥、玉米等作物，祖父僅收取極少（低於行情一半）的租金。以及另一處位於石臼所李家村約

8 花箋紙：又稱手工土紙，有竹紙、綿紙、宣紙等高級紙，是文書用紙，較普通的有元書紙（也稱大楷紙）還有用來包茶葉、點心、糊油簍、紮風箏用的毛頭紙和祭拜時焚燒的黃表紙等。

一百畝的林地。這塊林地上種植了數百株的五葉松[9]。此地原主人過世後，子孫欲闖關東，希望父親能買下此處林地，父親也爽快答應，但這處林地自父親買下後，直到抗戰爆發我們離開老家，也只砍過一棵樹。

當初買下父親那只風箏的戴連臣，後來也進入福春行學生意。父親還沒到外埠坐莊時，得和他輪流，每天帶著管家及和覓漢（長工）們到海邊接大網，又稱為「接海」。

接海的工作在每年陰曆二月初二開工，首先得準備網具，先將存放於福春棧房裡的大網和固定在海中的木樁取出來檢查。通常每年需再結四、五個新的大網，每個大網大約可以使用八、九年。另外木樁也需汰舊換新。

剛結好的網不能馬上使用，得先用豬血浸泡，等豬血完全滲透到網線裡面，再拿出來晒乾，然後用一個很大的蒸籠蒸透，再晒乾一次，才算完成。此時本來是米白色棉線結好的網，經過這些制程後已經變成黑色，網線也變得有點像是尼龍線的硬度，因此可以較長時間置於海中。

此外，還需先重新捻一部份纜繩，纜繩是用來綁住固定於海中的木樁。大網張

9 五葉松幹植，樹結少，不同於一般歪歪扭扭的松樹，生長速度緩慢，質地細密，高度僅次於福杉，可用來蓋屋，代替檜木使用。

在海中時需有木樁固定，以確定不會被強大的海流沖走。而木樁置於海中，經過海水侵蝕，久了必有損壞，因此每年也需更換四到五支，木樁是用二十公分粗的杉木兩支銜接而成，每支木樁的高度不一，是以該處水深退潮時，露出水面三尺為度，避免遭往來船隻撞到。

這種大網寬二十尺、長四十尺，網口前端較大，尾端僅有一公分半，置於水中網口張開時有十尺之高。捕到最小的魚也有五吋長，網口前面的大孔可讓幼小的魚鑽出去，不會連小魚也一網打盡。網口上端還縛著梧桐木製的「浮子」，下面綁了一塊很重的「鉛錘」，栓在兩支木樁上，尾端約在八尺處套著一個活結，拉起網時可將網口束緊，以免鑽進來的大魚回頭溜掉。

三十口大網分為六組，每五口大網以六支木樁和四個鐵錨固定，這些準備工作完成後，再將下海船開至海流極強之處張網，海流會把各種魚類沖進網內。

大網活結繩的上端，拴著一個大葫蘆，漂在水面上，葫蘆上縛著一支約二尺見方的小旗子，以便下海船尋找目標。找到目標後，立即拉起魚網並解開，再用撈網將漁獲撈進船艙內。（附圖：結網、捻纜繩、定置網、木樁圖）

大網網到的漁獲會堆在石臼所海邊的一塊自動石（也稱為鬼動石[10]）上，前來

10 當年石臼所海邊的一塊大石頭，會隨著潮水漲退移動位置，石臼所人稱其為鬼動石，日照縣誌上稱

批貨的魚販一早就在那兒等著買魚。石臼所沿海所捕獲的魚類，種類不外乎是：鮸魚、加納魚、鮁魚、鯧魚、黃鯽魚、青鱗魚、比目魚、有卵的金烏賊、梭子蟹、和日照特產的大對蝦等等，全都是野生的（當年沒人將魚苗先撒在海裡），分別議價、賣魚，兩個覓漢抬秤，總管看秤的重量，父親和戴連臣負責收款。

接海的的工作，自每年二月下旬開始，一直到過了中秋節就結束了。由於潮夕的關係，接海的時間不一定是在早上，有時清晨三、四點就得去了。

福春行的兩艘下海船名為「大蛤蟆」、「二蛤蟆」，是委由董家奎兄弟二人管理使用，網上來的漁獲，按一般規矩，他們可以抽取四分之一，祖父則不必付工資給他們。

老東家和老夥計已經合作許多年了，彼此有一定的信任，祖父從未查過他們是否真的只留下四分之一的魚，父親也不會去掀開船的前艙蓋，以示尊重。

批到漁獲的魚販不會馬上離開，等主人走後，再向董家兄弟購買他們放在前艙蓋裡的魚。

春季漁獲豐收時，幾乎每天都有好幾百斤的魚、蝦、蟹，沒賣完的漁貨，由覓

為自動石。

漢挑回家裡。午餐時，福春行上上下下，包括覓漢在內，每個人都能吃到一隻梭子蟹，或是日照特產的大對蝦，鮮魚餐餐都有，因此打從我有記憶以來，我們家的覓漢從來沒有人離開過，猜測原因之一，可能是因為吃得太好了。

中秋過後，漁獲漸少，得將大網收起來，清洗乾淨並修補破處，存放到福春的棧房裡去，以備來年之用。此時董家兄弟可趁此空檔將小船開出去釣魚，一樣可以賣錢，收入全歸他們。

石臼所海域張網的地點，並不是每個網家都能自行決定的，按當時的規矩，石臼所和鄰近鄉鎮的網家，每年陰曆六月十三，得群集在龍王廟「拿行」（抽籤），以決定來年張網的地點，每個抽到籤的網家都得按照大網的數目捐香油錢給龍王廟作開銷，龍王爺雖然不食人間煙火，但侍奉祂的幾位道士得吃、得喝。

父親進入福春行學生意六年後，當上了大掌櫃，此後經常得去外埠坐莊，接海的工作就交給戴連臣和總管輪流負責，祖父每天都會去巡視。

由於福春行的大風船是分好幾梯次南下、北上往返載貨，因此自父親擔任大掌櫃後，每年都得在大連、青島和上海一帶待上好幾個月，負責售貨和選貨、買貨等工作，一直到過年前才能回到家。這種外派的工作在當時被稱為「坐莊」，也是父親在福春行的主要工作。

當年石臼所收劈豬和花生米的商號有四、五家，祖父的福春行是其中最大的一家。

所謂「劈豬」，是將整隻豬從脖子劈開至尾端，連背脊骨也劈開，只有背皮連著，由農戶處理乾淨後賣給商號，商號再以混著花椒和皮硝的粗鹽整隻抹勻，逐隻醃製，層層堆疊，等過了三個月，鹽滷已滲透至肉裡才算完成。

由於江南人愛吃鹹肉、火腿等醃製品，所以將劈豬運到上海專門收鹹肉的商號很受歡迎，商號會將劈豬依部位分切，再分別銷售至上海本地市場以及揚州、鎮江一帶。

花生米則是運到上海、青島、大連等地。運貨到大連的船，需購回東北的高粱和大豆，這兩種作物都是東北盛產的糧食。之後再運回石臼所，高粱賣給酒坊釀酒，因為高粱酒在當時是各階層慰勞自己的飲品，忙完一天的活兒，得喝上兩盅，才覺著人生沒有白過！因此需求量極大。大豆則是賣給油坊榨油，大豆油除了作為食用油外，也是當時家家戶戶點燈用的油。

收花生米和劈豬是一種放長線的生意，目的是確保貨源穩定。各大商號會在開春後先預支一筆錢給農戶，做為買種子或仔豬的本錢，等到秋天交貨給商家時，再從貨款中扣回來。

每年春天，各商號的掌櫃都會到市集上去放帳，農戶若有需要，可先向商號借個幾十塊銀元，不必利息和保證人，只需在借據上畫個押即可。不會寫字的人就畫上個圈圈，沒有蓋章或是蓋手印那回事。（那個年代就算蓋了手印，也沒法分辨是誰的），掌櫃們對來借錢的人多半知道底細，鄉人老實，百分之百不會賴帳，若是不熟識的，就請他找個同村或是認識的人來說一下，這是我村（或某村）的某某人，就算是保證了。

掌櫃們會記下哪個村的哪一戶人家借了多少錢，沒有利息，條件是等到秋天花生米收成了，或是仔豬養大了，屠殺處理乾淨後，委託當地的車戶（專門以獨輪車載貨送至各大商號的送貨員），把貨送到原來借錢的商號，按市價賣給商家，扣除借款後，餘下的貨款連同借據一起交給賣家，這可能是已經行之多年的老規矩，在祖父開設福春行之前就有了。收貨分單、雙日作業，單日收劈豬，雙日收花生米。

民國八年（一九一九）六月，正值蘇州龍井茶上市期間，父親正在上海坐莊，祖父忽然打了個緊急電報召他回家，父親以為祖父發生什麼變故，顧不得選貨議價，立刻買了船票返回青島，又僱了一艘一丈八的小帆船趕回石臼所。

回到家進門一看，祖父好端端坐在那兒，不像是生病了，這才放下了心中的石頭。問了原委，原來是負責趕集的兩位掌櫃，認為福春行生意比別家好，是他們的功勞，要求祖父增加他們的分紅。這種分紅有一定規矩，每個商號都差不多，祖父不願破壞行情，沒肯答應。於是這兩位掌櫃就捲著春季時經手放帳的借據和帳本，離開了福春行，並且到各個市集上宣稱此事，要求農戶秋收後得到他們指定的商號交貨，才能拿回借據。

如此一來，福春行不但年初放出去的帳收不回來，連貨也收不到。錢收不回來還事小，收不到貨可就虧大了。

祖父告訴父親放出去的帳款大約有五、六千銀元，沒有借據如何收回？父親衡量情勢後，立刻掌握了重點，要收到貨及收回借款的關鍵不在於借據在何人手上，而是車戶會將貨送到哪家商號？

那時有個不成文的規矩：倘若車戶認為某家商號收貨時拿大秤欺人，讓賣家吃虧，便有權決定將貨送去其他商號，只要把當初農戶借的錢還給原來借錢的商號就好了。

父親建議祖父另外請兩位掌櫃，並提出應對的辦法。祖父聽了認為可行，就照著父親的建議去做。

父親讓新來的掌櫃每逢初一或逢五趕集時，去各市集上找車戶宣傳：「今年我們福春行由少東家掌秤，保證使用『天平秤』收貨，絕對不會使用『加一秤』，此外，除了招待「車把式」（車手）一餐飯之外，還另給二百制錢[11]的酒錢。如果是福春

11 一銀元是一百個銅錢，一個銅錢是十個制錢，二百制錢等於二十個銅錢。

行的貨，福春行收貨後雖然沒法退回原借據，但是扣了錢後就給收據，證明借款已經還清了」。

此時早已過了放帳的季節，其他商號的掌櫃不會去趕集，完全不知道有這回事。跑掉的那兩個掌櫃空拿著借條，也不敢去農戶那兒討錢，更不敢去縣衙告狀，所以其他商號都不知道福春行的計畫，更沒有意識到一場新的經營模式即將來襲。

一開始車戶沒怎麼在意，等到了送貨季節，有些車戶就到福春行試探，如果能吃上一頓好飯，又可以拿點兒酒錢，何樂而不為呢？而更實惠的是，如果真使用天平秤，還可以暗自多賺上一筆。

以往鎮上所有商號在過秤時都是使用「加一秤」，所謂「加一秤」就是一百零一斤重的貨，秤出來是一百斤，「天平秤」則是各地通用的公平秤，在甲地秤的一百斤到了乙地秤還是一百斤。其實各種秤上的刻星都是一樣的距離，只在秤的頭端配合「秤砣」刻星標註是「加一」、「天平」的暗號，關鍵在秤砣上，但外人是看不出來的。

由於當時農戶如果要賣出一百斤的貨，得準備一百零一斤。如果福春行用的是天平秤，車戶一台獨輪車可以載兩隻各約一百八到二百斤的豬隻，每跑一趟可載個三、四百斤，就會比加一秤多拿到三、四斤的貨款，這可比二十個銅板而來得更實惠，而這筆意外之財，只會進入車戶的口袋。

車戶送貨來福春行之後，發現果然是由少東家掌秤，但沒料到的是每百斤竟然還多出三斤，四百斤就多出了十二斤，比使用天平秤還多。車戶雖然不知道原因，卻暗自竊喜。

他們吃了一頓飽飯，領了貨款和酒錢，又拿到借款已清償的證明，開開心心地回去後，向其他車戶耳語，到福春行交貨可多拿貨款的消息，瞬間在車戶間傳了開來，只是仍然得對其他商號保密著，因為怕傳出去讓農戶知道後，會被討回那多拿到的貨錢。

於是眾車戶不論原來應該把貨送到哪一家，都改送至福春行。那年收貨的季節還沒結束，福春行的三個醃豬池已經裝滿了劈豬。

此時福春行的棧房已無多餘的土地可以再增建醃豬池，父親便著人在若干年前他在南門外海崖頭附近買的一塊大約一千六百坪的土地上，蓋了三間棚屋，每間各建了一個大型醃豬池。

此處本來是個無主的海邊荒地，早年有位王姓人家曾將其開墾整平，種植了作物，由於土地在海邊，含鹽甚重，因此收穫不多，不久後就一直閒置著。

父親認為此處位置甚好，遂以些許代價買了下來，由原墾者陪同去了縣政府「稅」了「契」，擱置了一年，無人出面主張權利，土地便成為父親所有。但是一時之間還想不到有何用途，仍然閒置在那兒，此時正好派上用場。

起初祖父認為這裡是海邊荒地，無人居住，把醃豬放在這裡不大放心，但是貨收來了，不馬上加工就會臭掉，只好聽從父親的意見，把收來的劈豬醃在這裡，並雇了人來看守，又置了兩把散彈槍「土亞五」，作為防禦之用，還蓄了四隻狗。

後來索性把原來設在福春棧房內的醃豬池都填平了，全部用來存放花生米，把醃製劈豬的工作都移到了這裡。

此時其他商號都只收到二、三成的貨，打聽之後，才知道賀仁菴的厲害，原來是福春行供飯又給酒錢，他們就說：「好啦！我們也供飯、給酒錢！」，於是車戶們也將貨送了去，但一過完了秤，二話不說又把貨綑上車走人，並指責他們使用加一秤欺人，仍把貨送到福春行。

於是其他商號也紛紛表示願意使用天平秤，但是車戶哪裡聽得進去，又不能明說福春行的秤會比天平秤還多出二斤，因為萬一這事讓農戶知道了，肯定得討了回去。

父親把加一秤換上了一個九八的秤鉈，這件事只有父親知道，外人不知。車戶雖不明白是何原因，但也都悶聲不吭，甚至連祖父都被蒙在鼓裡，以為只是因為供飯、給酒錢，就收回了被那兩位掌櫃捲走的借據和欠款，還意外的拉到許多生意。等到各商號弄明白了賀仁菴是換上了「九八」秤鉈時，收貨的季節已經過完了。

這一年福春行收的貨比往年多出了一倍還多，原本的三個大醃豬池塞得滿滿的，花生米也塞爆了棧房，甚至連福春行後院的空房也充做臨時倉庫。接下來的工作，是趕緊找幾隻貓來看著，以防鼠患。

次年父親不再掌秤，仍然去外埠坐莊主持福春行的買賣，只是交待家裡的掌櫃，最少也得使用「天平秤」。

從此以後石臼所不但沒人敢使用加一秤欺人，還得供飯、給酒錢，一些商號都把父親恨得牙癢癢的，只有車戶們說賀仁菴真是個大好人。

那兩個掌櫃也被人家辭退，一個只好回家吃老米飯，另一個遲掌櫃回來找祖父哭訴，說是另外那個挑撥他的，他很後悔，祖父答應再給他一次機會。後來他也老老實實的幫著祖父，一直做到七七事變之後，日據時代仍然繼續幫祖父做事。

江北第一桅

福春行的生意做得有聲有色，一九三一年父親又買了一艘在當時被稱為「江北第一桅」的五桅大帆船送給祖父，自此開始福春行便有了三艘五桅大帆船。

話說一九三一年秋，悍匪劉桂堂（外號劉黑七）率眾匪徒攻陷了日照城，城內富戶全都避走他處，由於此時父親已在青島設立了「長記輪船行」總行，祖父便搭乘了他的「福增茂」至青島避難。某日祖父到小港邊看「福增茂」時，正好看到泊在一旁的「大永利號」帆船。

這艘五桅大帆船是由上海造船廠打造的，用料做工均十分考究，祖父對它誇讚不已，船上的夥計聽到後回去告訴了船主—當時的上海聞人「郭海山」[12]，也是杜月笙的把兄弟。

由於早年父親前往上海坐莊時，即與青幫著名人物杜月笙結識。當時長記進入上海的船也得像其他船公司一樣，必須繳交一定比例的規費給「青幫」，因為青幫掌握了上海碼頭工會，並負責保護船隻從上海到青島海上往來航行的安全，避免遇到海盜打劫。而杜月笙又是青幫中的重要人物，因此雙方往來密切，倆人既是同業，年紀又相仿，逐漸成為好友。

一九三〇年，郭海山因走私大煙土，遭禁菸司令呂戰彪緝獲，行將判刑。此時郭老闆打聽到父親與呂戰彪私交甚好，因此帶了杜月笙的親筆信函來找父親，父親看在和杜月笙的交情份上，幫郭海山解決了這個大禍，郭海山也承諾不再走私大煙土。

這事過後，郭海山始終覺得欠父親一個人情，雖知父親只經營輪船航運，但也

12 郭海山：上海商界聞人，曾任職於上海英租界水警營、緝私隊，利用職務之便收取保護費；後與杜月笙結拜為兄弟，於水警營、緝私隊內與杜月笙合夥，走私販毒賺取暴利，而成為上海一方富商。

知道祖父仍在經營帆船事業，而此時他已打算賣掉帆船改做輪船生意，於是就把「大永利」號半送半賣給了父親。

父親買了這艘船後，把船送給了祖父，祖父將船改名為「福永茂」（附圖），匪患過後，祖父把兩艘船都開回了石臼所，一九四九年這艘船也來了台灣。

「福永茂」約有一百三十六噸，使用的木料是最上等的福杉[13]，船籍港登記在上海和青島兩地，是當時長江流域航行的帆船[14]中最大的一艘，因此被稱為「江北第一『桅』」。

我國早年並沒有所謂船隻噸位的量法，都是以能載多少豆餅來計算大風船的總噸位，每片豆餅重約三十六斤（自秦始皇統一全國度量衡開始，一斤是六百克）。福永茂可載豆餅六千三百片，因此換算噸位約為一百三十六噸。（附圖：豆餅圖）

另有一種計算大風船噸位的方法，是以該船能裝載官斛多少「石」的大米來計算。當時官斛所設的標準：一石＝二斛、一斛＝五斗、一斗＝十升、一升＝十合。這是從前東南省份自京杭大運河漕運米糧至京城時，所用的計算方式，但因東北地

13 一般拿來造風船的杉木俗稱「福杉」，產自福建深山裡，高度可達 60 公尺，直徑 3-5 尺不等，杉木有一項特點是耐水不易腐爛，所以大風船使用的木料全是福州杉木。

14 上海人稱帆船為「沙船」，就是由沙木所造的船。沙木就是杉木（字典中「杉」語音為「沙」），

多少豆餅來計算船的噸位。

區不產米，所以無法以米糧來衡量船隻噸位，因此自大連南下迄至上海都是以裝載多少豆餅來計算船的噸位。

帆船因為完全得靠風力才能行駛，所以又稱為「風船」。是一種近似長方形的大船。古稱「舳艫」，船頭叫「艫」，船尾叫「舳」。「舳艫千里」是古人形容船隊的船多到首尾相連，有千里之長，這當然是誇張的說法。

從《清明上河圖》中可窺見，我國早年的運輸船全都是這種船，船艄和船艉只比船身略為窄一點，也就是船艄、船艉幾乎是齊平的，沒有刃型的艄艉，雖然水的阻力很大，但因為船也夠大，船的篷桅（帆）有五枝之多，因此可以航行在海中，不怕風浪。

這種大風船的設計遇到順風時航速有七、八浬之多，如果海流順水，航速最快可達十浬，若遇到旁風時，就得減去一、二浬，遇到逆風時，船速就更慢了，大約只有四、五浬。

有人說風船在旁風時無法航行，事實上即使是旁風也是可以行駛的，比如從上海出發的船，經黃浦江進入長江（呈九十度），若旁風不能行駛，則根本無法駛入長江口，大風船不但旁風時可以行駛，甚至遇到逆風時也可以「之」字型的航路「調檣」行駛，否則船在大海中任風吹飄，十分危險，一般玩風帆的人都會這一手。

大風船有分專門航行內河的和航海的兩種，打造的方式都是依照老祖宗傳下來的船圖和技術來造的，兩種船都沒有龍骨，中國早年的風船全都沒有「龍骨」。因為老祖宗的造船技術沒打算造很大的船，即使航行於海上的風船最大也只能造一百五十噸。

「帆」和「翻」諧音，因此我們家是不准說「帆」的，吃魚時也不說翻面吃，因為也有翻船的意思，而是稱「調」過來。也不准說「破了」都是說「掙了」。

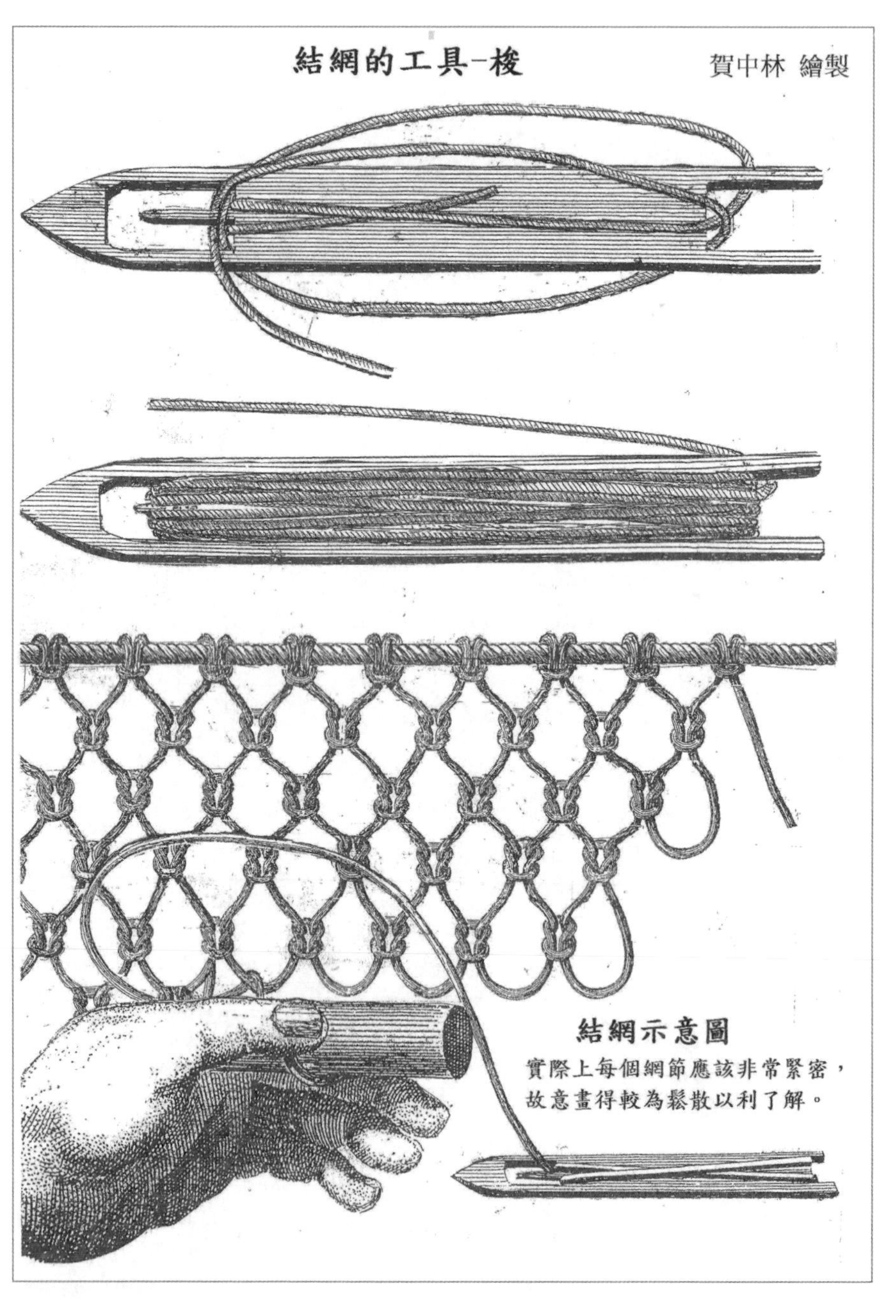

結網的工具-梭
賀中林 繪製
結網示意圖
實際上每個網節應該非常緊密，
故意畫得較為鬆散以利了解。

圖 1　結網示意圖

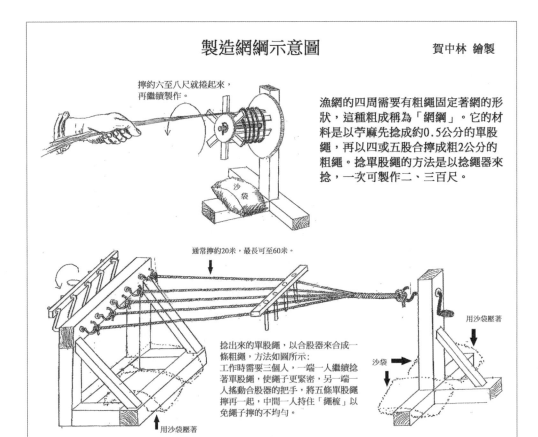

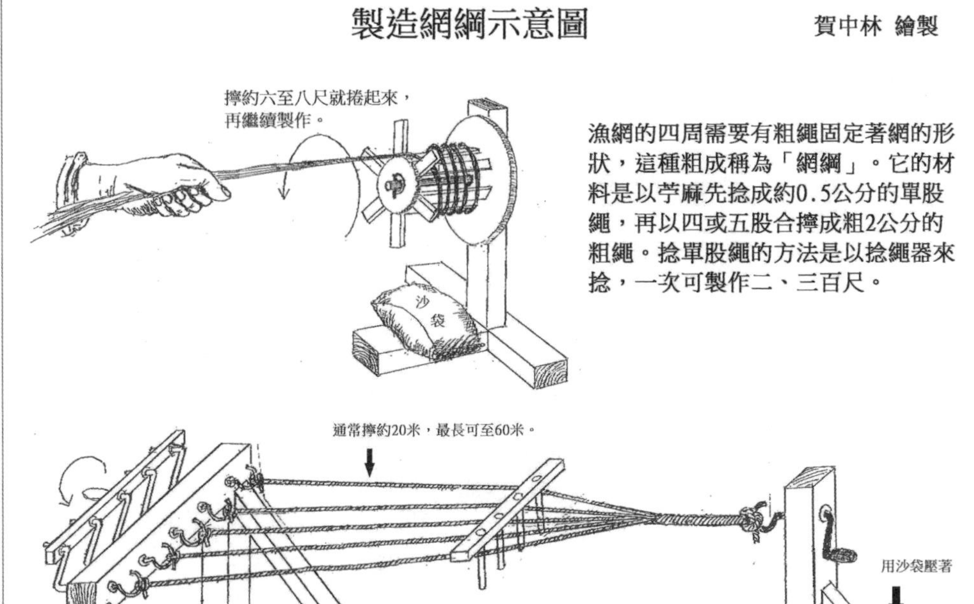
製造網綱示意圖
賀中林 繪製
擰約六至八尺就捲起來，
再繼續製作。
漁網的四周需要有粗繩固定著網的形狀，這種粗成稱為「網綱」。它的材料是以苧麻先捻成約0.5公分的單股繩，再以四或五股合擰成粗2公分的粗繩。捻單股繩的方法是以捻繩器來捻，一次可製作二、三百尺。
沙
袋
通常擰約20米，最長可至60米。
用沙袋壓著
捻出來的單股繩，以合股器來合成一條粗繩，方法如圖所示:
工作時需要三個人，一端一人繼續捻著單股繩，使繩子更緊密，另一端一人搖動合股器的把手，將五條單股繩擰再一起，中間一人持住「繩梳」以免繩子擰的不均勻。
沙袋
用沙袋壓著

圖2　製造網綱示意圖

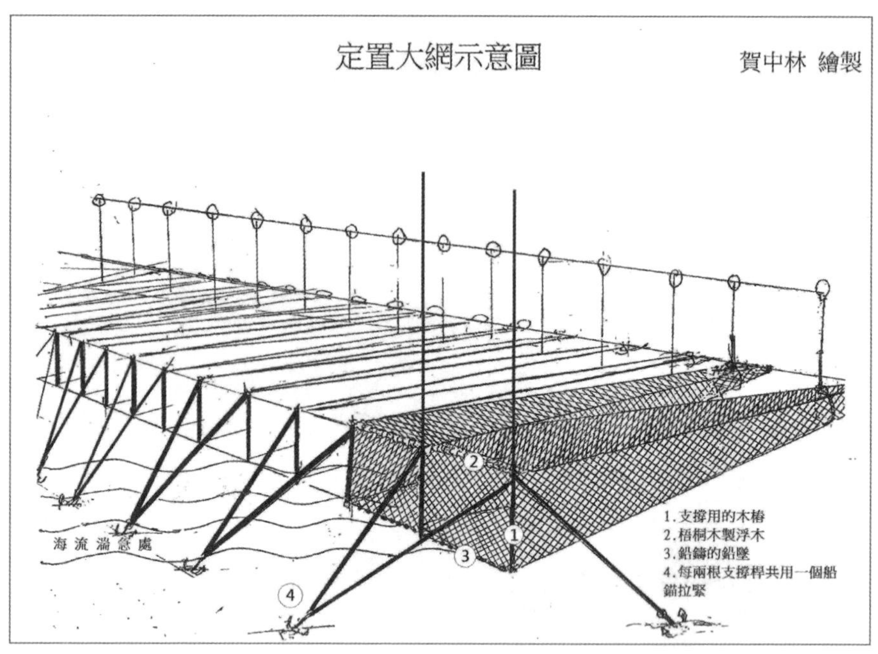

圖 3　定置大網示意圖

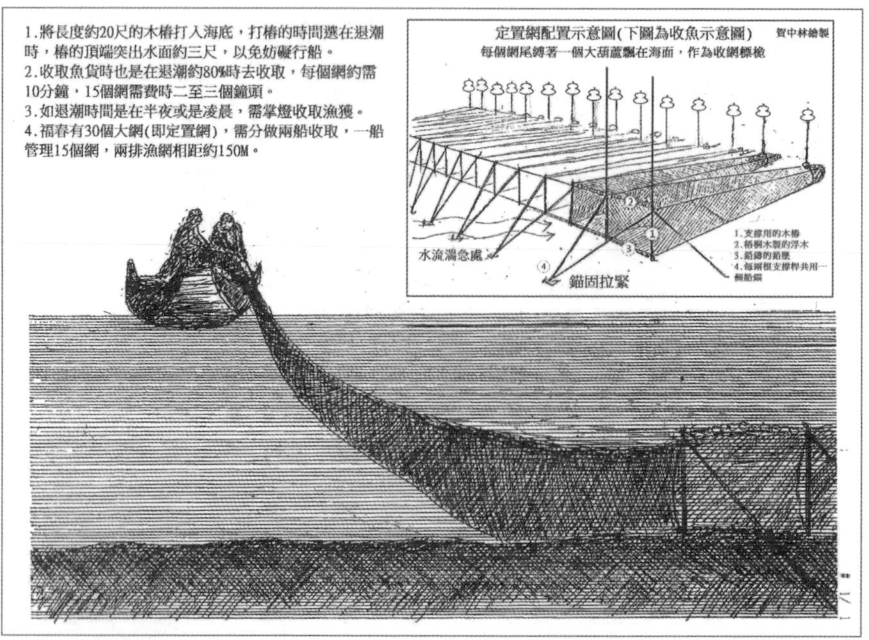

圖 4　定置網及收網示意圖

航行中的五桅大帆船：1.船體、2.船舵(航行時降下)、3.抓勾式的船錨、4.升降船舵的絞盤、5.廁所、6.船員寢室的小窗、7.風向旗(順風旗)

圖 5 五桅大風帆

賀中林 繪製

正在裝儎的大風船

①船體：８０噸～１５０噸，這種式樣的船正式名稱叫作「舳」，前艄是方的，尾端也是方的，可想而知在水中產生多大的阻力，當然影響航速，不過也有優點，就是儎貨量大，只是船速較慢；船頭稱作「艫」。形容鄭和下西洋的大場面稱為「舳艫千里」。

②大桅和大「篷」（因為「帆」與翻諧音，犯了船東的忌諱，所以都稱為「篷」）

③二桅　④三桅　⑤前桅　⑥後桅。

⑦舵：這種船的舵特別大，原因是行船時船尾產生許多渦流，舵小了沒有作用，而且是上下活動式的，行船時將舵垂到船身之下約一米多，進港時以絞車拉上來，以免在淺水中將舵撞壞。

⑧升降舵的絞車 ⑨廁所 ⑩船員臥鋪外面的小透氣窗。

⑪順風旗，藉以觀察風向。

⑫上貨的苦力和舢舨工用大桅的滑車吊貨，一條繩索經過二次轉折可以產四倍的力量。上下貨是由苦力和舢舨工包辦的，船員不可以搶他們的「生意」。

圖６　正在裝載的大風船

船員起錨示意圖

1. 推關（人力絞盤）：用以起錨、將船移位或吊起超重的東西，但上儎時是由苦力和舢舨工負責，船員不必動手，而苦力等人是用大桅的滑車來吊貨（比較快）。

2. 大錨纜：直徑約六公分，以四條麻繩擰在一起，前端繫著大錨，還有一條較小的在尾端，可以使船定位，不會被風吹得打橫。

3. 前桅

4. 前桅篷：由於有船的人家禁止說『帆（音同翻）字』，所以都將『帆』說成『篷』。材料是以手工棉布拼在一起，用一種叫做『楛皮』的樹皮染成咖啡色（楛音護），沒人用白布做『篷』。

5. 二桅

6. 前艙和防水『油布』：裝儎後將艙蓋板一片一片嵌進艙口，外面用『油布』封蓋起來，以免貨物被海浪打濕。油布是以手工土布塗上二層桐油，有點硬梆梆的，不過沒別的辦法防水。

7. 走二子滑輪：若是三孔的就叫『走三子』，可使所出的力量增加4-6倍，因為風的力量很大，單是一條繩索無法拉動船篷。

8. 排水口：甲板上常會有海浪打上來，所以不論大小的船舶都在兩舷留著若干排水孔

圖 7　船員起錨示意圖

圖 8　豆餅照片

圖 9　福春行原址左側，後改為石臼中心小學，現空置中

圖 10　福春行原址正面，後改為石臼中心小學，現空置中

第三章　創業之路

長記行

宣統二年（一九一〇年），父親二十三歲時，曾祖父過世，父親的三位姑姑又先後出閣，父親在家中頓失依靠。祖父又偏愛繼祖母生的兒子，繼祖母也經常有意無意為了一些瑣事，挑撥祖父與父親間的父子情感，父親雖然極為孝順，但多年下來心中難免有些疙瘩，因此逐漸萌生獨立創業的想法。

父親十八歲至福春行學生意，二十四歲當上了大掌櫃，被祖父派往上海、青島、大連等地「坐莊」，指揮福春行的各項買賣，從出售劈豬、花生米，到採買高粱、大豆、茶葉、大米、各種紙類及華、洋雜貨等選貨、議價，以及海上運輸成本等等，都積累了相當豐富的經驗。

由於農產品的品質會因每年氣候變化而受到影響，因此選購時必須非常仔細。當時檢視高粱和大豆的方法，是先從要購買的高粱或大豆糧包中隨機抽出數十包，再用一根大約一尺長、原子筆粗細，開著口的「探針」插入糧包內，當探針抽出時，針筒會夾帶些許高粱或大豆，再將這些高粱、大豆攤在紙上，一粒一粒檢查飽滿度和成熟度，然後再以合格品的比例估算糧包品質，再行議價。

而檢查茶葉品質的好壞，除了得每包都打開檢查葉片是否完整外，還要實際沖泡試喝。因此父親也累積了多年的品茶心得，對於茶葉十分內行，一喝就知是否為上等好茶。

而福春行既是老客戶又是花生米的供貨商，大連糧商為了維持信譽，都會先篩選過，不會將夾雜次級品的糧食賣給福春行，但是父親還是堅持例行的檢查工作絕對不能馬虎。而上海商家也因為要保住生意不斷，都會將上等好貨留給福春行。

在這十多年的歲月中，父親充分展現了他在經營生意上的天份，加上個性豪邁又重誠信，因此在南、北各界商埠中頗有信譽。又因手腕靈活、膽大心細、熱心助人，幾年下來結交了許多各地商賈仕紳、達官顯要，不但視野開闊，人脈亦廣。

父親初至福春行學生意時，每月的工資是二十銀元（當時我家覓漢的工資每月是五元），後來被升為大掌櫃派至外埠坐莊時，每月工資增加為三十銀元，食宿和交際應酬等花銷可以另外報帳，但年終並無分紅。父親自幼就養成了節儉的習慣，因此所有的工資都存了起來，可是十多年下來，也只攢了六千餘銀元，距離自己想創業的資金仍顯不足。

直到有一次來自我們繼舅公的無理官司，父親終於下定決心離開福春行，去開創自己的事業。

繼祖母的弟弟劉子木，也就是父親的繼舅舅，在石臼所是一個風評欠佳的人。

大媽也曾提到這位繼舅公時常藉故到他家前面的「同豐行」聊天，順便解手。同豐行的後院堆置了許多柴火，每回他去解手時，就順便把柴火往自家院子裡丟，有一回丟柴火時正好丟到他家覓漢頭上，當場打破了頭，血流不止，他也沒賠人家錢，不了了之。

這位繼舅公幾乎每天傍晚時分都會晃蕩到福春行，除了和祖父閒聊之外，順便吃頓免費的晚飯，再叨擾姊夫一壺好酒。倘若遇到父親在場時，經常以其母舅之尊頤指氣使，不時出言挑撥我家事務，因此父親對他觀感十分不佳，但身為祖父的長子，也只能忍氣吞聲。

如此過了十多年，民國十三年七月間。某日，繼舅公又因芝麻屑事和父親抬起了槓，由於父親據理力爭，絲毫沒有對他讓步的意思，最後弄到他面紅耳赤。繼舅公抬輸了槓，惱羞成怒，憤而指責父親不知尊重長輩，後來越說越火，祖父在一旁也指責父親不應該和長輩爭論。

祖父的指責可能是為了緩和僵持不下的局面，但卻未能使繼舅公消氣，反而使他氣燄更甚。父親見他不可理喻，不再多言，出門而去。

此舉更是令繼舅公火冒三丈，一時走了被他呲罵的對像，心何甘休？

次日上午，他便雇了一輛獨輪車去了日照「縣衙」，並請人寫了訴狀，控告賀仁菴「目無尊長，出言辱罵母舅，是為不孝之罪！」

這事在現在來講，頂多算是頂撞長輩，扯不上孝不孝的罪名。當時在日照縣衙門前，有二、三位所謂的「黑訟師」，專門替人代寫訴狀，雖然時代已經進入民國，已有《六法全書》，但他們還是依照前清的律法條例來寫訴狀，根本不知《六法全書》的存在。

日照縣城距石臼所約二十華里（十公里）路，縣衙差爺步行前來傳訊父親，回程時要求乘坐黃包車，父親爽快地照辦，在西門外叫了兩輛車同去縣城。

抵達縣城時正是掌燈時分，縣長已回後衙休息，父親和差爺均未用晚飯，於是就和差爺到縣衙前的小館用餐。父親叫了一壺二鍋頭，切了半斤滷牛肉，又叫了兩碗雞湯麵，請這位差爺享用。

酒足飯飽之後，這位差爺大人可能覺得賀仁菴十分上道，不待父親探問，就自動吐露案情：「案子是沒什麼大不了的，是劉子木告你不孝之罪，你有什麼不孝的事情落在他手上嗎？」

父親回他：「這怎麼可能？他又不是我爹，我要孝他什麼？他是旨在讓我跑幾趟公堂，想藉此機會讓我出醜罷了！更何況他又不是我的親母舅，他只是我繼母的兄弟……，案子既然不大，那我可否先找家客棧住下，明日開審時我再直接到大堂，行嗎？」

差爺答道：「這怕是不行，縣衙是限我今日得傳你到案的，因為路程遠，往返費了點時間，我看這麼辦吧！你到我們班房住一晚，讓我好交差，不過班頭那裡得打點一下，你是明白人，應該知道我的意思。」

父親無奈，只好隨他回了班房，打點了班頭和差爺，待了一宿。

又次日一大早，厲家莊子父親的親二舅，會同高家村父親的姑丈高舉人（高祝三），同乘黃包車齊至縣府，欲了解縣衙門是為何罪拘提父親？恰巧遇到劉子木乘坐獨輪車姍姍而至。

原告、被告既然皆已到堂，縣長隨即開堂審案。縣長看了劉子木的訴狀，問他：「賀仁菴是如何頂撞侮辱你的？」

劉子木回答：「他蓄留長髮，我只不過說了他幾句，他就罵我是『莊戶孫』（土包子）。」

父親解釋道：「我沒有罵他是莊戶孫，我經常得去上海、青島、大連等地坐莊營商，為了跟各商埠上的生意人打交道，入境隨俗，所以也蓄了他們的髮型（西裝頭），他卻奚落我是「長毛子[15]」，我蓄的髮型也不是長毛子的髮型，倘若我跟他一樣剃個光頭，那我到了上海做生意的時候，他們才會視我為莊戶孫。我說的是我

15 當年加入太平天國者不剃額髮、不紮辮子，而清朝政府規定男子必須剃掉額髮，蓄留辮子。因此稱太平天國之輩為『長毛子』

在外地的情況，我沒罵他是莊戶孫。」

縣長又問劉子木：「他罵你莊戶孫是當著何人？」

劉子木答：「是當著我姐夫和福春行的三位掌櫃面前。」

「那傳他們來問問就知道了，都叫什麼名字啊？」

劉子木一聽，頓時猶豫了起來，囁嚅著說：「可不可以不要麻煩這些人？」

劉子木此時估計是想，當初告狀只是為了教訓父親，沒料到縣長還要傳問證人。如果證人實話實說，那麼這場官司肯定是弄巧成拙。要是弄得姊夫和三位掌櫃也得來過堂，那他以後還有何臉面再見他們？

縣長說：「那麼還有誰能證明他罵了你？」

劉子木一時答不上話。

縣長停了一會兒，說：「你以舅父之尊告他『不孝』，我不得不查查是否真有其事。其實這都是些雞毛蒜皮的小事，唬弄了你外甥，也耍了我，實在可惡！我本可以杖責你二十大板，但因你是他長輩，又是原告，打了你對我的名聲不好，此回且饒你一遭，回去吧！」。

劉子木本來盤算著以其母舅的身份，告個父親侮辱長輩的不孝之罪，縣長至少會訓誡父親一頓，再打個二十大板，讓父親出個醜，卻壓根兒沒料到還會突然冒出個親母舅和姑丈來。而這位縣太爺當著「高舉人」之面，不敢馬虎審案，竟要他提出證人來，稍微遲疑了一下，就被縣太爺看出個端倪，給了一個「沒體面」（日照土話「難堪」之意），自己的確是考慮不夠周延，此時心中的懊惱已經掛在臉上！不過官司雖然輸了，但至少讓父親在班房蹲了一夜，也算是稍稍出了點氣。

自打此事發生後，父親就不再去福春行當班了，雖然還是住在曾祖父留下來的老家裡。祖父頓時發覺少了一位得力的助手，影響頗大，派戴連臣跑了幾趟，勸父親不要鬧脾氣，還是回福春行當大掌櫃。

父親堅決不肯回去，對戴連臣說：「有一位這樣的舅舅不時來說三道四，搬弄是非，今後還不定要出什麼大亂子，不如趁早離開。我年紀也不小了，應該自己出去創業，闖蕩一番，也許能有些作為。」

於是父親便在隔年（一九二五年）春天，以六千餘銀元的積蓄，成立了「長記行」，此時父親已經三十八歲。

第二部 風生水起

賀仁菴

華北船王

第四章　人生第一桶金

闖關東

一九二五年春，父親在石臼所南門裡的路西，賃到一處院落，有三間臨街房屋，可作為店鋪、帳房之用，還有個院子，另有五間坐北朝南的北屋（正房），除了保留二間營業用之外，另外三間可作為倉庫，此處還算寬敞，也足敷一般進貨使用。南面還有一排偏屋，可作為雜物間和廚房，這裡就是「長記行」當年初創時期的院落，稱為長記「西院」；長記發達後，父親又在南門裡的路東買了一處院落，稱為長記「東院」，東、西兩院合計約有八百坪。

長記初創時，父親自己擔任大掌櫃，請了兩位二掌櫃，一位是戴獻堂，負責內務和管帳，另一位是費益堂，負責外務。另外還請了一位學徒賀椿林（後改名賀壽千）。賀椿林和我們是同宗的遠房親戚、他的妻子是大媽的外甥女，人很溜透，讀過幾年私塾，會騎腳踏車。那個年代，會騎腳踏車也算是一手獨門技術。

由於父親手頭資金不豐裕，因此一開始只從江南辦了幾批茶葉、花箋紙、大米、洋布等雜貨運回石臼所出售，業務不算理想，年終結算，淨盈餘只有大約六百銀元，不符合能賺個對本的期望。

父親檢討後，認為主要原因有二，其一是沒有自己的運輸船，運費佔去太多成本；其二是魯南地區連年大旱，糧價騰貴，民不聊生，老百姓都勒緊褲帶，不敢消費。除了糧食價格上漲之外，日常生活用品價格反而下跌。

一九二六年開春，石臼所聚集了數百名欲往東北的旅客，自石臼所搭乘日本人的小火輪，「海州丸」或「陰歧丸」至青島，再由青島轉乘往大連之輪船，到東北謀生。

此時父親為求多方開源，也帶了三千元銀鈔和銀票去大連看看有何可為之機會。

父親在大連安頓妥當後，隨即拜訪了福春行的故舊客戶。寒暄一番，客套既畢，三句話離不開生意人的本行，互問去年發了什麼財？

這位糧商嘆了一口氣，說：「去年只有山東來的米子（花生）、蘇淅來的大米有些利潤，本地出產的高粱至今還不能回本，甚至前年的存糧也還未能全部出清，而去年又是豐收年，以至於高粱價格跌至種植成本以下，同業全都不敢收貨，因為存久了會發霉，那就血本無歸了！農戶的糧食賣不出去，一片叫苦連天！」（附圖：堆積的糧包）

究其遠因，是幾年前即有大批來自山東的農民到東北開墾，高粱種植面積數年之間成數十倍增長，造成供過於求，導致糧價下跌。此時糧商希望父親能購買幾批存糧，並願意以成本價賣出。

父親又陸續拜訪了幾位糧商，全都是一個論調。

東北地區即所謂的「關東」，是指山海關（萬里長城東邊的起點）以東，又稱為「關外」，是遼寧、吉林、黑龍江三省之總稱。

清咸豐年間，滿清政府曾施行種族等級隔離制度，禁止漢人移民其「龍興之地」。但其兵制下的八旗及眷屬大都移居關內，而關外地廣人稀，土質肥沃，清末就已開始雇用漢民前往協助當地農耕。

而山東地區因連年兵禍，蝗蟲肆虐，天災頻傳，造成嚴重飢荒，成千上萬的農民為求活命，不顧禁令，冒著被懲罰的危險，闖入關東開墾荒地養家活口。這就是所謂的「闖關東」。

迨至光緒年間（一八九七）清廷終於正式解除東北禁令，使得漢人闖關東達到了高峰期。到了一九一〇年，單單山東人闖關東的就高達千萬人以上，是歷史上山東人最大規模的移民浪潮。

那個年代，百姓沒有節育的概念，也沒有節育的方法，多子多孫是好福氣，一對夫妻在幾十年之間就成了一個大家族。然而土地就那一塊，養活不了那麼多人，眼看實在過不下去的人，只好賣了那塊薄田，屏當一切籌點旅費去「闖關東」。到了關外，男人多半去做苦力之類的活兒，能養家活口吃頓飽飯就行了。環境熟悉後，再去開墾荒地，向早年來此已有小康之局的同鄉借點糧食種子去耕種。

既已開墾了自己的土地，種植何種作物為佳呢？此地農作物以高粱和大豆為主，大豆是副食品，可用來榨油，做醬油、豆腐之用。而高粱則是主食，一日三餐中至少有二餐得食用高粱，同時又是釀酒的主要原料，需求量頗大。所以當時的農作物中百分之九十都是高粱，大豆祇佔約百分之十。

於是大家不約而同都去種植高粱和大豆（不去重植其他作物的另一原因，乃因此處地處寒帶，每年農曆十月就開始降雪，田地全都結凍，其他農作物無法收成）。以致高粱產量大增，無處銷售。大豆尚可降價求售，油商可以增加產量榨油，但是高粱無論價格降到多低也無法增加銷量。原因是載貨來大連的回頭船，回到家鄉後是將高粱賣給釀酒業者，而酒坊限於設備無法增購，倘若運回日照，除釀酒外也可供人食用，若運去蘇、浙一帶，除釀酒外，無人食用，因當地盛產之大米比高粱好吃許多。

山東人和關東人一樣，也是食用高粱的，烙煎餅、貼餅子全都用得上。將高粱摻上三分之一的小麥或小米、玉米、地瓜等，磨成糊狀，用一個半月型的木片，在一個直徑六十公分圓形的鏊子上，攤開後烙成約半公分厚的薄片。一次烙個百餘張，烙好之後隨手摺成六層大小，以方便存放，可放置數日不會壞。在日照，無論窮、富人家都少不了吃煎餅。（附圖：高粱煎餅）

山東地區也大量種植高粱，每年五、六月時遍地的「青紗帳」指的就是高粱，高粱桿高度有八尺，因此被稱為「高」粱，又稱為「秫秫」，除了釀酒之外，也是山東人的主食之一。

一般山東人在吃煎餅時，是將煎餅捲著炒菜或是豆沫子[1]來吃，富有的人家會把煎餅攤上蔥花蛋煎成兩面金黃色再切成塊，又香又酥，非常好吃。而最簡單的吃法是捲上一根大蔥配上自家醃的鹹香椿芽就著吃。

若是將高粱加少許黃豆一起泡水，磨成糊狀，攤在手掌上，貼在鍋子四周，鍋子中間煮著菜，可能是荳夾子、南瓜、敏豆、茄子之類的，這叫做「吃餅子」，這一鍋，飯也有了、菜也有了，一般鄉下農家經常這麼吃。

高粱在日照既是重要的糧食，需求量就大，但年成不好時，農戶自己吃都不夠，加上魯南大旱已久，根本沒有餘糧賣給酒坊釀酒，導致酒價跟著水漲船高。

當時也有船專程放空去大連載運高粱回日照，購進成本雖然較本地便宜，但是加上往返的船運費後，價格也不便宜，因此市售高粱價格一直居高不下。

而蘇、浙一帶同樣是以高粱釀酒，帆船商號通常是在運送大米進京的貨船回程

1 又稱小豆腐，是以黃豆磨成渣加上蘿蔔絲再加上煉過的豬油渣和蔥花一起炒香的一道菜。

時，到大連裝上一船高粱回去銷售。由於航次固定，載貨量也固定，因此蘇、浙一帶的釀酒業者向來都是以高價買進高粱。

平糴與發跡

父親得知大連高粱因滯銷而囤積了大量的庫存，糧商們個個一籌莫展，隨即電令留守長記的戴獻堂，速查日照市售高粱的價格。隔日接獲回電，每噸為二十八銀元。

而大連的高粱，每噸已跌至八元五角，倘若加上分裝用的全新麻袋成本（每個五角，一噸分裝十包，換算麻袋錢每噸五元），每噸還不到十四銀元，低於日照高粱市價之半。而去年豐收加上前年之存糧，價格還可能更低。

此時，商業眼光獨到的父親，見到兩地高粱價差居然如此懸殊，立即發現商機之所在。

父親思索，若將帶來的三千銀鈔，購買一百八十噸的高粱，再包租一艘小船運回日照，按市價出售，每月兩趟，這樣一個月可立賺三千銀元，利潤已是相當誘人。但若是租一艘大船，一趟載個幾百噸高粱，以大連的高粱成本價加上船租費用，在日照平價出售，而回程則可載運闖關東的旅客。大船一趟估計可以載運幾百名旅客，當時日照到青島的船票是一元二角，青島至大連則是四元八角，一個闖關東旅客的船資就是六元，利潤肯定超過三千多元。

接著父親隨即到大連港邊物色到了一艘八百噸的客貨輪「永昌輪」[2]，正泊在大連港內的「浮筒」邊（漂浮在海面上的密閉金屬筒以鐵錨固定用來繫船，若船未載貨時通常泊於此處），並找到該船代理行，洽詢租船事宜，經代理行詢問後，上海船東願依當時租船行情價租給父親，但一次得租半年，租金可按月支付。

當時的行情，由大連運糧至石臼所，每噸運費是三元，這是單次載運的價格，若是數量多、次數又多時還可議價。倘若包租一艘船，租金是船價的十分之一，視船齡也可再議價。煤、水、薪資等則由承租者負擔。

依當時輪船價格，八百噸的永昌輪船價是十六萬銀元（每噸二百銀元），因此每年租金是一萬六千元，折算每月租金為一千三百三十三元。初估每個月至少可以往返三個航次，每個航次租金約為四百四十四元，換算每噸高粱運費不到一元。

隨後，父親又與幾位糧商協談，表示自己不討價還價，願意以每噸十三元五角

2 坊間曾有人指稱這艘輪船是日本船，事實上並不是，依照一九〇〇年頒布的的「日本船舶法處理程序」條例中寫到「船家在命名時得在船名末加上『丸』字」。此條文已在二〇〇一年廢除，但至今日本的商、漁船大部份仍維持〇〇丸的船名。

的價格購買高粱五百噸。但是有兩個條件：由於父親身上只有三千銀元現鈔，還得先付租船和上煤、上水的費用，因此希望糧商能以延期十五天的銀票做為擔保。另一個條件是，必需以全新麻袋重新包裝高粱，每個麻袋裝一百公斤，只能有百分之一的誤差，以便運回日照時不須過磅即可迅速銷貨，這樣才有可能在四、五個月內銷完所有存糧。

各糧商討論之後，都認為這個計畫可行，賀仁菴和他們是有著十餘年交易往來的老主顧了，又是一家殷實商號的少東，是可以信賴的，而這也是可將存糧立即出脫的唯一辦法，於是大家都願意配合。

貨源、船運安排妥當後，父親又打了一通電報回石臼所，讓戴獻堂和費益堂持電報至日照縣府呈報：「長記行」願意拿在大連購入之高粱用全新麻袋包裝，以每噸十四元五角在日照做「平糶」糧食出售（包括大連運至石臼所，每噸一元的運費），只做批發，不零售。

至於麻袋錢，則是因為在日照，通常購糧者本來就必須自備麻袋或布袋裝糧，現在麻袋轉由長記提供，所以長記出售高粱的價格十分合理。

由於糧價僅為日照市價之半，縣府為了促成這件事，立即張貼了公告：「長記行」願以每噸十四元五角做『平糶』高粱。

這個公告，在當時立刻成了日照縣城轟動一時的新聞。

「糶」這個字，現在很多人都不認得了，因為幾乎已經沒人使用了，這個字唸「跳」，是農業社會時代出售米麥糧食的習慣用字，這個字的一半是米和出，望文生義和糧食脫不了干係，比方說：「我今天去趕集，糶了二百斤小麥。」，通常不會說我賣了若干小麥。和這個字相反的是「糴」（音：迪），是購買糧食的意思，這兩個字都僅限於用在買賣糧食上，如果你說：「我今天糶了五十斤白菜，糴了五斤豬肉回來。」，那就鬧笑話了！

所謂「平糶」是指在甲地購入的糧食，運到乙地時，仍以甲地之價格僅加上運費出售，不另加利潤。一般只有在荒年時由官府或富商巨賈出面承辦，做為救濟性的措施，因為無利可圖，所以極少有人願意辦理。

而父親當時只是個小商人，手中並沒有大筆巨款，但是有累積了十餘年的營商信用及廣闊的人脈和獨到的眼光，這才是經商最大的本錢。

經商當然得有營利，通常在甲地以一元成本購得的貨物，運到乙地加上運費至少得售二元以上。以每噸十三元五角購入的高粱，如果運到日照，將價格訂在二十四或二十五元一噸，已算是傾銷，應該很快可以售完，但恐怕無法造成轟動。既然運糧的目的旨在能夠使用無須自己負擔運費的船，來載運不斷湧入關東的人潮，那不如放手不在糧價上賺錢。

父親在簽約租船後的當晚，立即打電報回長記，約略估算了輪船抵達石臼所的時間，請戴獻堂和費益堂他們，盡速準備十二艘以上的駁船和二十餘名苦力，以備卸貨所需。另外，也緊急擴充人手，父親要戴獻堂邀請王子良、王宴初、賀茂林、裴靜安、賀子章等五位友人加入長記，他們原來都是在石臼所其他商號擔任大掌櫃或二掌櫃的，做事能幹又勤快，賀子章雖不識字，但向來以好口才著稱，他原來是在石臼所西門一帶專門幫客棧拉客人，順便幫船行攬貨，所以委由他全權在客棧招攬欲搭船往大連的旅客。

接下來，還得盡速準備三種船票：

（一）石臼所至青島、（二）青島至大連、（三）石臼所至大連。

因為從石臼所到大連的船，必須得在青島上水、上煤，同時也在這裡上、下客。

由於當時石臼所並無印刷廠，變通的辦法是刻了三個上面註有「長記行」但抵達不同港口的大印章，蓋在如紙鈔般大小的「毛頭紙」上，由戴獻堂、費益堂、賀椿林等人一起協助，以朱紅色的印泥先蓋了總數約八百張的船票，交給戴獻堂收在銀櫃裡。

各種確認事項耽擱了些時間，到了當天下午二時才開始上儎糧包。五百噸的高粱上儎約需五個小時，然後再上煤、加水又耗去兩小時，此時已是當晚九時了。由大連至石臼所的航程大約需要二十八小時，為了配合在清晨時分抵達石臼所，所以次日凌晨三時才開船啟航。

第三天清晨，父親隨「永昌輪」抵達石臼所，看到岸上像是趕集似的擠滿了人潮和獨輪車，人聲鼎沸。海面上還泊著好幾艘三桅「風船」和十幾艘「一丈八」的小船，心中頓時放心不少。這一路上，他一直顧慮著這五百噸的貨不知多久才能賣完，從未想到還有開著小沙船直接來買糧的人，甚至為了搶購糧包而起爭執。

船是租來的，能省下一日的時間，就省下一天的租船成本。不在糧價上賺錢，只要能造成銷售熱潮，讓糧包運至石臼所時以船邊交貨的方式，迅速騰空船艙，就能馬上載客。

「船邊交貨」是當時輪船行最常用的方式，貨船將貨卸在碼頭上，由買主前來買貨，並自行負擔從碼頭至目的地的費用，如果當地沒有碼頭，則由買主自僱駁船或由船行代僱，轉運至岸邊，再由苦力扛上岸。每艘駁船一次可載二噸，包括苦力的費用在內，每噸二元，由買主負擔。

當時的石臼所、濤雒等地都沒有碼頭，輪船抵達後，錨得泊在距離岸邊七、八百公尺之處，再以駁船轉運上岸。

倘若買主未能如期提貨，則會先將糧包卸至臨時場所，再加收因未能立即提貨所衍生的費用，之後糧包若有受潮、失竊等事情發生，船主一概不負任何責任。此條款在買主的提貨單上已清楚註明。

而當時的行規是輪船抵達時間，除非有不可抗力之因素，否則不得超過預定時間四小時以上。

但這批貨如果當日未售完，則需暫存岸邊之臨時場所，若因此失竊或受潮等損失，得由長記自行負責，所以必須要有一個安全的場所存放。

一九一九年，父親幫祖父做了一場成功收購劈豬的生意，在石臼所海崖頭邊的土地上築了三間棚屋。此時這些棚屋全都空著，醃豬池的木板也都已經蓋上，正好可以用來做為長記臨時堆放糧包的場所，除了直接以小船前來購糧的，其他糧包一律運到此處集中。

兩位掌櫃站在糧包邊上，一人收款記帳，另一人點交糧包，購到糧包者可以先堆置在此，再裝上獨輪車自己看管，不會和別人的混在一起。大門外還有一位監看者，隨時注意場內售貨的情況，並指示苦力將糧包放置在何處。這個場地還算大，除了堆置糧包外，同時可以停放五十輛獨輪車，一台獨輪車一次可以載兩個各一百公斤的糧包。

此時「永昌輪」上也有兩位掌櫃，也是一人收款記帳，一人點交糧包，由船的左舷將糧包直接吊到船邊買主的小船上。船的右舷為駁船，將一部分糧包卸下送到海崖頭的棚屋，船的兩邊四個吊桿同時卸載，自清晨八時開始至下午四時，已卸下四百噸左右的糧包，岸上同時也差不多將這四百噸糧包售完了。

第四日的上午，五百噸的高粱已全部售罄，並已清空船艙，四百位預搭船往青島、大連的旅客，也全都登上了船。

父親由費益堂陪同，將糧款、船票全帶上船出發，先到青島上水、上煤。待到第五天上午，又有約二百名旅客上船，他們多半是搭乘膠濟鐵路的火車到青島要去闖關東的。船於當日上午九時自青島起程，第二天上午十時抵達大連，算算時間費了六日半，不到七日。如此算來，一個月往返四個航次應該沒有問題。

父親將帶來的船票收入全給了糧商，不敷之數仍然欠著，前面作為擔保的銀票則是拿回來了，此時已經不用再開銀票保證了。照這樣看來，不出一個月，自備的款項已經足以支付一船六百噸高粱的貨款了。八百噸的「永昌輪」其實載貨量最多只能上儎六百噸，因為還得騰出二百噸的空間，做為上煤、水的重量。

一開始跑的兩趟，由於作業流程不夠熟悉，多費了些時間，自第三個航次後，出售糧包和船票都已上軌了。所以從大連運糧至石臼所卸貨後隨即上客開船，再開至青島上、下客及上煤、上水後直航大連。此時也無需等待售糧貨款全部收齊才上客開船，節省了很多時間，一個月往返四個航次還用不完。

而前來搶購便宜高粱的買家，甚至往南延伸到了蘇北的晌水口（燕尾港）、射陽、阜寧一帶。原本江蘇一帶的釀酒業者都得等貨船從大連載回高粱，現在許多買主索性直接派風船等在石臼所，糧價和在大連購糧的價格也相仿。

消息很快傳了開來，不僅山東一帶欲闖關東的旅客將石臼所做為啟程口岸，來自莒縣、沂水、蒙陰、蘇北等地要闖關東的人，也都到石臼所乘船，每日旅客少則三、四百人，多則五、六百人。

父親原本估計這個生意能做上三、四個月，現在做了五個多月還欲罷不能。大連糧商也鬆了一口氣，因為長記大量購買高粱，將他們的存糧差不多都出清了，糧價也開始回升。而日照地區則因開春以來雨水調和，估計秋收後不會缺糧，順利的度過了這段糧荒期。

父親也因此為自己賺得人生第一桶金「十萬大洋」。接著又買下了南門裡路東的院落，擴充門面及經營規模，並將「長記行」改名為「長記輪船行」，開始正式經營海上客、貨運輸事業。

此圖是吉林省公主嶺市內的火車站前，堆積如山一望無際的糧包。
而東北三省有數十個這樣的車站，可以想像有多少糧包露天堆置。
此時若下一場雨，這些糧包勢必全部泡湯，糧商必定損失慘重！

圖 1　公主嶺

圖 2　高粱煎餅

第五章　長記輪船行發展

開啟航運事業

長記行因為一九二六年作了「平糶」糧食和載運闖關東的旅客大有所獲，改名為長記輪船行，此後航運事業開始蓬勃發展，也為石臼所鄉親帶來了許多工作機會。

戰前最盛時期，包括靠祖父福春行經營的各項買賣，以及長記輪船行的掌櫃、船員、伙夫，再加上岸邊以及駁船上、下卸貨的苦力等等，單單石臼所一地，就有一千多人在我們家幹活兒。

二〇一四年我和小妹返回老家，在當年福春行的對面，遇到一位大約七十來歲的王大娘，她住在我們老家被解放軍拆掉後改建的房子裡。王大娘並不認得我們，但卻知道一些父親的往事，她感慨的說，當年要是誰家吃不上飯了，都是上長記找賀仁菴。

石臼所從一九二六年秋天父親發跡後，到一九三七年抗戰爆發前，這十年多的時間曾經輝煌過。當時此地陸續開了二十幾家客棧，小飯館也有十來家，賣吃食的棚攤更多，市面十分繁榮熱鬧，往來石臼所的船隻也日漸頻繁，石港等地的漁船會載來許多鹹乾漁貨在海崖頭等待客人來買。

祖父看到這種情況，發現並無其他商號經營這項生意，於是又在石臼所南門外的左手邊，買下一處約四百坪的店鋪，開設了「海豐漁行」。經營項目是將外來漁船載來的鹹乾魚、金勾蝦米、蝦皮、小墨魚乾、墨魚蛋等全數收購，賣給本地小商鋪或是逢五趕集的小販，海豐漁行也算是福春行的分支行號。

這段期間也是自民國以來，石臼所最繁華的一個時期了，至抗戰軍興，日本人多次派軍轟炸石臼城，居民四處逃難，此地開始沒落。少了闖關東的旅客，沿海也不再有漁船往來，收購批豬和米子的商號也都歇了業，比起全盛時期，市面上車水馬龍的情況差得太多了。

由石臼所往東北至青島，航程約六十七浬，水流為逆流，順風時，航速約七、八浬，清晨出發即可傍晚抵達；但若非順風時則可能得耗上十五、六個小時，甚至二十個小時，抵達時已是午夜，又得等到天亮才能進港。若是無風或逆風太強，往往得等上好幾天才會開航。而自青島經石臼所至西南口沿岸，有濤雒、嵐山頭，拓汪、新埔（海州）、連雲港、燕尾港等地，水流雖是順流，但也得看風向才能決定是否適合出航。

當年所有海上運輸全都倚賴帆船。而帆船能否順利航行又受風力強弱和風向所影響，導致水路運輸無法掌控時效，已逐漸跟不上日愈發展的經濟需求。且海上經常會有大風浪，夏季日照、上海等地也會有颱風侵襲，這些都是帆船運輸上無法克服的天災。

由於父親長年搭乘自家帆船往返於上海、青島、大連等地坐莊買賣貨物，多年下來，逐漸關注到了日益普及的外國蒸汽機輪船。有鑑於輪船航運時間較短，載運客貨數量之經濟效益至少為帆船的十數倍，受天候影響也較小，而此時又正逢第一次世界大戰後，英、法、德等洋資航商無力也無暇東顧，因此深刻體認到無論就經營效益或政治情勢，此一階段應是發展輪船航運最好的時機，不過限於當時手上資金有限，也只能暫且將這個人生願景留在腦海中。

一九二三年，青島的日本航商「中村組」，派了其國內淘汰下來的約百來噸的「海州丸」、「陰崎丸」兩艘小船，定期航行於青島至石臼所及西南沿海載運客、貨，因此沿岸之客貨全為日輪所包攬，航權淪喪，凡具國家民族意識者莫不痛心疾首。

父親看到此一現象，更加發下了發展輪船航運的宏願，祈望能早日以國輪抵制日輪。一九二六年，「長記行」更名為「長記輪船行」後，父親因手中存有資財，正可以實現心中的夢想，便計畫盡速購買輪船投入營運。

中日航權之爭

一九二六年秋天，父親帶了一位翻譯赴日本，購買適合當時中國華北一帶所需之客、貨兩用輪船。此時日本剛剛歷經了明治維新，國內經濟快速發展，輪船噸位越造越大，十分樂意將噸位較小的輪船賣給中國人。

父親購入的第一艘輪船，載重約三百三十噸，父親將此輪命名為「長春輪」，既有行號「長記」的「長」字，又有祖父「福春行」的「春」字，同時此二字亦帶有長長久久、春回大地萬物興的吉祥之意，以此名做為長記發展輪船航運的第一艘船名，是再恰當也不過了。

當時青島西南口一帶，有一些駕駛帆船經驗豐富的船老大，他們熟悉該地沿岸的海域，但沒有操作蒸汽輪船的經驗，於是父親託大連的朋友介紹適合的人選。後來請到了威海人呂明奎來擔任船長，呂明奎曾在其他船公司當過大副，對蒸汽輪船操作有足夠的經驗。他又介紹了另一位大副和輪機長，父親也挑選了幾位帆船老大來擔任船員，跟著學習，目的是要為長記培養一批人才班底。

由於長春輪較新，主機較為先進，航速也比日輪至少快了一海浬以上。而「海州丸」、「陰崎丸」是日本多年前淘汰的老舊小船，航速慢；且日輪的船長、大副等高級船員優越感甚重，素來氣燄囂張，對待鄉民態度十分傲慢，見窮苦旅客衣著沉舊又土頭土腦，均視他們為低等賤民，雖然讓許多鄉民極為不滿，曾思加以抵制，但在沒有其他選擇之下，只能忍氣吞聲。但長記的船員對待鄉親態度親切和善，偶遇買不起船票的同鄉還給予優惠，因此十分受到鄉親們的歡迎。

且日輪只航行在石臼所南、北口岸，欲闖關東的旅客，若搭乘日輪，必須在青島下船、住店、等船、轉乘，但長記的船可直航大連，因此欲往關東的旅客得以免除這些麻煩和花銷，節省了許多時間。再加上長春輪的航速較日輪快，噸位也大了一倍多，也就是裝載貨物量至少能多一倍以上，而所需船員人數與海州丸相同，也意謂著成本較低，即使減價競爭，仍然可以獲得相當利潤。

長春輪的動力來源是蒸氣機，因此必須燃燒鍋爐，以高壓蒸氣推動輪船前進。因鍋爐裝置在機艙內，溫度長時間在攝氏四十度以上，當時也沒有抽風機、電風扇，更沒有冷氣機等設備，因此在機艙裡工作的伙伕們全都得打著赤膊，還得每兩小時換班一次，否則體力無法支撐，可說是十分辛苦。

不過，由於此時北方各地仍為軍閥所割據，國民革命軍又剛起兵北伐，終年內戰，民生凋敝，華北一帶並沒有什麼大工廠或大商號有大量貨物需要載運，唯一的大宗貨物除了大連出口的高粱、大豆外，只有日照出產的花生米和劈豬；但劈豬上的鹽滷會腐蝕甲板上的鐵板，不適合輪船載運，而且出售劈豬的商號也都有自己的帆船運送。因此，父親所面臨的挑戰，除了得和日輪競爭外，還有大環境的困難需要克服。

父親天生性格堅毅，打小時起自己賺取零花錢，後又因為獨具商業眼光，賺得了人生第一桶金，成立了長記輪船行，向來不輕易屈服於環境的挑戰。因此父親一邊和日商競爭石臼所至青島之客貨航線，同時也競爭石臼所往西南一帶至燕尾港等沿海各口岸的客、貨運輸。

大約半年後，由於長春輪每個航次均滿載，甚至超載，一艘船已不敷實際營運所需，因此父親認為若再買一艘船配合航行，必能創造更佳的營運績效。

一九二七年春天，父親又至日本購回同樣型式，噸位略大的「同春輪」，加入這場航權之爭，打算以子之矛攻子之盾，使其務必得到最後的勝利。

此時日輪雖然已無旅客，但仍有貨物可載，勉強可以維持營運。由於載運貨物是日輪委託代理行向商號承攬的業務，兩者之間已有多年合作關係及利益糾葛，以商業立場，無法讓代理行不要代理日輪的貨運業務。

於是父親犧牲部份利益，把給代理行的佣金提高、運費也給予折扣，以更優惠的條件打動代理行，逐漸把貨運的生意也轉到長記的手中。父親一連串的策略全部奏效，日輪先是遭到乘客唾棄，後又因攬不到貨，甚至經常空船往、返，最後祇好於一九二七年秋天停航，距長記輪船行正式營運只有短短一年的時間。

日輪停航後，日商「中村組」原本想將「海州丸」以極低廉的價格賣給父親，被父親拒絕，後來賣給了親日份子的裕泰輪船行葉老闆。不久後，這艘船因走私白糖遭海關查扣，貨、船均被充公，船體經拆解後，鐵板公開標售，甲板以上木造物全部燒毀，僅剩下拆解困難的鍋爐棄置於石臼所岸邊。

此一中、日航權之爭，日輪潰敗不敵，中國航商獲得全面勝利！父親的作為，贏得了民間和商界一致的好評。不但讓長記輪船行跟著蓬勃發展，也因此獲選為石臼所和日照縣商會會長。

前台灣國防部長孫震、中研院經濟研究院院長于宗先及台大國企業究所所長陳希沼教授等魯籍旅台社會賢達，於民國二〇〇〇年所出版的《山東人在台灣》工商篇一書中，就特別讚揚了父親的這一役：「華北沿海航運為日商所包攬，航權淪喪，先生乃購輪船與之對抗，經年奮鬥終獲勝利，致日商停航。」

陸續購入新船

由於長春和同春都是客貨兩用船，上、下客及載貨裝卸需花費的時間較長，一九二七年秋天，父親又前往日本購入「承春輪」，此輪船艙內沒有艙房，是一艘專門用來載貨的船，往返航行於天津、大連、青島及石臼所之沿岸大小港口，甚至南至上海，何處有貨可載，就往何處航行。而長春和同春則專門載運旅客及旅客隨身攜帶的行李，或是少量的貨物。

為了爭取更多商機，一九二八年春，父親又至日本購入「迎春」和「得春」兩輪，這兩艘船也是以載客為主。航線是青島、大連、天津往返，有時也掛口威海、煙台等地。（附圖：迎春輪、得春輪）

一九二八年六月，北伐成功，連年烽火終於停歇。北方各地百姓生活漸趨安穩，民生迅速發展，商業開始復甦，長記輪船行正好掌握此一先機，而此一時期輪船運輸仍屬新興事業，幾乎無同業競爭。搭船旅客及載貨數量日漸增多，輪船客位、貨艙供不應求，使得長記輪船行更加快速的發展了起來。

由於承春輪專門載貨的嘗試，績效頗佳。因此，一九二八年秋天，父親又至日本購入「永春輪」，投入載貨行列。承春輪和永春輪原來都是航行於日本瀨戶內海沿岸載運貨物的船，航速較慢，只有八浬。此後又陸續向上海國籍輪船公司購入「中春輪」和「盛春輪」，航線也得以更向南方伸展，往返於上海、寧波、福州、廈門、等地，載運旅客和貨物，船籍港口都登記在上海。

隨著長記輪船行的經營規模擴大，石臼所的腹地已不敷使用，而石臼所前海又是個淺灘，沒有天然碼頭，長記所有往來此地的輪船都必須停靠在七、八百公尺左右的外海，再以載重僅二噸的小型駁船將客人和貨物陸續載上載下，十分不便。現在客貨量又大幅增加，接駁問題就非常耗費時間。

父親原本還顧著石臼所的發展，想在此地興建碼頭，但限於地形和當時的技術，無法實現，加上石臼所其實僅是個瓢頭（葫蘆）大的地方，早已無法容納越來越多需要運送的貨物和旅客了。

此時青島也已成為長記輪船行南來北往的樞紐，因此，一九三〇年夏天，父親在青島市館陶路十五號設立了長記輪船行總行，並在小港沿設了長記的煤場和機械修理廠，分行也向北擴展至威海、煙台、營口、天津；向南又增設了連雲港及上海分公司及各地的倉庫和煤廠，同時也在上海十六鋪碼頭邊的大樓，設有售票處（附圖）。

一九三四年春，津浦鐵路局向挪威訂購了三個火車頭，以一艘法國製造的輪船，自挪威經埃及蘇伊士運河、印度洋，再經麻六甲海峽、台灣海峽，沿黃海繞了大半個地球後，進入長江，航行到浦口（南京對面，隔著長江）。

火車頭在浦口交貨後，因並無回頭貨可載運，船東也不願空船再繞半個地球回去，因此打算就地拍賣。

父親接獲上海友人通知，立刻從青島搭了四人座的雙翼飛機飛到南京。由於此船仍算新船，因此價格較高，船價約十二萬大洋，據父親說，只比次高出價者多出了不到一萬大洋。

這艘貨輪噸位約九百噸，特點是機艙和鍋爐都設在船尾（當時大多數輪船的機艙和鍋爐都設在船的中間），大軸和螺旋槳很接近，因此兩者之間的距離不需要很長，節省了造船成本。

由於歐洲當地港口冬季冰封，因此這艘船船艏的鋼板較一般船厚了許多，船艏底部的弧度也比一般輪船大，而且由於機械設備都在船尾，因此空船時船艏會翹得比船尾高，可以兼作破冰船。

冬季天津河、遼河也會結冰，如果這一帶有貨物要運送，就派這艘船去，船艄會翹到冰面上，可輕易的將厚度二十公分以內的結冰壓碎，讓船順利前進航行。

這艘船既然是在長江上買到的，因此父親將船命名為「江春輪」。又在青島招募了船長和一批船員來到浦口，把船開回了青島。

此時「長記輪船行」已正式成為中國華北地區最大的私人海上航運公司。

在這一、兩週的等候時間，父親也順便考察了此地的航運業務。發覺長江沿岸各商埠的客、貨運輸量都很大，客源多、貨源多就是商機所在，因此開始對長江一帶的客、貨運輸感到興趣。同年秋天，父親便在南京購入了一艘國輪「宜春輪」，開始試營運長江一帶的業務。

一九三六年底，父親在天津的朋友欠了他一筆款子，還不出錢，便將他那艘「華順輪」抵給父親。此輪多數時間都是載運江蘇省燕尾港一帶所出產的大米至天津。當時在北方，大米除了運給官府外，其他都是賣給有錢人家或經營買賣的商號給掌櫃們食用，因此需求量頗大。但購入此船後未及更名，隔年七月抗日戰爭就爆發了。

開闢新航線

自蘇北的新安鎮（現稱新沂市）往東至海州區，往南至鹽城一帶，稱作「黃淮平原」，舊黃河、淮河、沂河、射陽河等七、八條河流都在此地出海，因此河沙淤積十分嚴重，也有許多淺灘區。

黃淮平原的阜寧縣早年十分繁榮，有一條大河在此出海，河道拐了許多彎，為的是減緩水流速度，以利行船，看得出來是人工改道的。有多處甚至將河道往南拖上十數里，繞了一個大彎再回到原處，形成一個大圈子，河水流往東方，並設了河閘，這樣的圈子有二處，十分巧妙，原河直線距離僅約七十公里，蜿蜒後的河道變成一百五十公里。

據當地人說此河是隋煬帝所開鑿的，但中外海圖全無記載。父親也未再仔細查考，就以「隋煬河」稱之，其實該河正確名稱是「射陽河」，因為是在射陽縣出海。或許父親把蘇北口音的「射陽河」聽成「隋煬河」也不無可能。

由於此地糧產非常豐富，如阜寧、射陽、濱海、健湖等四縣。父親看到當時並無輪船將這些糧產運至外埠出售，甚為可惜，於是計畫在此開闢新航線。

父親耗費鉅資聘請工程人員於射陽河測量河道上、中、下游河水深淺度，並於水深處設立航行標誌，以確保船隻航行安全，又在阜寧、千秋、射陽河口建造了碼頭及倉庫共三座。

接著又在上海打造了「長寧一號至十號」，十艘每艘載重八十噸、裝置單氣缸柴油發動引擎之大型平底船，由於平底船較輪船吃水淺，因此可航行至淺水區，可將阜寧附近各縣之出產經射陽河繞航至燕尾港，由輪船接駁運往上海，轉運至華南、華北各大商埠。

為了經營這條航線，長記在阜寧設有分行，聘請當地富戶楊溯吾擔任經理（戰後父親也給了他長記的股票），負責各項進貨及運輸業務，並於一九三七年初開始營運。遺憾的是，數月之後遭逢七七事變，抗日戰爭爆發，日軍侵入我國各個港口，一夕之間山河變色，長記也面臨了空前的變局。

圖 1　迎春輪

圖 2　得春輪

上海十六鋪碼頭(戰前長記於右側大樓一樓設有售票處)

圖 3　戰前上海十六鋪碼頭 (長記售票處)

第三部 淵遠流長

賀仁菴

華北船王

第六章 老家日照石臼所往事

陽光日照

「日照」是一座位於中國大陸沿海中部，山東半島尾翼、東臨黃海與日本、韓國隔海相望、西靠沂蒙山區、北連青島，南臨江蘇連雲港的美麗城市。也是所謂中國「北方的南方，南方的北方」。

北宋元佑二年（一〇八七）朝廷設置日照鎮，自此始有「日照」之稱，取其「日出初光先照」之意。

有人說：如果站在泰山上看日出，日出的地方就是「日照」。

日照是中國「龍山文化」以及世界五大「太陽文化」發源地之一，因此日照素來有「東方太陽城」之美譽。而日照出土的「陶文」，則是距今六千三百年－四千五百年前大汶口文化的遺址之一，屬於新石器時代文化，大汶口文化最重要的發現就是陶文，這種疑似文字的刻畫記號極可能與漢字的起源有關，從地層關係和陶器特徵上都證明大汶口文化是龍山文化的前身。

至於日照出土的「黑陶」則是龍山文化中最典型的代表。黑陶已有四、五千年的歷史，具有『黑如漆、亮如鏡、薄如紙、硬如瓷』的特點，被史學家稱為「原始文化中的瑰寶」。因此日照也被稱為「中國黑陶城」，是中國古代文明重要的發祥地之一。

日照境內還有百餘公里的海岸線和六十公里的金色沙灘，是中國沿海未被污染的黃金海岸，有著「中國第一金沙灘」之稱。所謂碧海、藍天、金沙灘，說明了日照沙灘之美。

如今的日照，雖然經過漫長歲月的洗禮，但陽光依舊燦爛，美麗的浪花依然拍打在海岸上。

石臼憶往

「石臼」位於日照市東部濱海路的南端，北有絲山層巒疊翠，西南有奎山為天然屏障，依山傍海，景色宜人。

石臼建村始於宋代以前，迄今已超過一千年，歷來為海防重地，軍事要塞和商船往來頻繁之地。「石臼」之稱據傳是因村後有大片裸露之花崗岩遍佈「碓臼」狀坑穴而得名。另有一說為宋朝時期有漂泊自海上來的漁家在東南隅岬角駐足拴纜，上岸舂米，形成多處臼狀石坑，因此被稱為「石臼」。

石臼是日照的天然港口，早在四千年前，石臼先民就在東海域以捕魚、拾貝維生。明朝時，石臼人更開啟了揚帆遠航，到外地經商之風氣，其後石臼更成為南來北往海運中樞，漁舟出入，商賈雲集。清朝時期海上貿易更加繁榮，從江南到京城的糧食、貨物轉運都經過此地。安徽詩人方正玭[1]在《石臼所觀海》中曾作詩吟誦：「江淮紅粟達神京　轉運都由石臼行」，可見當年石臼的盛況及其重要性。因此，石臼也是中國早期最發達的港口之一。

石臼所城實際上並不大，略成四方形。早年四周建有城牆，據說繞城一周有三百八十丈，因此換算城牆每邊各距有九十五丈，城牆外高二十尺、內高十四尺，城牆上設有人行通道以及「城垛」，垛深有六尺，可供守城者躲避，城牆寬約四尺，以方便守城者走動。

城牆全都採用日照絲山所產的花崗岩建造，東、南、西、北各設了四個城門，城門上面還設有城樓，便於看守城門者駐紮防守；城樓上立有匾額，分別是「東望

1 方正玭，安徽桐城人，青浦教諭，在任期間曾多次來日照石臼。該詩真實地描述了石臼海口作為江淮紅粟漕運進京轉運站的地位和海運盛況，並寫出石臼海口外地商人雲集帶來的南北文化交融以及石臼興盛時期的舟中夜市，表達了對海口軍事防務的感歎及對英雄的懷念。

瀛」、「西瞻奎」、「南安瀾」、「北奠盤」。

城內、外居住著石臼所的四大家族：高、劉、賀、侯，以及若干其他姓氏者。

石臼所城內有南北、東西兩條大街，在十字街口交叉而過，這個十字街口就是石臼所的中心位置。雖然被稱為十字街口，但實際上並不熱鬧，早前曾經繁榮的景象早已不復見。

記憶中石臼所十字街的東北角是個公安局，平時約有八、九位警員執勤，門外設有崗亭，有巡警站崗，十分威風。

其實公安局極少有老百姓來報案，如果有人報案，就趁機敲他一筆。說的明白點，當年這裡其實是個撈油水的地方。

一九三四年八月，就發生了一件撈油水的事。話說義合公號的陳祥卿，也是以收花生米和劈豬為生，由於院落不大，人手不多，所以載貨來的獨輪車只能將車子停在大街上。在過秤後進去結帳的空檔，車上的豬隻並無人看守，而前一年運到上海的劈豬被買主發現其中有三、四隻都少了一個耳朵，因此原本用來祭拜神明的豬頭只能和豬尾巴等下腳一起賣了。少了一個耳朵的劈豬在裝船前陳祥卿[2]並沒注意

[2] 陳祥卿本名陳興，是祖父的朋友，比父親大十多歲，不識字，幼年時喪父，其母拉拔他長大，十分孝順，稍長誤交損友，牽涉到一件海盜案件，為捕快拘捕到案，被當成「漢龍根」（清末海盜之稱），

到，等到經銷商來投訴時，陳某心想這一定是經常在街上玩耍的那幾個野孩子幹的事。

隔年又到了收劈豬的季節，陳某躲在店門後盯著，果然看見兩個野孩子瞅著四下無人，溜到車邊掏出小刀，割下一個豬耳朵，兜在懷裡就跑了，陳某跳出來大聲斥喝追趕，追到了一個，一巴掌就呼了過去，這個孩子倒退躲避，他再出手時，孩子腳沒站穩，仰面向後跌倒，後腦勺朝下撞到了地上的石頭塊，半天沒爬起來，再看已氣絕身亡，陳某大驚失色，急忙逃走躲了起來。

事發地點距離石臼所的公安局不遠，局長得知消息後立刻過來處理，孩子的娘也來了，哭天哭地的向柳局長下跪，要求局長抓到陳某後給孩子遞償（償命），柳局長說：「抓到他會把他移送縣府，會不會遞償得縣長說了算！」。此時陳某便託了地方幹事，找到孩子的族長，族長對孩子的娘說到賠錢的事，孩子的娘哭著說：「得先叫他遞償，再談賠錢的事！」，族長分析道：「孩子是自己跌倒的，遞不遞償還是個未知數，現時柳局長還沒將案子往縣上送；一旦送到縣上，就算妳想要錢

審成死罪，等待秋決，其母跪求曾祖父搭救，曾祖父念其年幼無知，會同高舉人連袂向縣太爺求情，蒙施恩獲緩刑暫准假釋，由曾祖父具保將其領回（此事曾寫於曾祖父之墓碑銘上）。其後改邪歸正，開始挑擔販魚。某年一場暴風後漂來了一艘半沉的「一丈八」小帆船，破損嚴重，陳興將破船買下，修復後使用，1925 年在石臼所東門裡的路南開了一家「義合公行」

了結，恐怕也不行了，不如趁他現在願意賠錢時先把錢拿到手再說。」，陳某躲了半天，柳局長吩咐公安局的辦事員傳話給他：「躲著有什麼用？跑的了豬，跑不了圈，案子我先壓著，你得趕快來了結！再晚了，要是弄得風聲傳到縣裡，我也壓不住了！」。

第二天一大清早，父親還沒起床，大媽正用一個汽油爐子燒開水，準備沖冰糖麻油蛋花給父親喝，我也在旁邊等著喝上一碗。陳某突然跑進我家來找父親哭訴，請父親去向公安局長說項，父親了解全部情況後，對他分析：「這是事關人命的事，柳局長的確擔待了大責任，他暫時沒報上去，自然是要等你的好處，一旦將案子報上縣衙裡，那他別說是吃一點肉，恐怕連一點湯也喝不著。這是擋人財路的事，既然族長已經插手管了這事，就請族長向柳局長說個實情，我也幫你打個電話給局長說說情，柳局長應該也會看在我的面子上通融一些。你的風船尚可抵押個六、七千元，房產最多能典當個四、五千元，加上行號裡的周轉金，一時之間怕是湊不出二萬元。其實柳局長也很著急，好不容易撈到這種大案子，時機一過也就飛了，到那個時候，你祇好往大牢裡蹲，不死也得脫層皮，所以你自己得估量好，能拿出多少就拿吧！不趕緊和解了事就糟了！」

此案的結局是陳祥卿拿了一萬五千塊錢，在族長家和苦主和解，局長分得了一萬二千元，苦主拿了二千元，族長和目擊證人也都分了些好處。

東南角有石臼所唯一的一家小百貨行，店名叫做「吉合」，販售各式土、洋雜貨，胭脂花粉、潤面油、桂花油、花露水和「香胰子」[3]（香皂），這個小百貨行也賣些針、線等生活用品，我七歲時自己也紮了一個八卦風箏，就是上這兒買的「細三股」作放線。

當年有句順口溜，形容嬌生慣養的千金大小姐是這麼說的：「大閨女不洗臉，因為沒有玫瑰鹼；大姑娘不梳頭，因為沒有桂花油；大姑娘不吃飯，因為沒有煎餅捲雞蛋。」，所謂玫瑰鹼就是加了一點玫瑰香味兒的土胰子。

吉合百貨店門前，每到掌燈時分，就會出來一個賣燻雞、燻肉的小攤子，雞和肉先滷過，再用松枝燻成焦黃色，遠遠聞著就讓人流口水。用一個木盒盛著，以四隻交叉的木桿撐在下面，盒子四邊有透氣的小孔，插著一支支切成小塊的雞肝、雞胗、或是雞腰子，也是燻過後再塗上雞油，十分誘人，買不起燒雞的人，就買幾塊雞肝或雞胗來解饞，旁邊還點著一盞有玻璃罩的燈，雞是整隻賣，但是每隻雞都沒有腳，早年日照人無論窮富都不吃雞腳，認為雞腳上長著鱗片，是不能吃的。燻肉則是去骨的豬頭皮、豬耳朵，論斤兩賣。此外，還有一位推著一台小平車賣滷牛肉

3 早年鄉下人用豬的胰臟搗碎後加上鹼塊混勻，用手團成圓扁的形狀，稱為胰子，因為胰臟有脂肪，所以又叫做「肥」皂，據說拿來洗臉頗有滋潤效果，後來從青島、上海等地由帆船載回來的外國香皂就叫做洋胰子或是香胰子

的「回回」，車上放了一個大鐵盆，裡面放了許多滷好的牛肉，外面蓋上了一塊三尺見方的小棉被，這個回回，打從我有記憶以來，一直都在這裡擺攤。

長記的掌櫃們晚餐後就寢前，如果想吃點消夜、喝點小酒，就會出來買一隻燒雞或是切一斤豬頭肉，有時東院父親那兒有客人，晚餐後我就在西院閒坐，等著父親一起回家。遇上的時候，他們也會撕個雞翅膀給我吃，這個臨時攤子主要的客人都是商號的二掌櫃或三掌櫃，每天只出來大約兩、三小時，東西就賣完收攤了。

西北角有一家賣雞滷子麵的棚攤，把整隻雞燉好後撕成細絲，再把現桿好的細麵條煮好放在碗裡，把雞絲放在上面，淋上雞湯，灑上蔥花，再加上少許香醋和芫荽，十分好吃。有時家裡來了客人，錯過了午飯的時間，祖母就會吩咐辦飯的女覓漢去叫兩大碗雞滷子麵，賣麵的會用木製的提盒送到家裡來，這就算是很好的點心了。

西南角有個攤販，擺在南北大街的路口邊上，賣零食和手工製作的的糖球，像個玻璃彈珠，也賣糖蒽，把快要融化的糖趁熱反覆拉成白色就完成了；還有核桃酥，其實核桃酥並不是用核桃做的，只是花生糖板。這個攤子十分敬業，每天由早上擺到掌燈時分，也會賣些節令之類的食品，夏天賣切片的西瓜，端午節前兩個禮拜，攤子上就多了個蒸籠賣粽子，粽子是大約十公分的等邊三角形，裡面包了三、四顆紅棗，叫作「江米小棗粽」，吃的時候要沾著紅糖吃。等到入了陰曆八月，又把蒸籠拿出來，打開來是冒著蒸氣的小芋頭，多給兩個銅板還給你一小包糖沾著吃，也賣蒸的很軟爛的帶殼花生，連牙口不好的老人家也能吃。中秋節前也開始賣酥皮翻毛月餅，只有棗泥、蓮蓉、青紅絲和五仁餡兒，沒有其他口味。

西門大街十字路口的路南，對著賣雞滷子麵的，有一家點心鋪子，我們稱它作「菓子[4]鋪」，專賣各式油炸類的點心，這條大街上還有一家賣油條的鋪子，我們也叫它「香油菓子」。

由城北門進入，經過幾戶人家，路西有家染房，店主把從連雲港運來的土布和上海來的洋布染成陰丹士藍、藏青色或者黑色，搭在門前的竿子上晾著，晾乾後，捲成一卷一卷的賣給貨郎。

染房隔了二戶人家是座「火神廟」，供奉著保佑家宅不會失火的神明，平時會有百姓送點香油錢來。每年正月十四到十六，火神廟辦花燈展，城內外的居民男女老少，都會在此時前往觀賞花燈。

福春行的南鄰也姓賀，我們叫他「小紅眼家」，隔壁有家賣開水的，叫做「茶壺爐子」。店門內有個很大的燒著開水的爐子，以鍍鋅鐵皮打造而成，爐心燒煤，高度約有四尺，直徑約一尺半左右，每當水沸騰時，蒸氣就會吹響上面的一個高音

4　菓子（わがし），日文「點心」的漢字寫法。

哨子，發出尖銳響亮的聲音，連遠在十字街口的人都聽得到，需要開水的人就會帶著熱水瓶來買，不必付他錢，只要給他一隻大約二寸長、一公分寬的竹籤子，竹籤上頭有個特別的記號，一次向他買一百支，放著備用。

老家的南面是西街（不是西門大街），是石臼所內除了東、南、西、北門大街之外，唯一被稱為「街」的一條路，東起南北大街，從西街走過一小段轉角就到了西門裡的賀家巷。

西街的路南有石臼所唯一的一家中藥鋪子，主人兼醫生，是我們同宗的叔祖父，有個兒子，我們背後叫他「痲二叔」，是個浪蕩子。沒錢花時就偷賣家裡名貴的藥材，弄到藥鋪幾乎撐不下去，大爺爺擦眼抹淚的找父親想辦法，從此我們家去那裡看病拿藥都不用再給錢。

藥鋪斜對面是我家右鄰，是一間「賃鋪」，專門替人家辦婚喪慶典，出租八人抬的大花轎以及四人抬的新郎迎親藍呢轎子，還有用來辦喪事的十二人抬的花罩，將棺木裝在裡面，再蓋上繡了金色壽星或是八仙過海之類圖案的罩子，此外還有鼓手、喇叭、銅鑼、細吹（嗩吶、笙）等等，應有盡有，只要肯花錢，什麼花樣都有。

賃鋪的主人長我一輩，他有位二叔，外號「二皮子」，據說曾在東北幹過「紅鬍子」[5]，我們後輩在提到這位二爺爺時，都將手順便往嘴上一抹，表示是「鬍子爺爺」。

一九三三年，父親的好友李玉臣過逝，他們家的商號叫「公順福」，也有一艘五桅大帆船和良田二百畝，也是石臼所的富戶之一。李家十分講究，因此出的是大殯，排場很大，所有靈堂陳設佈置就是由這家賃鋪包辦的。

出殯時，李家大門前左右兩側各築起了一個高一米，寬一米二見方的檯子，上面各站著一尊八尺高的門神，身上穿戴著盔甲，裡面有個壯漢頂著，我們叫他「晃蕩銀（人）」，（「人」日照土話唸「銀」，日照的日唸「意」）也有人稱為「活大人」。有人來吊喪時，樂手就會吹起嗩吶，此時他們的身體就跟著晃動起來，身上的銅鈴嘩啦、嘩啦的響著，只是兩腳不離地。台下還有「打鑼鬼子」，四個十四、五歲的少年，頭上套著鬼頭，一手持鑼，一手持錘，分別站在人群前面維持秩序。

那時長記輪船行已經營的有聲有色了，父親又是石臼所和日照商會的會長，因此出殯那天，父親被李家請去擔任主祭官，帶著一群石臼所的地方仕紳上香祭拜。

5 昔日東北強盜搶劫百姓，唯恐遭人認出，所以得戴上假面具垂著紅鬚遮住面貌，被稱為「紅胡子」，因為「鬍」與「胡」同音所以通用。

我當時雖然虛歲只有四歲，但因為是父親的長子，所以也得跟著去叩頭。

石臼所西門一帶在當年是比較熱鬧的，除了有許多客棧和小飯館外，還有間三義廟（取自桃園三結義），此廟為我賀氏遷居日照始祖正千戶「賀儒」六百年前所建。我們繼舅公兒子劉少木曾撰文稱其祖先早年因捕魚時遭遇大風浪，船被吹翻，漂至當時無人居住的平山島，過了三年後，於除夕夜晚抓住了關老爺的騎乘「赤兔馬」的尾巴，才得以回到石臼所，為了報答關老爺搭救之恩，而建造了這間三義廟。

其實早於曾祖父時代，賀、劉兩家即曾為此廟為何人所建爭執不休，曾祖父乃建議將置於大樑之上那塊已被香薰得烏黑的木板取下；清洗乾淨後，發現上面寫著此廟之建造人為我賀氏遷居日照安東衛始祖正千戶「賀儒」。

三義廟前排著六、七輛洋車（黃包車），當地土話叫做「東洋叉子」，這種車的輪子很大，車軸和座椅之間裝著對向的弓型避震彈簧，行走時非常平穩，想坐車的客人往前一站，喊一聲：「洋車」，立即圍上來二、三輛車任你挑選，客人坐上其中一輛後，其他的就退回原處，車座上套著白色椅套，洗得很白很乾淨。

客人上車後，車伕立即抬起手把，乘客半躺著坐在車上，很舒服，腳踏板下還裝著一個很大的鈴子，還有個彈簧敲錘，穿過踏板，用腳踏下去，就發出『叮咚』的聲響，鬆開腳時又再發出『叮咚』一聲。車伕用小跑步的方式拉著車子，比步行快很多，遇到前面有行人時，乘客就把腳踏下去，車子就會叮咚、叮咚的響著，坐在上面感覺挺神氣的！

西門大街有個巷子，叫做三合巷，直通小西北門，巷內居住了許多大戶人家，全都姓劉，巷口有一家客棧，叫做「三合棧」。三合棧的大門在西街，第一家住的是劉老先生，是我們繼祖母的兄弟，一生娶過六個老婆，可是都沒給他生個兒子，只好收養了一個近支為子，我們稱他為小舅。斜對面就是我姑家，再往裡走還有西公順、長盛等幾家早期的大戶人家。再往更裡面走，聽說有處賭局，有許多傳言，說得有聲有色，還指名道姓的說著一位已去世的某某人，在這條巷子裡確實是遇上了鬼。

話說這個倒楣的傢伙，三更半夜散了賭局，往巷外走，看見在一個牆旮旯（角落）有個婦人，穿著整齊，背朝外站在那裡，他心裡想：『三更半夜還在外面晃蕩，可能不是什麼正經人家的女人。』，就去拉了一把，道：「跟我走吧！」，這個女人回過身來，他一看，嚇得魂都丟了！因為這個女人的臉上，既沒有鼻子，也沒有眼睛，他拔起腿來就往外跑，跑到三合巷口，右手邊剛好就是三合客棧，大門沒關上，門雖未關，但裡面每戶的門都關著。他一時被逼急了，只好再往裡跑，撲通一聲跳進「濠汪」（茅坑）裡，女鬼沒再繼續逼迫，轉身而去。他在坑中過了一會兒，見已沒了動靜，才爬了出來。這個故事當年在石臼所是無人不知的，而且都深信不疑，連父親都對我說過，從此以後再也沒人敢在三更半夜經過這裡了。

民國二十七年（一九三八）日本人暫時退去以後，有一位老師在這裡辦了一個初級小學，只收一年級到四年級的學生，我九歲時從粮山口返回石臼所，曾在這裡唸過小學二年級，教材是民國初年的國語課本第二冊。

打開課本第一頁的課文是：

學生入學。

先生曰：汝來何為？

學生曰：奉父母之命來此讀書。

先生曰：善！

這是我第二次入學，學校也教數學加減法，一間課室裡同時容納一至四年級的學生，老師教一年級時其他年級的學生就自己溫習課本，我和姑家的表弟乃棟同班，都在這間客棧的西屋裡上課。

我在三合巷的小學讀二年級時，西門外也有一所小學，是由許瑞華老師和陳厚菴老師合辦的，從一年級到六年級都有，總共大約有七十來個學生。每星期上體育課時，全體學生排著整齊的隊伍，在西門外一處空地上跑步，許老師嘴巴上夾著一個哨子，吹著：嘟、嘟、嘟嘟嘟……，我看了十分羨慕，也想轉去那裡讀，可是那所小學在西門外，當時大家都知道我是賀家大少爺，大媽是不允許我一個人出門的，只有跟著大人時才能出城，因此不准我轉學。

乃棟的二哥在那裏讀，有一次在巷口遇見我們，嘴裡唱著一個罵人的順口溜：「踹牆撇鏟子，打賀長林老師個大蛋子，踹牆撇瓦碴，打賀長林老師的大鴨雜……」，我一聽罵我們老師，這還得了！老師來上課時，我站起來向老師報告：「老師，乃棟的二哥在街上嚼你，他說：踹牆撇鏟子，打賀長林老師的大蛋子，踹牆……」，我話還沒說完，坐在後面四年級的大學長們哄堂大笑，老師說：「好、好、我會去向他「大大」（父親）說。」，後面的笑聲還沒完，我覺得莫名其妙，這有什麼好笑的？

當年這裡還有一個特殊的行業，是換獨輪車軸的，店家門口擺著一條約五尺長的凳子，以便在上面更換車軸，車軸的材料是用「槐木」做的，中間一段約二十公分，正方型，兩端各有一個一寸二直徑的圓軸，有數十根疊著，以井字排成四、五尺高，車軸是有標準間距的，不可差之毫厘。軸承也是木製的，比手掌略大，中間也有一寸二的圓孔，上端還有一個「榫頭」，可以插在車子上，稱做「車耳子」，師父將磨損的舊軸敲出來，換上一套全新的，再在軸與承之間加點食用油當做潤滑劑，不用十分鐘就換好了。

由於車軸和軸承都是木製的，因此十分容易磨損，需要定時更換。特別是到了秋天收成的季節，每天都有換不完的獨輪車上門。這樣的店在抗戰前就有五、六家，每一家都十分忙碌，可以想見當時的盛況。

一台輪車可載重約四百斤，收割、送貨、上城裡全用得著。大多數獨輪車都是載貨來的，也有專門載人的，載人多半是以婦女為主，因為當時的婦女還是纏足的，不良於行。

獨輪車載重之後，行走起來車軸之間會發出「吱嘍、吱嘍」的聲音，音量很大，傳得很遠，如果在軸間打上蠟或肥皂，就沒聲音了，但是似乎所有推獨輪車的人，都愛這個聲音，聽著覺得舒服，不覺得刺耳。

由十字街口望向東面，可以看到東城門，城門裡大街的路南是石臼所唯一的娛樂場所「戲院」，只有春、秋兩季有戲班子來演出文、武戲碼。

每逢戲班子來石臼所，大媽和母親就會帶我去看戲。戲院裡除了戲台外，一共只有十排坐位，每排座位分中間和左、右兩邊的位子。中間排坐六個觀眾，左、右隔了二點五尺寬的走道，各有四個位子，兩邊也有走道，兩邊的走道是因為戲院還兼賣茶水、零食等附帶的服務。每排坐椅的背後上方都釘著一片約五寸寬的木板，方便給後排的觀眾放置茶壺、茶杯或零嘴之用。戲院除了賣茶水零食外還有一項服務是賣「熱手巾把」，手巾把洗得很白很乾淨，有點兒燙，上面還洒著花露水，坐在硬梆梆的椅子上久了，拿個熱手巾把擦把臉，還挺舒服的，不過這些都得另外花錢。現在想想泡杯茶或許還可以，熱手巾把就算不要錢也不能用，誰知道上一位客人有沒有用來擤鼻涕？因為我就幹過這種事，每回我跟著去看戲，大媽或者媽媽就會買個熱手巾把給我擦擦臉，接著摀在我的鼻子上，說：「嗤！」，我哼了一聲，兩筒鼻涕就出來了。擤鼻涕還是小事，要是上一位用手巾把的人有肺病，那後果就不堪設想了。

戲台上的四個腳掛著四盞「汽燈」，很亮，是燃用煤油的，但是得打氣加壓，亮度估計有三百瓦以上，燃點起來會嘶嘶作響，外面有個燈罩不怕風，所以有個外號叫做「氣死風」。座位兩邊的走道上有個小販，胸前拖著一個二尺長一尺寬的L型木盒，後面有一片木板，排著三排香菸，每盒裝著沒有濾嘴的香菸十支，香菸盒裡還附上一張畫片，有美女或是珍奇野獸。小販在走道上來回走動著，以不大的聲音喊著：「大洋糖來、菸捲兒、瓜則（子）兒！」。瓜子是用紙筒裝著，菸捲兒就是早期用紙捲起來沒有濾嘴的香菸，大洋糖就是水果口味的糖片，每片約半公分，一盒裝廿片，以錫箔紙捲成一條，外面再用印著水果圖樣的紙包覆著。

平劇中有齣鬧劇叫「打麵缸」，諷刺清末捐班（買官）的知縣，素質不高，女主角「臘梅」想要脫離「樂戶籍」，向縣太爺求情，於是縣太爺升堂，師爺大聲喊著：「老爺升堂囉！菸捲兒、瓜則兒！」，據說這句戲詞兒的靈感來源就是來自戲院的小販

當時青島已經有電影院，上演的是無聲的黑白默片，觀眾一面看，一面聽解說

員用擴音器解說劇情。父親有時會帶我上青島住一、兩個月，父親的聽差也經常帶我去看這種默片電影。

但石臼所只是個偏鄉小鎮，沒有這種先進的電影院，只有演京劇的戲院。京劇的戲目分為文戲和武戲，文戲多半是唱出劇情，如「借東風」、「四郎探母」、「女起解」等，另外也有帶點風流的「拾玉鐲」、「法門寺」。武戲則有「長坂坡」、「古城會」等等，我們小孩兒最愛看的就是武打戲，因為文戲我們聽不懂，不知到底唱的是什麼，也不是只有小孩聽不懂，有些不識字的鄉下人也聽不懂，不如武打戲可以看熱鬧。

有個笑話說，山東督軍張宗昌的老太爺，過八十大壽，除了大收禮金之外，又辦了「堂會」，戲班班主捧著戲目請老太爺點齣戲，老太爺不識字，拿著戲目看了一會兒，開了金口：「這麼辦吧！你吉（給）俺唱個關公和岳飛比武！」班主一聽，傻了！拿著戲目到後台，愁眉苦臉的不知如何是好，二位武生說：「這有何難？咱們就給他唱個『關岳比武』！」

於是二人披上盔甲，八名龍套出場，兩邊站了隊形，代表千軍萬馬，二位武生由左右兩邊出場，先在台上齊聲喊著：「來將通名！」

「吾乃大漢將軍關雲長是也！」

對方也喊著：「吾乃大宋將軍岳飛是也！一在宋來一在漢，我倆比武為哪般？」

「叫你唱來你就唱，你若不唱人家就不給錢！」

此時戰鼓雷起，二人在台上交戰起來，殺得難分難解，打了二十回合。老太爺看了個過癮，二位武生同聲互唱：「不分勝負！罷了！」，於是鳴金收兵！

一般戲院最前排的座位都是留給貴賓的，每逢有旦角的戲演出時，前排座位當然少不了三合巷的那位劉老先生。戲班子初到時，漂亮的旦角在戲還未開演前，都得先去給這位劉老先生叩頭，順便拜乾爹。這個規矩原因不詳，有時散了戲乾脆就在他府上住了下來，大家也早已見怪不怪了！

我沒看過父親或祖父去看戲，不過父親倒是曾經包了整個戲班子來石臼所，在海崖頭演出三天的酬神戲。原因是一九三三年夏天，「同春輪」在王家灘正要裝載貨物時，忽然狂風大作，超級大浪將船高高舉起又重重摔下，正好摔在當地人稱為「鐵板沙」的海底，如此上下不停的舉起摔下，使得船長王長茂當場驚恐的跪了下來，雙手合十向「天后聖母」祈願：「如能人船平安回去，將唱戲酬神！」

數分鐘後，風浪平靜了下來，船員也都搭上了隨船小舢舨，平安無事。同春輪雖然船底摔破了一個大洞，但是船還好是安穩的坐在海底，漲潮時海水淹沒了甲板，但船沒有浮起來，船長立刻派人至石臼所向父親報告。

父親請青島海軍造船所派遣拖船，讓潛水員下海，將四個大氣袋塞進下層船艙內，然後灌氣，使氣袋膨脹後讓水排出，船就浮了上來；再拖到淺水區，退潮時讓船側身露出破洞，以板材先將破洞填補起來，再用塗了桐油的帆布覆蓋，四周釘牢後再釘上一層板材，然後把船拖去青島小港海軍造船廠的船塢修復。大約一週後，同春輪就修復好了。

船長後來向父親報告事發時，曾向天后聖母祈願的事，父親遂答應了唱戲酬神，也順便讓平時進不起戲院的鄉親看戲。

唱戲得有戲台，在戲班子未到之前，父親就令聽差的請師傅在海灘距離潮水線前約一百餘公尺處，搭了一個面寬十公尺，深八公尺的戲台子。材料用的是杉木和蘆蓆，戲台後幕左右兩邊各有一個繡花門簾，簾上分別繡著「出將」、「入相」[6]，戲棚頂上鋪著可以防雨的杉木板。

然後在相距二十公尺的正對面搭建一個二層樓的觀劇台，也有屋頂可防雨，還裝了梯子可供爬上爬下，樓上正中央供奉著「天后聖母」的靈位，我們石臼所人稱為「娘娘」（媽祖）。此時石臼所各大、小商號也都搭建了自己的看戲台，面對著

6 中國傳統的戲曲演出舞臺，無論室內室外，通常是一座四方形的建築樣式，這種舞臺三面開敞，面向觀眾，一面留作後臺。前、後臺之間設有板壁，板壁左右兩端有小門，各掛有門簾，上方通常會繡上「出將」、「入相」的字樣，有些露天的舞臺乾脆直接在兩側小門上方雕刻出這四個字。這兩個門是為演員上下場所用，傳統演出時，演員一般為右上左下，所以右側為上場門，寫「出將」二字；左側為下場，寫「入相」二字，但上、下場有時會因戲碼而有所改變。

戲台繞了半圈，約有十來個。

四鄉鄉親難得有免費的大戲可看，全家出動扶老攜幼，兒子推著獨輪車，父母各坐一邊，小腳的媳婦和婆婆同坐一邊，幾個孫子和爺爺坐另一邊，大一點的兒女就跟著車子走。

每天的開鑼戲都是武打戲，有「失街亭」、「空城計」、「斬馬謖」、「長坂坡」、「古城會」等等，唱武打戲時雙方由左、右門簾出來，各有四個龍套手持旗幟，先往台中央一站亮個相，再回到他的行列站立，接著主將從兩邊的門簾出來，各持武器挾向對方擺個姿勢，同時唱名，此時鑼鼓聲響起，龍套就向後略退幾步，騰出空間讓兩位將軍交戰。

這時戲台下擠滿了黑鴉鴉的觀眾，雖然聽不懂戲詞，但是都愛看雙方大戰的戲碼，明明是看到刀要砍到對方的脖子了，卻把頭一歪就躲過去了，甚是精采！

接著是唱詞較多的文戲，如：「坐宮」、「捉放曹」、「借東風」等等。唱文戲時主角從右方上場，多半先獨白其來歷，然後就唱起來了。比如「女起解」，丑角兒從右方出場，然後說出開場白：「你說你公道，我說我公道，公道不公道，祇有天知道，在下小老兒崇公道……」

唱完了開場白，崇公道就喊蘇三出來，蘇三穿著仍然十分華麗，一點也不像個女囚犯，只是較其他戲裡的花旦的裝扮略差一點，頭上的花簪子少一些而已，接著蘇三開始唱：「蘇三離了洪桐縣，將身來在大街前，過往的君子聽我言……」。

也唱了幾齣鬧劇：「五花洞」、「打麵缸」等戲碼。唱文戲時，聽不懂戲詞、不耐煩的鄉下人就早早離開了，有些推著獨輪車來的，自己帶了乾糧和薄棉被，就留了下來，等著看第二天的武打戲。戲台下放置了一個中型加了木蓋的水缸，裡面裝著燒好的開水，旁邊放了一個水瓢。等到散戲後，樓上就空出來了，留下來的鄉親可以爬上去過夜。

下午四時整散戲，這是為了鄰近的鄉親可以早點回家，免得天黑了看不清楚鄉下的小路。

戲班要開唱的前一天，父親就先打電話給駐防臨沂的清鄉司令呂戰彪和駐防日照縣城的康團長等貴賓，邀請他們同來看戲，也派了汽車把呂司令接來，貴賓們中午先在長記吃一桌大廚子劉維君辦的「十全十美席」，菜色非常豐富，有十大盤和十大碗，當中一個湯。十大碗有：雞汁煨魚翅、蔥燒烏參、紅燒鮑魚，清蒸西施舌（石臼所特產），紅燒鮸魚或加納魚，入口即化的千張肉、先炸再滷的虎頭雞還有四喜丸子、紅燒肘子……等等；十大盤有水晶肉凍、豬腦炒蛋、油炸墨魚子、涼拌海蜇頭、清蒸梭子蟹、乾燒對蝦、炸海知了……等等，菜色會輪流更換，每頓都不大一樣。這是當年石臼所大戶人家的宴客規矩，招待貴賓一定得有十大盤和十大碗，否則就是對賓客不尊敬。

飯後看戲，第一天的開鑼戲，當然是貴賓們愛看的武打戲目，由父親和朋友陪著一起去海邊看戲。第二天下午不看戲了，便拉了桌子，父親請來好友若干陪同打個八圈麻將，雖然牌局開始時只有四人打牌，一、二人在旁邊看「歪脖胡」。下午四時演出散了場，全戲班的花旦五、六人，由班主帶著前來拜見賀經理，她們長得都很漂亮，一眼看上去就和石臼所富人家的大閨女或是清純的女學生打扮得很不一樣，穿著很時髦，還燙著頭髮，有的還帶著花俏的帽子，有點像是早年香菸廣告上畫的美女。

此時看看時間也差不多了，牌局結束，晚飯也已備好，飯後班主先回客棧，幾位花旦留下來陪客人打牌，四人坐在貴賓旁邊打扇子，多出來的一、二位就在一旁和沒上牌桌的貴賓們喝茶閒聊。這時候要是有貴賓想吸兩口大煙，聽差的就會去把兩套煙具端出來，擺放在銅床上，若同時有兩位客人都要吸食，旦角們就會彼此商量一下，替換出兩位會燒煙泡的來幫客人燒，等客人吸足了癮，她們也順便吸兩口免費的大煙。

一九三六年，父親又再次請了戲班子來石臼所唱了三天的戲，這次是因為要慶祝長記輪船行成立十週年紀念，由於長記的生意做得紅紅火火，因此再次請戲班子來熱鬧熱鬧！

長記的「煙具」純粹是為了招待貴賓用的，我沒見父親吸食過，我們住的四進東廂房、大媽住的北間和媽媽住的南間都沒有煙具。

在那個年代，吸食大煙（鴉片）是極為普遍的事。一九二八年北伐成功以後，雖然南京政府曾下了禁煙令，但也只是說說而已，並沒有人真的來執行或是查禁吸大煙者，老百姓仍然照吸不誤。我們的外公顧成盛就是因為好吸食大煙而導致家道中落的。

那時若是家裡來了貴賓，主人沒有端上煙具，就是不夠誠意的招待，是十分不禮貌的。當時石臼所的富戶人家，幾乎家家戶戶都吸食大煙，從沒聽說過有誰因吸食鴉片而被抓進官裡去。

父親的這位朋友呂司令本身不但是「清鄉司令」同時還兼任「禁煙司令」，但每回來石臼所時，父親除了得招待豐盛的酒席之外，當然少不了得端上煙具，而他也毫不客氣的躺下，燒起大煙泡來吸食。

我家有四套煙具，祖父一套、二叔一套、父親有兩套，祖父和二叔是上了煙癮的。每天吃過晚飯之後祖父和祖母面對面躺在炕上，中間擺著煙盤，煙盤裡放著煙槍、煙膏缸和煙燈，還有一支煙籤（捻煙膏、烘烤煙泡和通煙槍的鐵籤），銅製的油燈做得十分精緻，外面玻璃罩的上層有一圈雕著花紋的小細孔，以便空氣進入，使燈蕊可以穩定的點燃著，玻璃燈罩的中心有一個直徑約一公分半的圓孔，熱的空氣可由此排出，可將煙泡燒溶汽化。此時祖父就拿起一支粗約一公分、長約十二公分的煙籤，一端是扁鏟型，另一端是尖而細如頭號大針；先將籤子在燈口上烘烤，然後在大煙膏裡捻一下，煙膏就會附著一層在籤子上，如此反覆烘、烤、捻，籤子上的煙膏就慢慢變大，大約像粒花生米的大小，這就叫做大煙泡。最後將煙泡的底端烘到快要溶化的程度，從煙槍前端煙壺的小孔一插，煙泡就會黏在煙壺上，再將籤子捻幾下，就拔出來了，這時才將煙槍的「嘴」含在口裡面，將煙炮放在燈口上燒，此時汽化過的大煙就吸進口裡了。

煙膏是熟煙，由生的大煙土煉製而成，我家的大煙土都是產自雲南的上等「雲土」，外型就像小朋友玩的黏土，不過顏色是黑咖啡色的，外面以棉紙包著，聞起來沒有香味。但是祖父在吸的時候，有時我也在炕下看著，很有趣，而且噴出來的煙有一股淡淡的清香味。不過祖父的煙癮不大，往往是祖父先吸了一個煙泡，再燒一個較小的給祖母吸食。但二叔的煙癮比較大，每天早上不到九、十點是看不到他人影的。

老家過年

每年到了臘月十六，家裡就開始忙著張羅過年，由總管指揮覓漢們大掃除，除了將每間房的屋內、屋外以及各個角落都徹底打掃乾淨外，還得用細軟的掃把綁在長竹竿上掃一、二進的俯棚（天花板），接著就開始釀酒[7]。此時總管還得到石臼所西門外和日照城東關採買各式年貨，到了臘月廿三辭灶那天，得準備供品：一盤水果、一盤麥芽糖、一盤細點（精緻的甜點）和三碗水餃（傳說灶王爺有二位夫人，因此得供上三碗餃子和三雙筷子），此外還得在爐灶右邊牆上貼上灶王爺的畫像（灶王爺的畫像是印在四開的紙上，上端有十二月令：「正月大、二月小、三月大、一直排到十二月大，有閏月那年就變成十二月小」）

畫像正中央印的是灶王爺，兩邊有二位夫人，下端印著一年十二個月內的節氣之類的文字，以及一幅對聯：「上天言好事，下界保平安」，或是：「廿三上天言好事，正六回宮降吉祥」。兩旁貼的年畫，年年都相同，右邊是「沈萬三」，左邊是萬歲皇爺耕田圖，上面還寫著吉祥話：「河南有個沈萬三，天天打魚在江邊，打的不知多還少，一網打的如泰山」、「二月二龍抬頭，萬歲皇爺使金牛，正宮娘娘來送飯，保佑黎民天下安。」

有些調皮的小朋友把它改編成：「二月二龍抬頭，萬歲皇爺使金牛，正宮娘娘來送飯，走到路上『砸』了罐」。這個典故是來自日照民間先生「上坡」（到田裡

7 先把高粱蒸熟，待其冷卻後加上酒麯使之發酵，約數天後放置在水缸內，水缸中間再放個竹編的細密籠子，讓酒可以從隙縫流出去，大約一周後就釀製完成了，放得越久越香，此時釀的酒可以一直喝到過完農曆正月。

幹活），中午是不回家吃飯的，妻子得挑著擔子，盛著午飯送到田間給先生以及兒子吃，而罐子是陶土做成的，所以說「砸了罐」。

還有一件重要的事是買年畫，年畫又叫做「小抹畫」，是用木板印出來的「版畫」，印畫時在刻好的版上刷上色料，將畫紙鋪上去，用一個手掌大的墊子在上面將紙抹平，線條或色彩就印上去了，所以又稱為「抹畫」。每年自臘月十六起，賣年畫的會從山東濰縣（濰坊）來日照，在市集上搭著蓆棚，除了賣小抹畫，也賣些較大的關公、壽星或胖娃娃抱著個鯉魚之類的畫，這些都是辭灶前就得準備妥當的。

臘月廿一日，總管會令一覓漢磨墨，用一個超大的瓦盆，將四、五隻「太華秋墨條」（當年最好的一種徽州老墨，有股特別香味）綁在一起磨，磨到濃度足夠時就開始寫，春聯都由祖父來寫，祖父寫的一手好字，通常寫的對聯是：「福臨人間添吉慶　春回大地萬物興」，橫批是「根深葉茂」。每個字約有廿公分見方，這是要貼在「福春行」大門和家宅大門上的對聯。祖父母住的堂屋兩旁貼的春聯是：「平安即是福　和樂便為春」，其他二門上貼的春聯寫的是：「向陽門地春長在　積善人家慶有餘」，其次略小一點的是貼在二門上的，再小一點的則貼在前堂屋、後樓、和學屋，最小的是貼在各屋門上的。寫完這些字還得寫廿公分大小的「福」、「酉」，另外還要寫貼在炕頭上的「身體安康」，貼在驢棚和豬欄的「六畜興旺」等等。

辭灶之後「鍋屋」（廚房）就忙碌起來了，由繼祖母坐鎮，總管指揮覓漢，磨大米、糯米，準備蒸年糕和發糰，接著還得磨小麥蒸「餑餑」（饅頭）。祭拜用的餑餑個頭很大，底部直徑約有廿公分，上面嵌著許多大紅棗，又叫做「棗山」，從臘月廿四日起，就得開始準備；此外還得包上夠全家（包括沒回自己家過年的覓漢等人）吃上好幾天的「姑扎子」，這種姑扎子和平時吃的餃子不一樣，用的麵皮形狀、包法和餡兒也不一樣，我們叫做「元寶」。我們家平常日子吃的是鮁魚（馬加魚）餃子，但過年吃的元寶必須用大白菜豬肉餡兒。元寶的皮是梯形的，把餡兒放在中間，捲起來後先將兩端捏合，再向中間合起來捏緊，中間部位就出現像元寶的形狀了。

石臼所一般人家多數信奉道教，我們家沒有特別的宗教信仰，只有在逢年過節時，會焚香燒紙，祭拜天、地和祖先牌位。

除夕中午，總管山宇庭帶著兩個覓漢，將平時安置在四進後樓東套間祖先的神主龕抬出來，神主龕高四尺八寸（依照魯班尺的說法是「添丁」），寬三尺，深二尺，像個木造的小神廳，供在祖父母住的堂屋正中間，堂屋中原本放置的八仙桌和香案則搬到屋前的月台下，以備供奉「天地眾神之位」。

掌燈之後，將一切供品都放置齊全，祭拜祖先的供品是：一條魚、一碗千張肉、一碗煎豆腐、一碗雞絲和一碗蛋皮，一共五樣，以及五碗元寶。

家堂神桌和天地神案的供品大致一樣，只是天地神案的供桌最前面多了「三牲」，所謂三牲是一個刮得很乾淨的豬頭，嘴上咬著一個紙摺的金元寶，還加了幾根綠色的菠菜和切了花的胡蘿蔔裝飾；右邊是一隻殺好的大公雞，身上的毛都已去除乾淨，但尾端留著三支尾羽翎；左邊是一尾白鱗魚，也是用菠菜和胡蘿蔔花裝飾著。

祭拜得等到吃過年夜飯後，午夜子時才開始，由祖父領著大家，點上神案兩旁的大紅蠟燭和五支香，先拜天地眾神，再燒金紙，金紙的第一張印了一匹馬，稱為「發紙馬」。接著得叩頭，拜完天地眾神之後再拜「家堂」，也是上五支香，不同的是拜天地是叩三個頭，還得作揖（拱手行禮），拜家堂則是叩四個頭，不必作揖，以點上的香燃盡為止，儀式才算完成。

除夕的年夜飯除了吃元寶外，還有六大盤、六大碗和一個全家福火鍋，六大盤有：豬腦燉雞蛋、油炸烏賊卵、四色炒腰花、鹽滷豬肚、乾燒大對蝦、清蒸西施舌；六大碗有：蔥燒刺參、紅燒鮑魚、入口即化的千張肉、先炸再滷的虎頭雞、紅燒加吉魚和四喜丸子，日照有句順口溜：「加吉頭，鮁魚尾，鱗刀肚皮，重唇嘴」，說的都是魚最好吃的部位，再配上自家釀的黃酒。這頓飯從晚上六點一直吃到九點才結束，之後先各自回房休息，等到午夜十二點才開始祭拜。

管家和覓漢們過年時，在大年初二前是沒有人回家的，原因是要等著吃幾頓在他自己家裡吃不到的好菜。除了元寶外，還可以吃到主人吃的四喜丸子煨大白菜、蘿蔔燒肉、菠菜熬魟魚等等，當然還可以盡情的喝酒。覓漢們通常要到年初三才會回家，到年初五又回來準備年初六開市祭拜用的供品。

相傳大年夜的子時是眾神下界的時候，小孩、大人都得輕聲細語，子夜時祭拜完天地眾神之後，由兩個覓漢抬著一個柳條籃子，裡面裝著一串很長的鞭炮，這串鞭炮是由大古鎮一家專門制作鞭炮的商家送來的。由神案前點起，先繞倒二門外一進院子燃放，轉一圈，再到二進院轉一圈，接著三進院，一路放到四進院的後樓前，再轉到後院，這串鞭炮就剛好放完了。

放完鞭炮回到前院，二門外恰好來了兩個送財神的，穿著並不破爛，到位後也不進院子，而是在門口喊著：「送財神爺來啦！」旁邊另一人就說：「好咧！」（好唸豪），「快賞！快賞！黃金萬兩！」；「好咧！」，「快打付！快打付！提樓蓋瓦屋！」，「好咧！」；「快拿！快拿！金子哈蟆往家爬！」，「好咧！」。此時覓漢會立刻去鍋屋拿兩個發糰給他們，爺爺也會令山宇庭給他們一人五毛賞錢，他們離去不久，又有二人來唱同樣的詞兒。石臼所有好幾組這樣在大年夜來送財神爺領賞的，聽完了吉祥話，大約已經是丑時了，此時才將大門、二門都關上，各自回房就寢。

正月初一早上醒來穿著整齊後，要先到堂屋給父親和大媽、媽媽拜年，嘴裡說著：給（音：吉）大大和孃孃磕頭（不必真磕），然後再去給祖父、母磕頭，老人家就會說：好了，說到就算磕過頭了，然後會領到十塊錢紙鈔的壓歲錢，這錢自己不能留著，得交給孃孃。

從正月初一到初十，除了出門給姥爺（外公）和姥娘（外婆）拜年之外，都是待在家裡。此時家裡會陸陸續續有很多親戚和祖父以及父親的朋友來拜年，每天都有人來，絡繹不絕。到了正月十二，鍋屋又開始忙了起來，除了磨糯米準備做元宵，也得再包餃子（山東人俗話說：舒服不過躺著，好吃不過餃子）。

自正月初十起，石臼所的各大商號都會陸續將花燈送到火神廟，到了正月十四日點上蠟燭，十四、十五、十六這三天展示各式各樣的花燈。

此時總管也得把一對紮好的花燈送到火神廟去展示，當時我家負責紮花燈的是我的一位宗叔－賀淑廣，紮風箏也是由他負責紮，父親紮花燈是他小時候的事了。

正月十五一大早，就有敲鑼打鼓的響聲，是踩高蹺的來了。高蹺隊伍有很多人，唐三藏、孫悟空、豬八戒、西門慶，連潘金蓮也不缺席，加上八位神仙就有十來個了，高蹺隊伍之後是蛤蠣精，開合著兩片蚌殼，一下子就把漁翁的頭夾住了，漁翁掙扎著，等觀眾大笑之後才放開。

接著是走馬燈，或者老漢送老婆回娘家之類的，大約一個多小時就看完了。到了掌燈時分，大媽和媽媽會帶著我們到火神廟，此時全石臼所的男女老少都會來到火神廟看花燈。

在那個民俗封閉的年代，年輕的婦女平日是不能隨便出門拋頭露面的，只有在這個時候可以去逛花燈展，因此元宵節也是一年當中最熱鬧的節日之一。

高潮戲是在晚上，此時鑼鼓聲又響了起來，這回是龍燈出場，龍燈的每一節都有一支蠟燭。還有一隻青毛獸的獅包，是用紵麻絲染成綠色做成毛，披在身上，頭部就像一般舞獅的獅頭，由兩個人在內躬著腰，做一些抓癢、翻滾、跳躍，扭擺之類的動作，脖子上掛著一串牛鈴，嘩啦、嘩啦的響著。接著來了兩艘旱船，一個個男扮女裝的漂亮小妞兒坐在船上，面前還擺了一雙一手可握的小金蓮，兩艘船互相搖盪著，撐船的老漢在船邊一面做著划槳的動作，一面前後跑著。壓軸戲是「大鍋缸」，主角是個小鐵匠（日照人稱為「顧爐子」），是專門替人家把破成二或三塊的磁碗用金屬鉗子鍋在一起，鍋好以後又可以繼續用，生鐵鍋或是水缸之類的都可以鍋，這個節目得有唱辭，旁邊跟著一個半老徐娘，是王家官庄的王大娘，穿著一件寶藍色的大掛子，一面唱著一面走：「這條路上是劉家寨呀，嗨呀嗨！那條路上是王家官庄啊！啷的噹！啷的啷的噹！劉家寨的劉員外呀！嗨呀嗨！三個閨女都不強啊！啷的噹！啷的噹！啷的啷的噹！……」，接著又唱：「風騷的王大娘呀，啷的噹！啷的噹！啷的啷的噹！」，小鐵匠一面唱，一面和王大娘擠眉弄眼，唱著唱著，王大娘胸前的兩粒忽然掉了下來，原來是兩個大蘿蔔，大家一陣大笑，就散開了。

元宵節除了火神廟外，石臼所最熱鬧地方的就屬南門裡的長記輪船行了。每年此時長記都會放大型沖天炮和煙火，各放一百發，沖天炮也是向大古鎮那家鞭炮商訂製的，從南門的右邊開始放，連續升空，像鞭炮一樣將引信連貫起來（類似台灣台南鹽水的蜂炮），一直延續到城南西角的瞭望台，大量密集的放，放完之後，厲家莊子的八表叔就負責放父親自青島買回來的「德國花」（煙火），許多鄉下人沒見過這種火花，有人甚至從傍晚就開始在長記外面南門裡一帶吃著自己帶來的乾糧，等著看放煙花。看完了這種稀奇的煙花，再點著燈籠回家去。

當年整個石臼所只有長記會放煙花，而且年年都放，一直到抗戰爆發我們開始逃難，此後就再也沒有放過了。

傳統的習俗，正月初十之前叫做十不動（不工作，不打掃，覓漢除了挑水、做飯以外，其他的事都不做），到了正月二十一才可以開始「出行」（到外地做買賣）。農曆二月初二，覓漢開始捻纜繩和下田翻土，前面年畫上的順口溜：「二月二龍抬頭，萬歲皇爺使金牛」，「使金牛」就表示可以開始犁田開工了。

賀家祖宅、福春行和祖父藏金處

從十字街口往南走到路的中央，有個往東的小巷子，就叫做東巷子，巷內的住戶多數都姓賀，緊臨著東巷子的南邊，就是祖父的號子「福春行」，再往下走到路的東邊，是長記輪船行東院的北鄰，這裡也住著幾戶賀姓人家。福春行的對面，南北大街的路西就是我家，從曾祖父之前數代就居住在此的老祖宅，估計有超過一、兩百年以上的歷史。

祖宅原來只有一、二進，面積大約是五百坪，房子四周的外牆是用黑灰色的磚砌成的，砌磚的時候以石灰加水使其黏住，再用水將磚磨平使表面光滑，這是比較講究的工法。內牆用白灰抹平，蓋四面牆上的時候會先留下一個大門。接著再做屋頂，以木榫安上大樑，一般都是三間屋子安兩個大樑，每相隔約一尺半再榫上一支横樑，横樑釘上一層刨光過的松木板，外面塗上一層黃粘土，再裝上黑色的屋瓦，等黃粘土乾了以後，整片屋頂外層就很密實了。

比較特別的是天花板，由於屋頂內部原本只有木板，但木板有縫隙，因此得再加上一片用高粱桿，依房間尺寸大小紮成的一片稱之為「俯棚」（類似現在的輕鋼架）的東西，固定在屋樑下面，再糊上幾層厚厚的棉紙，以防止天花板會有鑽進來的蠍子掉下來，這也是當時一般有錢人家屋頂內部才會有的做法。其實俯棚四邊沒法紮的很嚴密，所以偶爾還是會有蠍子從邊緣爬下來，但至少不會從頭頂直接掉下來螫到人。

三、四進是父親發跡後買地蓋的，土地也有五百坪，連同一、二進，總面積約一千坪，雖稱為四進，但有五個院落，因為三進又分成前、後兩個院落。（附圖：老

家平面圖）

一進的東屋以閣擋（過道）相連著五間房，當中的一間是大門，北邊有二間房，平時堆放些雜物。每年秋季棉花收成後，會有來自「拉薩」一帶的駱駝商隊運棉花到石臼所，賣給專門收購棉花的商號，商號再零售給需要添置新棉被的人家，有時那年家裡需要置換新棉被時，祖母就買了棉花請師傅來家裡，在這兩間屋子裡彈棉被。（我們小時候常常唱著一首童謠：哪裡來的駱駝客呀？沙里鴻巴，嘿！嘿！嘿！「拉薩」來的駱駝客呀！沙里鴻巴，嘿！嘿！嘿！）

一進院子北邊是個堂屋（高堂之意），這是曾祖父生前的居所，堂屋門外西牆邊，有棵直徑大約八寸的黃楊樹，這種樹的木質十分細膩，是用來刻印章的好材料。

一進還有一間學屋，是當年曾祖父自京城返回老家後收徒授課的地方。

我曾推開曾祖父那間堂屋陳舊的木門窺探過，堂屋正面的牆上有個很大的匾額，下方有個陳舊的方案，匾額是一塊漆了黑色中國漆的橫板，上面寫了四個金色的大字，旁邊還寫了一些金色的小字，那方匾上的寫的字是「德高望重」，推測應是當年曾祖父被推舉為「鄉飲大賓」時，鄉親送的。

二進的院子是全家的活動中心，有三間北屋，靠西邊的那間是祖父、母住的堂屋，當中那間堂屋，靠著北牆面放了一張香案，下面是張八仙桌，兩邊各擺著兩把羅圈椅，這張桌子就是當年曾祖父分家時，父親去扛回來的那張古董桌子。

祖父、母住的堂屋裡有個火炕，冬天時只需燒上三、四支木炭，整個炕就可以暖到早上，然後祖母會吩咐女覓漢把還沒燒完的木炭夾出來，放在一個火盆中用灰蓋著，以免火燒得太旺，用來取暖。由於伺候祖母的女覓漢不是整天待在祖母房間，因此祖父極有可能趁下人不在時將土炕挖個洞，把少量黃金藏在這裡。

當年北方人家的炕都是泥炕，內部是以泥土做成的土坯支撐著，沒有用高溫的窯燒過，四面有許多通氣孔可以通到煙囪。土炕的正面也是用泥磚鋪平，厚度大約二寸半，因為如果太厚，無法導熱，因此土炕是禁止孩童在上面跳的，怕會塌陷，所以炕面上不可能挖洞。但炕的四周很厚實，在緊靠牆壁四、五寸的距離，只要先以少量的水，將準備挖洞的地方弄濕，等泥變軟後，就能靜悄悄的挖個洞，將金子藏進去後再以濕泥補平，不過這裡可以藏金的數量也有限。

當時有許多鄉下大戶人家遭土匪搶劫時，都是被土匪將土炕四周的牆挖開搶去銀兩的，但這裡是石臼城，土匪能進來搶的機會不大，所以是可行的。若將部分金子藏在此處，緊急時取出來，也很方便，立即就能帶走。

二進院當中沒有對著二門的地方，立著一盤石磨，直徑約有六十公分，是專門用來磨煎餅糊的，每年到了臘月二十日，都會在磨盤上綁上一枝搖錢樹。

二進南屋有兩間房，第一間進門處也有一盤石磨，是專門用來磨小麥、大麥之類的穀物。大麥粉是家裡早餐的主要原料，先兌上水再加上一些地瓜煮成大麥地瓜粥，在現在看來還挺養生的。當時北方富戶人家和商號都是吃洋麵粉，我們家那時雖然也是富戶人家，但平時還是吃自己種的大麥和小麥。小麥不脫殼直接磨成粉，稱為土麵粉，蒸出來的饅頭是淺咖啡色，但掌櫃們吃的是洋麵粉蒸出來的白饅頭。

另一間放著一具「碓」，這是一個「舂米具」，大量的麥子先用碾具碾碎，再用石磨磨成粉，如果是只吃一頓的麥子，就用這個「碓」搗碎後拿來貼餅子。

南屋過去是一個小小的院子，那兒有處茅房，茅房前放著一個頭號大缸，貯著八分滿的水肥，是用來澆灌湖西頭那塊曾祖父傳下來的二十畝田地，依季節種著的我們家日常食用的蔬菜。每隔幾天，覓漢們就會挑著裝滿水肥的木桶到田裡施肥。

二進堂屋的西端還有三間小堂屋，是四個女覓漢的寢室，寢室和鍋屋中間有個通道，可直通三進的碾屋，碾屋中間有一直徑八尺的石碾。兩端各有一個滾輪，一端直徑較大，另一端較小，恰好置在直徑約七尺的圓型碾盤上面。碾盤中心有個鐵軸，由我家那隻大黑驢拉著繞著轉，凡是需要脫殼的高粱、大麥、小麥等都得用這個石碾。

三進分南、北兩個院落，北院的東面與一家已經敗落的「後原興」商號的院子臨著牆，西面蓋了三間西屋，是囤糧的倉庫。旁邊還有三間小堂屋放置柴火和大黑驢的飼料。這隻大黑驢同時也負責湖溪頭田地裡耕種的工作。

三進後院還種了五棵已經長得十分高大的洋槐樹，高約有五米，直徑約有一尺多粗，樹苗是父親二十多年前從大連帶回來的，想不到竟會長得這麼快！還有喜鵲在中間那顆樹上築了巢，按照中國民間傳統的說法，這裡是一處興旺的宅第。

四進蓋了堂屋和東、西兩邊廂房，東廂房由我們全家住著，西廂房給了二叔一家住。當中還蓋了一棟二層樓的堂屋，一樓是用石磚砌的，二樓是以杉木造的，上了二樓，可以看到石臼所前海船來船往的繁榮景象。

四進堂屋的一樓也築了一個月台，這裡是我的玩具汽車停車場，我有許多父親從青島買回來的鐵製洋玩具。其中有幾輛小汽車，上滿發條後跑個三、四圈就不跑了，很掃興，我很好奇，想知道它是怎麼會跑的，就拆開來看，發現只是一些齒輪和發條，想要再組裝起來，可就再也組裝不起來了，我的許多玩具汽車就是這樣變成一堆廢鐵的。

我還在玩玩具汽車時，祖父已幫藩林大哥和劉家小舅從青島各買了一輛當時十分昂貴的英國萊禮（Raleigh）牌的二十六吋自行車，兩人經常一起騎出去兜風，挺招搖的，那個年代，在石臼所這樣的鄉下地方，能騎著英國自行車可是非常時髦的事兒。

四進堂屋有東、西兩套間，東套間的第一間正進門的北面牆前也有一方案，上面安置著曾祖父的靈位，在一個雕花的木閣內供著，木閣制做的十分精緻，也是個漆器（以中國漆樹汁液加上桐油調製後，再經多次工法漆成），漆上了漂亮的咖啡色。方案旁還有一個櫃子，裡面放著曾祖父進京為官時穿的朝服，和一個紅色的「頂戴」，頂戴最高處有個金色的頂珠，垂著一條流蘇。這是朝見皇上時必需穿著的制式服裝和帽子。

一九三八年正月初十，日本人進了石臼所城，我們全家逃難去了鄉下，留下很多沒法帶走的東西，日本人進了我家，翻箱倒櫃弄得亂七八糟，沒拿走什麼東西，唯獨曾祖父的這個頂戴估計是被當成古董給拿走了。

四進一樓東、西兩廂房各有三間屋子，大媽住在北間，媽媽住在南間，媽媽的房間有張書桌，書桌上放了一張裱了金框的父親全身照，照片中的父親坐在羅圈椅上，右手搭在旁邊的花架上，花架上有個花瓶，花瓶裡插了幾支牡丹花，父親戴了一頂禮帽，穿著長袍馬褂，馬褂口袋裡有一支金質懷錶，用一條金鍊子拉出來掛在馬褂胸前的盤扣上，左手大拇指上還帶了一個翠玉扳指，氣宇軒昂！

四進西廂房的南側有一口水井，估計約有十二、三尺深，從底至頂全都是用花崗岩砌成的，兩側留有插腳的縫隙，便於爬下爬上，但這口井的水質不好，不能泡茶煮飯，勉強可以用來洗鍋、洗澡、洗腳，所以等於是半個廢物。推測這口水井極有可能也是祖父的聚寶盆之一，如要藏金，可將小金元寶以銀線拴緊，留一個洞，再以不會被水腐鏽的銀線串連成一小堆，想要撈出來的時候，沿著井裡插腳的縫隙下去到離水面約三寸的地方，再用竹竿綁著一個錨型的鉤子鉤上來即可。因為井口上裝有木蓋和手壓的幫浦，平時不會有人去掀開，而且由於水質不好，因此也無須定期淘井。

祖父的福春行和我們的老家正對門，也是四進，一進門的北間是帳房，帳房正中有一個高約三尺的木質櫃台，將帳房分成前後兩區。櫃台中間下方有一塊墊腳石，進出帳房時，先站上墊腳石上，坐上櫃台，將腿和腳翹起來，一個轉身，腿和腳都進了帳房裡面，然後再踏著帳房裡面的墊腳石，就進了帳房。石臼所的大小商號，都是這種設備，目的可能是防止搶劫。帳房內擺著兩張帳桌，是帳房和二掌櫃的坐位，東牆緊挨著北牆的地方，有個門可直通一進的北屋。北屋連著有六間客房，是給來石臼所坐莊收購米子和劈豬的客人住的。帳房裡邊放著一個德國製的大銀櫃，是祖父從青島運回來的，十分沉重，如果是用「福增茂」載回來，光是從船上搬到駁船再搬上岸，就是一個很大的工程。

福春的一進面寬是七十二尺，最東的客房前有一個桂花園，花園靠著二進的牆，二進牆內有三間連著的堂屋，中間和西間是相通的，只有東間有隔間，東間內有一面寬十尺、深八尺的火炕，上面鋪著花蓆，這種花蓆是用削成薄片的紫色和乳白色的篾子（高粱收成後的秸桿）交織編成而成，四邊和當中的花，形狀都不同，原料是來自諸城縣泊里一帶所產的有顏色的高粱桿子。

福春行的三進也有間學屋，學屋的東窗和西窗外各有一個約十二尺正方的花園，園子裡種了一株綠色的無子葡萄和一株水蜜桃，另外還有三間連著的堂屋，祖父經常一個人來這裡睡覺，據說常在半夜聽到中、西間連著的地上很不平靜，聽起來像是「油簍」滾動時發出的聲音，但祖父從不理會。

所謂油簍，就是裝著煉好豬油的簍子，每當秋季收到劈豬後，在加工醃製成鹹肉之前，醃豬的師傅會先將豬的肥油切下來，因為肥油賣不了錢，反而會讓醃好的劈豬在過秤時打了折扣，所以先切下來煉成油，一樣可以賣錢。油簍的形狀像個「凸」字形，也像個超大的釣魚簍子，以柳樹條密密的編織而成，內部糊上很多層毛頭紙，最內層再以豬血和著石灰厚厚的刷上一層，這樣油就不會漏出來了。一個油簍大約可裝上百斤的油，簍子的深度和寬度都一尺半，簍口是用一個豬的膀胱吹成一個大氣球，等它風乾後，壓成一片直徑大約十吋的薄片，蓋在簍子上，再用繩子繞幾圈栓緊，一般也會拿來裝酒或是蜂蜜、桐油等液體。

福春行自一八九六年開始經營，是個穩賺不賠的生意，從未發生過帆船遭遇海難或海盜打劫之類的事。每年進帳至少有四、五萬銀元，起初祖父是將多年來賺來的銀子存放在銀櫃裡面，後來銀子越積越多，放不下了，為了減少體積，就全部換成黃金，有一次我無意間看到祖父打開銀櫃，裡面全是黃澄澄的金子，若是讓外人看到，肯定十分眼紅。當年石臼所並無銀號，即使有，祖父也不會把銀子存在那兒。因此為了避免越積越多的金子無處存放，勢必得另外找個更安全的地方藏起來。

抗戰期間，祖父把我們攆出家門後，我們搬到西門外的一家客棧住著。約莫半年多後，不知打哪兒冒出一個自稱是「抗日游擊隊」獨立連的劉大鬍子，進駐了石臼所，把連隊駐紮在福春行，後來他索性綁了祖父，要了些錢還想再要，祖父說：「你沒看保險箱被挖了個大洞嗎？有點錢全被鬼子拿走了！」，劉大鬍子不信祖父的話，派人挖遍了福春行的各個角落，地上挖了很多窟窿，但都只挖了二、三尺就放棄了，當然什麼也沒有挖到。如果祖父要藏金的話，不會藏在這麼淺的地方，起碼也得挖個十來尺才夠安全，但要在院子挖個深洞，得找個好理由，如果隨便挖，肯定會讓人起疑。

父親說，一九三〇年春天，祖父曾著人在「福春行」第三進的院子裡另外打了一口水井，因為祖父喜歡種花，福春行除了帳房、客房和祖父的臥房外，很多地方都是花園，三進學屋東面是個菊花園，裡面種了各種不同品種的菊花，這些花每天都得澆水，所以打一口井方便澆水。結果打井的師傅挖到十二尺深，還是不見有水滲出，判斷這裡不可能有水，問祖父是就此打住還是繼續再挖下去？因為挖到水的機會也不大，祖父說已經挖這麼深了，容他想想。約莫過了兩、三天，祖父又令他們把挖出來的土再填回去。兩、三天的空檔，要趁人不注意時埋藏些體積不大的東西，是極有可能的，只要順著打井人的梯子爬下去藏好，用土蓋住，再看著工人把土填回去就行了！

當年的金塊又稱為「條子」，每條足五兩，所佔的空間僅約十二立方公分，因此祖父若將金子藏在這麼深的井裡，很難被挖走。雖然當時外面都盛傳劉大鬍子在福春發了財，但其實什麼也沒挖到。

藏金的時候是太平年代，但誰也沒有料到，過了沒多久整個國家就遭逢巨變。若是在太平時代，祖父想把金子挖出來，也很容易，只要另外再找一批不知情的工人來，仍然說要在這裡挖井，只需挖到大約十一尺半，之後再自己動一下手，稍微再挖一下就行了，何況當時祖父和二叔都有槍，也不怕有人來搶。

一九四七年，國民黨的軍隊又將進駐石臼所，在此之前八路軍已將祖父、二叔、二嬸都吊起來拷打，二嬸不但被吊著打，還被點燃的香枝觸燒身體，逼問金藏何處，結果都沒有被搜出來，因為二嬸後來還帶了許多祖父的金元寶來了台灣。

從福春行大門前這條路往南門的方向走，一直走到南門外路的盡頭，就是海崖頭，右邊是當年長記行作「平糶」時堆置糧包的地方，父親發跡後，將此處作為長記輪船存放燃煤用的煤場。又在南門外另外購置了一塊面積約八百坪的土地，蓋了一個四合院，作為棧房（倉庫），用來堆放等待客戶提領的貨物。

此外，又在石臼所南北大街的路東買下了一處原屬「中和行」的房產，面積約有六百坪。中和行原屋主是做收購棉花生意的，所以這個店鋪有個很大的中庭，可供駱駝商隊休息，後來生意不做了，便將此處賣給了父親。父親原本打算在此興建長記輪船行總行，後來也因故改變了計畫。

中和行南面有一排房屋，延伸過去就是東巷子口，長記輪船行的售票處就設在這個巷口（附圖：長記售票處位置圖）。抗戰爆發後，日軍佔據石臼所時，此處還進駐了一個連的部隊。

由於父親做了平糶後，收回了海崖頭的那塊地，因此祖父又在南門外的左邊，購置了一塊大約五百坪的土地，也蓋了棚屋，作為醃製劈豬的地方。

如今，南門外大都已經蓋成樓房，僅剩右前方仍然保留著八十多年前父親蓋的四合院棧房十二間西屋，黑瓦、土牆，給人一種歷經滄桑的感覺。

好消息是，今年初夏，日照東港區領導，讓石臼街道辦事處在城市規劃建設中，提出一個『留存記憶』的方案。六月中旬，石臼街道辦事處找到了對石臼所老城最有研究的張永軍先生，瞭解石臼地區除了已保留下來的老燈塔外，還有哪些值得保護的老房子或值得留存的古建築。張先生首先想到的就是長記輪船行當年的四合院棧房以及通往海崖頭的石板路，還有棧房前後的老民房，和十字大街東北角的老民居。在接下來的設計中，將會力求把長記的棧房及老民房重新規劃，做為一個值得回憶的旅遊景點，讓棧房、石板路和老民房得以保存下來，而其中，歷史最悠久的，就屬父親建造的石臼燈塔和長記的棧房了。（附圖：海崖頭黑瓦房『長記輪船行南門外棧房西屋』）

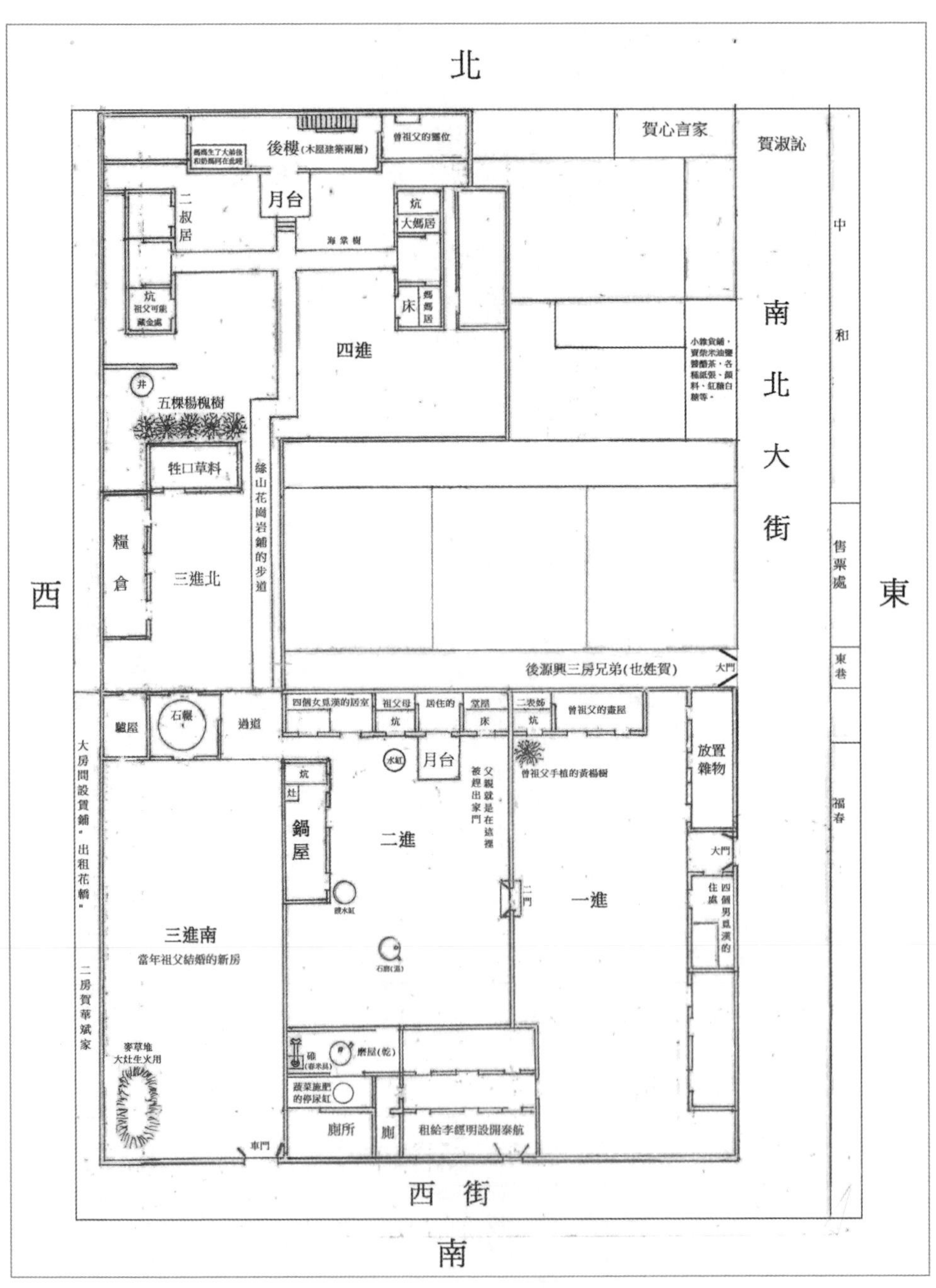

圖 1　賀家祖宅平面圖（賀中林 繪圖）

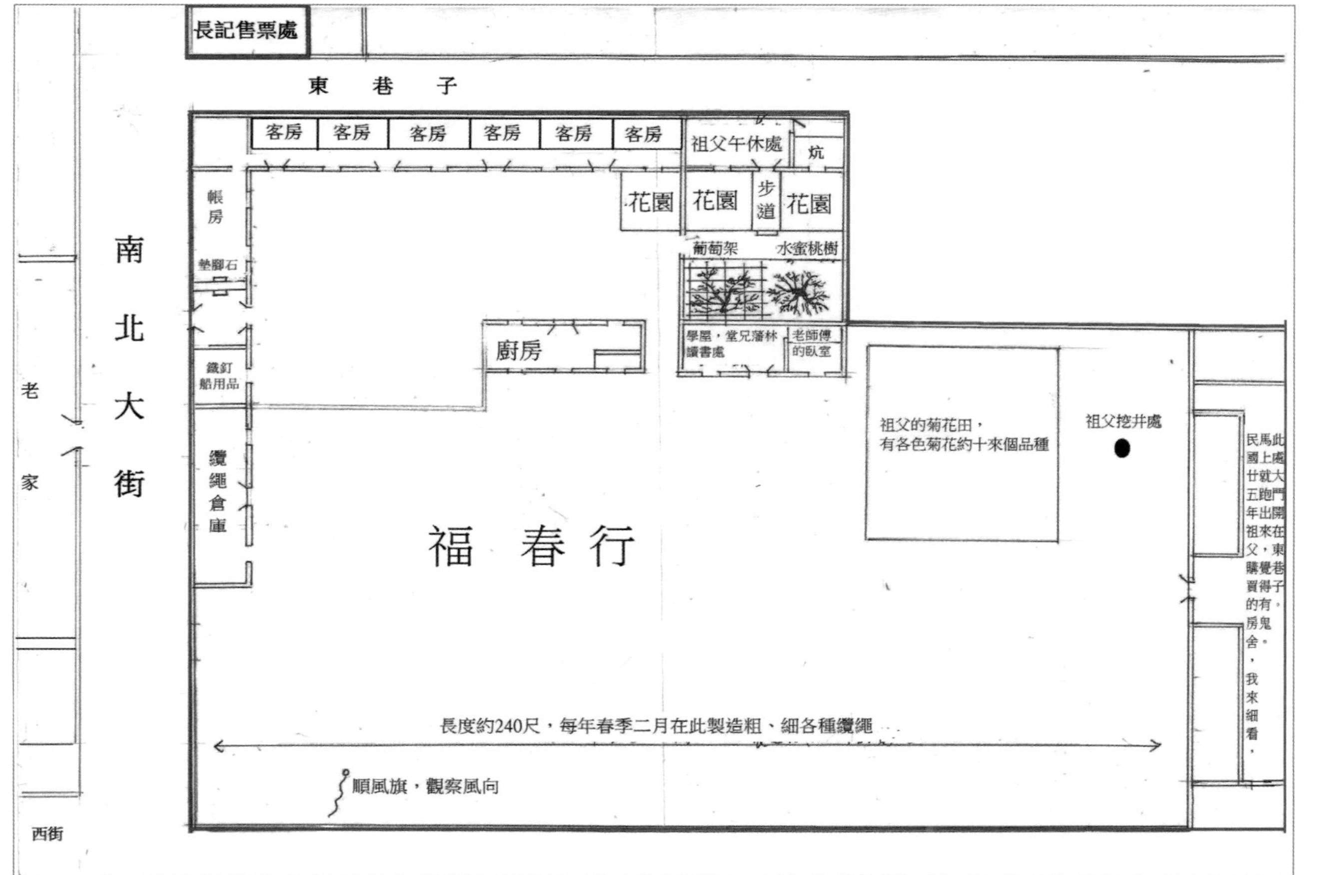

圖2　福春行和長記售票處位置圖（賀中林 繪圖）

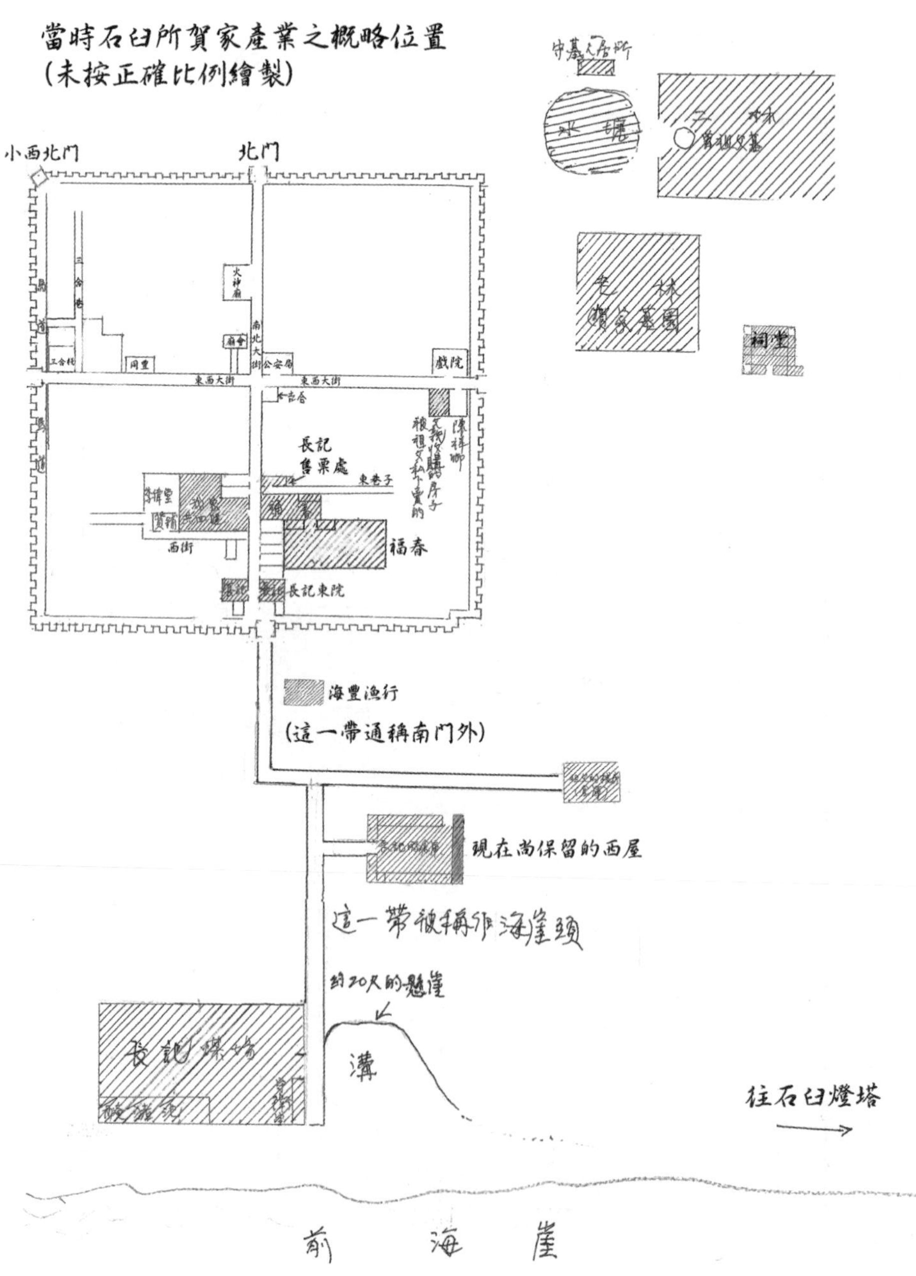

圖 3　老家產業概略位置圖（賀中林 繪圖）

圖4 1930年由賀仁菴建造的長記輪船行南門外倉庫僅存西屋現況，原四合院的東南北屋於2008年遭拆除建為民房。2020年2月被列為日照歷史優秀建築並予以掛牌。

日照市历史建筑
HISTORICAL BUILDINGS OF RIZHAO
长记轮船行仓库
位于延云港路南、海滨二路东，主体结构以木梁柱支撑，黑瓦砖墙，建于20世纪30年代初，对研究民国时期石臼港口贸易提供了重要参考。
任何单位或者个人不得损坏或者擅自迁移、拆除历史建筑
——国务院《历史文化名城名镇名村保护条例》
编号：RZSLSJZ I-1
日照市人民政府
二〇二〇年二月

日照市人民政府

日政字〔2020〕8号

日照市人民政府
关于公布日照市首批历史建筑名录的通知

各区县人民政府、管委，市政府各部门、单位，国家、省属驻日照各单位：

根据《山东省住房和城乡建设厅关于扎实做好全省历史建筑普查认定公布等有关工作的通知》要求，为加强我市历史建筑保护管理，更好地传承历史文化，保留历史记忆，彰显地域特色，根据历史建筑认定保护的有关规定，经市政府研究，确定长记轮船行仓库等5处建筑为日照市首批历史建筑，现予以公布。

各级各部门要按照《历史文化名城名镇名村保护条例》（国务院令第524号）和《山东省历史文化名城名镇名村保护条例》等规定，做好历史建筑保护管理宣传，设置明显保护标志，标明保

— 1 —

护范围，建立历史建筑档案，研究落实保护利用措施，共同做好我市历史建筑保护管理各项工作。

附件：日照市首批历史建筑名录

日照市人民政府

2020年2月12日

圖5 2020年2月，日照市人民政府將「長記輪船行倉庫」列為首批日照市歷史建築，並加以建檔掛牌保護。

第七章 行善之家

周濟弱勢

祖父除了開設福春行和海豐漁行之外，分家時還分得了位於湖西頭的二十畝良田。

這二十畝田地會依季節不同種植我們家要吃的大麥、小麥，玉米，地瓜和各種季節性的蔬菜。每逢糧食收成時，如果父親還沒到外地坐莊，祖父會令父親到田裡察看覓漢們收割的情形。

父親體諒這些窮苦人家生活不易，每回收割前，都會當著一旁等著拾穗的鄉親面前，大聲交待覓漢：「收割的時候，不必收的太乾淨，留一些給鄉親們撿拾！」，所以每回輪到父親去察看時，等待撿拾麥穗的鄉親們都會老老實實地待在邊上，等覓漢們收割好再進去撿。

自曾祖父的「性喜施與，族鄰之不舉火者，乞求無不立應」，和不計束脩辦學收徒，到祖父、父親的行善，我們賀家始終秉持著周濟弱勢鄉親的家風。

有一次我跟祖父去了福春行的棧房，看到屋裡竟然疊著數口白皮棺材，當時我嚇了一大跳。明明我們家人都好好的，為何會把這種東西放在這裡？

我問了祖父，祖父說：如果四鄉窮苦人家有人過世，買不起棺木的，來要就送給他們。而白皮則是因為沒有上漆，早年只有天然的中國漆，除了價格十分昂貴外，塗刷起來也很費工，每上一次漆大約得花上半個月的時間，還得刷上三遍才算漆好。而長記南門外四合院的棧房從東北角的門進入，左手邊的庫房中也看得到同樣疊放了數層的棺木，也是用來施捨的。

福春行和長記除了施棺木之外，也長年施藥。藥是自北京同仁堂買回來的砂藥、濟眾水、七厘散（創傷藥）和膏藥等等，膏藥是一張大約七公分大小正方的桑皮紙，上面塗了黑色的粘著劑，當中放著紅色的「銀朱」（紅汞粉，當年不知紅汞粉有毒），藥膏對折起來，要用時先用火烘烤一下，才能撕開，貼在患處，待若干日後，病灶好了，再撕下來。

此外，祖父和父親一年四季也會在福春行和長記施「發糰」[8]，給來要吃食的窮苦鄉人。為何是施發團而不施粥呢？因為施粥得將粥放在大鍋裡，置於一進的院子，冬天太冷，早上熬的粥到了下午就冷了，夏天太熱粥易壞；來要粥的人還得帶

---

8 以地瓜乾粉摻上三分之一大米粉做成的原味發糕。

個碗，很不方便，所以我們家都是施發糲來濟貧。

資助辦學

當父親陸續購入數艘輪船投入營運，長記輪船行的生意越來越興旺時，不免遭人眼紅，加上父親向來熱心公益，因此便有少數鄉親藉機巧立名目想從中謀取私利。一九二九年，父親接獲「石臼所公局」通知，要求長記從每張石臼所往青島的船票中，抽取三角作為石臼小學辦學經費。此事已經劉少木與縣長李威德二人商議後，「報准」通過。

此時石臼所已成為往青島、大連的啟程港，除了長記外，還有兩家小船行：公祥號與德生堂。但公祥只有一艘九十噸的「昭祥輪」，僅能載客五十名，能抽取的票捐十分有限；德生堂也僅代理了一艘百來噸的老木船「裕盛輪」，這艘老木船多半是載貨，同樣也抽不到什麼票捐。

因此，石臼小學所有經費的主要來源，就來自長記的票捐。

由於長記每日都有船班開往青島，每一航班的旅客人數少則三、四百，多則五、六百人，依此計算，要被抽取之「票捐」數目相當可觀。依照多年後劉少木所撰文的《石臼所地方考》中所述：「每年可抽得五、六萬銀元票捐。」，當時每張船票是一元二角，抽取三角可抽到五、六萬銀元，等於每年約有十八到二十萬人搭船到青島。

那個年代物價十分低廉，全日照縣最大的小學，一整年的開銷也不過三、四千銀元，而石臼所不過是個小鄉鎮，辦一所小小的學校何以會用到如此巨款？

公局主事的委員劉子木和父親一向不和，還曾提告父親又輸了官司，其子劉少木時任日照縣國民黨部的委員，勢是有了，錢則不足。

而當時所謂的「石臼所公局」，並非什麼官方正式單位，所有公局委員都是他們自己相互推舉出來的，不是經由公眾選出來的，十位公局委員中有數位姓劉[9]，主事者是劉氏家族。委員中有四位是「公祥號」的股東。

「公祥號」是劉子木等六位股東在一九二八年成立的，當初看到長記業務鼎盛時，就放話要與長記競爭，但是過了一年，他們僅勉強只湊到二萬元，二萬元如何能買到像樣的船？最後只買到一艘比海州丸還小的船，取名為「昭祥」。

這艘船的船身很窄，和高度不成比例，頭重腳輕，整艘船向右歪斜了五度。沒有載貨航行時，得在左邊裝上一些壓艙物，以免翻船，有人替這艘船取了一個妥貼

9 那個年代還沒有戶名編制，也沒有身分證，沒法辦理選舉。劉姓公局委員計有劉子木、劉潤東（大媽的哥哥）、劉莊一、劉文溪、劉禾生、和幾位外姓者，共有十人。

的外號：「十二點差五分」。

內行人是不會買這艘船的，因為噸位這麼小的船並沒有什麼營運效益，但所需的船員人數幾乎和長春輪一樣多，毫無競爭力可言。

由於父親對公益之事一向慷慨，雖然心中存有各種疑問，但在學校開辦之初，仍然願意捐出票捐協助辦學。但公局委員和船行股東公私難分，父親合理懷疑他們不會抽取「昭祥」的「票捐」，甚至那些用不完的票捐將流向何處亦令人存疑。

一年之後，由於該筆帳目並未公開，劉少木等人也不願交代票捐去向，而更令人起疑竇的是，在這一年中，公祥號又買了一艘一百五十噸的「瑞祥輪」，父親合理懷疑其購船資金來自長記的票捐，因此堅決不肯再被抽成。

此時公局委員們便藉此事行文長記，要求必須繼續認捐，否則將以「妨礙教育」之名拘捕父親。而一開始與這幫人共謀票捐一事的日照縣長李德威，也幫他們在日照縣城提告了父親。縣府隨即發出一份限期繳交票捐的公文給長記，上面還蓋了縣府和縣長的大印。

父親持此證物，請盟兄安鵬東[10]幫忙。

10 安鵬東：畢業於日本明治大學，歸國後不久投入政壇，創立山東共和黨，並先后被選為山東省議會議員、北京國會參議院議員，又創辦了《大東日報》、開辦輕便鐵路、成立工商銀行，是民國初年政壇的重要人物。

安鵬東與父親同為石臼所人，兩人自小即為近鄰，他比父親年長五歲，因個性契合，情同兄弟，之後互換了生辰八字，成為正式換帖的盟兄弟，後來安鵬東娶了如夫人吳三，吳三又認了繼祖母為義母，兩人交情自然十分深厚。

此時安鵬東雖已因故退出政界，而父親也已成為青島最大航商，但兩人深厚的兄弟情誼依然不減。

父親在青島買了一株價格不斐的五十年野山蔘，做為安鵬東送給韓復渠的伴手禮。而後在安鵬東的引薦之下，順利將證據呈到山東省主席韓復渠的公堂。

韓復渠當時雖已貴為山東省主席，但因向以清廉要求下屬，看到禮物，推辭了一陣，最後還是收下了。

由於韓復渠對治理地方頗為用心，因此在聽完秘書長解說父親所提之證據內容後，勃然大怒：「一個小小的縣官，竟然敢在我韓青天[11]下面貪贓枉法，如此膽大妄為，著即撤職查辦！」

韓復渠立即擬另派他人接任日照縣長，此時秘書長適時提醒，有個王文彬已候

[11] 韓復榘（1890年1月25日—1938年1月24日），中華民國軍事將領，馮玉祥手下的十三太保之一，一向自比包拯。後出任山東省主席，韓復渠重視教育，聘請社會活動家、思想家梁漱溟到山東省開展大規模的鄉村建設運動，振興產業。

缺半年，於是立即派王文彬補了缺。

父親和王文彬同回日照，縣長李德威連縣府大印都沒交接，連夜全家逃到濤雒，在棧子雇了一艘小帆船往連雲港而去，估計應是分得了不少票捐！

王文彬接辦了雙方互控的案件，由於並無任何法令依據可要求長記捐出票捐，因此父親當然也沒有所謂「妨礙教育」的罪名，而他們則因無法交代之前所抽票捐去向，委員中之七人連同公局司帳全都被判了侵佔罪，徒刑六個月，緩刑兩年。這在石臼所可是不得了的大事，如此一來，以後還有何顏面在地方上走動？當然得上訴，其實上訴也只是做做樣子，若是去濟南高等法院開庭，一次往返得費時五、六天，除了得花上一筆旅費外，還得請個律師，更得打點法官，送少了起不了作用，多了心疼。還得防著賀仁菴送的比他們多。

此案「結果」當然明顯擺在那兒，除非能提出所抽票捐去向，否則官司實在不可能打贏，如果被判刑一、兩年又不能緩刑，就得去蹲大牢，那就更加難看了！他們盤算了又盤算，劉子木、李偉堂等人拉足了弓，說是其中五人連司帳在內不願配合繼續打官司，因此撤回了上訴，官司至此定讞。

不料，數十年後劉少木對此事仍耿耿於懷，於民國七十六年十二月二十八日，父親過世十一年後，在台灣寫了一篇《石臼所地方考》，並複印了數十份，分送給在台日照鄉親，文中前面寫到：「三家船行中之長記改稱公司，經理系創辦人賀仁菴，船多業盛，遠近莫不崇拜……」，後面筆鋒一轉，寫到「……因賀仁菴掛名校董無望，憤而以其經濟優勢組成反抗陣線，以報復其心頭宿怨，致使校董冤被判刑，小學癱瘓，全鎮兒童失學，家長束手嘆恨，當時政治黑暗，惡霸橫行，致使良民遭殃……」，影射父親為「惡霸」。

劉少木可能因為心虛，因此該篇石臼所地方考並未送給我們兄妹，有位同鄉看到後，拿了一份給我，當我看到這段對父親極為污衊的描述後，託人請他收回已分送出去的文章，但遭到拒絕。我和小妹無奈，只好提告。

由於文中所描述有關父親的部分內容，不但違背事實，且有誹謗之嫌，而劉少木又提不出證據，因此劉某和我們那位宗叔擔心被法官判《毀謗罪》，只好於民國八十一年五月十九日在聯合報副刊登了六分之一版面的道歉啟事。內容為：「少木於七十六所撰之石臼所地方考涉及賀仁菴表兄部分，與事實不符，有損仁菴表兄之清譽，該地方考曾分送親友參閱，又經華斌印送親友，除已將二人分送之全部地方考均分別收回外，特登報道歉！」

事實上，石臼小學開辦之初，所有校舍經費、課桌椅等，全為父親所捐。父親當時已是輪船行的大老闆，又是石臼所商會和日照商會的會長，更是青、滬航運界的知名人物，往來皆達官顯要，甚至私下還傳有「石臼所市長」之稱號，又何須以一個鄉鎮小學校董的頭銜來「以壯身份」？

何況當時日照地區其他鄉鎮小學均靠收取學費維持學校辦學，何以單單石臼小學不能比照辦理？而僅因父親未繼續認捐，就使得小學經費無着致使全鎮兒童失學？

日照縣長換人後，一九三一年初，教育科出來打圓場，詢問父親可否繼續負擔教員薪資，使小學可以開課。父親慨然應允，此後每年仍然捐助學校四千銀元，至民國二十六年七七事變前，六年多的時間，捐款總數又超過二萬五千銀元。這筆錢比起抽三成票捐來雖不算多，但也夠買一艘小火輪了。

但很明顯的是，自從父親未再認捐三成票捐後，「公祥」號也未再購買新船了！

建造石臼燈塔

在父親遺留的手稿中曾敘述：「設立石臼所燈塔，以利西南口航船，而免迷途。」

石臼所的東北方有桃花欄（裡欄），北有胡家欄，西南方奎山前還有霸王邊等多處暗礁區，沿岸向來風浪及大霧不斷，不時有船難發生。

父親早年曾向海關稅務司請求設置燈塔，但當時海關稅務司由英國人負責，因此只注重大洋船出入的大口岸，而石臼所僅有帆船及為數不多的輪船出入，因此多次陳情均無下文。

迫於自家輪船及往來此地的其他小船航行安全的需要，父親遂於一九三一年再次向稅務司呈文，表示願意自籌資金興建燈塔，希望稅務司提供燈塔設計圖，稅務司欣然同意，不久便請專家繪製了燈塔設計圖交予父親。

父親挑選了一處位於石臼所東南隅三面環海之礁石上，做為興建「石臼燈塔」的位置，此處也是當地俗稱的「石臼嘴」（附圖：石臼嘴老照片）。燈塔自一九三二年秋開始興建，至一九三三年春天完工，費時不到一年。

此燈塔自基座起至塔頂風向標及發光儀為止，總高度為十六米六，原始建築物有五層，是當年日照地區最高的地標建物。燈塔形狀為中式棱台八邊八角型，頂層玻璃帷幕上之頂蓋也是八角形，佔地約三十平米，塔內設有迴旋樓梯可登至塔頂。

燈塔第五層的瞭望平台上，有一座德國製的紫銅圓鼓形骨架，十分精緻，燈室內設有煤油燈[12]，玻璃燈罩前置有一個法國製的圓型「三稜式多層透視聚光放大折射鏡（附圖：三稜式多層透視聚光放大折射鏡）」，以手搖方式轉動巨大的發條，使燈座以緩慢的速度不停的轉動。光程可遠播至14浬，每逢夜間均能定時、間歇發光，有人形容其亮光在黑夜中宛如「萬丈光芒」。

12 煤油燈目前由青島海事博物館收藏。

石臼燈塔是日照地區第一座燈塔，也是中國華北地區唯一民間自行籌資興建及維護的燈塔，對於保障當地漁民出海及往來船舶的安全，發揮了重要的作用。（附圖：石臼燈塔）

燈塔落成後，海關海務處派了三位英國籍管理燈塔的「燈塔守」[13]來管理，由父親支付薪資，以維護燈塔運作，同時父親也在燈塔西側蓋了五間紅瓦石牆房，供值班人員留守。

小時候我曾和父親一同去巡視燈塔，看到三位金髮藍眼高鼻的英國人，嚇得躲到父親身後，父親連忙安撫我：「不用害怕！他們是來幫我們管理燈塔的。」

為感念青島市長沈鴻烈[14]恩德，父親特將此燈塔以沈公之字「成章」命名為「成

13 清康熙之前設有「海禁」，後來陸續開放港口通商，但是並無嫻熟海關事務的專門人才，也無法規劃相關設備，乃於1895年聘請熟悉海關業務的英國專家李國泰（Harotio Nelson Lay）為我國首任海關稅務司，第二任的稅務司也是英國人哈德（Robert Hart），哈德在我國海關服務達五十年之久，建造了許多燈塔，並延攬了燈塔管理技術的專家韓得善（David Marr Henderson），又在英國招募一批人來做燈塔維護工作。此後歷屆海關稅務司均由英國人擔任，而燈塔守的工作也全由英國人包辦。直到二次世界大戰時才改由日本人接任，抗戰勝利後始由我國海關接手管理。

14 沈鴻烈（1882年10月27日－1969年3月12日），字成章，湖北人，中華民國海軍上將。1905年考取日本海軍學校，加入中國同盟會。（1923年7月-1927年7月）任國民政府東北海防艦隊司令（1927年7月-1937年）任國民政府聯合艦隊總指揮及海軍總司令，（1929年-1937年）兼任

章紀念塔」。其背後也有一段鮮為人知的故事。

民國初年，各地軍閥混戰，匪徒猖獗。當時山東一帶，最大股的土匪，就屬劉桂棠[15]。一九三〇年八月，悍匪劉桂棠率近千名匪徒由莒縣一路搶奪擄掠，九月下旬攻陷了日照城，並攻入縣衙，縣長胡相衡被擄，所有商家住戶門窗緊閉，街上無人敢行走，縣城處於癱瘓狀態。

迫於情勢嚴峻，山東省主席韓復渠派兵前來日照圍剿，土匪才退出縣城。

到了次年秋天，劉桂棠又向東挺進，沿路大肆搶掠後再度進入日照城內，經夾倉鎮直奔石臼所而來，並在距石臼所城約二、三公里的西岭和北岭等地駐紮下來，欲圍攻石臼所。

此時鎮上富戶多已走避青島，但窮困之鄉親、無力逃亡者，仍為數眾多，乃紛紛進入石臼城內躲避。

15 東北聯合航務局董事長，（1931年11月-1937年12月）任國民政府青島特別市市長，（1938年1月-1941年12月27日）任山東省政府主席，（1938年1月-1941年12月27日）任山東省保安司令，（1946年4月-1948年7月）任浙江省政府主席，來台後曾任銓敘部部長及總統府國策顧問

劉桂棠初始與地痞流氓數人結拜，因排行數七，皮膚又黑，故外號劉黑七。和一幫匪徒在各地打家劫舍、殺人，無惡不作。後陸續結合其他匪眾，達數千人；一九三一年投靠日軍。

當時石臼城內的防禦武力，是僅一支有約百人的「商團」。此時父親雖已將長記總部設在青島，但石臼所是父親發跡起家的源頭，而父親又是日照和石臼所商團的會長，看到石臼所各大商號、貨棧，以及城牆內、外居民將遭土匪蹂躪，心中不免著急。

在此之前父親雖曾自大連購回一百支日製「三八式」步槍及二十餘支自動手槍，做為商團的防禦武器，火力還算強大。但人員訓練不足，也缺乏實際作戰經驗，恐將難以抗禦強匪。

因此父親立即致電海軍總司令沈鴻烈，請求派軍艦前來支援。

父親與沈鴻烈熟識是在一九三〇年秋，由於在此之前父親已自日本人手中，奪回我國青島至西南口的航權。於是沈公派了秘書長徐冠羣前來拜訪已成為青島最大航商的父親，父親與徐冠羣自此也結為唯二的換帖盟兄弟。因此父親與沈鴻烈交情也是匪淺。

沈鴻烈接獲父親求援電報後，立即派了軍艦前來石臼所支援。

當軍艦航行至石臼所外海時，從望遠鏡中窺見眾匪徒正停在高家村一處打麥場上休息，艦上士兵立即開砲二發，炸傷土匪十餘人，炸毀獨輪車二輛。眾匪大驚，乃知石臼所已有所防範，進攻不易，於是往北邊逃逸而去，石臼所鄉親乃逃過一劫。

父親將燈塔以沈公之字命名的另一原因，是要向土匪宣示石臼所與沈市長的關係深厚，使他們不敢再存覬覦之心。

為慎重其事，父親特地延請莒南「翰林院編修」莊陔蘭[16]先生為此燈塔撰寫碑文，並請能工巧匠篆刻於石碑上。此碑文位於燈塔正前方，碑文上端為半圓型，有一青色花崗石的碑額，以篆字體自右至左刻寫「沈公紀念之碑」。

碑文自右至左內容大致為：「東北海軍艦隊司令兼青島特別市市長沈公紀念之碑……日照濱海民國二十年九月縣城淪陷次年十月復有□□□……陸軍八十一師師長□□秀………中華民國二十二年三月歲旅昭陽作噩仲春穀旦□□□□日照縣商會□□成立」等，約二百餘字，另外還寫了一些讚美的詞彙。

由於年代久遠，又經歷八年抗戰、文化大革命等歷史悲劇的破壞，現今已無法確認完整碑文內容。而當初興建時的第五層也不復存在，目前僅存四層，推測可能是在一九四九年之後遭破壞所致。（附圖：沈公紀念碑）

一九三三年燈塔落成，父親報請海關海務處批准後，擇一吉日啟用，並邀沈公

16 莊陔蘭（1870年—1946年），原名莊阿蘭，山東莒南大店鎮人。生於清同治9年，17歲中秀才入郡庠，28歲拔貢放樂安縣訓導。光緒30年甲辰恩科殿試，後獲授翰林院編修。因與慈禧太后小名相同，蒙召見時賜名莊陔蘭，曾留學日本東京大學，並加入中國同盟會，參加辛亥革命。民國初年，曾任山東省議會會長、國會參議員。

前來剪綵。因沈公忙於公務，無法親自前來，特派秘書徐冠羣代表參加儀式。

燈塔竣工後，父親又在青島至石臼所及西南沿海各口岸裝設了電話，以利船隻調度。（附圖：昭和二年由日本人所繪製之自上海港至山東高角沿岸所有燈塔、燈柱、燈船紅點標示圖，石臼燈塔在此圖左方中間）

如今，隨著日照港的開發，「石臼燈塔」雖已被「日照燈塔」所取代，不再發揮原來的作用，但依然佇立於原處，是研究日照附近航海和水運史的代表性建築物。目前已被列為山東省省級文物古蹟保護單位。原來三面環海之處也已被填為陸地。（附圖：石臼燈塔保護碑）

而最令人欣慰的，莫過於石臼塔燈除已於早前被列為山東省文物保護單位外，又經日照石臼所張永軍先生多次提案，今年七月，「日照港集團有限公司」工程建設部，決定將日照港「退港還海」。此項目實施後，除新增三公里的海岸線外，並規劃以「石臼燈塔」為中心，建設「燈塔公園」，作為日照港城的新興旅游景點，並展現了對港口歷史文物的保護。屆時，石臼燈塔將會再次煥發生機，充滿活力！這是對先嚴在天之靈最好的尊崇！也期待能早日再次看到石臼燈塔發出萬丈光芒。（附圖：三稜式多層透視放大燈光反射儀）

1933年興建完成位於當時石臼所東南隅三面環海礁石上之「石臼燈塔」，

圖 1　石臼嘴舊照（山東日照石臼所張永軍先生提供）

圖2 2018年底石臼燈塔恢復原貌

圖 3　賀郁芬與賀中林於石臼燈塔前留影

圖 6　石臼燈塔保護碑，2014 年已列為省級文物保護單位

圖 4　沈公紀念之碑

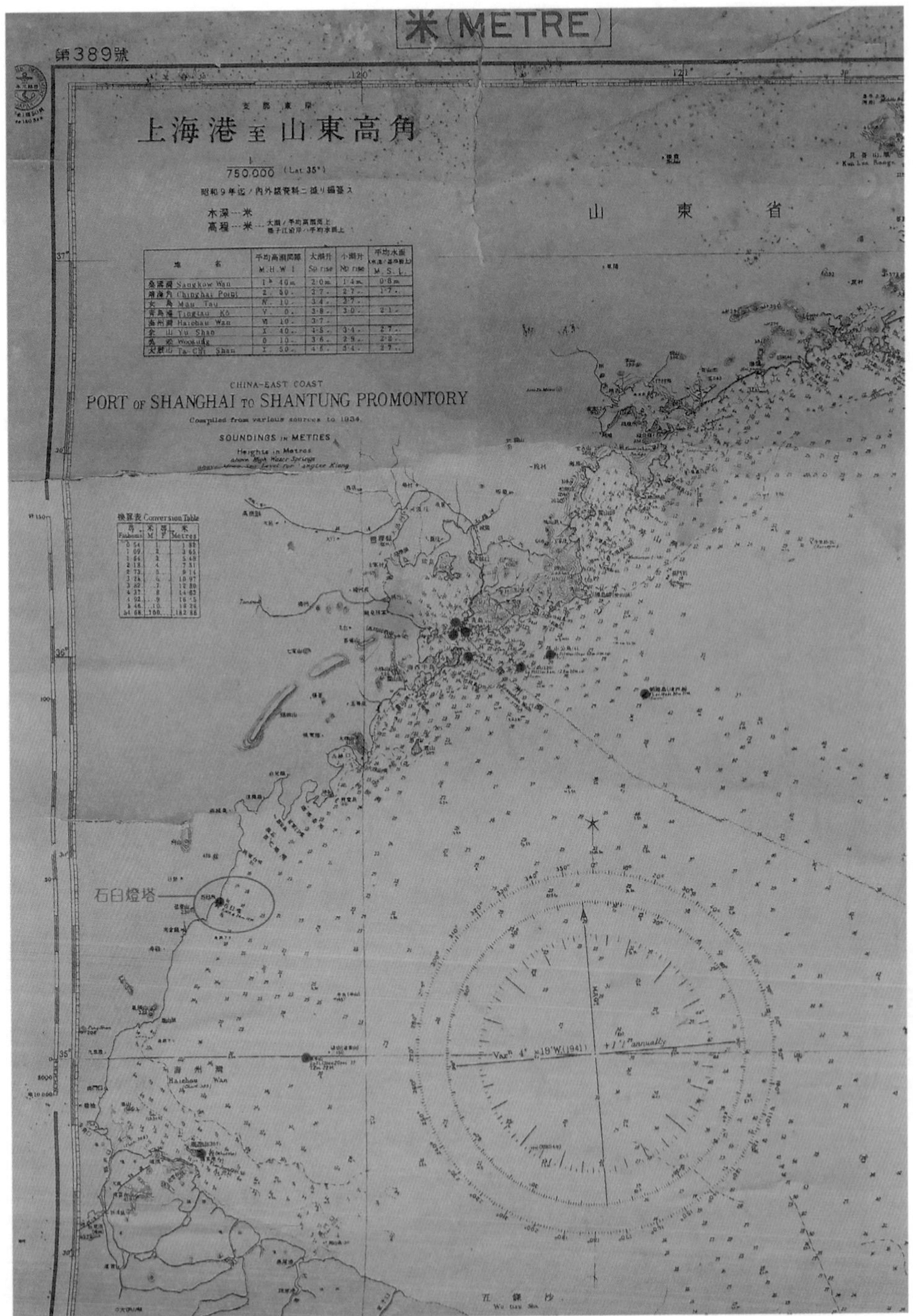

圖5　昭和11年由日本人所繪製之自上海港至山東高角沿岸所有燈塔、燈柱、燈船紅點標示圖，石臼燈塔在此圖左方中間

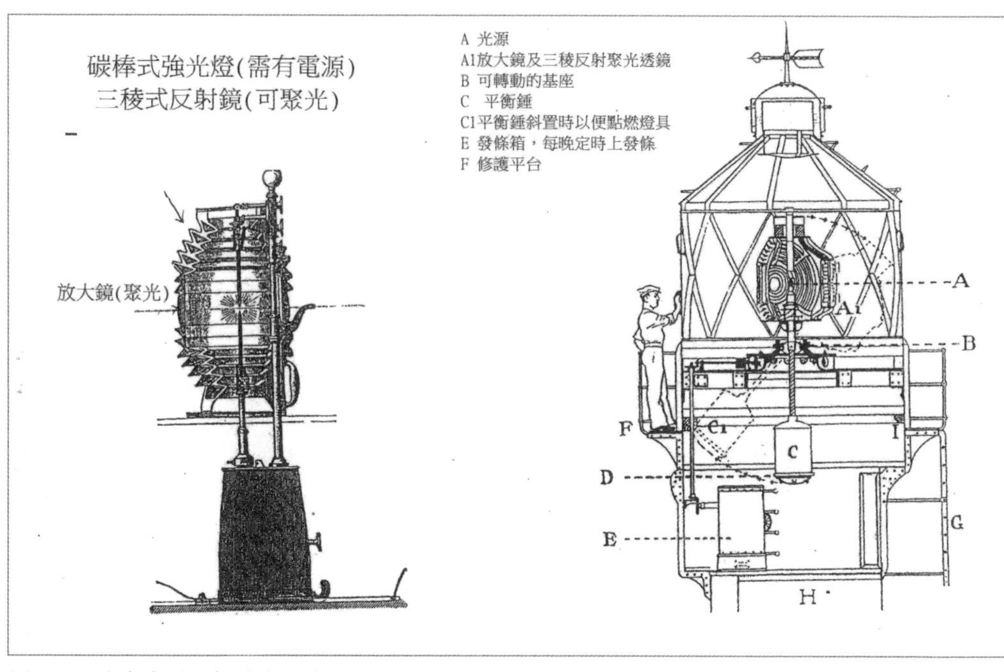

圖 7　三稜式多層透視放大燈光反射儀（賀中林 繪）

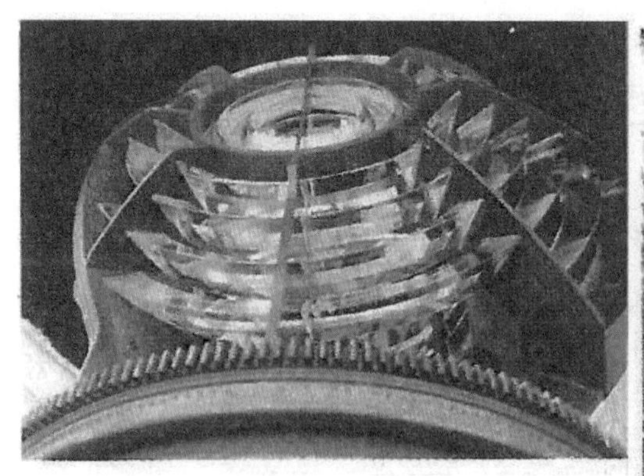

三稜式多層透視燈光反射儀
(賀中林 提供)

圖 8　三稜式多層透視放大燈光反射儀(賀中林提供)

第八章　敬祖傳世

傳宗接代

一九二六年父親成立了長記輪船行，接下來的幾年又陸續買了幾艘輪船，這種情況看在石臼所某些人的眼中，已經是一個了不起的大老闆了。

石臼所的鄉親，對父親友善或崇拜的，都稱父親為「賀大經理」；不友善的，就直接叫父親的名字：賀仁「菴兒」，故意把菴字捲舌唸成「菴兒」。更不友善的，就給父親取了個外號，叫「賀大雅子」，其典故出自日照土話，就是男人的那話兒，女人和小朋友都不能說。小男孩的那個叫做「琛子」，樹上的小鳥也叫琛子，所以女人和小朋友都可以講。「大雅子」是因忌妒所產生的心理不平衡用來侮辱人的粗話。而父親在上海、青島、大連等商埠往來的商界朋友，則因父親在家族中的大排行是老三，對人誠信又豪邁慷慨，因此都尊稱父親為「賀三爺」。

一九〇七年，父親二十歲時，娶了大媽，大媽生於一八八一年，比父親大六歲，那個年代娶個年齡比自己大的妻子是很正常的。大媽娘家姓劉，我家三位女主人全都姓劉（母親不算是女主人），繼祖母姓劉，二嬸是繼祖母的姪女也姓劉，連我們的一個姑姑也嫁給姓劉的。

大媽和父親結婚後，次年就生了一個男孩，可惜出生五、六天就因驚風而夭折。接下來，第二個男孩、第三個男孩也都在出生後沒幾天都夭折了。猜測是接生婆那把剪刀帶有破傷風細菌，剪臍帶時感染了嬰兒。

早年鄉下地方沒有消毒的觀念，那把剪刀頂多就是放在開水裡煮了幾分鐘也沒煮開，不知不覺中害死了許多小生命，令人心痛又氣結！大媽託人打聽後，發現這個接生婆所接生的嬰兒已有五、六個夭折了，氣得大媽說：「下次要接生，絕對不可以再找這個老婆娘！」，但大媽從此之後就沒再懷胎了。

一九二六年長記輪船行成立時，大媽已經四十五歲，估計也不會再生了。到了一九二七年，長記的業務已開始興旺了起來，因此祖父多次示意父親收養個過繼子。大媽一聽指明是我二叔的兒子，也就是我的堂兄藩林，立刻反對，父親也不願將自己辛苦努力的成果，交給整日遊手好閒之人的兒子繼承。

繼祖母勸說了大媽兩、三次，說是為了他們二人好，免得斷了香火，但二叔當時也只有這一個兒子，這個理由似乎有點兒說不過去。

大媽對繼祖母說：「我也許不會再生了，但是我可以給我的男人辦個小的，要生幾個就有幾個，一個不會生就再找一個來，我只要我男人的孩子。如果我命中注定無子，說不定連過繼來的孩子也會給剋死，還是不要的好！」

大媽要給父親娶二房的消息傳了出去，石臼所的媒公、媒婆絡繹不絕的上門來。為了避免離家太近，娘家人作怪，父親和大媽合計後，決定到遠一點的地方去尋覓對象。

隔年父親在濟南的朋友介紹了一位滿州姑娘，她的父親在遜清時僅是個小官員，但父親去相親時，她們家中還擺譜得厲害。父親認為我們家不是為官的人家，娶這樣的姑娘進門是「廟小神仙大」，不合適。

於是父親的朋友又介紹了濟南長清縣顧家道口人顧成盛的女兒。這位姑娘當時才十七歲，出生於一九一〇年，濟南長清中學畢業，母親已過世，沒有兄弟姊妹。顧先生是做文書工作的，因為嗜吸食鴉片，以致家道中落。覺得父親是個大老闆，又無子女，十分願意將獨生女給父親作二房，生養後代。這位姑娘，就是我們兄弟姊妹五人的親生母親。

父親給了外祖父一筆禮金，辦了個簡單的儀式，請了兩桌酒席，母親就隨同父親回到石臼所。自此以後，母親一生再也沒有回過娘家，但外祖父倒是曾經來過石臼所兩次探望母親。

母親原名顧華英，後來父親另給母親取名顧淑蘭，那時的婦女多數是沒有名字的，因為既不入學，也不載入祖譜，在夫家的祖譜中僅僅記載某人（丈夫名字）婚配某村某公之長女或幾女，生於某年、某月、某日。卒於某年、某月、某日，下欄也僅記載兒子之名。但會娶個小名，以供長輩或同輩呼喚。公文書上僅寫某某氏，大媽在戶籍上登記是賀劉氏，繼祖母和二嬸也都是賀劉氏。多年後，長記公司發行股票時需要股東名字，父親才給大媽取了「劉義舟」這個名字。

母親出生於一九一〇年，前清末年底，那時出生的女孩還是時興纏足的，沒有三寸金蓮嫁不出去。繼祖母、大媽、二嬸全都纏足。一般從四、五歲開始，用布條將腳裹緊，使其無法長大，到六、七歲時已纏成型。此纏足之陋習，據傳盛行於宋代，民國以後漸漸不興纏足了，許多名女人和唱戲的旦角都把纏足解開，開啟了不纏足的風氣，於是許多姑娘都效法。母親大約纏足不到半年就解開了，纏足時間不算長，因此尚未變形，走起路來也不會躬著腳，這在當時被稱為「解放腳」。

父親和母親年齡相差廿四歲，母親和大媽相差三十歲，大媽的年齡比母親的娘還大。母親個性十分柔順，大媽又是正室，因此家中大小事都是由大媽做主，大媽說了算，母親也從不計較。大媽對父親娶了母親也很滿意，所以兩人一直都是和睦相處，相安無事。

母親來我們家兩年了，肚子卻一直沒有動靜，繼祖母和二嬸都很關心這件事，隔三差五的就找些江湖術士來給母親看相、算命。

算命的說了很多話，其中有句話說：母親的長相是窄臉高鼻子，不夠圓潤，臉上帶有「斬子劍」，命中注定不會生兒育女，即便生了，也養不大。

大媽和母親聽了十分焦慮，父親聽了後，斥為無稽之談：「這些半掩門（開窯子館的）怎麼會看相？妳們別聽他們胡說。」兩人才放下心來。

一九二九年冬天，母親終於懷上了我，但在懷胎三、四個月時，繼祖母和二嬸又有花樣。

她們在飯桌上倒扣了兩只碗，叫母親掀開其中一個。母親傻呼呼的照做，結果掀開的碗中扣著的是一枝花，他們就說母親懷的是女孩子，另一個碗中扣的是一個雞蛋，代表會生男孩。

大媽跟母親說，這些都是毫無根據的傳說，如果這個雞蛋孵出來的是小母雞，那又該如何自圓其說呢？

我在民國十九年（一九三〇）陰曆閏六月十九日出生（國曆八月十三日），父親終於有了繼承人，父親、大媽和母親都高興的不得了，父親也以長記輪船行的「長」字為我取名為「賀長林」。我出生後第二天就被大媽抱去照顧，要餵奶時才叫母親來，父親也請了個奶媽一起來照顧我。

當年中國北方的傳統，二房生的兒子不但得登記在正室的名下，而且必須叫大媽為「娘」，親生的母親則是叫「媽」，媽比娘矮一截。我八歲在逃難時，才知道媽媽是生我的母親。

父親、大媽和母親都十分疼愛我。小時候，每回父親從青島回來，都會帶上各式各樣的洋玩具、小兵打鼓還有積木等當時石臼所其他小朋友沒見過的玩具。我六歲時，父親請了一位師傅到家裡來教我讀線裝書和寫書法。讀的是千家詩和三字經等等，這是我的啟蒙教育，這樣讀了一年多，抗戰就爆發了。

修建宗祠

曾祖父於一九一〇年過世，享壽八十二歲，彌留時子孫環立榻前，曾祖父留下了遺願：「吾生平無他遺憾，惟未建宗祠，修譜牒，有志未逮，死不瞑目。」

曾祖父過世後，祖父將其安葬於石臼所東門外，東北偏東一里半華里處的一處家族墓園，這處墓園佔地有三畝，我們稱為「賀家老林」，四周圍有鐵刺圍籬，曾祖母原也安葬在此處。

一九三〇年我出生後，長記已有數艘輪船在營運，財力算得上十分雄厚，於是祖父便命父親撥款建宗祠、修譜牒。

父親先在「賀家老林」北方約一里處，選購了一塊佔地約四畝的風水寶地，又修建了一處家族墓園，稱為「二林」，四周也圍上鐵刺圍籬，林內種滿了松樹，二林修建完成後，父親將曾祖父、母之墳遷至二林進門首位樹蔭之下，以示尊重。

接著又在老林東邊，東門外往東北約一華里處，買了一塊一畝的土地，修建「賀氏宗祠」，宗祠裡蓋了十四尺正方的北屋三間，東、西廂還有各十二尺正方的廂房二間，再加上進門十四尺正方的一進，和同樣大小的二進和三進的廂房。從前廳進入是前院，有一個很大的水塘，養了許多金魚，有一回下大雨，水塘裡還跳出一條約有一尺半長的大金魚。

穿過祠堂中間的迴廊，是二進的正廳，兩邊廂房的外牆是用黑灰色的磚砌起來的，磚的外層經水磨平過，十分光滑細緻。門廊邊的柱子全都漆上大紅色的中國漆，亭台樓閣，非常氣派。父親還另建了三間屋子，招來了一戶侯姓人家負責看守宗祠。

父親早年失恃，由曾祖父照顧長大，曾祖父墓地遷至二林後，為感念曾祖父養育之恩，再次延請了莒南「翰林院編修」莊陔蘭先生為曾祖父撰寫墓碑銘：

清封修職郎 鄉飲大賓 歲貢生 希超 賀先生 墓表：

先生諱定遠，字希超，安東衛籍。生十有二歲而孤。承伯父晉卿公家學，英邁絕倫，有一日千里之勢。未弱冠而入泮，旋以優等食餼，設帳授徒，不計束脩。貧而無資者，率列門牆，嘗於場前擬題，命課入場，試題果符。及門者多獲授賀者。咸嘖嘖稱奇。先生謝曰：「偶然幸中爾，吾豈有先知術耶？！」，性喜施與，族鄰之不舉火者，乞求無不立應。居濱海而近市，人雜言龐，爭端時有，聞先生謦欬，則肅然起敬。曰：賀先生至矣，勿令此老知也。甚者一經曉諭，無不貼服。生平最重節孝，以闡幽顯微為己任。里有孝子某被逮，先生偵知其事屬罣誤，力保釋之。

鄉閭節婦湮沒無聞者，偶與先生道及，則必詳其里居，覈其事實；約同學輩聯名呈請，督學表揚之。每逢考試，縣戶冒衛籍[17]者，保師居為奇貨，攻訐不已，賄賂時聞，先生獨毅然曰：「縣衛共處，此土無分，畛域具戶願入衛籍聽之。」，眾廩保竊議其妄。而先生光明磊落，一塵不染，亦無從瑕疵也。屢躓棘闈，貢后舉鄉飲大賓。灰心進士，日惟以杜門課徒，含貽弄孫為樂。壽享八十二歲。配孫儒人相夫，教子賢聲素著。壽享六十七歲。子二，長金銳、次金錕，以商業顯。有孫四人，淑謹、淑信、淑訒、淑譜。四人中，英姿颯爽，嶄然露頭角者，端推淑訒，經商有年，終以航業顯。曾孫四人，女三人，各適仕族。先生彌留時，子若孫環立榻前，命之曰：吾生平無他遺憾，惟未建宗祠，修譜牒，有志未逮，死不瞑目。金錕命子淑訒創立宗祠，續修譜牒。蓋承先老尊遺訓也。昔人所謂鄉先生歿，而可祭於社者，殆斯人之儔歟！

鄉　晚生翰林院編修 **莊陔蘭** 拜書

中華民國二十四年吉月穀旦

17 所謂冒籍者，是因石臼所有日照縣籍者和安東衛籍者（安東衛是當時石臼所特別行政區），兩者混淆不清，日照縣籍應考者人數眾多，錄取機率較低，而安東衛籍者應考人數較少，錄取機率較高，因此常有日照籍者冒充安東衛籍者應考。

此墓碑銘中所寫……「子二，…次金錕，以商業顯」，指的是祖父。

…有孫四人，…「四人中，英姿颯爽，嶄然露頭角者，端推淑訒，經商有年，終以航業顯」，指的是父親。

遺憾的是，經過文革及文革前歷次的社會運動等歷史悲劇後，賀家祖墳和宗祠都遭到嚴重破壞，成為斷垣殘壁。賀家老林裡所有祖先的墳墓也都被挖掘一空，二林裡曾祖父、母和祖父的屍骨也多次被遷移，如今已無處可尋。當年祖墳所在位置，如今成了一處居民生活區和一水產加工廠，景物已不在，人事也全非。

編印譜牒

修建宗祠很容易就能辦到，但修譜牒這件事可就十分費工了，因為收集資料困難重重。當時我們賀氏一族在日照有三百餘戶，可是都散居在石臼所及賀家溝、尹家敖頭、漢家皋陸等若干村莊。加上很多宗親都不識字，所以得到他們的祖墳上去抄錄祖先的出生年、月、日，再找他們的近親仔細核對，因此進展極為緩慢。

為了方便編輯譜牒，父親在長記的西院設了辦事處，供幾位編輯者收集資料及食宿之用。有些鄉村較為偏遠，編輯者要前往查詢資料，交通十分不便，父親還特地購買了兩輛自行車給他們乘騎，另外又購置了一輛「小平車」[18]給幾位不會騎自行車的年長者乘坐。這種車子坐上去很不舒服，得平躺著，如果想坐起來，得盤著腿。因為車輪小，所以行走在鄉下小路上十分顛簸。

譜牒的資料搜集工作，一直到一九三四年底才大致完成。這一年，母親又為父親生下了第二個兒子—我的大弟「澤林」。

譜牒編輯完成後，一九三五年開始付印，因為得印上好幾百本，由於石臼所當時並無印刷廠，父親索性自青島購回全套印刷設備及全版鉛字，自己印製譜牒。不過石臼所當時也無電力供應，因此印刷時得有一位大漢用手搖動印刷機器的轉輪，十分吃力。

石臼所當年雖然商業十分繁榮興盛，但印刷業務並不多，更無廣告宣傳單可印，因此譜牒印製完成後，這套機器就一直擱置在長記西院堂屋的西間裡[19]，可能讓鄉親們誤以為長記還開辦了印刷廠。

---

18 平車只能坐或躺一個人，後面得有一人推著才能往前走，放下時車子是半斜著躺在地上，通常是鄉下土財主、或是做小生意的貨郎使用的

19 石臼街道辦事處一書中曾提及長記輪船行在石臼所開辦過印刷廠，承接石臼地區和近郊各大商號及社會團體的文書、帳簿、商標、廣告、包裝盒及年畫等印刷業務，事實上並無此事。父親確實存有全套的印刷機器和全版鉛字，這純粹只是為了印制賀氏譜碟而購置。

第四部 波濤洶湧

賀仁菴

華北船王

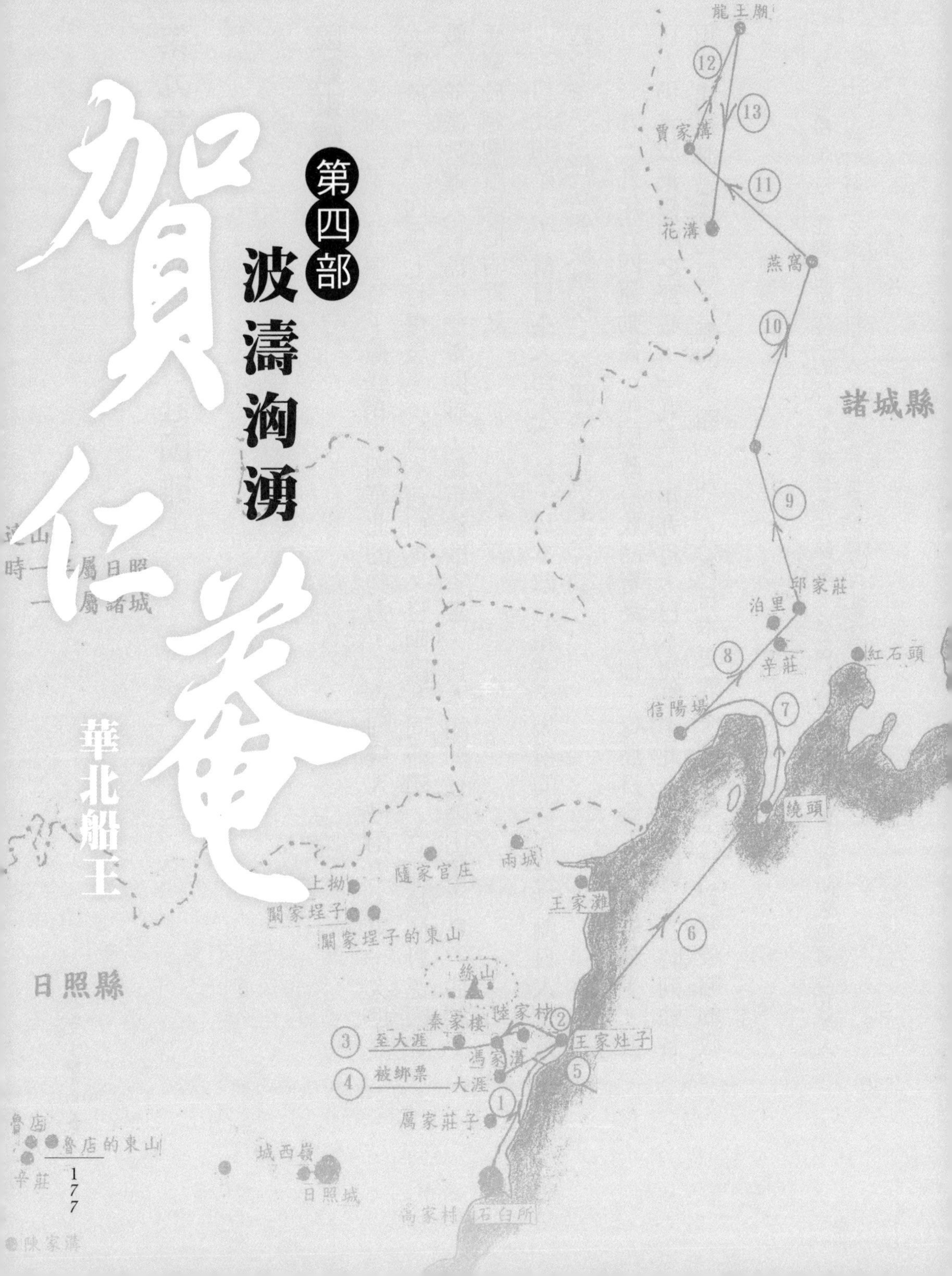

第九章 沈船阻敵 共赴國難

國難來臨

民國初年，日本為了擴展在中國華北的勢力，一直伺機入侵山東。第一次世界大戰於一九一四年七月爆發後，日本藉口英、日兩國為同盟國，立即趁機對德國宣戰，並派兵進入青島與德軍開戰，德軍潰敗不敵，日本隨即登陸山東半島，佔領了原屬於德國殖民地的青島。

自此開始，大量日本人湧入青島，日本政府藉著大規模的移民及鼓勵日人在青島投資[1]，設立各級學校，企圖將青島全盤日本化。

一九一九年五四運動後，中國政府收回青島主權，青島日僑人數逐年減少，但日本仍未放棄侵略之野心。一九三一年九月，日本發動了九一八事變，當時列強各國正逢經濟恐慌之際，無暇東顧。九一八後日本更變本加厲擴大其對華侵略的政

[1] 至1915年日人在青島所經營的各行各業有1仟餘家。1918年11月第一次世界戰結束時青島10萬人口中，約有將近2萬人為日本人，日僑在青島投資的工廠達二百多家。

策，以「支那駐屯軍」（天津軍）為中心，積極推動華北五省分制計畫，企圖將河北、山東、山西、察哈爾、綏遠等五省藉由非武力手段脫離中國政府，成為日本的附庸。一九三三年日本又設立了「天津特務機關」，企圖收買若干華北將領，但當時軍閥騎牆派者居多，因此計畫並未成功。至一九三六年時日本將駐華北的兵力一舉增至五千人，但此時中國人的抗日意識也已日漸高漲，日本企圖侵華的野心對中國人民而言已經不足為懼了。

一九三六年十一月，日本再次藉口青島紗廠工人響應了上海紗廠工人舉行「反日同盟大罷工」事件，派兵登陸青島。

基於當時日本人在青島所享有的特權，國民政府不得在青島駐紮中央正規軍隊，導致青島市武力十分有限，此時市長沈鴻烈不得不屈服於日軍強大兵力之下，鎮壓了罷工工人，並處分該事件中處理不當的中國官員，日軍才撤離青島。

事件之後，一九三七年初，沈鴻烈電請南京中央政府加派兵力駐守青島，以防備日軍隨時再次藉口登陸。四月，中央以保護膠澳和金口兩地鹽廠之鹽稅收入為名，調派了一個二千餘人的稅警團[2]赴青島駐紮，此部隊配有「軍用摩托車」[3]（附圖：軍用摩托車），車子右邊加裝了一個船型車艙，可多坐一人，還配備了機關槍，可視行經地區情況隨時開槍射擊，當時青島人稱其為機械化部隊。該團所屬第五團，隨即進駐青島摩天嶺棘洪灘鹽田區，日本獲知後立刻提出嚴正抗議，是為「稅警團事件」。

同年七月七日，北平市郊爆發了「蘆溝橋事變」[4]，七月十七日蔣委員長深知和日本開戰已至最後關頭，於廬山對全國同胞發表了抗戰宣言（摘錄重點）：

……和平未到根本絕望時期，決不放棄和平，犧牲未到最後關頭，決不輕言犧牲。……

2 稅警總團始建於1930年，是國民政府財政部長宋子文在財政部下組建的一支用於緝私徵稅的非正規部隊，但官兵素質和武器裝備在當時卻堪稱一流，先後擔任總團長的溫應星、王庚畢業於美國西點軍校，排以上軍官大都是留美少壯派，武器裝備由財政部自行採購。稅警總團下屬6個團，總兵力達3萬餘人，但因時局突變，並未在緝私徵稅方面發揮大作用，而是在抗日戰場上屢顯身手。

3 正式名稱為：TYPE 九七 SIDECAR 九七式側車附自動二輪車，是當年由美國哈雷機車原廠授權在日本生產的「陸王」車改裝而成

4 日本的中國駐屯軍在北平附近的宛平縣進行軍事演習，聲稱一名士兵「失蹤」，要求進入宛平城內搜查，遭守城之國軍第29軍拒絕，日本隨即向中國守軍開槍，並進攻盧溝橋。

……我們希望和平，而不求苟安；準備應戰，而決不求戰……
……如果戰端一開，那就是地無分南北，年無分老幼，無論何人，皆有守土抗戰之責任，皆應抱定犧牲一切之決心。……

而後七月二十八日北平淪陷，七月三十日天津淪陷。隨後又爆發了八一三淞滬戰役，自此中國抗日戰爭全面爆發。

八月初，松滬會戰[5]爆發前，南京政府又加派了稅警團第六團抵達青島，部署於市區各重要地段，修築工事，成為青島守軍主力部隊。此舉再度引發日方強烈不滿，雙方劍拔弩張，隨時可能挑起戰爭。

七七事變後月餘，日軍派出數艘千噸左右的軍艦，封鎖了整個華北沿岸，一旦發現海上有中國船隻出沒，立刻開槍射擊。因此所有大小船舶，無人敢出海。

當時長記輪船行有六艘輪船（迎春、得春、承春、長春、同春、江春）泊於青島大港內，另有一艘華順輪泊於燕尾港，還有一艘永春輪泊在石臼所前海，以及泊於上海、南京和射陽河的多艘船隻均已停航。

5 淞滬會戰又稱八一三戰役，爆發於1937年8月13日上海。盧溝橋事變後，蔣中正為了把日軍由北向南的入侵方向引導改變為由東向西，以利於長期作戰，同時也為了引起國際社會的注意，而在上海採取主動反擊，是中日雙方在中國抗日戰爭中第一場大型會戰。

此時中國華北五省多數已遭日軍控制，或與我軍對峙中，僅剩山東魯南一角（日照、諸城、莒縣、沂水、蒙陰山區）尚未淪陷。父親也已自青島返回老家。我們全家窩居在石臼所，雖有電報局，但是無人以電報播報新聞，當地也無報紙，亦無電力供應，因此對外音訊完全不通。只有一台父親自青島買回來的的德國製收音機，以乾電池供電，在長記西院立了兩支木桿作為天線，收聽廣播，只聽到嗚嗚呀呀的講了一些北京話，聲音時斷時續，雜音又多，和聾子的耳朵無異，既聽不懂到底發生何事，也無法了解全國情況。

父親見局勢十分危急，判斷大後方應該還是安全的，因此全家搭乘了呂戰彪司令派來的卡車，由石臼所經諸城至膠州，轉乘膠濟鐵路火車到青島。

原打算自青島搭乘英國太古洋行之商輪抵達天津，由天津搭津浦鐵路到徐州，再由徐州轉乘隴海鐵路往西行，輾轉到大後方，或可搭乘平漢鐵路至漢口，再搭乘江輪轉至重慶，或許長記泊於南京的宜春輪還在，亦可搭乘自家輪船直接到重慶。

哪知到了青島，父親看了報紙才發現，原先計畫的路線根本行不通，全家人只好待在青島。

此時青島市面上仍然一片繁榮，所有商業活動也一如往常進行著，表面上風平浪靜，但其實國軍已準備好隨時對戰，日本海軍也已集結於青島外海伺機登陸，局勢十分緊張。

八月上旬，數名日本浪人裝扮成中國士兵，在德縣路聖功女子中學前槍擊了行經此地的日本水兵，造成一死一傷。日本軍方強硬地指稱開槍者為中國士兵，中國政府無力維持地方治安，日人在青島的生命財產受到威脅，幾分鐘後，環伺在青島外海的日本軍艦立即將砲口對準青島市區，進入備戰狀態。

日本駐青島總領事大鷹正次郎嚴正告訴沈鴻烈：「日軍必須立即登陸青島，以保護日僑的生命財產安全。」

這個無理的要求，被沈鴻烈斷然拒絕。

此時雙方進入僵持局面，戰爭一觸即發。但之後事情卻出現轉折，雙方展開了外交談判。幾經交鋒後，日方保證不在青島挑起戰爭，沈鴻烈則承諾會保護日僑在青島的生命財產[6]安全。

沈鴻烈當時的對日政策是「小事不爭，大事不讓」，因此在德縣路事件發生之後，他立即要求警察嚴加防範日人在青島的一舉一動。由於青島當時已有數千名稅警團部隊，一旦雙方戰事爆發，首先受到最大影響的也可能是這些日本僑民和他們的商店以及工廠。

6 一九三七年，七七事變前，青島仍約有一萬六千餘名日人居住在此，日人在青島所經營的工廠也具有一定的規模。

而日軍於此事件發生後，並未立即挑起戰事的原因，除了當時青島的日本人為數尚多，尚未完全撤離外，另一原因是，原擬調派至青島的日軍主力部隊因松滬戰役爆發，轉派增援上海地區。

沈鴻烈出任青島市長時，同時仍擔任國民政府海軍總司令。當時上海地區戰事正在進行中，如果青島也同時和日軍開戰，情勢亦十分不利於中國。因此該事件發生後，沈鴻烈一方面和日軍展開拖延戰術，一方面電詢中央：「一旦雙方發生戰事，該如何應對？」

奉令沈船

八月下旬，中央電令沈鴻烈速將泊於青島大、小港之間的所有國籍商輪，盡速沉塞在膠州灣航道上，阻止日艦進入而登陸。

此時青島的船商，都接獲了這道沉船命令。而長記輪船行又是當時青島航商中船隻最多的一家，父親接獲命令後，心情自然十分沉重，但眼看國難當頭，怎能置身事外？

其實青島地區長久以來，除了極少數的親日份子之外，全市都瀰漫著一股強烈的抗日情緒，人人都有拋頭顱、灑熱血，不惜犧牲一切的決心。

恰在此時，有一位和日本人走得很近的裕泰輪船行老闆葉玉階，前來拜訪父親，並極力勸說父親和他們一樣，將船開至海西的黃島、薛家島一帶，一來可以躲避日軍的砲擊，二來可避免因沉船而遭到的損失。

葉某告訴父親：「我們是商人，何必為了戰爭拋棄半生經營而累積下來的家業？」

父親對於葉某的勸說，毫不理會，令他不滿而去，並揚言道：「事實擺得很明白，就憑青島的這點武力，絕對擋不住日軍的進攻，若與日軍為敵，極可能遭致嚴重的後果！」

但面對這個民族大義的關鍵時刻，父親當然有置個人生死於度外的胸襟和氣魄。

青島作為中國華北地區重要的商埠，而膠州灣又是日本人稱為「天下第一關」的商港兼軍事港口，戰略意義十分重大，如果能夠配合政府沉船命令，成功阻擋日軍進攻步伐，青島軍政人員也將有充裕的時間撤退。

當時長記輪船行泊在膠州灣的輪船，有長春、同春、得春、迎春、承春、江春六艘，小則三百餘噸，大則八、九百噸。這些都是日軍一直覬覦的輪船，因為可用來幫助他們轉運作戰物資。

倘若一旦日軍佔了上風，這些船隻勢必遭到他們利用，直接助長了敵人的勢力，做為侵略中國的工具，而這樣的結果，是父親深痛惡絕的。

父親與沈鴻烈素為至交，向來支持沈鴻烈的決策，且中央下達沉船命令時還曾允諾：「若有損失，戰後將以同等噸位之全新輪船予以賠償。」

此時父親深知已面臨「破釜沉舟」的緊要關頭，雖然一生心血恐將毀於一旦，自己也會成為日軍的眼中釘，但是於公於私，沉船已是勢在必行的任務。

沉船前，父親交代了各輪的船長和輪機長儘量拆下船上重要機件，防止萬一日軍將輪船打撈出水後馬上可以使用。並將拆下的機件，藏在薛家島及澄瀛等鄉下，以便日後若能收復，還可以再裝上使用。

後來事實證明，父親的防範未然完全料中了日軍的想法。抗戰勝利後，長記於戰時留守青島的人員向父親報告：「長記」在膠州灣所沉的輪船，在日軍登陸青島後不久，即被日軍打撈出水沒收，並使用了這些船隻運送物資。

沉船主要的目的是要將船阻塞在航道上，因此不是隨便就地沉沒就行了。依照沈鴻烈戰後發給長記輪船行的沉船證明書上所述：「放水沉塞航道阻敵進犯。」，因此首先得將船隻移至航道上，並依照指令沉至指定地點。但船上重要機件既已拆除，當然無法航行，幸好青島大港內有一艘港務局的拖船，沈鴻烈就以這艘拖船來作業。

父親也壓抑住心中的沉痛，登上拖船，親自指揮長記的船長和船員配合指令，將船拖至預定沉塞地點。

「拖船」這件事說起來簡單，執行起來不易。因為輪船不是車輛，無法煞車，所以得以極緩慢的方式移動拖行，還得保持固定方向，才能順利到達目的地。

放水沉船是既快速又有效的沉船方法，只需在拖船上以兩台抽水機抽取海水，以三寸粗的水管，同時灌入要沉沒的輪船前、後艙，這是以物理學的原理來操作，不能先將前艙灌滿，再灌後艙，這樣船就會斜著栽入海裡，偏離了原先預定沉船的位置。（坊間傳言沉船是以水泥灌進船艙使船下沉，這是不可能的，因為當時青島並無水泥工廠，一時之間也無處可買到沈船夠用的水泥，且若以水泥置入船艙，則戰後也無法將打撈出水的輪船繼續使用）。

一艘船從拖到指定航道上，到灌滿水沉沒，需花上三至五小時不等，視船的噸位大小而定，因此前後花了三天才將這六艘船弄沉。（附圖：沈船位置圖）

同一時間，長記還有一艘泊於燕尾港的「華順輪」，也奉國軍57軍總司令于學忠之令，放水沉沒於燕尾港的航道上，目的也是延滯日軍進入航道而登陸，並免遭敵利用。

至此，進入青島港的膠州灣航道已遭阻擋，日本軍艦已無法直接駛入。而沈鴻烈帶領官員於十二月二十七日自青島撤退後，日艦延宕至一九三八年一月十日左右，才由青島市郊之山東頭和前海棧橋以小舢舨登陸。若非膠州灣航道已遭阻塞，日軍大可立即由膠州灣載運大批作戰人員及戰備物資進攻青島。

而青島市郊之山東頭與棧橋一帶水淺，漲潮時水深也僅有一、二米，無法停靠大型軍艦，僅能以小舢舨一次載十個人左右登岸，何以沈鴻烈已撤出青島超過半個月，日軍放著大、小港碼頭不派大型運兵船登陸？原因就是因進入青島港的航道已為長記的輪船及海軍的一艘老舊艦艇所阻塞。

父親將輪船沉沒後，立刻成了山東地區家喻戶曉的抗日英雄！

至於是否還有其他航商在膠州灣沉船，我未曾聽說。

依照中華民國輪船商業同業公會民國三十七年十月九日於上海所舉行的會議紀錄[7]顯示，抗戰期間，青島地區民間商輪僅有長記輪船行一家有沉船紀錄。

至於泊於上海的「中春輪」、「盛春輪」和泊於南京的「宜春輪」，以及父親甫於蘇北射陽河開闢的三座碼頭和新打造的「長寧一號至十號」十艘平底船，在八一三松滬戰役歷經幾番轟炸後，這些船隻音訊全無，是否已遭炸沉，無從得知。

坊間傳說膠州灣沉船的時間是在十二月，與我親身經歷有很大的出入。事實上，

---

7 民國三十七年（一九四八）十月九日在上海市商會召開中華民國輪船商業同業公會全國航業聯合會第二屆會員大會第三次會議。

長記的輪船在八月下旬中央下令沉船未久後就沉沒了，而沈鴻烈燒掉四方地區日本紗廠也是在這個時間，並非沈鴻烈撤出青島的前一天才燒的。

我之所以如此篤定的說，是因為沉船之後，我們全家立刻就搬走了。

由於父親當時是青島市輪船業界的大老，也是日軍極力想拉攏或利用的人物，但他不顧同業親日份子的勸說和警告，毅然將長記的輪船沉沒，此舉等於公然宣告與日軍為敵。為了避免自己和家人的生命受到威脅，不敢再繼續住在館陶路十五號長記輪船行樓上原來的住家，全家人立刻搬到了父親盟兄安鵬東位於華山路的洋房暫住。

我那時雖然不到八歲，但記得非常清楚。安家後花園的玻璃花房中養了些蘭花之類的盆栽，花盆之間放了上百個鐵製的香煙罐，每個煙罐裡養著一隻蛐蛐（蟋蟀）。每到夜晚，蟲聲唧唧，非常好聽，令我印象十分深刻！

中國北方到了八月下旬，天氣就開始漸漸轉涼了，而蛐蛐是季節性的昆蟲，一旦天冷就無法生存，當年也無空調設備，因此可以很肯定的說，長記輪船在膠州灣的沉船時間，是在國曆八月下旬，而非坊間傳說的十二月。況且倘若中央八月中旬就已下令沈鴻烈執行沉船任務，父親又有何理由不立即配合中央的戰略而繼續拖延？

父親和我們全家搬到安伯父家的第三天傍晚，我忽然看見安伯父和父親急忙往樓上跑，我也跟了上去。只見很遠的東北方地區一片紅光，那裡就是日本四方紗廠的所在地，安伯父說：「沈鴻烈果然執行了中央所下達的『焦土政策[8]』，燒毀了日本人的紗廠。」

這事是我親眼所目睹，令我終生難忘。

沈鴻烈撤離青島前夕，又將青島發電廠等及其他多處重要設施炸毀，並下令一艘海軍軍艦沉沒於青島港航道上。

我們在安家住了大約一星期後，父親召來了他的司機，開著他的藍色富豪轎車（瑞典VOLVO），我們又搬到了父親的好友―膠州警察局長侯芝庭的家，打算從膠州返回石臼所。

大珠山是回石臼所的必經之路，可是聽說山上有小毛賊攔路搶劫，我們在此地待了兩天，起程時，侯伯父派了一輛警車和四名員警為我們引路，直到車子行過大珠山和諸城地界後，他們才停下來。父親向他們道了辛苦，打了賞錢，繼續南行。當天傍晚，我們又回到老家石臼所。

8　又稱「焦土作戰」，是一種軍事戰略。此戰略包括當敵人進入或撤退時，破壞任何可能對敵人有用的東西。中文中「焦土」的意思包括燒壞農作物來摧毀敵人的食物來源，古稱堅壁清野。這個戰術辭彙在現代使用上並不限於使敵人食物缺乏，還可以包括破壞遮蔽所、交通運輸、通訊與工業資源。

我們全家在一九三七年的中秋節前回到了石臼所，節後兩天，是一年當中最大漲潮日，父親命船長將泊於石臼所外海的「永春輪」以最大馬力衝上石臼所大古墩的海岸上，船衝上岸後，父親又吩咐船長和船員們拆下了船上所有能拆的機件，使其無法再航行。

賑災濟貧

陰曆十二月初，眼看著就要過年了，連著幾天清晨，正是家家戶戶開伙準備早飯的時候，父親從家中往外望去，發現四鄉許多人家的煙囪都未冒煙，於是讓覓漢出去打聽是怎麼回事？

覓漢出去打聽後，回府向父親稟報，原來由於日軍封鎖了石臼所沿岸，導致漁民無法出海捕魚，直接影響了四鄉居民的生活，受困者數千餘戶。

父親聽聞後，憐憫之心油然而生，雖然此時長記的業務已停頓多時，但父親仍然在長記輪船行門口貼出賑災公告：「凡四鄉貧困者，不論老幼，只要持村長或莊長證明，每人可領二元大洋（當時一袋洋麵粉重二十二公斤，售價二元），若一家有十口人，則可領二十元大洋。」

消息一出，長記輪船行門前人潮蜂擁而至，大排長龍，這個賑，一共發放了三萬餘元大洋。

申請歸還財產

一九三八年二月五日，陰曆正月初六，父親和我們全家都在石臼所過年，此時長記留守青島的人員向「青島治安維持會」（日本人戰時設立的偽政府）會長

「趙」，呈請出具遭「日本海軍特務部」沒收的賀仁菴在青島的全部財產證明，以便向「大日本海軍特務部」登記，並列表陳述除了在青島沉沒的六艘輪船，另有沉於燕尾港的華順輪和一艘汽艇及青島的房產：（附圖：日軍沒收財產證明）

1、長安路長記里23—25號之樓房，上、下二層共五十四間。

2、小港沿47號長記煤場和房屋七間。

3、館陶路15號長記輪行行屋內所有物件。

這是長記留守在青島的經理江立南，以賀仁菴的名義向日本人提出的一種策略。這個策略的目的，是希望將來若有一天和平了，有憑據可要求日本人發還這些財產。

當時青島的國籍輪船，除長記外，還有葉玉階的裕泰輪船行和一家專門航行於黃島和薛家島等地的渡輪船行，他們的財產都沒有被沒收，唯獨父親的財產遭到沒收。究其原因，是因為他們沒有沉船擋住航道，在日軍心目中他們是友好的商人。

風暴來襲

一九三八年陰曆正月初十，大約上午九時，一艘千噸左右的日本軍艦，在石臼所前海下錨。泊定後放下小艇，從艦上下來了九名日軍和一位翻譯。

一行十人大搖大擺到了石臼所城南門外，叫開城門，其中一位穿便服自稱是翻譯的，是葉碧桐先生，他是裕泰輪船行的少東，也就是親日商人葉玉階的兒子。他陪同「皇軍」少佐前來，表示要見父親，並說明是為了石臼所的和平而來，希望大家不要誤會。

此時城門上值班的警員答覆，得先派人去請示局長，得到局長准許才能開門。長記輪船行就在石臼所南北大街的最南端，父親立即知道了這個消息。認為茲事體大，隨即以電話向日照縣長趙丹坡報告此事，並請求指示該如何應對？

縣長趙丹坡告訴父親：「剛才公安局長也來了電話，這個城牆就算再結實，也抵擋不了日本人的軍艦大砲，既然他們聲稱是為了和平而來，那就開門聽聽他們怎麼說，暫且先不要觸怒他們，再做道理！」

於是縣長要求公安局長下令打開城門，讓日軍進城。

葉碧桐隨即陪同日本少佐及兩個衛兵進入長記東院，父親在會客室門前迎接他們。另外還有六個衛兵被帶到長記的西院，由戴獻堂接待。

葉碧桐說明了來意：日本「皇軍」駐青島的海軍特務部司令指揮官，欲派令父親為「日照濱海地區司令」，並出示了派令，要父親收下[9]。

如果父親接受了這個派令，將立刻成為眾人喊打的「漢奸」，倘若要當漢奸，又何須沈船阻敵？

父親聽了此話後，十分冷靜，連連向葉碧桐搖手說：「不可，我只是一介商人，既不懂政治，更不懂軍事，怎能當得起司令之職？況且我又不通曉日語，令尊葉玉階既會說日語，你母親又是日本人，不正是最合適的人選嗎？」

葉碧桐說：「皇軍是看上賀叔叔在華北沿海的名聲和威望，如果是委派家父來擔任此職，家父當然非常樂於從命；但家父之聲望遠不及賀叔叔在皇軍心目中的分量，尚不足以擔此重任。若賀叔叔願意接此一任務，必可幫助眾鄉親維持和平，免遭傷害，如此好事何樂而不為呢？其實皇軍大可以直接揮軍登陸，那就免不了傷害無辜的鄉親百姓，請賀叔叔考慮何者為佳。」

父親又分析道：「我不計較個人榮辱，但是現在各地百姓反日情緒高漲，我今

9 這個「日照濱海司令」的派令後來給了「陳成功」，此人通曉日語，山東淪陷後，當了漢奸，先後在青島、日照給日軍當翻譯，後被指派為日本人的日照偽縣長，但只管轄日照、石臼所、濤雒三地，抵抗國民黨派的日照縣長牟西禹、尹鼎五、曹興垣等，又網羅各地漢奸、土匪數百人，盤據於日照地區，配合偽軍掃蕩各地村莊，姦、淫、擄、掠無惡不作，1948 年被共軍逮捕，次年在濤雒遭槍決。

天若接了這個派令，消息馬上就會傳出，那我明天還有何『威望』可言？四鄉現在有為數兩千餘眾的游擊隊，抗日情緒十分激昂，這些人一聽說誰家買了匹日本布，就立刻去抄了出來燒了。這個派令現在給了我，不但幫不了皇軍，反而刺激鄉親與我對立，如果皇軍想在此地發展，恐怕必須考慮如何先與游擊隊溝通妥當，才能維持和平。」

此時葉碧桐與少佐反覆討論，縣長趙丹坡也來了電話，說他已經派了兩位秘書前來，想先聽聽日本少佐他們的意見才好應對。

趙丹坡向來不是個與人為善的人物，石臼所人給他取了個外號叫「趙丹皮」，鄉下人則稱他是「趙剝皮」。

約莫過了一個多小時後，縣府的二位秘書乘洋車而來。

他們的態度出乎意外的恭謹，聲言是奉縣長之諭而來，縣長亦不願與皇軍為敵，希望大家能商量出一個妥善的辦法，既不刺激游擊隊，又能與皇軍和平相處。最好是能至縣府和縣長、以及幾位流亡來此地的縣長，一起討論有何妥實的辦法。言下之意，似乎縣長有意向日軍投降！

此時估計葉碧桐是想：「如果能說服縣長和幾位流亡來此的縣長歸降了「皇軍」，這是何等大的功勞？」遂即應允前去縣府。

而父親雖懷疑趙丹坡此舉來意不善，可能是個陷阱。但此時也別無選擇，祇好與他們一同前往縣府，走一步算一步。

日本少佐沒有同去，可能有兩個顧慮：一是怕引起誤會，不便同去。二來因為這終究是在中國人的地盤上，雖說有艘軍艦泊在岸邊，但是彼眾我寡，一旦落單，難保不測，所以連同八個護衛都留在長記西院等候消息。

曾有人說父親和葉碧桐是被縣長派「重兵」抓走的，殊不知當時葉碧桐有日軍當靠山，岸邊還停著日艦，砲口都朝向石臼所，怎麼可能讓你輕輕鬆鬆就「抓」走？更別說當時縣長也無任何「重兵」在手。

父親和葉碧桐到了縣府，才發現哪有什麼「商談」之事？根本就是直接被關進大牢，父親後來聽衙役說，原來這是自即墨來的流亡縣長「史景洲」出的計謀，打算不費一槍一彈讓兩隻肥羊自動送上門來，指望著能從賀仁菴身上撈個十萬、八萬大洋，葉碧桐少說三、五萬也拿得出來，先關個幾天，不怕財神爺不派人送錢來說項！

不過，他們的這個如意算盤卻打錯了。當日中午，幾位父親的好友得知父親被縣長關進大牢後，立即以加急電報將此事向已被調升為山東省主席的沈鴻烈報告。下午二時，沈鴻烈即以省主席名義發了緊急電報致日照縣長趙丹坡。

電文內容是：「查賀仁菴素著地方，熱心公益，是否有不法行為，俟本府派員查明核奪，暫准保釋！」

消息傳出後，次日，各地的鄉長、保長、仕紳等三百餘人，群集在縣政府外要求釋放賀仁菴，幾位縣太爺還沒嘗到甜頭，如何肯放人？所以拖延著，違背了省主席的命令。

而父親除了打點衙役等人花了一些小錢外，沒給縣太爺們一毛錢，他們原來想狠撈一筆的計畫並未得逞。

原因是留在長記的日本少佐和護衛們，聽聞他們帶來的翻譯遭到縣長拘留，十分氣憤，當天就由艦上運下來數輛帶邊斗的軍用摩托車，邊斗上還架上了機關槍，在石臼所大街小巷穿梭了一陣子，遊行開槍示威。石臼所大多數的老百姓在一夜之間，全都從小西北門逃走一空。

長記的帳房設在西院，帳房裡面有一個很大的保險箱，保險箱裡面放了一些銀票、紙鈔和一部分現大洋，約略有十萬元之譜，但此時無人敢去帳房開保險箱取錢，所以縱使想給錢也拿不出來。而葉碧桐則仗著日艦泊在前海，諒你縣太爺不敢對我怎樣，其父葉裕階估計也是抱持著這個想法，所以也未將錢送來日照縣城。

過了兩天，這群儒夫縣長為了表現他們是在抗日，或者是警告父親，索性將葉碧桐槍決了。

這種不自量力的挑釁當然立刻激怒了日軍，無辜的日照老百姓立即遭到日軍砲轟及掃射。大約有七個鄉鎮被波及，房屋損毀千餘間，死傷人數高達二千餘人，單是在南湖地區趕集的人潮，遭日軍飛機轟炸掃射而死傷的，就有千餘之眾。

此時縣長又唆使衙役來告訴父親：「你如果仍然拖著不設法弄點錢來，葉碧桐就是個例子！」。

這句話傳到了一位曾經當過土匪，後來被「招安」的朱心齋耳裡，於是朱心齋直接放話給縣長：「倘若賀仁菴有任何意外，你們這幾個空殼縣長也別打算離開日照縣城一步。」

省主席沈鴻烈遠在曹縣，鞭長莫及，打來的電報縱使可以不理會，但是朱心齋近在眼前，他的話卻不能大意。而且他們確信朱心齋是會說到做到的，日本人若來掃蕩，除非你有兵力能固守住城內，否則只能往城外逃，但當時要從日照往外逃的路，東邊有日軍佔據著，只能往西南鄉或莒縣，而沿途都是朱心齋的勢力範圍內。

日照的西南鄉是個山區，鄰近莒縣一帶當時有大、小土匪十餘股，早前最有名的土匪就是朱心齋。朱心齋與父親的關係並非外傳的什麼盟兄弟，當時父親是一位致力於航運發展的實業家，而朱心齋則是日照鼎鼎有名的土匪，二人既互不相識也從無來往，更沒有任何利益上的糾葛，在那個封建的年代，門不當，戶不對，是不可能結為盟兄弟的。

父親與朱心齋之所以結識，是在一九三五年三月間，朱心齋因有案在身，被清鄉司令呂戰彪緝獲，行將槍決。其家人打探到父親與呂戰彪私交甚好，於是輾轉托了黃墩鎮的一位賀氏宗親族長同來石臼所，請求父親搭救。朱心齋承諾若能將其釋放，他願意改邪歸正，並協助呂司令肅清十數股土匪。

這位宗親向父親分析道：「土匪之所以屢剿不滅，原因是不知匪徒底細與關鍵人物。請賀經理向呂司令說說看，念在能讓西南鄉的鄉親過上好日子，我們願意為朱心齋具保。」

父親遂與駐防在臨沂的呂戰彪通了電話，問了案情，並轉述了宗親的意見。呂戰彪聽了，認為：「這正是『周處除三害』的好辦法，但是除了黃墩的宗親具保之外，你賀大經理也得列入具保名單內，目的是要朱心齋欠下這些人情債，以防他反悔！」

於是父親陪同這位宗親族長及朱心齋的家人去了臨沂，將朱心齋保釋出來，呂司令並請日照縣府派朱心齋為「清鄉大隊長」。朱心齋果然也實現承諾，在半年之內會同呂戰彪的部隊，將西南鄉的大股土匪徐小乾、史義成等人擊斃，又收編了一些小股土匪，此後直至抗戰軍興，西南鄉未曾再鬧過匪患。

此後，朱心齋除了在一九三六年正月，來石臼所給父親拜年外，未曾再出現過。一九三八年正月朱心齋對縣長趙丹坡和史景周等人的放話，以及後來派人保護父親的原因，可能就是為了報答父親的救命之恩。正如黃墩那位宗親所言：「朱心齋是位知恩必報的人！」

逃難

正月十九之前，就傳出了日本人要來掃蕩日照城的消息。十九日一大早，石臼所外海來了兩艘日本軍艦，下來約百名日軍，還帶了迫擊砲、重機槍等武器，看起來是準備作戰。這裡夠得上使用這些武器的對象，只有日照縣城。

日照縣城內有百餘名自衛隊員，武器除了國造步槍之外，還有二十幾把德國和西班牙製的自動手槍。但自衛隊既無作戰訓練，也無作戰經驗，連較大股的土匪都對付不了，還曾被土匪劉桂棠攻破。運來這些槍械，是高估了這群懦夫！

縣長趙丹坡當然知道無法和日軍對抗，此時唯一的策略就是「逃！」

截至十九日晚上，城裡能動的車輛都被縣長徵用，騾、馬之外，連拉磨的驢子也被牽去當坐騎。日軍還沒到，縣城就先遭縣長洗劫了一番。

但在這逃命的當口，他們仍將父親留作人質，不肯釋放。

正月二十日，天將破曉，趙丹坡帶著大隊人馬開跋，剛出了西關，就傳來機關槍的聲音，是日軍正在掃射東關。城門雖然關著，但已無人看守，所以日軍很快就會進城，眾人都加快腳步往西走。

父親和二位看管他的自衛隊員被分配到一輛獨輪車，由一位衙役推著，由於正好是上坡路段，無論跟在旁邊的自衛隊員如何催促衙役，車子就是快不起來。連同其餘三十多輛獨輪車，漸漸的越來越落後，與前面的隊伍相距甚遠。

此時這個行軍大隊已經分成了三個段落，走在最前面的是那些騎馬、騎騾的人，隔上二百多米是乘黃包車的，腳程快的人也因上坡路慢了下來，再隔了二、三百米才是獨輪車隊，而城內逃難的民眾也已經跟上來，混在一起了。

當城內響起零星的槍聲時，大家開始跑了起來，於是步行的人全都一窩蜂的往前衝。混亂中，忽然有四個人拿槍抵著看管父親的自衛隊員，並且沒收了他們的槍枝。

父親正驚訝中，又來了兩個揹著槍、騎著腳踏車的人趨前，喊了一聲：「賀經理！」

初時父親有些嘀咕，不知這幾人是何來路，再仔細一看，似乎有點兒面善。其中一人自稱莊自英，說是朱大隊長派他們來迎接賀經理的，一共來了二十人，都在前面候著。

兩個自衛隊員趁這些人與父親交談時撒腿就跑，縣長的大隊人馬也已經前去甚遠，或許是想前去通風報信，不過他們已被繳了械，不知是否還敢回去歸隊。

騎腳踏車的這兩人，曾跟隨朱心齋到石臼所家裡拜年，所以認得父親。六人引導父親的獨輪車轉進一條往北的小路，過了一個小樹林，有二輛洋車等候在那裡，其他十幾位也來相見，父親向他們道了謝：「辛苦了！」，又打賞了衙役，讓他離去。

父親換乘洋車之後，朱心齋的護衛隊留下四人繼續任務，其餘十六人回去覆命。此時日軍已經進駐日照城內，因為怕被他們從望遠鏡中看到，父親一行人不敢立即折向，洋車往北走了很遠，直到看不見城牆了，方找了條小路往東行。

正午時分，洋車拉到了厲家莊父親的二舅家，我們全家也都暫住在那裡。

二舅公有四個兒子，當家主事的是三表叔（還有六表叔在長記管倉庫，八表叔在長記管帳房），知道父親和同來的人餓了一個上午，立刻吩咐廚房備了一個小瓦盆的蔥花炒蛋和一疊煎餅，又把我們原來要吃的米飯加水煮成了一鍋粥，連同原來要給我們吃的菜，給了父親一行人先吃飽。

午餐後打發了兩個車伕回去，朱心齋的人仍不肯走，聲稱：「是朱大隊長指派我們來保護賀先生的。兵荒馬亂的時刻，隨時都可能發生綁票搶劫的事，要等賀經理一家確實安頓好了，才能回去覆命。」

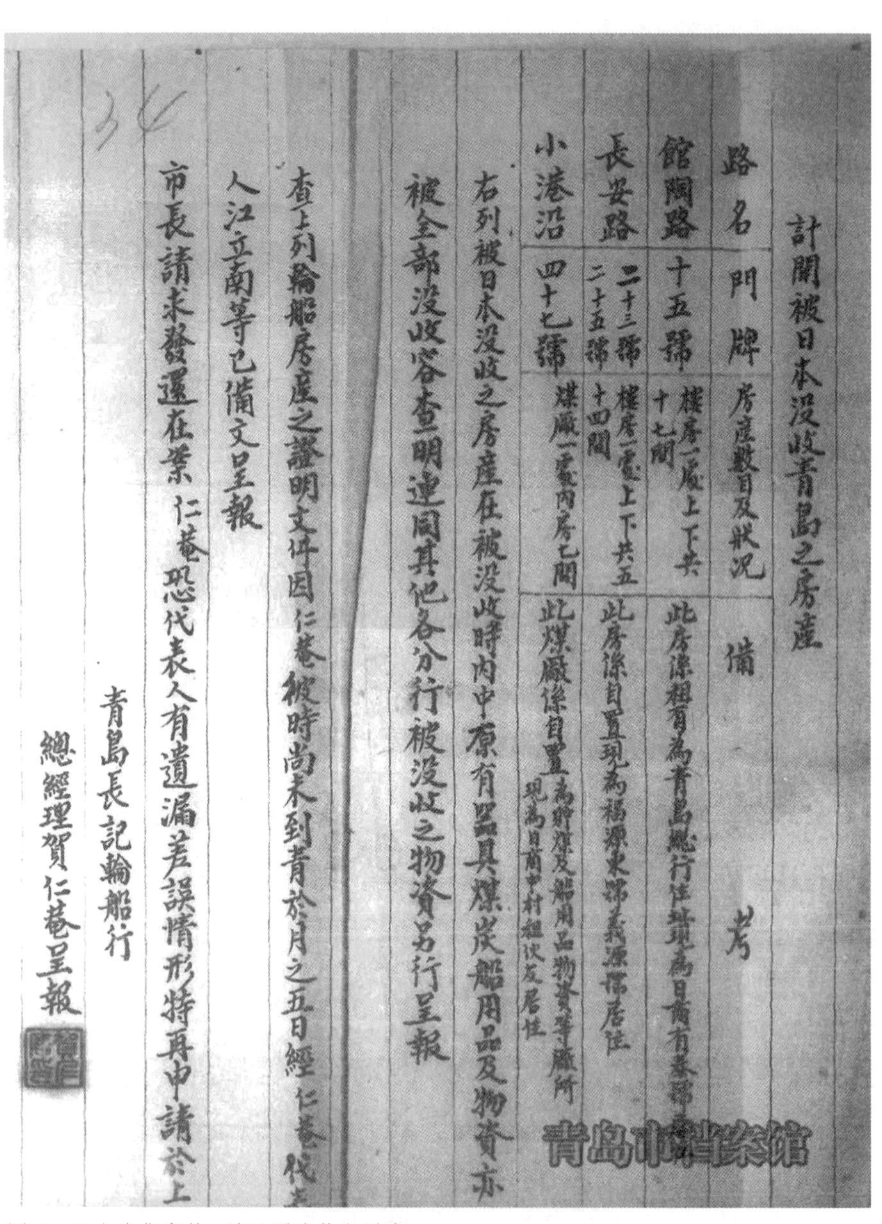

計開被日本沒收青島之房產

路名	門牌	房產數目及狀況	備考
館陶路	十五號	樓房一處上下共十七間	此房係租賃為青島總行住址現為日商有泰號[illegible]
長安路	二十三號 二十五號	樓房一處上下共五十四間	此房係自置現為福源東號義源號居住
小港沿	四十七號	煤廠一處內房七間	此煤廠係自置為貯煤及船用品物資等廠所現為日商中村組代友居住

右列被日本沒收之房產在被沒收時內中原有器具煤炭船用品及物資亦被全部沒收容查明連同其他各分行被沒收之物資另行呈報

查上列輪船房產之證明文件因仁菴被時尚未到青於月之五日經仁菴代表人江立南等已備文呈報

市長請求發還在案 仁菴恐代表人有遺漏差誤情形特再申請於上

青島長記輪船行

總經理賀仁菴呈報

圖 1　江立南代寫的　被日軍沒收之財產

圖3　軍用摩托車

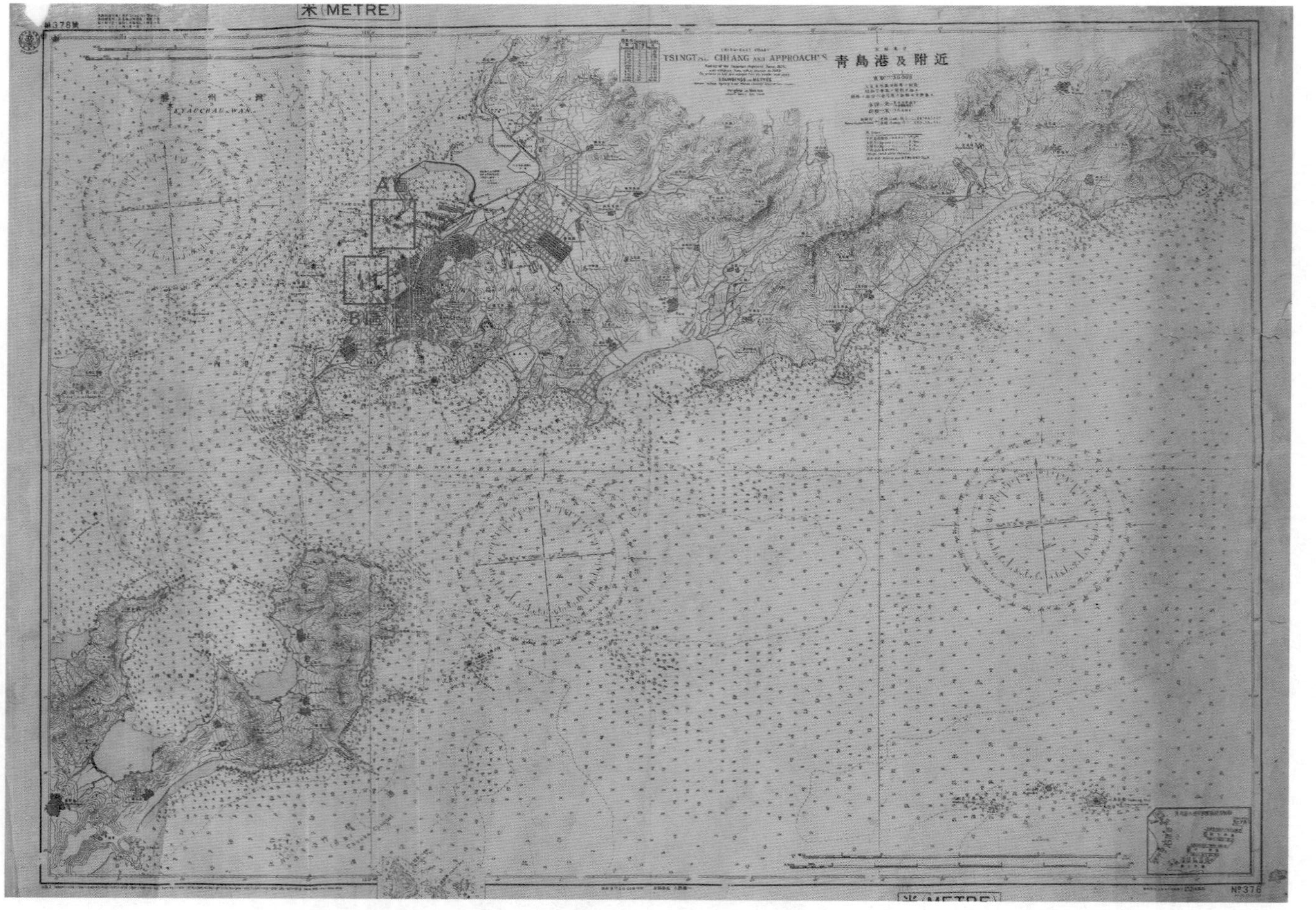

A區：迎春輪、江春輪、得春　　B區：長春輪、承春輪、得春輪

圖 3　昭和九年－青島港沉船位置圖

第十章 自組游擊隊

亂世求生

一九三八年正月十九日，日軍掃蕩日照城後，仍佔據在石臼所城內，一時之間似乎沒有要退去的意思，同時開始派出斥侯到鄉下試探。曾經到過卜家菴子，距離我們暫住的厲家莊僅兩公里，逃來此地的石臼所鄉親聽聞風聲後，立即再往北挪，我們全家也於次日一早雇了車，往北遷到陸家村。

搬到陸家村有兩個原因，一是這裡距離石臼所較遠，聽到日軍出動的消息再躲避不會太匆促，另一個重要的原因是：石臼所商團自衛隊的槍械，全都藏在這裡。

這支商團自衛隊是由父親出資成立的，所配備的槍械不僅數量可觀，而且威力也十分驚人。

其中一部分，是一九二八年父親所購入的。當時父親已被推舉為日照縣商會會長兼石臼所商會會長，為了保護鄉親的安全，託了大連的朋友購買了當時最有名的日製「三八式步槍」一百二十枝，子彈一萬二千發。

日製三八式步槍是日軍在「日俄戰爭」時使用的制式裝備，後來日軍打了勝仗，武器當然一起跟著揚名。這種槍的射程比較遠，比起商團原先使用的「漢陽」造的「老套統步槍」射程還遠了二百米，而且不易故障，也不會卡火。

而另一部分槍械，是一九三一年父親在悍匪劉桂棠進犯石臼所後購入的。

當時雖有海軍總司令沈鴻烈派軍艦前來震懾土匪，然而石臼所是個商業鼎盛的城鎮，除了有許多地主和富戶之外，還有所謂的「十大商號」，是匪幫眼中一塊滴著油的肥肉！

父親擔心日後若是有數股土匪一起合作，聚集數百之匪眾前來襲擊，商團的這百來枝槍雖有城牆保護，難保不會被攻破，即使有軍艦前來支援，但等支援到時，眾匪徒早已吃飽喝足，拍拍屁股走人了。

因此父親又再添購了五十枝長槍和五十枝「毛瑟自動手槍」，這種槍程為五十至八十米，彈匣同時可裝填二十發子彈，俗稱「盒子砲」。

此外還買了兩挺輕機槍，準備放在西城門和北城門上使用；又買了二百顆手榴彈，若有匪徒在城外駕著梯子準備攻進城內時，此時只要讓守城的人往城外一丟，就全都解決了。

父親擺下這麼大的陣仗，準備了這麼多的武器，為的就是有備無患，具有威嚇作用。

一九三八年正月初十那天夜晚，父親和葉碧桐被趙丹坡拘留至縣府，石臼所老百姓連夜逃走時，在長記做事的厲家三位表叔，也和覓漢們出動了四輛獨輪車，打算將這些槍械全搬出來。

當時有八個日本兵在石臼所南門裡的長記輪船行駐紮，沒人敢確定西門及北門是否也有日軍，但是若由小巷子繞到小西北門是安全的，因為小西北門只有本地人知道。

石臼所商會位在西街路北的一條巷子裡，此時七人便將車軸及軸承的孔內塗滿了燭油，防止行車時發出聲音，然後悄悄地將武器搬到了陸家村來。

六表叔的岳家有處空宅，無人居住，大門終年用一把生鏽的鐵鎖鎖著，因此把槍械藏在這裡，應該是安全的。

不過，自從抗日戰爭爆發以來，到處都出現了自稱是「抗日」的游擊隊。為了擴充自己的勢力，四處搜刮武器，槍枝彈藥頓時成了寶貝，甚至連土製的散彈槍「土亞五」，也成了隊員的配備。

表叔們將這批武器藏在這裡，暫時還沒有外人知道，倘若時間一久，消息難免會傳了出去，豈不遭到覬覦？那就成了「懷璧其罪」了！

石臼所四周雖有城牆保護，這些武器也足夠防禦地方之用。但是陸家村就不同了，這裡在地勢上沒有任何屏障，四面全可進攻，是個無險可據的小村落。

因此在此地躲日軍雖甚好，躲土匪就甚糟！若有四、五十人的土匪前來搶劫這批槍械，即使有朱心齋派來的四個護衛，也無法以一擋十。

我們全家計有祖父、祖母、父親、大媽、媽媽、我、大弟及二叔一家，共計十一口，還有三位表叔、總管、廚子和四名覓漢，這麼多人，不可能長時間全都蹲在這裡足不出戶。

於是父親馬上招來石臼所商團的隊長，請他召集商團及西南口沿岸壯丁以及長記的船員等約五十餘人參加護衛，父親每月發薪水給他們。

住到三月中，陸家村村長面色凝重的告訴父親，有陌生人前來村子窺探。兩個打扮看似鹽販的人，挑著空擔子在村西蹲了下來，抽了一會兒菸，才由村東出村。

若是鹽販，出了村子，應該繼續往東去「王家皀子」或是「喬家墩子」才對，因為這兩處才是產海鹽的地方，可是他們竟往北而去；鄉下人對販鹽的鄉親無論遠近多半都面熟，但此二人完全沒見過；而且出現的時間也不對，現在才陰曆三月，還沒到產鹽的季節。細心的村民不動聲色的盯著，然後將所見到的事，立即向村長報告。

經過眾人討論後，判斷應該是諸城張步雲[10]派出來的探子。

於是大家一起思索，何處能找個像石臼所一樣有屏障的地方呢？

有了！「絲山」！

絲山的雙廟村三面環山，易守難攻，所以三月下旬父親就帶我們全家搬進了絲山的雙廟村

此時父親想，既然擁有這批槍械，何不自己成立一支游擊隊，既能牽制駐紮在石臼所的日本人，又能保護家人和鄉親的安全，豈不甚好？

於是請秘書連絡上山東省游擊隊最高節制人厲文禮[11]，取得他給的番號「國民政府第八戰區第二總隊第十九縱隊」，父親自己擔任大隊長，邀來朱心齋擔任副隊長。

10 張步雲曾追隨韓復渠，任少校第二路遊擊（剿匪）司令，韓復渠被扣押後，張率部駐防諸、高、平一帶，假借抗日招牌，網聚匪徒，大肆燒殺擄掠。1938年投靠日軍，太平洋日美戰爭爆發，日軍自顧不暇，張步雲改以搶劫為生。1945年9月日本投降後，被國民黨收編，後被共軍擊敗，逃亡青島，遭諸、膠、高、平一帶流亡青島的地主仕紳以及他的宿敵控告叛國投敵，1948年被槍斃。

11 厲文禮曾任諸城、濰縣縣長，1937年8月任山東省第八區游擊司令官；1938年改任第八區保安司令，同時被國民黨委任為中央別動隊總隊膠東支隊司令；1939年，任魯蘇戰區挺進第二縱隊司令；1943年率部隊投降日軍，1951年被人民政府逮捕；1954年被共軍槍決。

不久後，游擊隊員陸續增至二百餘人，游擊隊員住在雙廟村，我們全家又搬往更往山裡的大溝村。

我的大妹欣林就是在這裡出生的，那天是一九三八年的陰曆四月初三。後來祖父又派人把姑母一家也接來，顯然認為這裡是安全無虞的。

父親這支正規抗日游擊隊，曾經在卜家菴子和董家灘一帶，和日軍駁過火。日軍雖然人數不多，但有兩挺輕機槍，他們連續射擊數次示威，父親的游擊隊也以輕機槍馬上連續還擊，日人不敵，又發覺鄉下游擊隊人數眾多，於是退回石臼所，不再深入四鄉。

此外，這支游擊隊也曾和一支自稱是偽軍的小連隊駁過火。這個小連隊約有三十餘人，來自河北一帶，擄掠了許多民間的二輪帶篷馬車、騾子和馬匹，浩浩蕩蕩南下，由於雙方實力懸殊，開戰不久後，可能認為寡不敵眾，就投降了。

父親把他們的馬車和騾子、馬匹等送給養得起的鄉民，篷車則暫存在鄉民家裡。後來日本人暫時退出了石臼所，父親才將這些篷車送回了長記的棧房存放。

父親繳了這批人的槍械，又把他們帶到大溝村隔開審問，發現這些人不像是偽軍，因為他們每天早上起來會唱一首軍歌「紅日西墜星滿天，功課完畢早安眠……」，推測極有可能是八路軍。於是父親便每人發了兩塊銀元作為路費，並分了好幾梯次把他們解散，避免他們繼續組織在一起。

當時一般游擊隊的駐防所在地，都會向當地村民收取「給養」，以維持生活所需。父親起初在陸家村召來的石臼商團五十人，是由父親每月發薪水給他們，現在既然正式號稱「抗日游擊隊」，人數也已增至近二百人，從家裡帶出來的錢也已花去不少，但無論如何也不能向窮苦的鄉親收取給養。

約莫過了二個多月之後，日軍終於退出了石臼所，父親就帶著所有游擊隊員返回老家，並安排他們住進了各個客棧。

由於父親把自己的輪船沈了，又組織了游擊隊，讓祖父極為不滿，在我們回到老家的第一天下午，祖父就藉機發飆了！

那天傍晚時分，祖父令廚子準備了幾個菜，其中有我最愛吃的糖醋排骨，在二進堂屋的月台上，擺了父親九歲時獨自扛回來的那張八仙桌，祖父、繼祖母、二叔、二嬸和我的堂哥藩林圍坐在一起吃。

當時我在月台下面走來、走去，希望祖父能喊我上去吃，但祖父沒有，彷彿我並不存在。只見祖父拿起酒杯乾了一杯，二叔趕緊再給祖父斟滿，此時祖父意有所指地說：「哼！今回可沒有辦法了吧？」

恰巧在這個時候，父親從外面進來。祖父立刻「啪！」的一聲放下筷子，呵斥父親：「你回來做什麼？你自己把船沉了，把錢踢蹬光了，還想回來要我養你？」

說完，祖父走過來，把父親往外推。

此時二叔也來幫祖父，一面故意大聲嚷嚷著：「哥哥你打我吧！哥哥你打我吧！」連說了兩遍。

父親退到二門的門檻上坐了下來，這時繼祖母走過來說：「聽娘一句話，不要氣壞了你爹。」

父親心寒的說：「我沒有娘！我要是有娘就不會有今天！」

說完這句話，父親就出去了。當晚我們就搬出了老家，住到西門外的客棧裡。

其實二叔一生沒有做過任何工作，全靠祖產過日子，不但住在父親蓋的房子裡面，父親發跡後，還在青島和上海的長記輪船行給二叔開了帳戶，讓他每月可以任意支用三百大洋以內的錢，購買任何東西。但他從無感激之心，還不時發些像他親母舅劉子木之類的謬論，實在是讓人不敢恭維！

按理說，祖父再怎麼樣也不該攆我們離開老家。因為老家的房子有一半是父親的財產。（附圖：流亡的足跡1）

走馬上任

我們在客棧住了大約一個月，不久後，石臼所電報局又恢復作業。

一九三八年八月中旬，父親接到了山東省主席沈鴻烈的電報：「勿再打游擊，即刻來府，就任參議之職。」

沈鴻烈在一九三七年十二月底撤出青島後，省府機關流亡到山東省西南部的曹縣。原先山東省主席韓復渠的親信，在韓復渠被殺之後，各自竄逃，不知去向。

曹縣離石臼所有一段距離，要全家人一起去是不可能的事，而且中、日戰事正激烈進行中，曹縣能維持多久也還是個未知數。但若將家眷留在石臼所，父親又擔心無家可歸的我們乏人照顧。

父親跟朋友商議後，大家一致同意將游擊隊及所有槍支彈藥交由朱心齋接管，我們則隨朱心齋去他的老家粮山口[12]，朱心齋也承諾父親會好好照顧我們。但游擊隊裡約有一半隊員不願意跟隨他，所以就此解甲歸鄉，只有百來人跟了去。

「粮山口」也稱為「兩山口」，因為路是打從兩座山的中間穿過來的，先穿過一條水深及膝的河，再過了一個沙灘就是村東的柵欄，村裡有一座朱心齋父親蓋的砲樓。朱心齋有三房太太，大房經常和大媽聊天，說他家的砲樓是她公公蓋的，他公公年輕時闖過關東，進山裡挖蔘，挖到一株據說是有百年的「棒槌」（人蔘），賣了一個好價錢，回來買地成了小地主，蓋了房子，也順便蓋了這座砲樓。

12 日照的西南鄉，靠近莒縣邊界。

朱心齋在粮山口的街北收拾了一戶有門房和一棟二層樓堂屋的院落，派了一個十分勤快的小伙子，做些打雜的事兒。原來在石臼商會擔任秘書的陳先生也跟我們同住，負責教我讀書和寫大、小楷。

父親和我們在此同住了大約一個多月，待一切安排妥當後，就由朱心齋的護莊自英隨行，啟程去了曹縣任職。

父親在省府期間的工作，主要是協助沈鴻烈處理一般行政事務，開國事會議，或是提供應對策略等等。

不久後，八路軍山東人民抗日游擊隊進駐了魯東和魯南一帶，朱心齋為了壯大自己的勢力範圍，帶著父親交給他的大批槍械，投靠了八路軍。

由於八路軍的番號由來是一九三七年抗日戰爭全面爆發後，根據國共兩黨達成的協議，中央軍委於同年八月二十五日發布了命令，將紅軍主力改編為「國民革命軍第八路軍」，簡稱「八路軍」。

而當時八路軍舉的也是青天白日旗，帽子上的帽徽上也是青天白日徽章，因此一般老百姓都認為他們是愛國的，而事實上他們的確也是愛國的。

八路軍也派了很多幹部來鄉下，教村民唱愛國歌曲，我也在這裡學了幾首歌，其中一首歌詞是：「奴在房中悶又沉，忽聽門外來調軍，南軍北軍都不調，夜來調我八路軍，向前打日本！一個呀的歪呀歪，向前打日本……！」

另一首是：「槍口向外齊步前進，不打老百姓，不打自己人，我們是鐵的隊伍，我們是鐵的心，維護中華民族，永做自由人。」，還有一首是『齊心對外抗戰』：「工農兵學商，一起來救亡，拿起我們的武器刀槍，走向前去民族解放的戰場，腳步靠著腳步，臂膀靠著臂膀，我們的隊伍是光大強壯，全世界被壓迫的群眾鬥爭，都朝著一個方向，我們要建設大眾的國防，團結起來武裝，打倒漢奸走狗，槍口向外響⋯⋯⋯⋯。」，這些幹部同時也開辦了識字班，教農民和婦女們識字，目的可能是要收買人心。

我們在粮山口大約住了三個月，祖父終於派我家總管把我們接回石臼所老家。後來有一位住在十里鋪的鄉親李士達告訴我們，原來是祖父受到眾鄉親的指責，說他把一個有作為、有出息、抗日愛國的兒子全家趕出門，只因他為了國難而破產了，卻把一個整日游手好閒、不事生產的兒子留在身邊當成寶養著，實在是讓人看不下去。

一位當時佔據著福春行、自稱是獨立連連長的『劉大鬍子』說：「這種人不敲他一筆，什麼人才敲？」，於是將祖父綁票到十里鋪一戶姓李的人家軟禁著。

由於祖父當時是石臼所最大帆船商號的東家，而石臼所又僅是個小地方，劉大鬍子住在福春行裡那間祖父的睡房，還有衛兵在大門外站哨，進進出出來去自如，因此祖父被他綁票的消息，馬上就傳開了。

劉大鬍子不知趁機敲了祖父多少錢，祖父沒說，外人也不知道，不過外面都謠傳劉大鬍子在「福春」發了財。

我們雖然回了老家，祖父卻不讓我們返回原來住的四進東屋，只讓我們住在臨街的一處石牆屋。石牆屋有縫隙，冬天天冷風又大，冷風會從隙縫吹進屋裡，凍得不得了。

就在父親到省府任職，我們住在粮山口的這段期間，祖父在陳祥卿的強力遊說下，未徵得父親同意，就把父親名下的一戶位於東門裡，陳祥卿義合公號隔壁的店舖，賣給了陳某。

事情經過是這樣的：一九三八年十月初，日軍暫時退出石臼所，海上又可行駛風船，江北一帶又來訂貨，大家又紛紛做起生意來了，西南鄉的花生米和劈豬又開始供應，但此時福春行被「劉大鬍子」佔據著，沒法做生意，少了福春的競爭，義合公收到的貨幾乎是過去的一倍之多。原先存放米子的棧房和醃豬池容納不下，而他的隔鄰恰好是早年父親購置的店舖，一直空在那裡，於是陳祥卿託了石臼鎮公所的幹事，游說祖父想買下那處房子。祖父說：「那是淑訒的產業，我給他賣了不合適吧？」，幹事回去回話後，陳祥卿又和那位幹事一起來說服祖父：「沒有合不合適，你是他爹，既然他現時不在，你當然可以作主！」

那個年代，人們還存在著一些封建的舊思想，認為兒子是父親的財產，兒子的產業當然也是父親的。於是請了雙方的友人：朱世璽、白善齋、和我們的族長賀金鈞見證，做了「文書」（買賣契約），將房子賣給了陳祥卿。仲介人向買、賣雙方各收取了三分的仲介費，陳祥卿遂了多年的心願，並將米子存放到新購置的房子裡。

三天後，陳祥卿拿著「文書」到縣政府去交稅辦契，準備過戶，縣府的經辦人員一看，說：「這不行！這處產業是賀仁菴的，根據民法第一百七十條，必須取得賀仁菴的委託證明，才可以交稅辦契。」，祖父對陳祥卿說：「你看不是！我早就跟你說過不合適，你不信，這筆錢你拿回去，既然我無權出賣房子，那麼我就不賣了，房子還是給淑訒留著吧！」，但陳祥卿卻執意要買這處房子，不願意將房款收回，這裡和他的屋子僅有一牆之隔，祇要把牆打通，義合公就寬敞了。

此屋原屋主因為吸食鴉片誤了正事，有一回未將剛剛運來的「花箋紙」送入庫房，想先抽上一管大煙，再決定何種紙放裡面，何種紙放外面，這樣才方便出貨順序。正吸著大煙，叫學徒去看看天氣，會不會下雨？學徒回報：「一個星兒，一個星兒的咧！」，他想既然天空晴朗，還看得到星星（其實學徒說的「星兒」是小雨點），應該不會下雨，先吸完這口煙泡再去安排不遲，哪知他那一管煙還沒吸完，外面就下起了傾盆大雨，一整個院子的花箋紙全都淋成一糰糰的紙堆，生意就這麼垮了！只好收拾起生意，打算賣了房子回山西老家去。

當時陳祥卿近水樓台，應該可以立即買下來，可是他殺價太多，因此屋主找上父親，父親沒還價，買賣立即成交。稅契後，房子變成了父親的產業，陳祥卿知道後，跑到長記要求父親照原價賣給他，父親覺得他做人不厚道，人家生意垮了，房子開價也不高，你還藉機殺價，太沒人情味，所以不願賣給他。

祖父將房子賣給陳某後，陳某心裡盤算著：如今賀仁菴既然不在石臼所，正好趁此難得的機會，可不能再落空了！他爹已經把房子賣給了我，雖然一時之間還不能上稅過名，但是房子我先佔用著，等賀仁菴回來，如果不給我稅契，再向賀金錕討回房款！

於是他向先祖父說：「不能稅契，那我暫時就不上稅，等仁菴回來，若是仍然不給我稅契，那時你再還我錢也不遲！」，祖父說：「這不合理，若是要等仁菴回來，可能得等上個三年五載，或十年八年也不一定，到那時你仍要我還你錢，那麼這些年來豈不是讓你白住了房子嗎？如果你執意想要這處房子，那你可以派人去曹縣找到淑訒，叫他給你出證明，你拿到證明回來，我們就馬上去「稅契」。我等你六個月，六個月後如果你還是不去辦理，那這處房產是你自己不稅契，既不收回款項，又不設法處理，而且還使用著，將來若有任何損失，你自己承擔。」

陳祥卿沒有派人去曹縣找父親出具證明書，事隔二年後，見日軍仍然不退，又跑去大窪向祖父要求還錢，祖父沒搭理他，他就去縣府遞了狀子，此時縣政府也在逃難，流亡到西南鄉甲子山一帶，縣長「牟希禹」傳了兩方審問，祖父派我家總管山宇庭代表，陳述事情發生經過。

牟縣長問了被告及證人了解案情後，又問了原告（陳祥卿派其子陳紹伊代表）：「為何被告當時要還錢給你們，你們卻不肯收？」，陳紹伊答稱：「因為當時已經將收來的貨存放進去，一時無處可挪置。」，縣長又問：「那為何去年不去討錢？」，其子答：「因為其時還在使用中。」，縣長說：「這麼說來是因為日本人來了才不能受業？」，陳紹伊答：「是！」，縣長又說：「那麼如果那時可以稅契，房子過給陳祥卿名下，是否日本人來了，就可以不必逃難，而安心受業？」，陳紹伊一時答不出來，縣長又問我家總管山宇庭：「你東家現在是否願意把錢還他？」，山宇庭答：「東家說過，雖然事情已過了將近兩年，如果他現在可以把房子恢復原狀，是可以把房價還給他，但得扣除二成作為使用兩年的租金，因為他們不是祇有拆了隔牆，他們還將西屋隔間打通，建了醃豬池，原來的大門也用磚砌了起來堵著，進出全得由義合公的大門。」

此時若要將房子恢復原狀，當然是不可能的事，這場官司顯然也打不下去，時值非常時期，縣政府已經發不出薪水，縣長便當庭口頭判決：「陳祥卿無理興訟，所請訴求賀金錕返還房屋價款一事予以駁回！」

後來在我們被綁票期間，石臼所日本人的「維持會」會長跑去大窪對祖父說：「皇軍不會干涉生意人，請賀老先生還是回石臼所比較安全，而且可以恢復舊業，照樣做生意。」，於是祖父就帶著全家回了石臼所。此時石臼所沿海一帶的戰事似乎是告一段落，日本人也希望市面能夠繁榮，不要蕭條，陳祥卿也回去了，又重新做起生意來了，但仍然佔據著那處房子，也不再提要祖父返還房款一事。

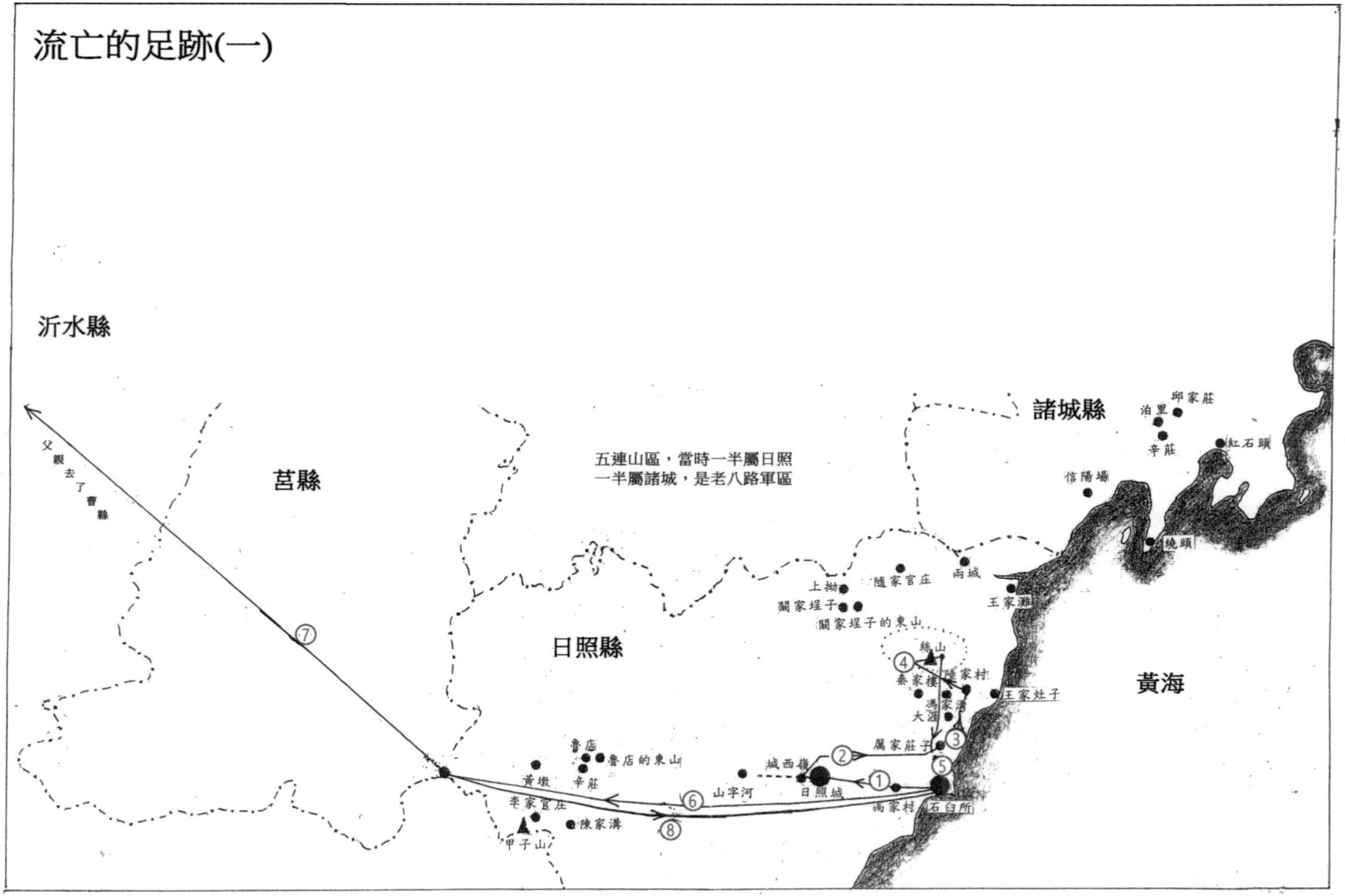

流亡的足跡(一)

沂水縣
父親去了曹縣
莒縣
五連山區，當時一半屬日照
一半屬諸城，是老八路軍區
諸城縣
邱家莊
泊里
辛莊
紅石頭
信陽場
繞頭
兩城
隨家官庄
上樹
關家埕子
關家埕子的東山
王家灘
日照縣
絲山
陸家村
秦家樓
王家灶子
黃海
馮家溝
大道
屬家莊子
城西樓
日照城
魯店
魯店的東山
黃墩
辛莊
山字河
尚家村
石臼所
李家官庄
陳家溝
甲子山

圖1　流亡的足跡（一）

第十一章 綁票

亂世無寧日

一九三九年四月，日軍又派了「海軍陸戰隊」前來石臼所長駐，並將司令部設在南門外長記輪船行四合院的棧房裡，從日照縣城一直到臨沂地區，都被日軍佔據著。

此時于學忠的51軍和57軍也移防到莒縣駐紮，我們再次離開石臼所，開始了另一段逃難的日子。

這次祖父是直接往北躲到了馮家溝，大媽因為祖父之前乖張的舉動，沒讓我們跟去，而是帶著我們出城，躲到南堰的大姨家，外祖母當時也住在那裡。

日軍雖然進了城，但沒像上回那樣掃射城內，也沒到城外來搜查，次日晚上我們又離開了大姨家，去了東北方的王家皂子，大約五月又遷移到馮家溝的一處院落，二表兄全家也搬來此地同住，一共二十多人，將這裡住得滿滿的。

我和大弟出生時，父親的朋友送了很多金器，金項圈、金鎖片之類的東西，父親在要從青島返回石臼所前，把這些都變賣了大約2萬多元的國幣，又添了些錢，湊了3萬元買了「救國公債[13]」交給大媽保管著。某日，大媽把這些公債拿給西郡表哥看，問他這些公債該怎麼處理？

西郡表哥一看到，立即驚恐的說：「唉呀！姨啊！你怎麼敢把這個也放在身邊啊？咱躲在這裡，鬼子就算來查，咱可以說咱是本地的老百姓，要是讓鬼子查到了妳這些東西，不光是你得被抓去灌涼水、拷打，就是連俺娘、姥娘也得全抓了進去！這⋯這⋯怎麼辦！我看呃⋯還是燒了吧！」

大媽說：「你姨父說將來中央軍回來會如數還錢的！」，表哥說：「呃⋯要不這麼辦吧！我給你找個地方埋起來好啦！」，大媽不疑有他，就把這些公債全交給了西郡哥，媽媽在一旁看著，也沒敢說什麼！

抗戰勝利後，長記在青島復業，幾乎所有的老職員都返回長記任職，而且都升了職位。西郡表哥在戰前原來是長記「濤雒」和「拓汪」兩地的經理，連他的女兒都到青島投奔父親，卻獨不見他來，如果他來了青島，至少能當上個上海分公司的經理。媽媽推測他早就拿了那筆錢去營商了，據說在日據時代生意還做的挺大的，

13 救國公債是抗戰時期，因戰亂導致商業蕭條、稅收大減，國府財政困難，為籌措軍費而發行了救國公債做為軍費所需，當時在愛國主義及政府宣傳下，救國公債引起了很大的迴響，不論是知識分子、民族資本家、海外華僑，都爭相購買，以實際行動支持抗日救國，增加了抗日戰爭軍費來源，救國公債於抗戰期間一共發行了6期，總金額達30億元。

勝利後還當了八路軍日照某合作社的社長。

錢財被騙也就罷了，但在此事之後又發生一件令大媽和媽媽極度傷心焦慮的事。

我們在馮家溝住了二個多月，祖父又打發人來叫我們去和他同住。我們住在一戶孤伶伶的房子，和村上大街的住戶有一段距離，出了村往西是個小山嶺，由南而來往北而去，沿著這道山嶺走，能走到絲山的「大石壁」。最奇觀的是山嶺上自南至北縱列著一串超大的石頭，有點類似饅頭的形狀，但每個石頭形狀各有不同，幾乎都有一間屋子那麼大，石頭與石頭之間相隔五、六尺，更奇怪的是只有南北縱向，所以此地民間有個傳說：「這是八仙過海時張果老所騎的驢，在石臼所八仙坡登陸後，沿途拉的驢屎。」

穿過這串超大的驢屎蛋，往西繼續走一段路，就到了秦家樓，那兒每隔五天有個市集。那年的初冬，祖父又帶著我們搬去了大窪，二叔不肯去，原因是那裡距離秦家樓的市集太遠，採買東西很不方便。

我們還住在馮家溝時，都是廚子出門去趕集採買，我們則是躲在家裡不敢露面。我們離開馮家溝不久後，二叔就把這個規矩給打破了。

一開始，二叔都是裝扮成鄉下人的模樣，出門買了所需物品就回來，漸漸的膽子大了起來，不僅帶著二嬸同去，身上還揹了盒子砲，怎不令人側目！

綁票

一九四〇年四月的一個夜裡，二叔被諸城縣的土匪張鴻飛請了去，聽說款待得不怎麼好，祖父急的不得了！但是接頭的幾票人都是來騙錢的，贖金是送了，卻沒見到人的影子，都說沒收到錢，看來這個張鴻飛是挖到金礦了！

此時父親輾轉得到消息，認為二叔極有可能為求脫困，會將我們躲在大窪的消息透露給土匪，於是派人送信給長記的副經理賀子章，叫他速速去通知大媽和媽媽，帶我和弟弟、妹妹趕快躲回南堰大姨家。賀子章不識字，也沒先找個識字的人看一下，就直接把信給了祖父。結果被祖父大罵一頓，不了了之。

我在大窪時進了一個私塾讀書，私塾裡約有十五、六個學生，年長者有十七、八歲，全坐在一間屋子裡，讀的是各種線裝書。有千家詩和論說精華等，我當時十歲，是全班最年幼的，師傅叫李沛臣，寫得一手好字，經常被鄉人請去寫碑文。

師傅每天早上先教我讀「論說精華」，這是清代科舉制度所講究的起、承、轉、合：

（起）學校者，製造人才之所也，

（承）苟不入學，其才何能成乎？

（轉）雖焉身在校中，而心馳於校外，

（合）亦與不入學者何異？

由於所有古書都沒有逗點符號，因此師傅上課時會在每個句子上畫圈，表示是一個段句。每當師傅授完課，我就得頌讀一遍，還得一面搖頭晃腦，讀熟後把書本端給師傅，轉臉過去背頌給師傅聽，偶爾忘了一個字，師傅就會提示接下來的一個字，直到完全背熟流暢到底為止。背完書後回到坐位上，先照著字帖寫一篇大楷和一篇小楷，然後拿給師傅看，寫的漂亮的字，師傅就拿朱砂筆在旁邊圈一個圈，表示鼓勵；寫得很漂亮的字，師傅就圈兩個圈，回到坐位時，我就洋洋得意了起來。接著再捧著千家詩請師傅授課，再回坐位照著師傅所講的自己開始讀，中午回家吃飯，下午再回私塾，向師傅背誦早上教的千家詩，接著再習字，各寫一篇大、小楷，就放學了，我的字就是在這段期間練出來的。

我在私塾讀了半年多，之後果然不出父親所料，一九四〇年陰曆七月十二日，我在大窪讀書的日子就終止了。

那天夜裡，我還在睡夢中，被吵醒的時候，四支手電筒照著我們，來人硬是把我和大弟強抱了過去，媽媽和大媽不停的哭著哀求放人。

土匪抱著我和弟弟出了東邊菜園子，又翻過一道矮牆，有個傢伙大聲吆喝著：「不准嚎！再嚎就拿槍斃了你們！」

我和弟弟只能低聲飲泣著，任他們背著走。

當時我腦子一片空白，不記得走了多久，也想不起來如何上了船。清晨，我們到了繞頭，這是諸城縣最接近日照的一個小港口，在這裡住了幾天，又在夜間移到了信陽，然後又移到距離泊里一公里的邱家莊。

這批土匪只有八個人，排長姓丁，他們在一棟砲樓的頂樓上搭了個棚子，角落有個水缸，口渴的時候就用水瓢就著喝。由於他們對外也號稱是游擊隊，因此每日三餐都有村上的人送飯來，村民用提籃盛著三到五人的飯菜，在院子裡排隊，等土匪們來領取。

我們被綁票期間，換了很多地方，也可以說是隨著土匪到處流竄，後來到了賈家溝，我們又多了兩位朋友，兩人我都認得，一位是陳祥卿的兒子陳紹伊，另一人叫「李科長」，是大洼人。

他們倆人沒多久就被贖回去了。土匪們後來調查過，「李科長」家裡實在是窮，有這個「科長」外號，是因為他很愛乾淨，穿著不像是當地的窮人。平時他在賭局裡幫閒，被綁票的那夜，他剛散了賭局正往回家的路上，土匪誤以為他至少值個千兒八百的，沒料到他居然是個窮得徹底的光蛋。

我和弟弟被綁票大約兩個月後，一九四〇年陰曆十月左右，父親才得知消息，心中自是焦急萬分，害怕我和弟弟被土匪撕票。於是向沈鴻烈報告了此事，打算辭職返鄉搭救二子。沈鴻烈聽聞後，寫了一封信函交給父親，要父親先去見駐防沂水的蘇魯戰區總司令于學忠[14]。

父親拿著沈鴻烈的信到了沂水縣的圈裡鎮，見到了于學忠，向他報告我和大弟遭綁票的事件。于總司令立即發函給魯東區的游擊隊總指揮姜履川，姜總指揮也隨即下令調查。

結果這起綁票案的主謀指向了諸城縣一個游擊隊的團長王漢川、營長臧少山，以及在王漢川名下一個雜牌部隊獨立營的營長張鴻飛。

這個雜牌部隊只有一百五十人左右，打不了什麼游擊，游則有餘，擊則不敢。因為全營每枝槍枝的子彈不超過十發，打光了子彈可沒處補給，所以根本不敢輕易駁火。

接著父親又到了諸城，見了當地游擊隊長李永平[15]，他通知了王漢川，王漢川

14 于學忠：東北軍著名將領，抗戰時期曾參加淞滬會戰、台兒莊會戰、武漢保衛戰等，立下功勳。歷任國民革命軍第三集團軍副總司令、總司令，魯蘇游擊戰區總司令，山東省政府主席，國民黨軍事參議院副院長。中國大陸政權易主後，曾任第一屆全國政協委員、國防委員會委員等職。

15 1938年，李永平擔任山東省第八行政督察專員公署十二團第一營營長。5月，該團在與日軍作戰中被擊潰，李永平收容殘部繼任團長，1940年春，十二團改編為蘇魯戰區遊擊隊第二縱隊第六支隊，李永平任支隊長。1943年3月，投靠日軍。

答應馬上放人。（附圖：流亡的足跡2）

一九四一年陰曆正月二十五，父親派了我家總管，跟隨李司令手下的一位隊長吳仲瑜前來「花溝」，把我們接回泊里鎮。父親也讓我們認了吳仲瑜先生為乾爹。乾爹還幫我和弟弟各做了一套絲質棉襖和褲子。（附圖：賀中林、賀華林脫險後著新衣留影）。

吳仲瑜隊長就是革命先烈吳大州的公子。

算算我和弟弟一共被綁票長達六個月零五天，期間還過了一個陰曆年。父親、母親和大媽在此期間的擔心害怕是可想而知的。

而二叔到此時仍未被釋放。張鴻飛死不承認是他綁了二叔，父親打從年前起就託人跟他談判，可是拖到次年五月，土匪仍不鬆口。

於是父親發出最後通牒，請了一位在諸城縣極有份量的大地主吳春和出面告訴他：「他們確定是你幹的事，如果你打算撕票就沒了證據，那是打錯了主意。現在他願意再送你一萬元大洋，外加四支德製頂級手槍，如果你還是不知好歹，他隨時可以請姜司令撤你的番號，消息會立即傳開，將不再有村民供給你一頓飯，而且還可以請李永平討伐你。只要跟你的人駁上一次火，你的彈藥還有多少，自己核計一下？而且賀大經理也再三向我保證，絕對不會對你報復。其實他早就看透你不敢撕票，要是能夠撕票解決，也不會拖到現在，你拖著不趕快了結，不是辦法！」

最後張鴻飛終於答應放人，父親依照諾言付了一萬元贖金和四枝盒子砲，每枝槍還附上了四十發子彈，祖父也付了一萬元贖金，二叔才在五月中旬被放了回來。

一九四一年春，朱心齋發覺八路軍的幹部不受他控制，又經常給他的一些低階手下洗腦，於是在一夜之間擊殺了八路軍的十餘名幹部，又投靠了國民黨于學忠的部隊。

報答救子之恩

到了六月中旬，父親帶著我和弟弟啟程，去沂水向于學忠總司令當面致謝。行程第三日，來到日照的西北鄉，靠近五蓮山區，進入一處抗日游擊隊駐防區，我們被領至隊部和團長李延修見面，父親和他互道了久仰大名之類的客套話。時至中午，承他招待了一頓豐盛的午飯，飯後他的勤務兵還特別泡了一壺好茶，父親與李延修閒聊著，此時忽然有位他的部下進來向他行禮，報告了一些事情，接著又轉向父親，稱他與朱心齋的一個部下發生了一些誤會，希望父親能幫忙化解，父親問了原委，不是什麼大不了的事。於是請他取來紙筆，還拿來一方硯台研墨，父親提起筆來，寫了一封信致朱心齋，大意是大家都是抗日陣線的同志，請朱勸導手下，勿因一時意氣而傷了和氣之類的話。此時這位李延修團長忽然驚訝了起來：「人家都說賀仁菴不識字，原來不光是識字，字還寫得這麼好！」

父親與李團長原來並不相識，推測可能是李延修得知父親要去見于學忠，因而特別招待了我們。不過為了要趕路，父親寫好信並致了謝，就辭別了，當日傍晚我們抵達圈裡鎮，到了于學忠的駐防區。

我和弟弟見到了于總司令，父親命我們跪下來給于總司令磕頭，于總司令連忙把我們扶起來，說：「小孩子就不必下跪了，平安回來就好了！」

我們到了于總司令的部隊後，發現他的左右手之一，是我同宗的叔叔賀淑昭，這位叔叔曾至俄國留學，和蔣經國同學過，於是父親和于學忠逐漸互有來往。

某次，于學忠跟父親提到他轄下的57軍有一座小型兵工廠，但缺少鋼鐵材料。父親知道在嶗山打游擊的李先良，曾經接收一批膠濟鐵路的鋼軌，於是化妝成小商人，到嶗山會見李先良。

李先良向父親表示，他確實有一批鋼軌放置在膠縣鄉下，也願意送給于總司令，但得由于總司令設法搬運。

于學忠立即派了四個工兵及十二個衛護兵，隨同父親至膠縣南部、諸城附近的一個小村落，同時連絡上駐防諸城的李永平，他也派了一個班來保護。幾個工兵將每條鋼軌鋸成兩段，綁在獨輪車上，費時兩天終於搬運完成。

再度逃難

我和弟弟被贖票回來以後，為了尋找可以長住久安的地方，父親帶著我們全家一路往西南方遷移，王家灘、兩城鎮、隋家官莊，都住過一段時間。

此時父親得知石臼所的鄉親朱世璽在上坳村已經平平安安的住了三年，還辦了一所私塾，於是我們又搬去了上坳。

父親在村北的山坡上賃了一戶房屋，我們全家都在此地團聚著，我和弟弟也入了朱四爺的私塾唸線裝書和學寫字。

但時值戰亂時期，世事難料，安寧之日何其難求！

我們在上坳村住了大約兩個月後，有一天上午正在上課時，忽然聽到村中呼、呼的放了四、五聲砲仗聲，機警的師傅臉色大變，馬上令我們躲在靠窗邊的書桌下，不准出聲。

此時師傅走了出去，把大門從外面鎖了起來，獨自一人不知躲到了何處。過了很久，他才回來，面帶驚恐的對我們說：「出事了！大家趕緊回家，沒事不要外出！」

等我和弟弟回到家後，沒多久，就聽說朱四爺被綁票了！約莫過了半個月後，查出來又是諸城的土匪張步雲幹的。

上坳的南邊有一個很大的村莊叫做「闞家埕子」，村長闞子平先生和父親是舊識，父親立即帶著我們搬去那兒住。

在上坳時，我們是住在村外的山坡上，因此未被張步雲的人發現，所以父親認為住在偏遠之處，不露行藏反而比較安全，於是又在「闞家埕子」村外的東山邊上，找著了一處院落，我們又搬去那而住

我們住的這處院落，隔壁住著房東兄妹二人，父母雙亡，其兄已結婚生子，姑嫂之間經常為了瑣事爭吵。某日早上姑嫂二人又吵了起來，我看見嫂子撿起地上的石頭，砸傷了妹妹，當場血流如注，其兄也沒幫妹妹包紮，妹妹哭著離家出走，後來在日照縣城替一戶人家推磨。

據村民說，這家主人有個兒子是漢奸陳成功手下一支偽軍隊伍的小隊長，看著這個姑娘有點姿色，兩人開始交往，姑娘無意間將賀仁菴住在她家隔壁的事透露了給小隊長。小隊長立刻將父親住在闞家埕子的事向陳成功報告，我們的行蹤就這樣被洩漏了。由於自我們逃難開始，陳成功就靠著日本人撐腰，將父親的藍色富豪轎車據為己有，勝利後還以此車開出租車為業，在青島中山路口攬客跑東鎮一帶，因此可能認為此時若能將父親逮到手，除可跟日本人邀功之外，還可發一筆財。

不久後，闞家埕子的闞子平先生又來邀父親搬去村內同住。闞家埕子有個自衛隊，有五十多枝槍，再加上各家的土槍，不怕小股土匪騷擾。闞子平先生向父親表

示住在村內較為安全，還收拾了一處院落給我們，父親在盛情難卻之下，遂答應了。

在要搬去之前，父親先去看了一下地方。院子很不錯，而且還設了門房給父親的兩個護衛住，但是門房內有個小小的炕，看起來一端大，一端小，有點像北方人暫停靈柩的土丘[16]。父親心中有些嘀咕，又覺得忐忑不安，所以並未立即搬去住。

闞先生來催了數次，父親只好選了個吉日準備遷居，到了要正式遷居的前一天，父親命聽差的先將一些行李搬了過去。結果次日黎明，就發生了一件令人嚇出一身冷汗的事。

陳成功在得知我們的住處後，隨即派了手下前來勘察村子附近的地形。又向村民打探到父親即將由村外搬去村內住，而且村內還有個實力不小的自衛隊，遂打算來個「以小搏大、一石二鳥」，既可抓了父親，又可併下這支自衛隊。後來聽村人轉述這次駁火的原因和過程，實在是感到老天保佑！

闞家埕子的預警系統做得極為仔細，村子的兩端都設了暗哨，住在村外約一里之遙的人家也都蓄了狗，陳成功的大隊人馬還沒到，狗就開始狂吠。

此時天色微明，暗哨查覺到有大批人馬來到，立即鳴放五槍，表示事態嚴重。

16 北方人的習俗，親人去逝後尚未入土前，先將四周以磚修起一個框，將棺置木於其中，等覓得好風水地再做遷移。

村內隊員聽到連絡暗號，急忙拿起武器至村頭，各尋有利地勢準備應戰。

此時，陳成功的偽軍也散了開來，慢慢向村子接近，到了步槍的有效射程時，他們的百餘枝槍齊放。一時槍聲大作，流彈四射，氣勢驚人。

領導村內自衛隊的闞宇州先生沉著鎮定，不為所動，命令隊員不必還擊。偽軍又接連放了幾次排槍，村內仍無動靜，偽軍以為連續威嚇了幾次，村裡的人恐怕早已嚇得躲了起來，或者跑了。

當偽軍全都起身向村內進攻時，各盯著射擊對象的自衛隊員，一齊開槍射擊，偽軍立即有幾人倒了下來，偽軍也馬上以排槍還擊鎮壓，並且兵分三路，以優勢的火力推進，不久就攻進村內，巷戰了起來。

當偽軍攻進了村長收拾好的院落後，發現並沒有賀仁菴的蹤影，而且行李也未打開，判斷可能是情報錯誤，來得不是時候，必得之心就去了一半，加上盲目開槍，致使各偽軍的彈藥所剩不多。

據村民後來調查後得知，這批偽軍是陳成功四處招募來的，既沒有作戰訓練，也沒有作戰經驗，只想混口飯吃，因此多數都覺得犯不著賣力拼命。而且由於當天是半夜就集合，又摸黑行軍四十多里路，大夥早已疲憊不堪，繼續打下去可能也討不到便宜，商議之後不如撤退為妙。留下了兩具屍體，負傷的可能也不少，有幾戶人家的門板都被拆掉了，顯然是被拿去當作重傷者的擔架使用，村內的人則有一死三負傷。

天剛破曉的時候，我和弟弟、妹妹全被叫醒，還沒弄清楚原因，就聽到山下傳來一陣一陣的槍聲，趕緊穿好衣服跟著大人躲到山裡的樹林內。此時槍聲仍然持續不斷，父親和大媽、媽媽面面相覷，大驚失色！

天光大亮時，有人尋來，告訴父親是偽軍縣長陳成功派了兩個連的兵力來搜查，怕山上還有留下來的人，要我們先不要離開林子。

我們在樹林裡躲到午後，每人分吃了半個看山人家幫我們買來的玉米餅子，喝了些山泉水，算是午餐。

傍晚闞宇州先生帶了四個人來，找到父親，說可以回住處吃點東西，但是晚上要和衣而睡，聽到槍聲就立刻再躲回林子。

父親不願多留，託他代雇四隻毛驢。次日黎明，驢子和驢夫來了，我們立刻上路，到了西南鄉甲子山後的李家官莊。

甲子山在日照莒縣的邊界上，當時于學忠的51軍和57軍駐移防到莒縣一帶，朱心齋則是守在李家官莊和黃敦等地。我們在這裡住了五個多月，又搬到陳家溝，不久又遷移到辛莊。

到了七、八月時，于學忠的參謀長萬毅叛變，率領了大約一半的部隊投向八路軍，雙方立即打了起來，于學忠節節敗退。父親眼看情勢不對，急忙帶我們躲到北邊魯店村的東山上。

不久，魯店村長的兒子來看父親，說這山的南邊是兩軍交戰的地方，十分危險，邀父親去他們村內住。

父親覺得很奇怪，乃問他：「如果八路軍來到村內怎麼辦？」

他說：「我可以騙他們說您是我爹。」

「那你真正的爹怎麼辦？」

「噢！我會說他是我大爺（伯父）！」

父親懷疑他來意不善，根本是想把我們拐騙去他家，好向八路軍邀功（由於父親一直是地方上極具聲望和影響力的人士，因此始終是各路人馬想抓到的人質），遂假意答應，並請他代雇了三隻毛驢。

傍晚，驢夫帶著驢子來了，父親藉口說天黑了，山路不好走，明天一早就動身。

當晚，山前兩軍又打了起來，激戰了約二小時。約莫九時左右，槍聲寂止，我在山上探查動靜，突然聽到有人喊「二班長」，我連忙下山向父親報告。

父親命令驢夫將綑在驢架上的行李抬上驢背，準備往後山而去。三個驢夫爭執著不肯走。父親的兩個護衛掏出槍來，喝令道：「想死啊！」，驢夫極不情願，只能順從往後山走，次日中午，我們又回到了隋家官莊。

此時父親打聽到諸城的張步雲已退至濰縣一帶，現在諸城的南部很安全，是李永平的勢力範圍，於是我們在隋家官莊待了半個多月，雇了三輛獨輪車，去了諸城東南方的紅石頭，與乾爹吳仲瑜為鄰，他在這裡管理李永平的紗廠。不久我們又搬到泊里鎮附近，我和弟弟也入了泊里天主堂小學，我念五年級，弟弟念一年級，我在這裡一直讀到了小學畢業。

一九四二年底，山東的八路軍迅速地壯大了起來，國民黨的中央軍不敵，全部撤出了山東，李永平也投靠了日本成了偽軍汪精衛的部隊。當時偽軍的國旗也是青天白日滿地紅的旗幟，只是在旗幟上面多了一塊黃色三角形，上面寫著：「和平、反共、建國」（附圖：以汪精衛為首的偽軍旗幟），一來是要拉攏民心，二來表明他們也是愛國的。青島的偽軍還派了兩卡車的部隊前來諸城，表示力挺。

父親在這段逃難期間，由於天生性格堅毅，曾經說過：

「錢財乃身外之物，命中有時終須有，命中無時莫強求！」

抗戰期間雖然顛沛流離，生活陷入困境，有時甚至連吃頓飯都成問題，可是當時全國大多數的老百姓都是如此，所以並無怨尤。而且父親當時無論走到山東哪個城鎮，人人都奉之為上賓，大家都豎起大拇指說：「賀大經理了不起！是真正的抗日英雄！是毀家疏難無人能及的大英雄！」，父親當時覺得有極大的榮譽感，沒有把個人的犧牲看得太重，大家都在吃苦，他吃點苦也不算什麼。即便一個大企業忽然之間沒了，也從未覺得有任何委屈。

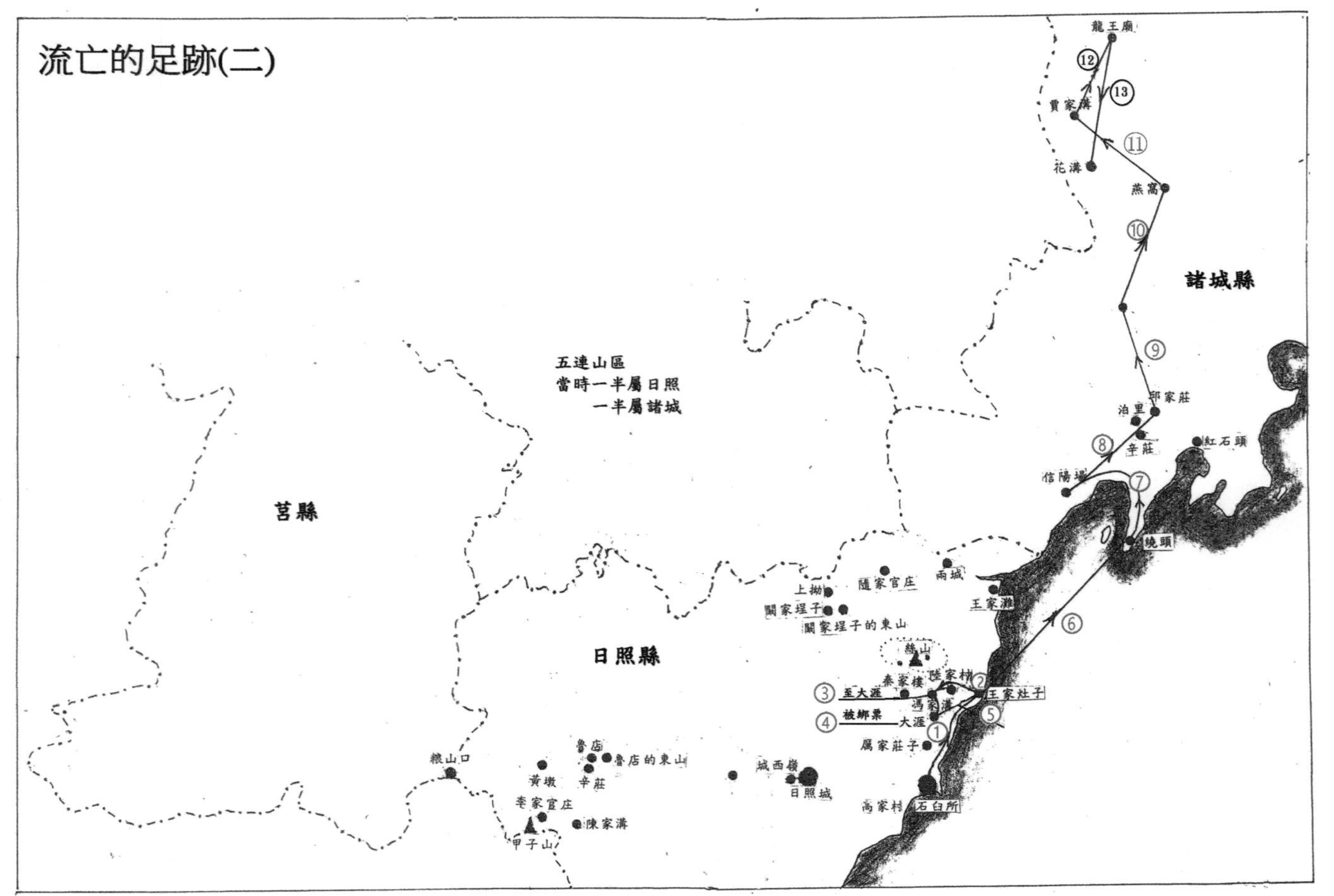
流亡的足跡(二)
龍王廟
貫家溝
花溝
燕窩
諸城縣
邱家莊
泊里
辛莊
紅石頭
信陽場
綉頭
五連山區
當時一半屬日照
一半屬諸城
莒縣
隨家官庄
兩城
上拗
關家瑝子
關家瑝子的東山
王家灘
日照縣
至大漥
被綁票
大漥
秦家樓
馮家溝
王家灶子
屬家莊子
城西嶺
日照城
高家村
石臼所
糧山口
魯店
魯店的東山
黃墩
辛莊
李家官庄
陳家溝
甲子山

圖1　流亡的足跡(二)

民國二十九年古曆七月十二日被王殘等匪架去是年十一歲三十年正月二十五日回花

賀中林脫險後留影

圖 2　賀中林脫險後照片

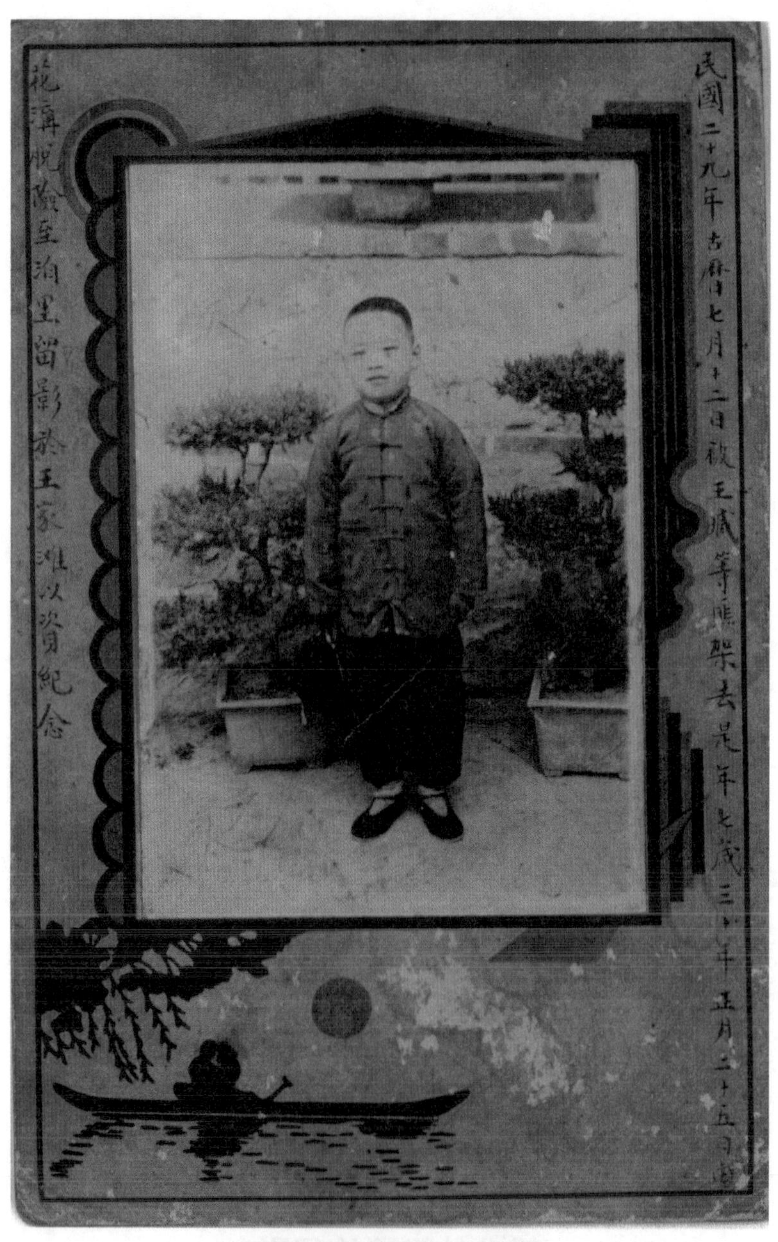

花旗脫險至泊里留影於王家灘以資紀念

賀華林脫險後留影

圖 3　賀華林脫險後照片

圖 4　以汪精衛為首的偽軍旗幟

第十二章　運通糧行

離鄉背井

由於長記輪船行在抗戰爆發前就已停止了營運，又經過了幾年的四處逃難，父親多年的積蓄終於花得差不多了。

一九四三年春天，我們全家都在泊里鎮，此時偽軍也派了照像師傅來此地給每個鎮民照相，並發給貼著照片的「良民證」。當時我已十三歲，也領到了一張良民證，父親在良民證上改名叫「厲寄園」，我則改名叫「厲復光」，不敢用真名的原因是此時偽軍仍在四處尋找父親。

而時局似乎越來越壞了，八路軍的觸角也已來到泊里鄉下。父親眼看情勢十分不好，便思索應該離開此地，到戰時的陪都「重慶」避難，那裡沒人認得父親，應該是安全的。

為了籌措旅費，父親向泊里鎮的大地主吳季英先生租了三畝田地，種了最甜、也是當時最受老百姓歡迎的紅心地瓜，東門外每天有人等在那兒打工，幫忙犁田、翻土，父親付些工資給他們。地瓜收成後招來了我家的「大蛤蟆」、「二蛤蟆」兩艘船，運到青島出售，前後各運了三趟，賣了的錢除了一小部份付地主租金外，剩下來的，一部分交給了大媽，另一部分的就留著當作旅費。

由於錢數不是很多，父親只帶了我一人，讓大媽、媽媽、大弟和大妹返回石臼所老家住，祖父因為早前把父親東門裡的店舖私自賣給了陳祥卿，所以必須收留大媽、媽媽、大弟和大妹。

我們全家由泊里鎮到了董家繞頭，雇了一艘「一丈八」，等了一星期，才有順風直駛王家皂子登岸。我們在此地和大媽、媽媽、大弟、大妹分手，又雇了二輛獨輪車，一車載行李，一車載大媽他們回老家，我和父親又返回泊里鎮。

送走母親的次日，父親和我以及另外四位日照同鄉，搭上了往膠州市的馬車。又次日，乘火車到了濟南，再轉乘津浦鐵路的火車到了江蘇省的徐州市。之後，又乘隴海鐵路的火車到了河南省的商丘，經商丘乘人力車去了皖北的亳州，原打算經皖北的邊界到湖北的宜昌市，即可乘船至大後方的重慶，可是找不到可以搭乘的車輛，當時皖北國軍正與日軍交戰中，沒人也沒車敢去戰區。

等了一個多月，戰事還在持續進行中，父親和我祇好返回商丘住下來，再做觀望，既然走不成，不妨暫且先做點生意，起碼可以維持基本生活所需。

父親在商丘火車站大街的尾端找到一個處所，有五間房，二間住人，三間可做生意。大街上並不熱鬧，各家商號的生意都很清淡，除了幾家糧行外，還有十餘家舖子，都在大門旁掛著一個木牌，上面寫著「〇〇書寓」。起初我覺得這裡真是個文化城，竟有這麼多賣書的人家，後來才知道原來這些都是「茶室」。

此外，這裡還有幾家賣吃食的小館子，沒有大店鋪，也沒有電影院，祇在朱集鎮門外有家戲院，上演的是河南梆子，全是用河南土話在唱，我們聽不懂。也有幾家賣香菸的，都是自己用一個簡單的工具捲起來的沒有牌子的土菸。

朱集鎮的柵欄內每天上午是個市集，有些攤販擺攤賣豬、牛、羊肉和豆腐、青菜，青菜只有兩、三種時令蔬菜。但其中有兩個小攤子賣的是當時極為特殊的東西「玉器」，價錢也不貴，其中有些看上去有點價值的物件也沒有識貨的人來買。這些玉器的來源全都是當地農民在耕種時翻土挖出來的，父親買了幾件較價格較高的物件，都是青綠色直徑約五、六公分，中間有個圓孔的玉珮，半透的油青或花青種，只要十幾塊錢「關金[17]」。

[17] 關金是『海關金單位兑換券』的簡稱，為當年中國海關收稅的計算單位。由於1929年世界銀價大落，影響我國關稅收入。政府遂於1930年1月徵收金幣，以市值0.601866克純金作標準計算『海關金』單位，折合美元0.40元。1930年中央銀行委託美國鈔票公司印製關金兑換券。1931年5月正式發行，作為繳納關稅之用，不在市面流通。由於其與外國貨幣直接掛靠，幣值相對穩定，所以關金直接交稅的比例逐年上升。自1930年的12.18%，至1933年增加到87.82%。此後十餘年的關金券一直堅挺，含金量從每元0.601866克升至0.8888671克。1942年4月，財政部規定以關金一元折合法幣二十元與法幣並行流通。這是變相增發法幣大鈔，關金券公開行使流通功能，變成真正的紙幣。1948年

重拾本業

父親在租來的店鋪門口掛上了一塊木板招牌，上面用毛筆寫上約二十公分正方大小的「運通糧行」四個字。

運通糧行一開始做的買賣，是父親向大連熟識的糧商朋友賒購了四十噸高粱和二十噸大豆，但是糧商得把貨運到商丘來，因為父親付不起運費。這是父親出道時的老本行，貨售完後再將糧款和運費匯去大連，接著再辦下一批貨，因為河南地區所飲用的酒也是高粱酒，因此高粱的需求量也頗大，而大豆是榨油和做豆腐的原料，這兩種糧食當地出產不多，所以不怕這些貨賣不掉。做了第一批生意後，算算利潤還不錯，就從石臼所招了兩個助手來，一位是賀鶴林，他是父親的一位船長賀淑文的兒子，可以記帳和處理雜物。另一位是當時僅約二十歲的賀旺林，是我的同宗堂兄，識字不多，來了以後，發現他沒法幫忙做什麼事，連炒出來的菜都令人難以下嚥，勉強讓他待了兩個月，就打發他回了石臼所。

運通糧行的生意越做越好，原來的這間店鋪已不敷使用，不久父親又在西柵口

8月19日，國府頒佈『財政經濟緊急處分令』，實行所謂『幣制改革』，宣佈廢除法幣和關金券，改發行金圓券，並以1金圓券兌換15萬關金券的比率收兌關金券。同年11月21日停止收兌，關金券正式作廢，前後共流通17年餘。

（車站西邊的平交道）物色到一戶較大的處所，有一個大倉庫，還有兩間廂房，於是我們又搬去了那裡，這時又請了一位當地人來幫忙處理外務。

父親做了幾票生意後，發現隴海鐵路線上有許多單幫客，往東行的全是帶手工土布。手工土布的紗線比較粗，織成的布匹比機器織的來得厚實，這就恰好符合帆船作風帆使用，因此也開始兼作收購手工土布的生意，這種布每疋長五十尺、寬一尺二寸，有米色和淺棕色兩種，都是未經染色的天然原色，稱為「紫花布」。

而往西行的全是去海州帶海鹽回來賣，用大口袋裝著，每袋約百斤上下。多數單幫客都是婦女，有些甚至還纏著腳，這令父親十分訝異，區區百來斤的海鹽，付了往返的車資，和兩天食宿的費用之外，居然還能賺到錢？

於是父親去了商丘、開封等地的市場上調查了一下，原來各地海鹽的零售價格是海州的三倍，價格如此懸殊，當地竟然沒有生意人去經營這項業務。究其高價的原因，是市場上所賣的海鹽全是單幫客零星帶來的，所以價格一直居高不下！

一般當地人所食用的鹽是一種田鹽，顆粒很大，約有一公分立方，帶有苦味，當時開封、商丘、皖北、魯西一帶全是食用這種田鹽，甚至連距離日照不遠的沂水也全是食用這種鹽，交通通暢後才有少量海鹽帶來。這令我不解，因為日照當地王家皂子和喬家墩子都產海鹽，海鹽雖較貴，但是炒出來的菜好吃多了，當時一般稍微有點錢的人家都願意多花點錢買海鹽來食用。因此，父親就去了連雲港買了三十噸的海鹽回來，未及一個月就賣光了，沒有門市零售，都是單幫客批貨。

運通搬到西柵口的店鋪有兩大間廂房，可供單幫客住宿，每間廂房裡都有一個可容納七、八人睡的大通鋪，上面鋪著蘆席，各有十條棉被，這些前來住宿的單幫客都是穿著隨身衣物而睡。男、女各一間，有來售貨或是以貨易貨的單幫客都可免費住一夜，但餐食得自理，運通只供應熱茶水。有一個很大的茶桶放在通鋪的走道上，打開龍頭就有茶水流出來，冬天時還套上棉布套保溫，單幫客無人出外就食，都是打開隨身的小包袱，拿出一餐量窩窩頭之類的乾糧，盛碗水就吃了起來，難怪一百斤的海鹽扣去往返車票還能賺到錢。

漸漸的，許多單幫客都改向運通糧行出售手工土布和批購海鹽，雖然價格貴些，但是不必往返的車資和兩天的時間，又不用費力的扛回來，還是很划算。

父親把收來的土布累積到相當的數量後，就整批運往連雲港出售，而他們則是將布匹轉賣到上海或江北做船帆使用。不到一年，運通糧行的業務除了批售高粱、大豆之外，還兼賣土布、海鹽，此外又增加了收購蜂蜜和桐油等貨物。

運通糧行的生意做到一九四五年的六月就停頓了，因為隴海鐵路上的火車頭已被盟軍的飛機炸得差不多光了，沒有了交通運輸，生意當然也就沒法做了，於是父親帶我前往了亳州，並讓我進了亳州中學就讀。

一九四五年八月十五日，日本天皇向全國發表了《終戰詔書》，同日上午十時，中華民國軍事委員會委員長蔣中正也發表了《抗戰勝利告全國軍民及全世界人士書》。

九月二日上午，日本在停泊於東京灣的美國軍艦「密蘇里號」上與同盟國簽訂《降伏文書》，九月三日，日本向中華民國政府投降！

一九四五年九月九日上午，在南京中央陸軍軍官學校大禮堂，陸軍上將何應欽將軍，代表中國戰區最高統帥蔣介石，主持中國戰區日本投降簽字典禮，接受日本「支那派遣軍」總司令岡村寧次無條件投降，由岡村寧次簽署降書，日本「支那派遣軍」參謀長小林淺三郎中將遞交。

八年抗戰終於勝利！（附圖：流亡的足跡3）

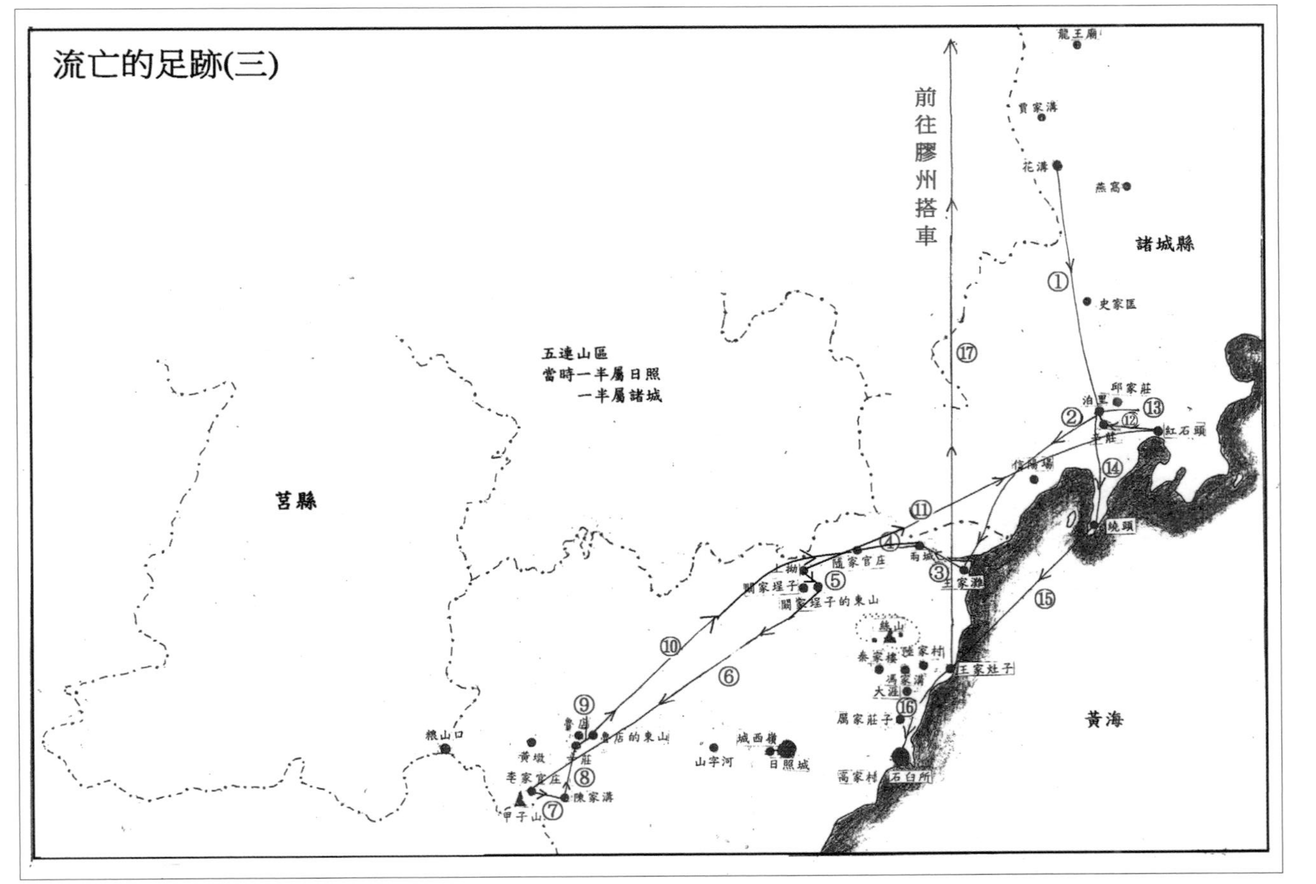
流亡的足跡(三)
前往膠州搭車
龍王廟
貫家溝
花溝
燕窩
諸城縣
史家匡
五蓮山區
當時一半屬日照
一半屬諸城
莒縣
邱家莊
泊里
紅石頭
信陽場
嵐頭
王家灘
王家灶子
隨家官庄
關家埕子
關家埕子的東山
奎山
秦家樓
隨家村
馮家溝
大涯
厲家莊子
黃海
石臼所
高家村
城西樓
日照城
山字河
魯店
魯店的東山
黃墩
李家官庄
陳家溝
甲子山
糧山口

圖1 流亡的足跡（三）

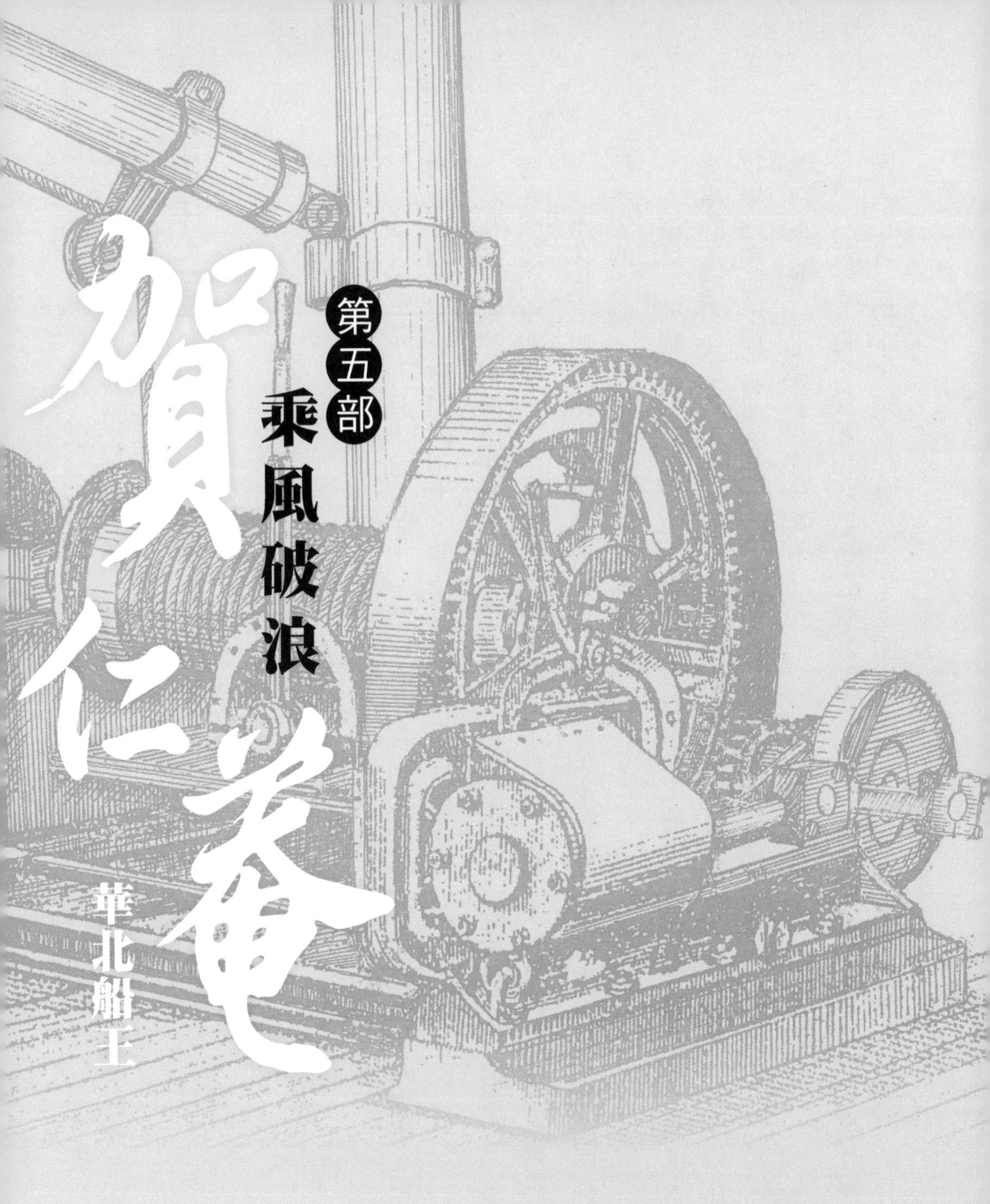

第五部　乘風破浪

賀仁菴

華北船王

第十三章　返鄉 復航

返鄉

一九四五年九月十日上午十一時左右，我和父親爬上了開往徐州的火車，正確的說，應該是火車廂的頂上，開始了返鄉的旅程。

我們從兩節車廂之間的攀爬梯爬上去，將兩個行李捲縱放著，相距大約二尺，跨在凸起的車廂頂上，這樣坐在中間相對安全許多。我們沒有買票，也沒人賣票。

不久後，車廂頂上又來了很多人，有人要求坐在我們的行李上，因為裡面都是秋冬天的衣物，不怕壓壞，所以讓他坐。

這是一列載貨用的黑皮車，車廂裡沒有座位，但是裡面早已經席地坐滿了人，火車的速度不快，若干小站都不停，站上也沒人等車，從商丘開出來，中間只在馬牧集站和碭山站各停了約十來分鐘，大約在晚上七點鐘到達了徐州。雖然是慢了點，但一路上也還算是平安順利。

八月十八日，父親和我還留在皖北的亳州，在此一周之前就有傳聞，說什麼美國人在日本投下了兩枚炸彈，夷平了兩座城市，我心想這可能是謠言，哪可能有那麼大的炸彈？那得用多大的飛機才能載的動？

現在日本真的投降了，一枚炸彈炸毀一座城市是真的，不是謠言。

此時國軍從阜陽開來，進入亳州城，我們歡欣若狂，就想馬上先回商丘，打點好再回青島。

可是從亳州到商丘的沿路，日本人原先設的幾個警戒點都已撤除，前幾天還有搶劫的事情發生，所以父親帶我先渡過渦河，在北岸的一家客棧焦急的等著，打算等到人多些時再一起動身。

過了兩天，國軍部隊開拔去商丘，父親馬上雇了兩輛三輪車跟在後面，八月二十一日，我們回到了商丘的「運通糧行」。

商丘火車站座落在朱集鎮，距離商丘城有十五華里，運通糧行距離車站約有二百碼，我每天一大早就跑去車站看看有沒有車去徐州，沒敢指望能直達連雲港，已經數月無車通行，鐵軌都已生鏽，整條隴海鐵路是否還有能動的火車頭？連車站的人都不知道，只聽說在加緊搶修中。

打從一九四四年的夏季，這裡就開始空襲，這回是換成了國軍的飛機來炸日本人，炸了發電廠，沒炸車站，也不炸市區，只掃射火車頭，日本人為了保護火車頭，在每個車站停火車頭的地方，左右各建了一堵厚磚牆，比火車頭高出一公尺，火車到站恰好停在那裡。其實這樣做並沒有效果，因為飛機的穿甲彈很厲害，可以打穿三層鋼板，磚牆有何阻擋能力？火車頭的鍋爐如果只是外面被打個洞，修補起來還容易，如果內部的鍋爐管也被打穿，就得抽換爐心，工程很浩大，而且飛機還可以順著鐵路一直打。

有一次我在西柵口路邊的一個涵管躲空襲，看見四架飛機在車站上空，先是低飛繞了兩圈，車上的人趕緊下車逃命，這時飛機才往下丟砲彈，聽到的不是碰、碰的聲音，而是一陣短促的咕嚕嚕……的響聲，火車頭立即嘶、嘶的噴出蒸氣來。

飛機飛走之後，我跑去車站看漏氣的火車頭，四散的旅客也都回來了，全都興奮的述說方才看到的「熱鬧」，至於如何繼續接下來的行程，似乎已是不重要的事了。

九月十日一早，我到商丘火車站，看到售票口擺了一塊牌子，上面寫著：「十一時有貨運列車試開徐州，不售票。」，我匆匆的跑回去向父親報告。十時不到，父親和我就等在月台上，運通糧行的伙計將我們的兩個行李捲一起送來，還帶了一個已裝滿開水的熱水瓶，又買了十來個包子，方便我們在路上吃。我們走後，運通糧行剩下的家當就歸這個伙計了。

父親在徐州的朋友李伯伯，住在大同街德化巷，附近是個公園，距離車站很遠，要跑去打聽火車班次很不方便。第二天我去打聽的時候，車站的人說：「鐵橋在前幾天被炸毀了，連橋墩都垮去一半，至少得修上一個星期」。

這段等待的期間，為了消磨時間，我經常往公園跑，要不就是跑去黃河故道，站在橋上看日本人釣魚。十多個等待遣返的日本人，很優閒的坐著那兒，偶爾說幾句我聽不懂的日語閒聊著。他們的釣竿都十分考究，還上著漆，很漂亮，釣起來的魚都不大，長度僅三、四吋，偶爾釣到五、六吋大的，拉出水面的時候，還特別用一個撈網接上來，以免弄斷了釣竿。所謂的黃河，在這裡已經很清澈，不黃了。

等了十來天之後，終於有車要開往連雲港，我和父親買了票上車，這次搭的是客運車廂，我們雖然早早就到了車站，可是就有那麼多人比我們更早到，車廂裡非常擁擠，通道上都是行李，我們找了一個空一點的地方，將行李捲立著塞下，勉強坐在上面。

火車仍然開的很慢，若干小站也停，大約下午兩點鐘，經過大車禍的現場，在砲車站和瓦窯站的中間。一九四五年四月間，有兩輛火車在這裡相撞，不是意外，據說是有人故意將兩站的行車信號錯接，一列往西行的客車擠滿了旅客和一列往東行的貨運車猛烈相撞。

坐在第十車裡的一位同鄉，死裡逃生，事後述說出事經過，猶有餘悸！火車是以平時速度進行著的，突然一陣緊急煞車，接著耳邊響起爆雷似的巨響，就轟隆隆的撞成一堆。車廂裡的旅客，一半以上都撞死了，還好他是面向後方靠著椅背坐著（那時的火車坐椅都是前、後排各坐二人，中間用一個椅背分隔著），懷中抱著無處可放的行李捲，對面坐著的人撞了過來，當場跌在地上爬不起來，行李捲救了二人的命。車廂前端高高在上，後面又被第十一車的車箱壓著，他們連跌帶爬的從殘破的車門逃了出來，火車頭噴著蒸氣，哭聲震天，地上全是血，所謂血流成河，大概就是描述這樣的情景！

現場沒有清理，事隔數月後，才在距離約百米的旁邊修築了另一條鐵路銜接，兩個火車頭都沒離開軌道，頂在一起，鍋爐像手風琴似的隆起四、五個摺環，後面的車廂套在煤水車上，第二節又套在第一節的後端，套到第五節後才爬上車廂頂，堆疊了數層。地上堆滿了人骨殘骸，一堆一堆像是墳墓一樣的「純」骨塚，可能是等待了數月之後，人肉爛光才堆起來的。

我生平第一次見到人類的骨頭，而且數量是如此之多，心裡沒有害怕，祇覺得太殘忍了！破壞鐵路信號的人，和他的上級指示者，一定也來看過他們的「成績」，不知是是高興任務的成功，看到死了這麼多無辜人的性命，內心毫不在乎？還是心中有愧？

兩輛行進中的火車相撞，力量竟是難以想像的大！我終於明白，為何自商丘開來，火車都不敢以正常速度行駛，就是怕萬一有突發事故煞車不及！

火車仍然緩慢的前行，傍晚抵達新安鎮（新沂市），停著不走，因為前面鐵橋的鋼樑被炸了一個大洞，鐵軌雖然好好的在上面，可是火車不敢走，怕有意外發生。

這時對面來了一個火車頭，推著一節平板車，上面載著鋼樑和工程人員，是來修橋的，父親叫我提著一個行李捲，他提著另一個，過橋去跟火車司機商量，我見他拿出一疊老法幣[1]，塞給司機，轉身向我一揮手，我們就爬上了煤水車，火車頭留下平板車和工程人員就開走了。坐在煤水車上，搖晃得很厲害，不像平時坐在車廂裡那樣平穩，當晚車到了新埔（海州），我們便下了車。

父親在這裡有很多熟人，但我們歸心似箭，祇去了表姑家（厲家莊二舅公的小女兒）吃晚飯，順便打聽青島的情況。兩天前自青島來了一艘小帆船，帶來的消息是：青島市被一向在嶗山打游擊的李先良接收了，石臼所則仍被八路軍佔據著。

第二天父親去連雲港雇到了那條小帆船，午餐後由東連島出海，因為風太小，只好先轉到西連島停靠，父親又帶著我上岸找朋友敘舊，我們在那兒吃了晚飯，晚餐後吹起了東南風，開航出海，沒有大浪，小船平穩的航行著。

我打橫躺在第二艙，二艙和大艙之間的隔板上就是主帆的桅，前面還有一根前桅，兩張帆都漲滿著風，雖然不是很強，可是從右後方吹來，算是順風。父親躺在

1 民國時期國民政府發行的貨幣，1935 年 11 月 4 日，國民政府頒布《財政部改革幣制令》。以中央銀行、中國銀行和交通銀行發行為發行國家信用法定貨幣，取代銀本位的銀圓。一法幣等於一銀元，1948 年 8 月被金圓券取代。

大艙裡面休息，我們的船直奔青島而去。

這種小船我們家鄉話叫作「一丈八」，就是祖父當年網魚的「下海船」，船艄兩邊各有一個圓圓的大眼睛，好像是有靈性的生物。船身最寬處只有六尺，前、後艙較窄，每隔一尺半有一支橫梁，剛好可以容納一個普通身材的人躺下，我那時不到十六歲，身材不胖，躺下來還很寬鬆。

醒來時，天已破曉，父親已經坐在甲板上，遙遙望向石臼所，並指給我看，「石臼燈塔」此時雖然已經不放光，但目標還是很明顯的立在那兒。

此時父親雖然沒說什麼，但想必心中十分感慨，歷經八年抗戰，歷經多少辛酸血淚！

小船繼續平穩的航向東北方，中午時分經過水靈山，我們吃了一些鍋盔餅，喝了一碗水，算是午餐。約莫下午四點鐘左右，小船駛進了青島小港，父親向港口的值班員警報了姓名，他叫我們就在船上等著，約莫半小時後，有一位身材高大的人，穿著黑色西裝，搖著一支舢舨的櫓，向我們駛來，我認出來他是戰前父親公司的一位孟船長。

他是來接我們上岸的，想必是港口的員警通知他來的，我們向員警道了謝，辦了登岸手續，順利登岸。

推算起來我們大約是在一九四五年九月二十六日下午五時左右登岸的，距離我

們離開青島，整整八年又一個月。（附圖：返鄉之路）

復航

二次世界大戰期間，所有華中、華北的海上運輸幾乎都已停頓，不光是飛機空襲，海上還有潛艇出沒，沒人敢待在船上，因為船的目標太大，日軍登陸青島後不久，就將長記所沉的輪船打撈出水，又將這些輪船原來紅底、黑色船身、白色艙房的船體全都漆成了灰色，顯示抗戰時期日軍確實曾使用過這些船。

戰爭末期，盟軍開始轟炸膠州灣沿岸，有三輪遭炸毀，倖存的三艘輪船上的高級船員原本都是日本人，後來戰事接近尾聲，日本投降已是早晚的事，多數日人陸續被召回國，日本商社不得已，只好雇用原本不信任的中國船員（其中有些曾是長記的船員）。這些船員害怕一但出海極有可能一去不復返，又不敢抗命，一有機會就搞破壞，伺機在潤滑機油中加入極細的金鋼沙，使機件磨損，之後再以拆解檢視為由，乘機將機件遭破壞的證據清除，再請日本人複檢。日人不知被動過手腳，判斷可能是機件老舊需要更換，但二戰末期何處可找到合用的零件來更換？無法更換零件，船隻就無法出海，不但船員保住了性命，連帶也保存了這三艘船。後來日本人將這三艘船泊在青島小港北堤邊，沒人守船，也找不到守船的人，就算找到人，也沒人出錢。至於沉在燕尾港的華順輪，早已不知去向。

一九四五年十月八日，青島市政府迅速發還了迎春、得春、承春三艘輪船。速度之所以這麼快的原因，是因為南京中央政府預派至華北和東北的接收大員全都堵在上海，鐵路早已中斷，而上海一帶的輪船在八年抗戰期間，不是遭日軍炸毀，就是遭盟軍炸沉，因此戰後幾乎已無任何輪船可供航行，甚至連招商局都沒有。當時全國可能僅剩長記這三艘還能動的船，黃浦江上雖有兩艘渡輪，但是不能航海。所以電令青島市政府加快作業，以便早日有船駛抵上海，載運軍公大員收復東北，但接收回來的三艘輪船上，凡是能拆、能偷的物件，都已遭竊一空。此時首要之務就是得將沉船前拆下來，藏在薛家島及澄瀛等地的機件和鉋床、大車床、絞車等物件找回，但經過八年抗戰，當年拆下來的零件，也已下落不明。

父親去了專門出售輪船零件的舊料商家，勉強找來了一些配得上的零件，例如：主要管路的銅質的開關（凡而），但口徑必須相符才能裝得上去，發電機找到四台，全都買了回來，多餘的留做備份，這種發電機不大，大約只能發電三ＫＷ，僅供照明用。

一切都差不多就緒了之後，還欠一樣重要的儀器─航行時用以計算所在位置的銅質「浬表」，沒有它不敢開船。因為當船出港以後，船長得攤開海圖，標出方向，用鉛筆畫一條一條線，都是直線，沒法畫成曲線，因為舵工無法知道要航行多遠？轉彎幾度？所以要轉向時，都是按照航行了多少海浬在某地轉幾度，再航行多少浬再轉幾度，用圓軌度量長度，在海圖上標示出距離，航行時得注意浬表有沒有到達該轉向的地方。開航後，浬表固定在駕駛台的右舷，拖著一條大約一百碼的編結繩，末端有一個迫擊砲彈似的螺旋槳，尾部有三片斜置的葉片，船航行時就會旋轉，再由編結繩傳至浬表。

後來終於找到一具，先給迎春輪使用，接著又託人在上海尋到兩具，可供承春、得春用。以及穩車（放在舵輪右邊指示機艙高速、慢速、前進、後退、停止等作用）、把手、傳聲筒等零件。這樣三艘船都能勉強開航了。（附圖：船上機具、浬錶、穩車及吊桿）

表面上船雖然已經修好能夠開動，但是還有很多工作得做，首先是檢查船體外殼，必須仔細敲打全部鋼板確認有無銹蝕，還得重新上漆，這些工作本來應該是要進船塢上台檢查的工作，青島小港有個海軍造船所，船塢很大，可容納萬噸的船，可是那得花一筆不小的費用，而且得付現金。但父親這兩年在商丘所賺的錢已用去不少，何況更重要的是得為三艘船準備燃料（每艘船的煤艙各需裝八十噸煤），所以沒有多餘的錢進船塢檢查。

但是檢查仍是必須做的工作，否則無法得知船體的實際狀況，如何敢把船開出去？最後只好以「土法煉鋼」方式，將三艘船輪流開上「船渠港」的沙灘上，我們稱做「泥灣兒」，在大港和小港之間，利用退潮後船體露出很多部份時，將能檢查到的部份仔細輕輕的敲打，並清除附著在船底、船殼上的藤壺、牡蠣等貝類，由於所有經過檢查過的部份都完好，因此度量底部應該也無問題，船底中間檢查不到的部分，只能留到明年經濟寬裕時再進船塢檢查了。

接著得全部重新上漆，船底浸在水裡的部分，先塗上紅丹漆（一種含鉛毒的油漆，可減少貝類附著在上面），又刮除了日本人塗上的灰色油漆，重新漆成黑色的船身，紅色船底，黃色舷線，棕色甲板以及船尾和吊杆，白色駕駛台和艙房，黑色煙囪上面畫上長記的標誌（MARK）：天藍色底，中間大紅色菱形塊，菱形塊中間有一個白色的「長」字（附圖：長記標誌）。在現在看來這個「MARK」有點土裡土氣，但在那個年代可是非常時髦的！

此時整艘船都已煥然一新，這會讓人有一種值得信賴的感覺。

由於一艘船需要有二十八位船員，三艘船就得有八十四位，因此得把之前在長記輪船行擔任船長、船員、伙伕等抗戰期間離開青島的，趕緊找回來，準備復航。

這段期間，我看著父親每天和船員們一起工作，十分辛苦，為的就是能盡速將船修復好，以便恢復業務！

自大後方到上海來的人，絕大部份都是要到東北、華北辦接收的軍公大員，原先他們計畫的路線是先到南京，再搭津浦鐵路的火車北上，但此時津浦鐵路早已被挖成數段，無法通車，那就只能改成搭船走海路了，於是又回到上海，這才發現上海並沒有任何船可搭乘，不要說輪船沒個影兒，連較大一點的帆船也沒有。這場戰爭幾乎炸光了所有中國的船。

此時聚集在上海的人越來越多，全都焦急的等著，一籌莫展，辦接收是十萬火急的事，這些接收大員心裡都很明白；若不趕快到差，就會被八路軍搶先接收去了，所以不只是在上海被堵的人著急，中央的著急也是可想而知的。

一九四五年十月二十日，迎春輪首先加水、上煤、開往了上海。一天半之後，停泊在上海外灘十六鋪的碼頭，這使得翹盼多時的人終於鬆了一大口氣。據說有人甚至已經在此地等了一個多月，現在終於有了一艘不算大的輪船開來載運旅客了。

船雖然已經開來了，但是等著搭船的人那麼多，這艘船怎麼能全都載得了呢？迎春輪登記三百九十四噸，實際載重為六百噸，配有二艘救生艇、二艘救生筏和一百五十件救生衣，額訂載客人數頭等鋪位八人、二等鋪十二人、統艙為一百三十人，合計共一百五十人，戰前最多曾經載過二百人。

代理行是位於上海十六鋪，楓徑路上的「慎茂行」，老闆姓邵，打自民國前就開始代理祖父「福春行」的帆船業務。

十月二十日迎春輪自青島開航往上海時，開始預售兩天後的船票，但事先聲明「不保證能如期抵達」。畢竟才將船接收回來，勉強修好，會不會有意外事故誰也不敢保證。

據邵老闆後來向父親報告，剛開始賣票那天，有數百人圍在代理行的前面，將不大的楓徑路擠得水洩不通。由於船票比額訂增加了五十名乘客，但也只有二百個名額，排在前面的人先買到了票，沒買到票的人難免十分失望，當然知道兩三天後還有一艘船會來，但是要搭船的人也會一天天地增多，僧多粥少還可以每人分個半碗，大家都少喝一點將就一下，但船位能分成一半嗎？

當然也能，大家在八年抗戰期間都有過擠火車的經驗，坐船當然也能，除非船實在太小，否則大家擠一擠，不能躺下來，用坐著的也可以，只要不是站著都行。

所以當迎春輪抵達上海下客之後，二百名已經買到票的旅客先上了船，碼頭上的人一看：「這怎麼行？船上還有那麼多空位，為何不賣票讓我們上船？」爭執後的結果是：「再增加一百人！」，這是迎春輪船長呂明奎和代理行邵老闆討論後決定的。

這次改用抽籤的方式，如果有二人以上同行，可以一起買票，抽到籤而沒買到票的人，下班船可以優先買票，他們也都一致表示：「擠一點沒關係，沒有救生衣也無所謂！」，先前已經上了船的旅客也同意大家擠一擠，都是急著去華北和東北地區辦接收的公務人員，互相體諒，同舟共濟，共體時艱吧！

此時船上共擠上了三百名旅客，比額定的人數多出一倍，但岸上還是有人不肯罷休，理直氣壯的指出客艙的屋頂上，以及駕駛台的頂上，還沒有人上去坐，好說歹說要求通融讓他們上去坐，最後又上去了三十人。這三十位如果遇到下雨天，水手可沒法子幫他們張上帆布篷遮雨，但是他們說：「沒關係，我們碰運氣！」

迎春輪有二層甲板，連底艙算起來共是三層，開船之後，水手將甲板張上帆布篷，有一半以上的人無法躺下休息（原本統艙的旅客是可以躺下休息的）多數人都是用坐著的，真是名符其實的「坐船」，黑壓壓的一片人頭，和難民船沒什麼分別。船上有二名茶役供應茶水，忙不過來是可想而知的，所以後來的航次又多加了二名茶役輪流送茶水。

最後硬擠上的三十位，幕天席地的反而可以躺下來睡覺，除了上廁所不方便，得爬上爬下之外，還算是滿愜意的。船到青島後，船長得向父親報告何以超載這麼多人，事實上實在是出於無奈，而且由於是純載客，沒有載貨，重量相對較輕，安全上應該還是沒有問題的。

五天之後，得春輪也到了上海，比照迎春輪的方式抽籤買票，一樣載客三百人，兩輪是同型的船，得春略小三噸。八十噸的煤艙只裝了四十噸的煤，少了一半的重量，船速可以快一些。上海去天津，中間掛口青島，由於部分人只到青島，而青島又有人去東北，所以得在青島靠岸，然後再航行到營口、天津。往返都在青島上煤，沒有耽擱太多時間。

我曾在報紙上看過一篇投稿，述說抗戰勝利以後，幾位買不到船票的旅客，在上海等了個把月後還是買不到票，甚至連黃牛票都買不到，只好大家合起來雇了一艘帆船航向青島。但是並非所有的船老大都熟諳航路，這條航線一向都是輪船和大帆船在航行，小帆船根本跑不了，這位船老大以為只要沿海岸線四、五浬之外，往東北方向走就沒錯。結果帆船在「五条沙」（距離燕尾港南約三十海浬）擱淺，等到漲潮才脫困，幸而是沙灘，船沒破損，倘若遇到的是礁石，後果將不堪設想！

承春輪則是開航至連雲港，此船是三艘中最小的一艘，原本是貨輪，因此航速只有八浬，（迎春、得春都是十二浬），當時有個規定，純貨輪是不得載客的，偶爾載個四～五位客人是可以的。戰後因為全國都沒有船，因此承春輪為了自連雲港載客至青島，特別將後艙改裝成客艙，合法成為客、貨兩用輪，可售統艙票，讓原本載貨的地方也可以載客。

由於三艘船的船員人數是一樣多，但連雲港的旅客並沒有上海那麼多，只能二天一航次定期跑，青島至連雲港航程一百零七海浬，約十二至十三小時可抵達，每航次大約一百多名旅客，三艘船的船員薪水都一樣，但迎春、得春的船員後來想到一個賺外快的法子—「賣臥鋪」，可增加額外的收入。

由青島至上海，一個臥鋪可賣一兩黃金，青島到營口或天津也是一兩，上海到天津或營口則賣二兩，回程也一樣，全體船員大家輪流睡，留一些鋪位整理乾淨，賣給出得起價錢的旅客。

由於每艘船都有一個堆放雜物的「司朵間」（Store），裡面堆放了帆布篷、救生衣等物品，開船之後將帆布篷張掛在甲板上方，救生衣發給乘客，此時空出來的司朵間上、下兩層可睡八人，還有船上餐廳的大檯也可睡二人，兩邊軟墊的椅子上也可以各睡二人，駕駛台再放兩張躺椅供大副或備班的舵工輪流睡，甚至廚房還有三尺寬的空間，若是臥舖生意太好，船員們便二人對向同睡一個鋪位，但得把腳洗乾淨，因為一人的腳放在另一人的枕頭邊上。

自十月二十日開航以後，迎春自上海到天津，每月可航行三個往返航次，每次大約可以賣出22個左右的舖位，大副以下的員工每人每月都能分到大約四兩黃金。承春輪的船員眼見迎春輪、得春輪的人挖到金礦，而他們卻只能靠領死薪水（其實當時這份薪水不知已經羨煞多少人了），一有機會就「捎小伙」（走私）。

那時蘇北一帶的煤油比青島貴了一倍，於是他們就走私煤油，一次購買數十桶藏在煤炭中。一九四八年六月，某天下午，準備開船時，煤艙中突然有煤油外洩，冒起濃煙，接著馬上燒了起來，消防車立即來噴水。火勢撲滅後檢查僅有煤艙燒壞，未波及船艙，貨物人員均無損傷，已算是不幸中的大幸！倘若航行在海上，後果將十分嚴重。

燒壞了的煤艙更換四壁就好了，但父親盤算了一下，連雲港的旅客越來越少，已經朝不保夕，即便將船修好了恐怕也是來日無多，而該輪航速慢，無法與其他船隻競爭，所以乾脆停航不再修復。是何人放置的煤油，當然無人承認，其實大家都有份，最後只好將此輪全部船員都去職。

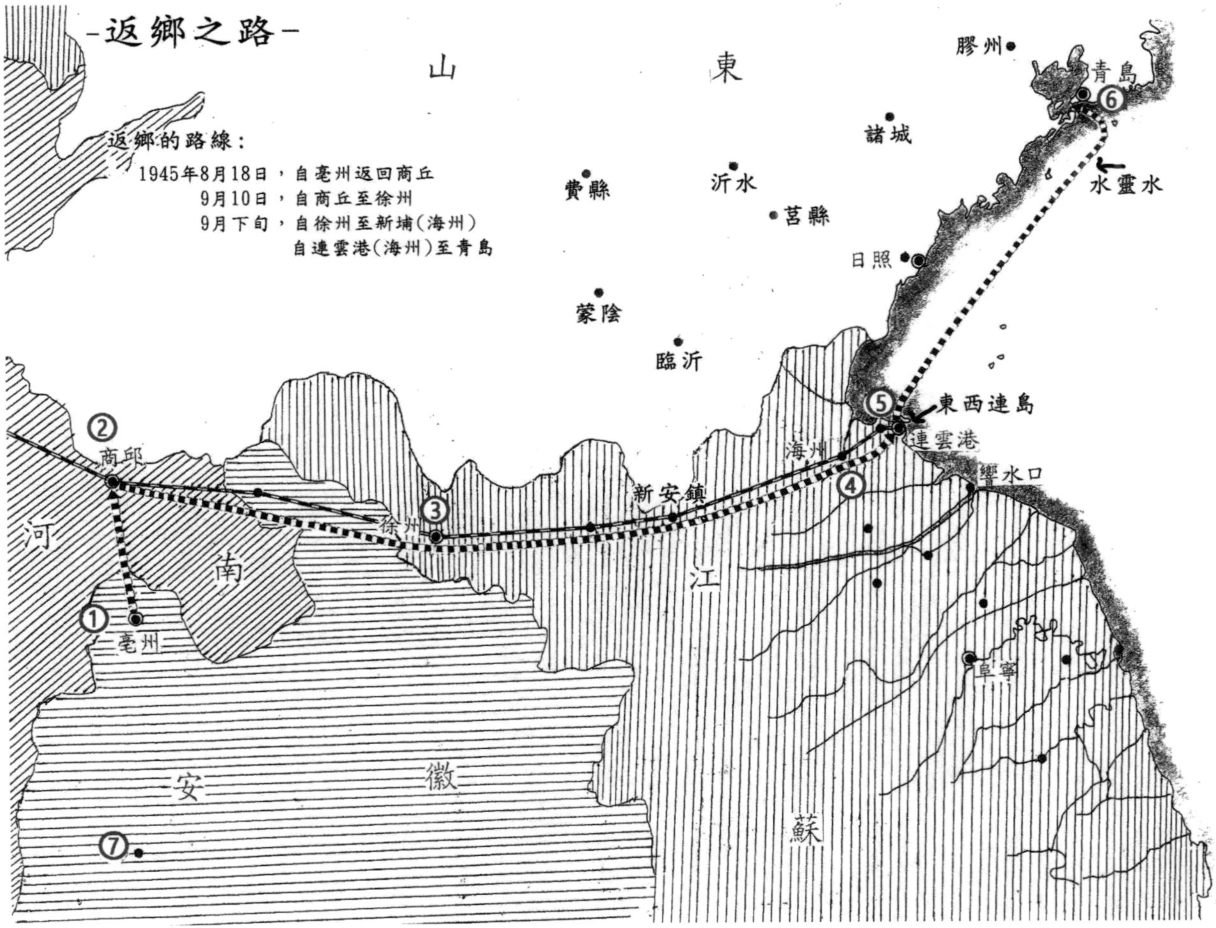

-返鄉之路-

返鄉的路線：

1945年8月18日，自亳州返回商丘
9月10日，自商丘至徐州
9月下旬，自徐州至新埔(海州)
自連雲港(海州)至青島

山
東
膠州
青島
⑥
諸城
水靈水
費縣
沂水
莒縣
日照
蒙陰
臨沂
⑤
東西連島
黃海
②
商邱
③
徐州
新安鎮
海州
④
連雲港
響水口
河
南
①
亳州
江
阜寧
安
徽
⑦
蘇

圖 1　返鄉之路

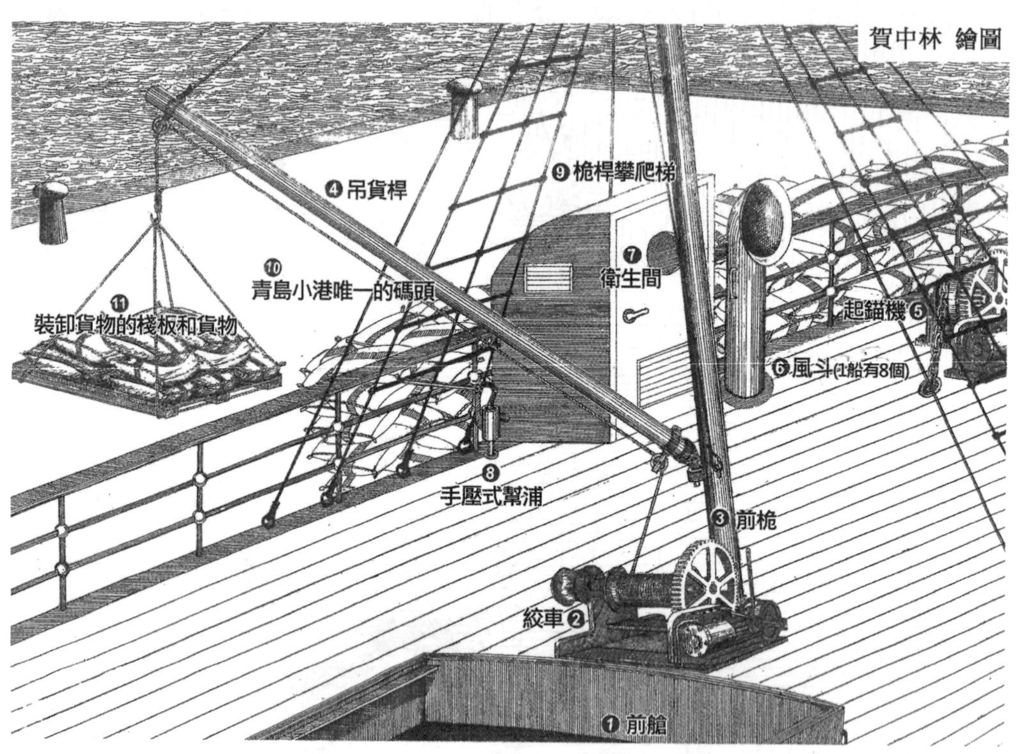
賀中林 繪圖
❹吊貨桿
❾桅桿攀爬梯
❿
青島小港唯一的碼頭
⓫
裝卸貨物的棧板和貨物
❼
衛生間
起錨機❺
❻風斗(1船有8個)
❽
手壓式幫浦
❸前桅
絞車❷
❶前艙

圖 2　船上機具

圖 3 穩車和吊桿

浬錶

賀中林 繪圖

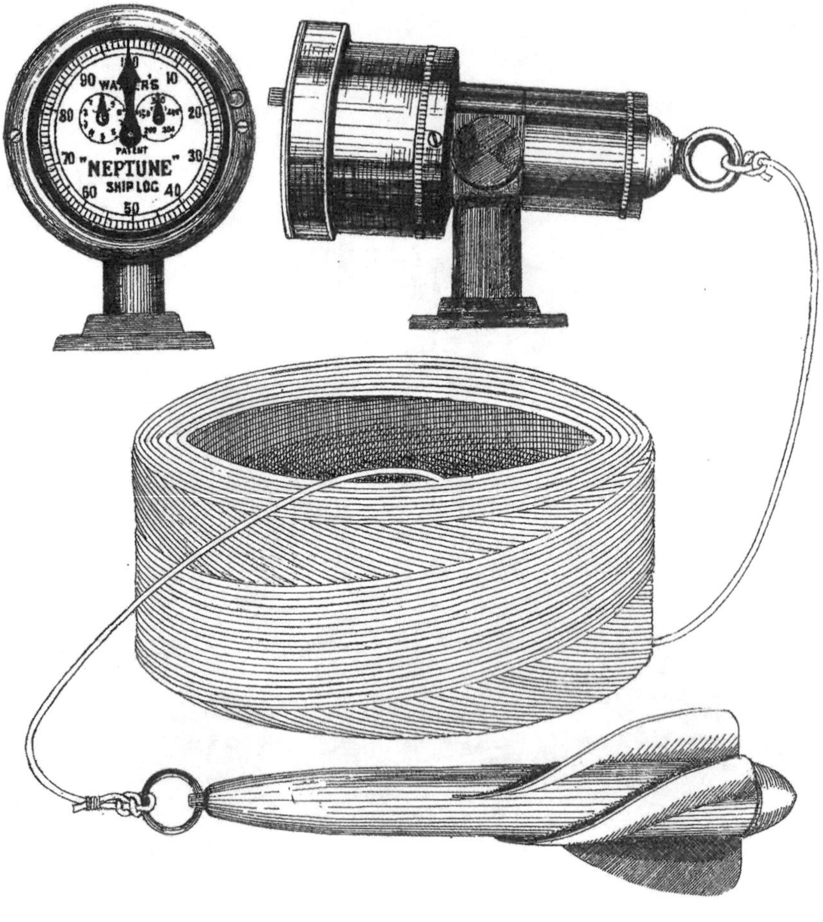

浬錶正、側面和拖行的螺旋槳

圖 4　浬錶

圖 5　長記 logo

第十四章　長記輪船東山再起

一九四五年九月下旬，我和父親返回青島後，迅速接收了青島市政府發還的三艘輪船，緊急添購零件修復，又經「片灘」檢查船體完好後，就仍以長記輪船行的名義重新開始營業。

自一九四五年十月十二日，長記輪船復航開始，至一九四九年國府自大陸撤退為止，這三年多，是長記輪船第二次發展期，輪船噸位和公司規模甚至遠較戰前更大。

勝利初期，國輪極為稀缺，連總部設在上海的國營「招商局」都沒有輪船。一九四六年初，招商局讓駐青島辦事處的經理方重前來找父親，要求父親將長記的輪船租給招商局使用，父親堅持不肯，雙方不歡而散。

後來招商局的業務全由上海主導，方重在青島無事可為，被父親延攬至長記擔任經理。

此一時期的輪船運輸可說是獨門生意，雖不時仍需接應軍運或公差，但自行營運時，擁擠的客群和堆積如山的貨物似乎永遠載運不完。重新營運四個月後，結算盈餘已達國幣二十餘萬元。

同一時期，青島市政府公開標售原日偽產業的「黃海水產公司」，父親友人鄭旭東拉父親合夥標得。該公司位於青島小港的莘縣路底海軍造船所隔壁，擁有雙拖漁船十六艘，可出海捕魚，最遠跑到長江口一帶捕撈野生大黃花魚，捕來的漁獲批售給當地漁獲批發商，父親擔任董事，業務交由鄭旭東負責。

父親此時也將長記輪船行遷至冠縣路一〇七號新址（附圖：冠縣路107號照片），這處房子也是戰後向敵偽產業處理局買來的，是一棟三層樓，後面還有個很大的倉庫，面積約有八百坪。從上海路的鐵道邊起至冠縣路號一百一十一號，全屬長記公司所有。

同時又收回了戰前長記位於青島小港沿的長記輪船行煤場、機械修理廠和長安路長記里23—25號的二層樓房共五十四間，此外又在凌縣路之丁增設了員工宿舍。

除青島外，父親也重新陸續在營口、天津、煙台、上海、福州、廈門和台灣設立長記分公司及倉庫、煤廠。

天津除分公司、倉庫、煤廠外，還在天津河塘沽和大沽口河海交界處，開闢了一座長記專用碼頭。冬季天津河河水會結冰，但此處結冰較薄，且有鐵路可直通北京，交通更為便捷。戰前在河南商丘運通糧行協助父親處理業務的賀鶴林，此時也被任命為天津分公司的經理（附圖：三十五年民言報迎春輪開航天津通知）；此外，營口也設有碼頭，投資甚鉅。

河水結冰對輪船航行來說，是非常危險的事，一九四七年冬末，就曾發生了一件令人難以忘懷的事。

那晚恰好是陰曆的除夕夜，突然來了個大寒流，迎春輪在天津河被冰圍困。冰膨脹時會把船擠破而導致沉船，此時船上大約載了三百名旅客，倘若船沉了，後果難以想像！

於是船長立刻打了個緊急電報向父親求救。但因天津港務局破冰船的船長、船員都已回家過年，派不出人手來開破冰船。父親苦思變通辦法，後來指示船長將兩邊的船錨急速放下，擊裂前方的結冰層，再將船錨收起，再急速放下。如此連續撞擊多次後，終於擊破船艏前面一米左右的冰層，船往前移動了一小段距離，然後再以此方式反覆撞擊、前行，大約三個多小時之後，迎春輪終於在天津河內迴轉，航行至大沽口，此處為海、河交接處，海水的冰較薄，不會將船凍住。

天亮後，天津港務局終於派了破冰船前來領航，讓迎春輪航行至天津河的碼頭下客，為了避免船隻再被凍住，船長又將船立即開回大沽口泊錨。那個除夕夜，父親和我一夜未眠，直到大年初一的清晨。

由於父親在一九四六年初已被推選為青島航運公會理事長，當時國民政府有一項政策，就是輪船航業公會中可以分配到一個立法委員的名額，因此又有人欲推舉父親兼任立法委員。

此時父親既是青島地區航運界領袖，被推舉參政也是很自然的事，但父親並無意從政，父親的蒙兄安鵬東又曾因曹錕事件離開政壇，對政壇之黑暗和醜聞十分了解。聽聞此事後，極力勸阻父親：「三弟啊！你生意做得好好的，何必去淌這個渾水，跟這些人攪和在一起？」

某日清晨，即墨幫的張曉古帶了隨從上門，父親在玄關迎接他，我站在父親身後，張曉古一進我家大門，看到父親就跪了下來，央求父親將立委的名額讓給他，否則長跪不起，父親只好應允。後來張曉古果然順利當上了立法委員。

由於戰後長記僅收回三艘戰前的輪船，因此父親此時也開始積極物色新船投入營運，以承攬更多的客、貨運輸。

一九四六年二月間，有人向父親說美國人正在處理戰後剩餘物資，打算出售一艘泊在青島港的小型供油船。帶父親去看了船，也出示了船的結構圖，父親認為改裝成載客船應該不困難。接著負責輪船出售業務的人也來了，名叫「伯朗奈特」，又帶父親到船上再看了一次，

這是一艘戰時美軍的供油船，約有八百噸，航速十六浬，雖然改裝油輪成為客、貨輪略微費工，但大致上仍符合長記所需用的輪船條件。於是父親先付了二萬美元訂金，拿了船圖和收據，雙方言明交船時再付清餘款十萬美金。不料伯朗奈特卻拖

著不交船，後來乾脆直接避不見面。

父親和青島中國銀行行長郭興周先生討論此事，研判這個傢伙根本就是打算騙一票後走人。

「青島中國銀行」是山東省歷史最悠久的銀行，長記輪船行自戰前即開始和青島中國銀行有業務往來，戰後改組為長記輪船公司後，所有購買輪船也都由中國銀行經手匯款業務。

由於郭興周正好住在我家對面，因此經常在下班後，到家中或公司找父親聊天，兩人交情也是匪淺。

後經郭興周建議，父親乃親赴上海，向「美軍戰後剩餘物資處理單位」追討該船下落。

由於父親當時也是中華民國全國輪船聯合會的理事之一，時任「中華民國輪船同業公會全國聯合會」理事長的杜月笙得知父親抵滬後，馬上在上海國際飯店的豐澤樓設宴，為父親接風洗塵，並幫父親請了一位熟諳此類事務且會說英語的律師，協助父親處理此事。

父親向美軍提出該艘船的結構圖及二萬美元的簽收單據，經美軍人員詳細調查了經過，發現原來伯朗奈特即將退役回國，打算趁此機會騙一票錢後一走了之。

此時美軍告訴父親有一艘泊在黃浦江上的小型運兵艦（登陸艇），這艘船是由菲律賓載運美軍部隊到上海的，船價只要原來那艘船的一半多，問父親是否有興趣。於是父親登上該船檢視，認為這艘船更適合。因為是登陸艇，吃水淺，又是專門載運人員的，幾乎不必改裝，只需拆除砲位，並在駕駛台後方增設船長和大副的臥室，即可使用。因此父親決定改買這艘價格較低，但更為合適的船。

父親再付了四萬五千美金，立即接船，並從青島招了一批會開柴油引擎的船員，將船開回青島，投入運輸行列。

父親將這艘船命名為「元」春輪，是取自易經乾卦「元、亨、利、貞」[2]中的第一個字。這艘船載重約五百噸，航速16浬，自上海航行至青島所需時間為25小時，可載運全副武裝士兵四百名，正好符合長記的需要，做為載客船很合適。

這艘船的動力來源是燒柴油，柴油與汽油不同，不會蒸發油氣，因此即使在密閉的船艙中也是安全的。

誤打誤撞買到了一艘非常合意的船，回到青島後，父親又拍電報給上海的朋友，

2 出自《周易．乾》，是乾卦的四種基本性質，代表了為人處事中的仁、禮、義、智。也是《易經》中的四德，象徵著一年的春夏秋冬。元：春天萬物的初始、亨：夏天萬物的成長、利：秋天萬物的豐收、貞：冬天萬物的收藏。

詢問美軍還有沒有同型的船。得到的答覆是：同型的船大約還有十艘，上海沒有了，都泊在菲律賓。

於是父親一邊派人去菲律賓接洽，同時也在其他地方尋找適合的船。

一九四六年四月，父親又向加拿大的一家輪船公司買了一艘載貨噸位4800噸的輪船。這是一艘英國製造的客、貨兩用輪，但登記噸位只有2800噸[3]。售價為八萬五千英鎊。三聯式的往復蒸汽機，航速8浬，和一般貨船的速度差不多。

這是勝利之後買的第二艘船，按易經卦辭的第二個字命名為「亨」春輪（圖：亨春輪）。為了購買亨春輪，父親特別聘任了兩位英文秘書，以便和國外的輪船公司交涉，一位是郭興周的兒子，另一位是張蔇先生。

亨春輪有四個貨艙，艙口特別大，很適合載運木材，因此除載客外，也由台灣載運檜木至福州，或是由福州載運福杉到台灣、上海、青島、天津等地。

台灣檜木紋理極細且沒有結疤，適合製作高級家具，據我所知，當時整個台灣只有亨春輪載運檜木。而福杉材質極優，密度緊實、防水性強，適合建造房屋、橋梁和船舶。為了載運木材，父親還在福州開設了「長記鋸木廠」，請了一位福州當

3 依國際輪船噸位計算方式，所有輪船的實際載重噸位較登記噸位大約都少了四成以上。

地人陳竹生擔任經理，長記鋸木廠主要的營業項目是把台灣的檜木和福州的福杉原木材鋸成買主指定的尺寸，再運至上海、青島和天津。

此時，菲律賓美軍也回了消息：所有美軍的登陸艇都已送給當地各島嶼當做交通船了，現在還有一艘550噸的護航艇(PGM)，售價六萬五千美元，有沒有興趣？

這艘船的航速最高可達30浬，一般巡航速度是24浬，經濟速度18浬時最省油。30海浬的航速，是當時全國航速最快的一艘輪船，就算是以每小時18海浬航行，還是很快，船票價格自然可以提高一些，因此父親立刻決定購買。

一九四六年六月，一群菲律賓人，將這艘船開到了青島大港交船，這是長記在戰後買的第三艘船，按卦序命名為「利」春輪。（附圖：利春輪）

改裝利春輪成為載客船頗費了一些工夫，首先得拆除船上的砲台和機關槍的防護牆，這種防護牆都是三分厚的鋼板，碾平後可以焊在甲板上作為客艙外面的牆壁，戰後買不到鋼板，有材料可用就將就用。客艙的內部用木板材料搭配，再在船的中間段設置艙房，前段保留了十分之三的甲板，後段也保留十分之二的甲板，都焊上張掛帆布篷的鐵架，費時大約三個月才大致就緒。此外，還在駕駛台的後面裝上一個假煙囪，其實船的排煙孔是在船的兩側，假煙囪並不會排煙。所用的材料是拆了九個五十三加侖的油桶，將兩端切除，桶身切開，再以榔頭敲平，我曾建議用一個鍍鋅的鐵皮作一個外殼，油漆後再套上去，看起來就會很平。賀壽千說我外行：「鍍鋅鐵皮黏不住油漆，太陽曬久了就會一片一片的剝落。」，又說：「要漂亮也行，用補土補上一層，打磨平了，再上漆就好看了，可是那得費上好幾天的工夫，一天一趟船的收入是多少錢哪！」，父親沒意見，我那時只有16歲多，賀壽千當然不會聽我的建議。

其實原來的假煙囪不必拆除，你儘管跑你的船，只要另外做一個鍍鋅鐵皮的假煙囪，等船開回來時再套上去，費不了半個時辰的，哪會延誤船期？而且只要在鍍鋅皮上用粗砂紙打磨一遍，就會產生許多磨痕，任何油漆都可以附著在上面，絕對不會剝落，一艘流線型的船身裝著這麼一個凹凸不平的煙囪實在很不美觀。

假煙囪的目的主要是要畫上長記的標誌「痲固」（MARK），這是日本式的洋涇邦英語加上日照土話的口音，聽起來有一種很特別的趣味，

有一次我隨船回上海，船進了黃浦江，前面突然有艘木船貿然橫過，幾乎要撞上，船長緊急搖了車鐘[4]（附圖：船長室內部陳列圖），同時對著傳聲筒大喊「斯來、斯來！」此時車鐘上顯示的速度是Slow。指示方位時也是如此，船員稱北方為惱思（North），東北方是惱意思（North east），東南方是騷意思（South east），當時有船員就編了個順口溜：「惱意思、騷意思、淒裡呱搭意思（Three quarter

4 駕駛台向機艙工作人員指示速度前進或後退的溝通裝置，通常裝在舵輪的右方。

east）。」；又比如船要從青島開到上海，出港後過了薛家島就得往「淒裡呱達騷意思」（四分之三的東南方），至大公島再轉向「灣呱搭騷意思」（四分之一東南）。一般不懂日照土話的人聽了這些對話，恐怕永遠搞不清楚到底是在說什麼？

獲頒沉船證明

民國三十五（一九四六）年七月，父親獲已轉調至浙江省擔任省主席的沈鴻烈先生頒發抗日沉船證明書，內容如下：（附圖：沈船證明）

查青島長記輪船行原有迎春得春承春長春同春江春華順等輪船七艘航行沿海各口岸裝運客貨民國二十六年七七事變後該行遵照青島市政府通令停航並放水沉沒以封鎖所各港口而免資敵自青島市政府遵中央電令撤離市區後該行總經理賀仁菴深明大義即隨同市府及山東省政府參加抗戰工作而該行所沉輪船則經敵軍打撈出水，將全部財產沒收至抗戰勝利時長春同春江春華順等四輪已被敵軍破壞無存迎春得春承春等三輪亦被損壞甚鉅僅剩空船經青島市主管機關將三輪查明發還交賀仁菴具領改組為青島長記輪船股份有限公司加緊搶修擔任華北復原運輸以利交通除各輪大小噸位在抗戰前業由交通部登記有案外所有上述情形均係確實特予證明

前青島市長
前山東省政府主席
浙江省政府主席　沈鴻烈

中華民國三十五年七月

發行股票

一九四六年七月，距離抗戰勝利不到一年，長記已有六艘輪船同時在營運，業務欣欣向榮，於是父親委託了會計師劉東渤，準備將「長記輪船行」改組為「長記輪船股份有限公司」，並研擬發行股票等事宜，目的是可將公司營利多分一些給船員做為每年額外的分紅。

一九四六年十二月二十三日，「長記輪船行」正式更名為「長記輪船股份有限公司」，並發行股票（附圖：長記股票），資本額為國幣四十八億元，發行股數為四萬八千股。父親擔任董事長，賀壽千、江立南為董事。

資本額中的四十二億是父親、家人及若干親友戶名持有，幾位當年長記行初創時的老夥友，由於年歲已長，因此父親也撥出股本中的六億元，分別贈送每人一些股票給他們。如此一來，除了每個月固定薪資和年終分紅外，每年他們還可以多領到一份「股利」。

股票在一九四七年七月十九發行登記，至一九四八年二月時又增資三億八千二百萬元，因此公司股本合計為國幣五十一億八千二百萬元，其中父親和家族持股合計四十五億零九百萬元，佔了百分之八十七（附圖：長記持股一覽表）。

不誇張的說，此時，父親已成為青島首富。

其他分得持股較多的是賀壽千，其次是費益堂、賀子章、江立南和戴獻堂，可是戴獻堂一直沒來領取，也沒回長記擔任個什麼職務，或許戰後沒有回來青島。父親也撥了一千五百二十八股給二叔一家，並以祖父的另外一個號子「尚慎堂」的名義登記，同時也給了協助規畫公司登記發行股票等事宜的會計師劉渤東，以及若干股票給曾經幫助過他的人，如沈鴻烈的秘書徐冠羣，中國銀行行長郭興周以及戰前長記阜寧分行的經理楊溯吾等等。

長記上海分行的經裡是我的同宗堂兄賀茂林，還有一位會計，一位出納兼外務，長記所有輪船到了上海靠岸時，所有攬貨、售票、報關以及繳交各種規費和交給「青幫」的保護費等等都由慎茂行負責處理，然後慎茂行再向長記收取代辦費，只有在遇到無法處理的問題時才向長記的經理請示，所以賀茂林只需決定大事，無需處理雜事。長記的各地分公司中，祇有青島、天津和福州分公司所有業務和報關等雜事都由長記的職員自行辦理，因此還曾經出過婁子，由於天津分公司的經理是得春輪船長賀淑文的兒子賀鶴林，因此父子二人曾經以多報少，讓青島公司的人查覺貨物噸位不符，向父親報告，隨後二人即遭去職。

長記改組為公司後不久，賀壽千可能覺得他是個位高權重的董事，漸漸囂張跋扈了起來，並且和會計主任裴靜菴以及費益堂結拜成了把兄弟。又拉來了一位他的盟兄弟方榮華拜父親為義父，接著在上海外灘十六鋪成立了一家「壽華航業有限公司」，將長記原來上海代理行「慎茂行」的業務，全都改由「壽華」代理。這個做法其實也沒有什麼大問題，反正長記在上海的業務本來就需要一家代理行來處理，直到賀壽千做了一件明目張膽的事，父親終於忍無可忍了。

一九四八年三月中的某一天，中國銀行行長郭興周先生突然打電話給父親，問父親為何要更換公司印鑑？父親大吃一驚，隨即把相關人叫來詢問，會計主任裴靜菴和賀壽千還試圖遮掩，但是一位新來的會計將他們的企圖全抖露出來。原來他們打算藉著換掉印鑑，把許多可以避免董事長監督的事項改由他們私下處理，把慎茂行代理的業務轉給壽華做，也是為了可將船票以多報少。

父親立刻將賀壽千、裴靜菴、費益堂三人免了職務，並派人在碼頭上計數上下船的旅客人數，果然剛抵達的元春輪旅客人數少報了二十位，於是父親又將長記上海的業務交還給慎茂行負責。

獲頒獎章

一九四八年五月，時任中華民國交通部長俞大維先生，對抗日有功的父親頒發了「交通部人字第 109 號獎章及及獎章證明」（附圖：獎章、獎章證明、頒獎典禮合照）

內容為：

查青島長記輪船公司總經理賀仁菴在抗戰期間從事航業功蹟昭著合依本部獎章獎狀規則給予 壹 等貳級獎章以示鼓勵 此照

右給賀仁菴收執

部長 俞大維

中 華 民 國 卅 七 年 五 月 日

這是一份沉重的獎勵，也是父親為之付出所有身家財產所獲得僅有的回報，其中的辛酸血淚，實非言語所能形容。

一九四八年十月七、八、九三日，中華民國輪船商業同業公會，在上海市商會大廳召開「全國聯合會第二屆會員大會」，與會人士共有全國各地三十三個輪船公會代表，及交通部代表黃慕宗參加。大會主席團有全國輪船公會理事長杜月笙、董浩雲等知名人士，青島公會代表為賀仁菴及長記公司經理方重，方重先生在此會議中發言如下：

「青島長記輪船公司所屬長春同春江春華順等四輪，在抗戰初期，沉塞港口，擬請轉呈交通部提前賠償，以恤商艱案。

該公司所屬長春等四輪，在抗戰時期沉塞港口請求賠償一案經層奉交通部三十六年三月十五日部航字第一五四八號指令：准予彙案核辦。又層奉交通部三十七年二月二日部航字第七九三號指令：業經列入第二批賠償案彙辦。應俟各處徵用船舶證件繳齊，彙呈行政院核示各在案

查上海前損失之商輪，係屬多數公司所共有，經列入第一批，已由政府賠償，成立復興輪船公司，而青島應賠償之商輪，僅長春等四輪，且係屬長記公司所獨有，核與上海情形不同，亦與他處無關，似應以專案辦理，單獨賠償徵用損失，暨與上海同一時期，自應秉公賠償，勿令長記過期落後。

擬請轉呈交通部准予專案核賠，提前撥償相當噸位之商輪，或代價之外匯，交由該公司自購輪船，俾可擴充海運，以恤商艱。」

但這段發言，除了列在此次會議紀錄上外，始終未得到政府任何實質上的回應。

（附圖：會議紀錄）

一九四八下半年，國共內戰日趨激烈，但誰也沒有料到，國府即將在半年多後

失守大陸。因此父親此時仍然繼續物色新船，國際間若干輪船公司想汰舊換新的，都會將打算出售的輪船結構圖寄給父親參考，此時父親又選中了一艘英國輪船，船齡約八年，載重三千噸，售價十二萬美金，並打算將此船命名為「貞」春輪，取易經乾卦的最後一個字。

父親也將買船的頭期款三萬美金存入了中國銀行，又特別做了一套英式西裝，正準備到英國接船時，大陸情勢急轉直下，時局混亂，中國銀行行長郭興周也突然失聯，此後該船下落不明。

冠縣路107號

圖 1　冠縣路 107 － 111 號照片

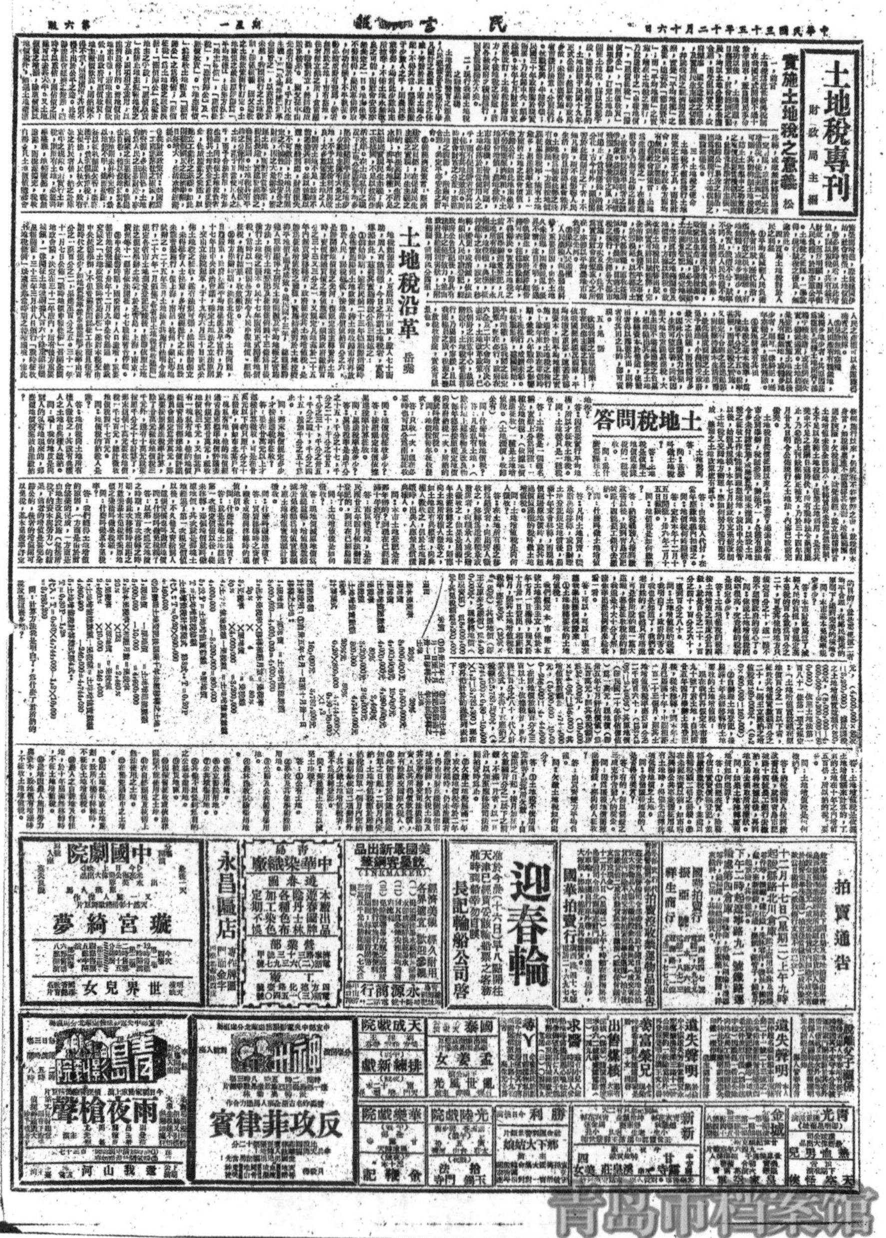

中華民國三十五年十二月十六日

民言報

土地稅專刊

財政局主編

實施土地稅之意義

土地稅沿革

土地稅問答

拍賣通告

國華拍賣行

迎春輪

准於今晨（十六日）早八點開往天津已經買妥艙位船票之客務准時到船幸勿自誤

長記輪船公司啓

中華染織廠

永昌匾店

中國劇院

世界兒女

青島影劇院

雨夜槍聲

反攻菲律賓

圖2　三十五（1946）年民言報迎春輪青島到天津開航當日通知

HUNG CHEN
亨春輪是長記輪船公司於1946年購入的一艘英國製客、貨兩用船
實際載重噸位為4800噸，動力來源為三聯式的往復蒸汽機，航速8浬

圖3　亨春輪（當時長記的所有輪船，皆為紅色船底、黑色船身、白色艙房和煙囪上的長記 Mark）

圖4　利春輪

蒸汽輪船的船長室內部簡圖
賀中林 繪圖
❼蒸汽笛的拉手
❽浬錶
❻對講機
❶船長
❸舵輪
❷大副
❺車鐘
❹羅盤
❾放置航海圖的桌子
❿量規

圖 5　船長室內部陳列圖

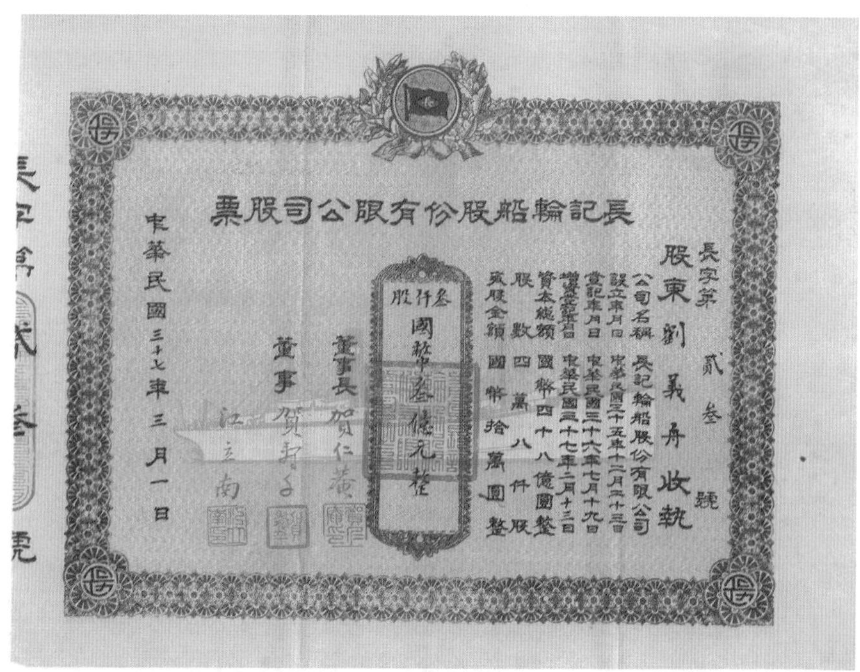

圖 6　長記股票（劉義舟為大媽的另一個名子）

青島長記輪船股份有限公司股東持股一覽表

每股國幣十萬元

股號	姓名	持股數	股款(單位萬)	備註	股號	姓名	持股數	股款(單位萬)	備註
1	賀仁菴	捌仟股	捌億元	賀仁菴及家族持股	35	郭興周	伍拾股	伍佰萬元	未領取
2	賀長林	肆仟股	肆億元		36	張雲生	貳拾伍股	貳佰伍拾萬元	未領取
3	賀澤林	肆仟股	肆億元		37	于子厚	貳拾股	貳佰萬元	
4	顧淑蘭	肆仟股	肆億元		38	張雲騰	壹拾股	壹佰萬元	未領取
5	劉仁舟	肆仟股	肆億元		39	李得勝	貳拾股	貳佰萬元	
6	賀欣林	肆仟股	肆億元		40	孔祥一	壹拾股	壹佰萬元	
7	賀滋久	貳仟股	貳億元		41	李璞一	壹拾股	壹佰萬元	未領取
8	賀潤生	壹仟玖佰股	壹億玖仟萬元		42	費益堂	貳拾股	貳佰萬元	
9	何陵舟	壹佰柒拾捌股	壹仟柒佰捌拾萬元		43	費振卿	貳佰玖拾陸股	貳仟玖佰陸拾萬元	
10	賀樂生	壹仟伍佰貳拾柒股	壹億伍仟貳佰柒拾萬元		44	費樂勤	貳佰玖拾伍股	貳仟玖佰伍拾萬元	
11	賀琴林	本件作廢過入尚慎	堂明義		45	費守詔	貳佰股	貳仟萬元	
12	賀壽千	壹仟股	壹億元	壽千之子	46	賀子章	伍佰股	伍仟萬元	
13	賀照禮	叁佰股	叁仟萬元		47	賀淑誥	貳佰伍拾玖股	貳仟伍佰玖拾萬元	
14	賀照信	叁佰股	叁仟萬元		48	賀淑讚	貳佰伍拾玖股	貳仟伍佰玖拾萬元	
15	賀照亮	叁佰股	叁仟萬元		49	徐紹華	貳佰伍拾股	貳仟伍佰萬元	增資
16	賀公林	壹佰股	叁仟萬元		50	徐文竹	貳佰伍拾股	貳仟伍佰萬元	增資
17	牟善芹	貳佰股	貳仟萬元	(壽千內戚)	51	徐文海	貳佰伍拾股	貳仟伍佰萬元	增資
18	賀椿林	壹佰叁拾陸股	壹仟叁佰陸拾萬元	(壽千)	52	徐文清	貳佰伍拾股	貳仟伍佰萬元	增資
19	闞文軒	肆佰肆拾壹股	肆仟肆佰壹拾萬元	未領取	53	賀仁菴	貳仟伍佰陸拾伍股	貳億伍仟陸佰伍拾萬元	增資
20	戴獻堂	叁佰伍拾股	叁仟零伍拾萬元	未領取	54	賀壽千	貳拾股	貳佰萬元	增資
21	劉芹生	壹仟貳佰陸拾股	壹億貳仟陸佰萬元	姑丈	55	江立南	柒拾伍股	柒佰伍拾萬元	增資
22	江立南	叁佰股	叁仟萬元		56	費益堂	捌拾股	捌佰萬元	增資
23	劉義舟	叁千股	叁億元	(大媽化名)	57	賀子章	捌拾股	捌佰萬元	增資
24	劉禮舟	貳仟零肆拾壹股	貳億零肆佰壹拾萬元	(大媽)	58	尚慎堂	壹佰伍拾股	壹仟伍佰萬元	賀仁菴家族持股
25	江敦珉	壹佰陸拾伍股	壹仟陸佰伍拾萬元	立南之子	59	尚慎堂	壹佰伍拾股	壹仟伍佰萬元	
26	江敦珍	壹佰陸拾伍股	壹仟陸佰伍拾萬元	立南之子	60	尚慎堂	壹佰伍拾股	壹仟伍佰萬元	
27	徐冠羣	貳佰股	貳仟萬元		61	尚慎堂	壹佰伍拾股	壹仟伍佰萬元	
28	劉東渤	伍拾股	伍佰萬元		62	尚慎堂	壹佰伍拾股	壹仟伍佰萬元	
29	張郁文	壹佰股	壹仟萬元	未領取	63	尚慎堂	壹佰伍拾股	壹仟伍佰萬元	
30	張曦如	壹佰股	壹仟萬元	未領取	64	尚慎堂	壹佰伍拾股	壹仟伍佰萬元	
31	安慎愚	伍拾股	伍佰萬元		65	尚慎堂	壹佰伍拾股	壹仟伍佰萬元	
32	婁明玉	伍拾股	伍佰萬元	未領取	66	尚慎堂	壹佰伍拾股	壹仟伍佰萬元	
33	張樂山	伍拾股	伍佰萬元		67	尚慎堂	壹佰伍拾股	壹仟伍佰萬元	
34	楊溯吾	壹仟股	壹億元						

設立日期:中華民國三十五年十二月二十三日
登記日期:中華民國三十六年七月十九日
增資日期:中華民國三十七年二月十三日

以上原登記資本額國幣肆拾捌億元，三十七年二月十三日增資叁億捌仟貳佰萬元，合計:伍拾億捌仟貳佰萬元。賀仁菴家族持股肆拾伍億零玖佰萬元。

圖 7　長記持股一覽表

證明書

查青島長記輪船行原有迎春得春承春長春同春江春華順等輪船七艘航行沿海各口岸裝運客貨民國二十六年七七事變後該行遵照青島市政府通令停航並放水沉沒以封鎖各港口而免資敵自青島市政府遷　中央電令撤離市區後該行總經理賀仁菴深明大義即隨同市府及山東省政府參加抗戰工作而該行所沉輪船則經敵軍打撈出水將全部財產沒收還至抗戰勝利時長春同春江春華順等四輪已被敵軍破壞無存迎春得春承春等三輪亦被損壞甚鉅僅剩空船經青島市主管機關將三輪查明發還交賀仁菴具領改組為青島長記輪船股份有限公司加業搶修担任華北復員運輸以利交通除各輪大小噸位在抗戰前業由交通部登記有案外所有上述情形均係確實特予證明

前青島市市長
前山東省政府主席
浙江省政府主席　沈鴻烈

中華民國三十五年七月　日

圖 8　沈船證明

交通部獎章執照　人字第109號

查青島長記輪船公司総經理賀仁菴在抗戰期間從事航業功績昭著合依本部獎章獎狀規則給予壹等貳級獎章以示鼓勵此照

右給賀仁菴收執

部長　俞大維

中華民國卅七年五月　日

圖 9　獎章執照

民國37年交通部長俞大維頒發抗日勳功獎章給賀仁菴

圖 10　獎章

圖 11　賀仁菴受獎典禮合照，第二排右 7 為賀仁菴

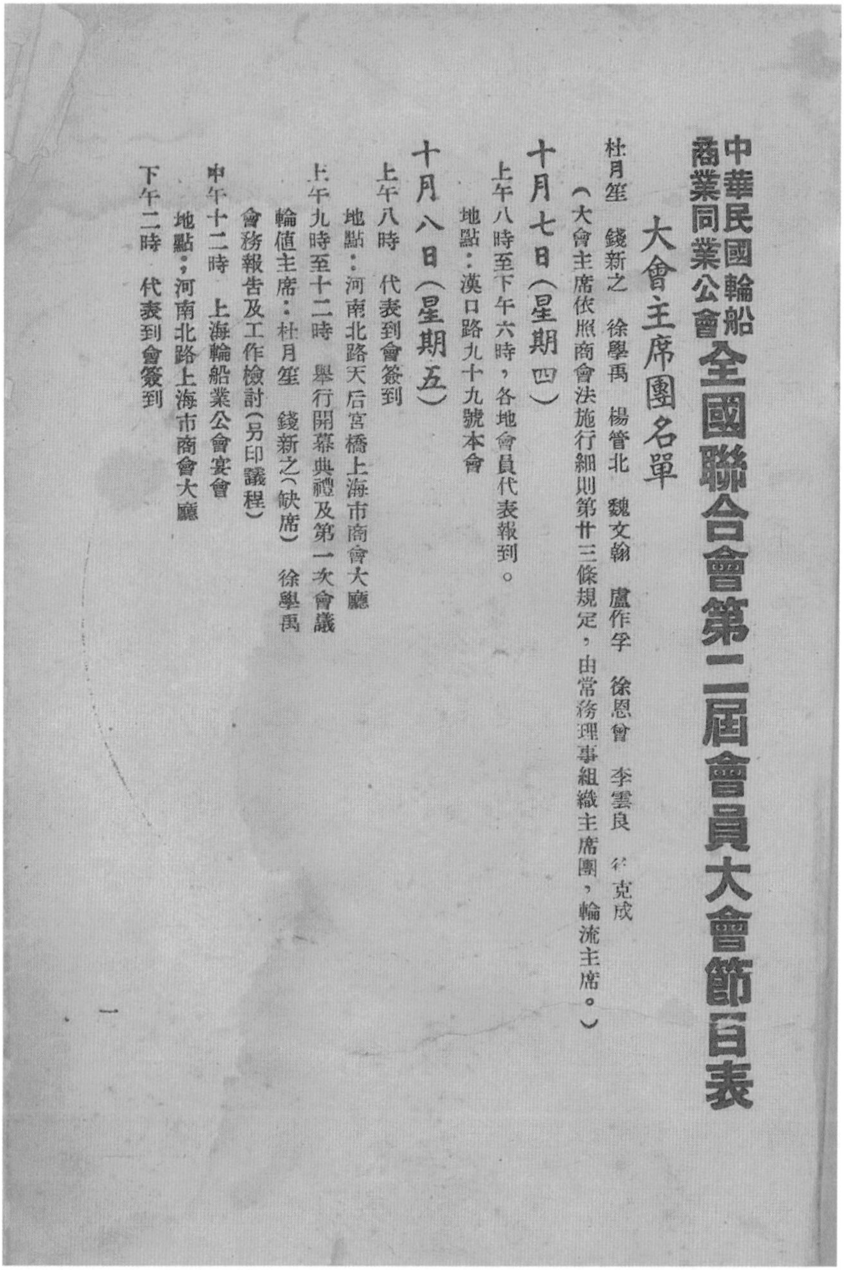

中華民國輪船商業同業公會全國聯合會第二屆會員大會節目表

大會主席團名單

杜月笙　錢新之　徐學禹　楊管北　魏文翰　盧作孚　徐恩曾　李雲良　㳟克成

（大會主席依照商會法施行細則第廿三條規定，由常務理事組織主席團，輪流主席。）

十月七日（星期四）

上午八時至下午六時，各地會員代表報到。

地點：漢口路九十九號本會

十月八日（星期五）

上午八時　代表到會簽到

地點：河南北路天后宮橋上海市商會大廳

上午九時至十二時　舉行開幕典禮及第一次會議

輪值主席：杜月笙　錢新之（缺席）　徐學禹

會務報告及工作檢討（另印議程）

中午十二時　上海輪船業公會宴會

地點：河南北路上海市商會大廳

下午二時　代表到會簽到

一

圖 12　輪船公會 P1

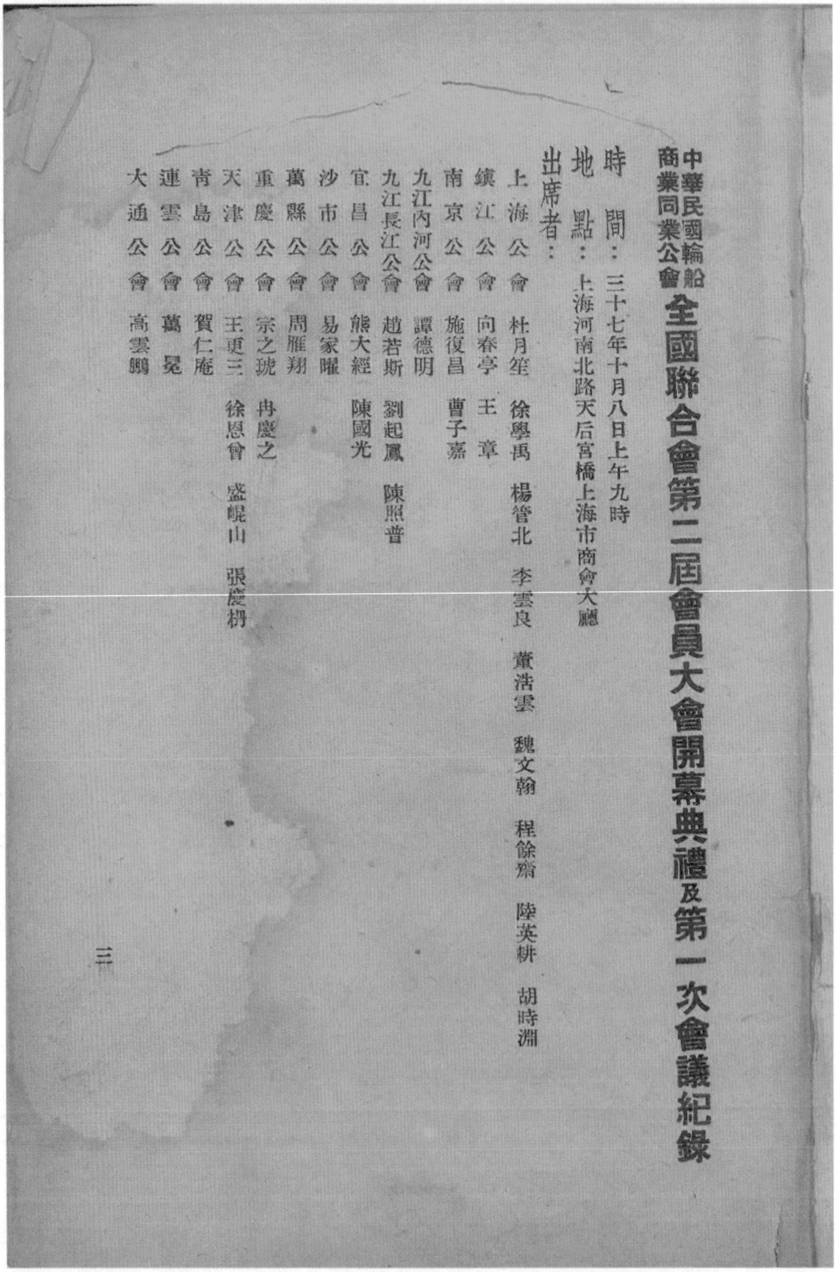

中華民國輪船商業同業公會全國聯合會第二屆會員大會開幕典禮及第一次會議紀錄

時間：三十七年十月八日上午九時

地點：上海河南北路天后宮橋上海市商會大廳

出席者：

上海公會 杜月笙 徐學禹 楊管北 李雲良 董浩雲 魏文翰 程餘齋 陸英耕 胡時淵

鎮江公會 向春亭 王章

南京公會 施復昌 曹子嘉

九江內河公會 譚德明

九江長江公會 趙若斯 劉起鳳 陳照普

宜昌公會 熊大經 陳國光

沙市公會 易家曜

萬縣公會 周雁翔

重慶公會 宗之琥 冉慶之

天津公會 王更三 徐恩曾 盛岷山 張慶枬

青島公會 賀仁庵

連雲公會 藹晃

大通公會 高雲鵬

三

圖 13　輪船公會 P3

武進公會　李行甫

指導者：

交通部代表黃慕宗先生

社會部代表李仕衡先生

列席者：葉傳芳　姚書敏　沈　琪　李志一　張澍霖　鍾山道

主席團：杜月笙　徐學禹　錢新之　楊管北　魏文翰　盧作孚(缺席)　徐克成(缺席)　徐恩曾　李雲良

輪值主席：杜月笙　徐學禹　錢新之(缺席)

秘書長：李雲良　紀　錄：黃永言　劉文樑　邢鑑生

行禮如儀

總主席杜月笙致開會詞：

去年七月，本會舉行成立大會的時候，我們揭櫫船聯的組織旨趣，最重要的兩點：是「集中航商力量，促進航業建設」，所以當時我們很興奮的說：「船聯的誕生，是中國航業新生命的開始」。船聯成立到現在，一年又三月，全國航業界，本着組織的旨趣，在重重困難之中，艱苦奮鬥，不斷的創造新生命；以國籍商輪噸位來講，從去年的八十萬噸，增加到現在的一百二十萬噸；以航綫來講，國內各航綫的輪船，既在逐漸增加；南洋、中日、中美等海外航綫，也已有掛中國旗的輪船，加入航行；在中國航業史上，展開一頁新的紀錄。

航業是一種艱鉅的事業，尤其是國際間錯綜複雜的關係，商船艦隊，成爲角逐競爭的對象，因爲國家的興衰隆替，實繫於航業的發展與萎縮。英國和其他海運國家，正在趕造優良而經濟的新船，預計一九五一年完成四百五十萬噸，勢必淘汰戰前舊船以及戰時所造簡陋的船；而日本航業，又開始抬頭，這些景象，值得

五

圖 14　輪船公會 P5

三、縣府出資建就公共碼頭，祇須由輪船業按月繳納碼頭使用費，不得以提成方式，致輪業突增鉅大負担（照售出客票百分之五）。

四、縣政府爲在鄉軍官分會會員謀生活，不應由輪船業一業負担。

（決議）呈請交通部轉行浙江省政府轉飭嘉興縣政府制止。

（六三）蚌埠公會提：籲請政府迅予提前補償抗戰損失輪隻，以利內河交通，而維航商生計案。

（理由）査長淮航商，前以供獻國家抗戰軍事運輸工具，損失殆盡。綜計長淮輪隻，直接受政府征調暨敵虜，或炸沉與免予資敵自行鑿沉者共二十餘隻，勝利以還，政府雖有賠償之議，而內河尚未得到任何實惠。擬請政府迅予提前補償，以維內河交通，而安航商生計。

（辦法）1.各地公會迅將戰時民營船舶損失船名，噸位及經過情形彙報船聯，統籌辦理要求賠償及分配。

2.政府如分批賠償，船聯將所得之船舶，按各地航商所損失船舶噸位之多寡，予以分配，不得有江海內河之分，俾得公允。

（六四）九江內河公會提：據九江停業航商請賠償戰時軍公征用損失船舶案。

（理由）査九江航業，在戰前尚稱發展。抗戰軍興，軍公征用，損失輪駁其數甚鉅。勝利以還，復員歸來，而航商失業者十之八九，屢經請求有關當局營救，竟無着落。上年十一月奉航政局轉下交通部十一月十四日部航字第九六三五號訓令略開：「損失船舶，各航商一律限於本年十二月底補齊證件，呈部彙轉行政院核給補償金。」等因；當經各航商依照規定補齊證件，彙呈交通部核示在案。迄今尚未奉到指令，一般航商不勝殷殷待命之至。

（辦法）擬請 大會電呈交通部，准予査案核辦，早日明令指示，以免盼望。

（六五）青島公會提：青島長記輪船公司所屬長春、同春、江春、華順等四輪，在抗戰初期，沉塞港口，擬請

七〇

轉呈交通部提前賠償，以恤商艱案。

（理由）該公司所屬長春等四輪，在抗戰時期沉塞港口請求賠償一案經奉交通部三十六年三月十五日部航字第一五四八號指令：准予彙案核辦，又層奉交通部三十七年二月二日部航字第七九三號指令：業經列入第二批賠償案彙辦。應俟各處徵用船舶證件繳齊，彙呈行政院核示各在案。査上海前損失之商輪，係屬多數公司所有，經列入第一批，已由政府賠償一部份，成立復興公司。而青島應賠償之商輪，僅長春等四輪，係屬長記公司獨有。核與上海情形不同，亦與他處無關。似應專案辦理，單獨賠償徵用損失，既與上海同一時期，秉公賠償，勿令長記過期落後。

（辦法）擬請轉呈交通部准予專案核賠，提前撥償相當噸位之商輪，或代價之外匯，交由該公司自購輪船，俾可擴充海運，以恤商艱。

（六六）長沙公會提：籲請政府從速賠償戰時損失民營船舶案。

（理由）査戰時損失民營船舶達五十萬噸。行政院及交通部早經昭示賠償辦法，並通令全國航商，於卅六年末日以前，造表賚據彙核；各地輪船業公會，亦經轉飭航商，如限査報彙轉各在案。迄今九月有餘，向無回批，實深疑慮。應請大會敦促政府，提早實施。

（辦法）1.由大會推定代表五至十人，向行政院暨交通部請求迅向遠東委員會交涉，將日本應賠償我國之船舶部份，先行移交五十萬噸轉賠航商。

2.如第一項辦法因國際關係，暫難實現，則請政府由國庫撥發五十萬噸價款，交航商自行購造，以雄大信。

3.請交通部從速核覆各地輪船業同業公會所彙報之損失船舶，應予賠償之噸位，以釋羣疑。

以上四案，合併討論。

七一

圖 14 輪船公會 P70-71

第六部 風雲變色

賀仁菴

華北船王

第十五章　祖父遭難

一九四五年冬，我和父親回到青島兩個月後，父親向青島市「日偽產業處理單位」買下了武定路三號的住宅。這處房子是西、日式合璧的，面積有二百坪，客廳是西式的，地上鋪著柚木地板，臥室是日式的，地上是榻榻米，共有四大間，以日式拉門隔開，此外前面還有一個走廊、一個院子和一個很大的地下室，庭院兩端還有兩間各約二十多坪的屋子。

由於在此之前半年，大媽已先來青島治療眼疾，住在積德村的五姥爺家，父親購得此處房屋後，我和大媽在新曆的十二月底搬了進去，總算是安定了下來。

一九四五年抗戰勝利後，祖父已七十餘歲，福春行也已遭八路軍進駐多時，並且當成了石臼所的指揮中心，祖父的生意雖已經停頓多時，但仍和祖母及二叔一家住在福春行對面的祖宅裡面。

此時父親十分擔心祖父的安危，立即寫了信給祖父，要祖父帶著全家人來青島同住，無奈祖父不願意，最後只有母親和大弟、大妹以及堂姊和姑母家的表姊、表兄弟同來。此後父親又三番兩次派人去石臼所苦勸祖父一定要來青島，以免萬一遭遇不測，無奈祖父和祖母無論父親如何勸說，都不願離開老家，二叔、二嬸也堅持留在老家陪伴。

八路軍雖然來了石臼所，但初時對一般商賈和地主並無任何逼迫對待之情事，是以祖父認為安全無虞，暫且先做觀望，等情況有所變化時再走也不遲。何況老家裡還埋藏著營業近四十年賺來的大量黃金，當年當地所有富戶也都是將黃金埋藏在家裡。如果此時離開，勢必無法將這些金子全部帶走，一生心血將化為烏有。這是祖父不願離開老家的主因。

父親無奈的感嘆著說：「不就是為了那些藏起來的金子嗎？」

不久後，八路軍在石臼所和國軍發生了十分激烈的爭戰，此時村中有好些善心人士力勸祖父先到青島避風頭，但祖父認為他一生扶貧濟困，和鄰舍相處亦十分融洽，應不至於遭到不測。

一九四七年六月，八路軍在石臼所展開了階級鬥爭，許多無辜的百姓被殺。我的三舅（大媽的三弟）也被他的兒媳婦「上了意見」，陳述是如何不好，沒有經過審判，立刻就被處決了。大姨也被掃地出門，活活餓死在田裡，即使他的兒子當時是八路軍的一員。

到了七月初五，當晚國軍三十八師和共軍在石臼所對峙，情勢十分嚴峻。由於祖父當時除了是石臼所的富商外，還因多年行善之故，遭指控為「善霸」（惡有惡霸，當然也可說「善有善霸」），被一群極左派份子綁至石臼所三爺廟後的劉家林，以石頭和亂棍活活打死，據說死狀甚慘！

其實祖父一生行善濟貧，也未曾得罪過什麼人，所謂善有善報，其實只是空話一句！當時曾有人將「老百姓」這三個字改成「老不幸」，真乃一針見血的說法！

祖父死後，二叔立即發電報給父親，電文只有二字：「父故」

父親收到電報，立即趕回石臼所。穿上了白色大褂孝服，將祖父遺體埋葬至二林家族墓園，隨即返回青島，同時懸賞二十兩黃金給抓到兇手的人。

大約十來天後，石臼所當地國軍指揮官發電報給父親，表示已拘捕到好幾位兇手。父親又再次返鄉，並要求國軍部隊將為首之兇在祖父墳前擊斃。

至此，父親殺父之仇已報，仇恨已了，也未再對其他附從的人加以追究。父親打賞了二十兩黃金，向他們道了謝，便返回了青島。

（曾有人指責父親戰後未及時將祖父接至青島同住，致使祖父在「土改」時遭清算鬥爭致死，稱父親為「狼性」，但事實上祖父之死是在「土改」之前，和土改並無任何關係。且若祖父願意來青島，自己就有帆船可以搭乘，並不需要父親派船去接。）

由於祖父的慘死，全家人都嚇壞了，繼祖母、外祖母（大媽的母親）、二叔全家、三位姑姑和表兄弟姊妹等，立刻緊急攜帶了若干細軟，乘坐祖父的福永茂和福增茂逃來青島投奔父親。

之後，又陸陸續續有更多親族友人，絡繹不絕的都來了青島投靠父親，其中不乏過去對父親十分不友善，甚至提告過父親的人，比如當年石臼公局的委員：劉運東、劉莊一等，父親也不念舊惡，照樣接待他們。

而當年曾跟祖父私下購買了父親店鋪的陳祥卿一家，此時也來了青島，生活陷入困境，父親也頗為同情他的遭遇，先給了兩千元金圓券讓友人白善齋轉交陳祥卿的兒子陳紹伊。過了個把月，陳祥卿因臥病在床，日子又過不下去了，於是又讓他的兒子託白善齋來找父親，還拿了一個信封，裡面裝著當年那份買屋契約（紅契）和一份和解書（附圖：陳祥卿和解書），說是要將該份契約還給父親，以了結多年的恩怨。父親看到這份紅契，說：「那好吧！我再給他三萬元，你明天晚上替我邀上我們的老友全來這裡吃飯，我叫三桌「春和樓」的外燴，大家聚一聚吧！」

此外，膠州警察局長侯芝庭全家也到了青島投靠父親，另外還有逃難時另一位擔任父親游擊隊秘書的袁介臣。抗戰勝利後，青島市輪船航業同業工會又恢復了作業，父親此時被推選為公會理事長，於是請他擔任主任秘書，也住在我家。

記憶中那時武定路家裡住三十幾人，光是客廳地板上就睡了十幾人，此外還有戰後收回來的青島市長安路「長記里」23至25號的五十四間房子，每間約二十二坪，也都住滿了八竿子打得著和打不著，一表三千里的親戚。有能力工作的，父親就給他們一筆錢讓他們去做點小生意，或是讓他們上長記的船上去做事。

這麼多人每天都得吃吃喝喝，我記得那時家裡廚房的大灶幾乎二十四小時都蒸著饅頭，父親的廚子也忙得不得了，伙食開銷十分龐大，但我從未聽父親有過任何抱怨。

由於這段期間家中住的人口實在太多，父親又不時得接待客人，應酬不斷，因此父親便搬到了冠縣路一〇七號長記公司樓上去住。為了接待客人，經常在中山路的「春和樓」宴請政商名流，或是讓春和樓到長記公司辦外燴。

春和樓開業於一八九一年，招牌是「康有為」題的字。打從父親二十四歲起到青島坐莊時，就經常在此宴客，戰後春和樓更成為青島最知名的餐館，也是當時青島上流社會聚會喬事指定的場所，也可說是父親專屬的飯館，我和大弟也經常跟著父親一起來此品嘗佳餚美饌。（附圖：春和樓）

此外，還有一位我的同宗堂弟賀久林，一九四八年，大約十歲時，也逃難到了青島。因為家中發生變故，聽人說可以上長記找父親幫忙，他到了長記，向父親說明來意後，父親問了他是哪家的孩子，隨即從抽屜裡拿了兩塊錢美元紙鈔給他（當時兩塊美元能買五袋洋麵粉）。之後他去了黑龍江謀生，並在那兒結婚生子。事隔幾十年後，久林對父親的救難之恩仍緬懷在心，多次託他任職於「北京中國社會科學院文學研究所」的兒子賀照田[1]受聘來台做交換教授時，設法尋找賀仁菴的後代，但一直都沒找著，後來終於在二〇一一年和妹妹郁芬在台北見了面，我們才得知這段往事。

二〇一四年秋天，我和妹妹返鄉時，去賀家溝看他，他和弟妹非常熱情的招待了我們，還掏出了後來特地去換的兩張一塊錢美元紙鈔給我看（附圖：賀久林與賀中林），說是每當想起那段父親曾接濟他的時刻，就拿出美鈔來看看，思念父親當年對他的幫助，也一再跟我訴說父親是一個救苦救難的大好人！

一九四六年初，日照一中在青島恢復辦學，名為「日照一中青島臨中」（附圖：青島日照臨中大連路5號校舍）。學校中有為數眾多來自日照的學生，那年的寒假，因為戰亂之故，較一般時間長，學校又暫停供應伙食，此時校長曹希唐找上父親，看看能否提供一些臨時的工作給學生。恰好亨春輪定期進船塢做檢查及保養，需要大

1 賀照田，1967年生於黑龍江，祖籍山東日照賀家溝。北京大學文學碩士。1998年4月香港漢語基督教文化研究所訪問學者1996年至2004年4月為中國社會科學院《文學評論》雜誌理論編輯，2002年9—10月殷海光基金會訪問研究學者，2002年11月香港中文大學中國文化研究所訪問學者，2003年10月—11月中央研究院中國文哲研究所訪問學者，2004年1月日本早稻田大學訪問學者，2004年4月至今在中國社會科學院文學研究所比較文學研究室工作，2004年12月晉升為副研究員，2005年9月至2006年7月為日本東京大學東洋文化研究所訪問學者。現在中國社會科學院文學研究所工作

量工人敲除船殼上的鐵銹，同時將附著在船底的貝類清除乾淨（一般輪船外殼鋼板每兩年就得重新將鐵鏽敲除，重新上漆，否則鐵銹會加速鋼板的腐蝕）。

這些工作本來是船塢工人要做的事，但父親要求船塢負責人將此工作轉給青島日照臨中的學生來做，並發給學生每人一支船塢的鐵鎚，給他們當作通行證，伙食和工資則由長記負擔。

二〇一四年我返回日照探親時，也拜訪了一位當年曾經在青島日照臨中唸書的耆老時培杰先生，他親口對我描述了當時的情景：

「我在一九四六年進入青島日照臨中，長達三個年頭，學校中的事知道的很少，唯獨對您父親賀仁菴這個名字，記得很清楚，估計凡是日照人，老幼皆知。

一九四六年賀仁菴的商業已發展到頂峰，是日照和青島的首富，在青島是數一數二的人物。當年日照臨中的同學都在背後議論，說長記輪船公司是日照臨中的「經濟靠山」，校長經常去長記，每逢學校演話劇，都有同學代表給長記送票券，一次都是幾百張，藉以感謝。

賀仁菴是一位樂善好施、關心青年的人。一九四七年，因為形勢的變化影響到學校，寒假放的特別長，學校食堂停炊，一部分無家可歸的學生，一時生活無著，心急如焚，在此關鍵時刻，賀仁菴伸出救援大手接納學生，給亨春輪敲鐵鏽，在那荒亂的時代，能求一天能吃個溫飽也就不錯了……」。

父親資助青島日照臨中辦學經費，直到一九四九年五月，前後為時三年多。而我因抗戰時期跟著父親顛沛流離，並未進入正規學校唸書，回到青島後，父親先把我和大弟送入了當時青島市長李先良辦的「抗建中學」念書，日照一中在青島復校後，我和大弟又轉到這所學校讀了一年多。

除此之外，父親也在戰後於「遼海商船學校」設了九名免費學額，獎勵船員子弟升學專科，以培育航海人才。

由於長記在上海設有分公司，而父親也經常往返青島和上海之間，上海當時已是個十里洋場，可以見到的世面和學習的新事物較多，一九四七年春，我和大弟澤林被父親送到了上海私立「新華中學」就讀。學校分高中部和初中部，各有三個班，我那時十七歲，念高一，大弟十三歲，念初一。由於我自小習字多年，學校辦書法比賽時，我還得了全校第二名。

而賀壽千因在青島無事可為，後來全家都到了上海，還報了戶口，領了新的身分證，還改了名字，不知道為什麼也幫我和大弟辦了新身分證，不過我們的身分證上卻把我的名字賀『長林』改成『中林』，大弟『澤林』改成了『華林』，身份證上貼的照片跟我們學生證上的照片是同樣的。當時我和大弟都住在學校，也沒人要他幫我們辦新的身分證。後來賀壽千說是因為時局很不穩，我們原來的名字可能很多人都知道，為了安全起見，更名較為妥當，因此來台後我們也只能持上海身分證上的名字登記戶口。

一九四八年秋，國民黨部隊已撤守東北各地，但青島仍有美軍第七艦隊駐防，美軍仍想以此地作為駐軍基地，所以中央下令青島不能撤退。但連雲港和天津都已陸續淪陷，因此長記僅剩青島往返上海及台灣的航線，載運客、貨。

一九四九年三月中，國共戰事越演越烈，平津相繼失守，上海也危在旦夕，學校開始停課。四月中，上海局勢也緊張了起來，恰在此時外祖母去世了，父親將我們兄弟二人叫回青島奔喪，辦完喪事後將外祖母安葬在青島市的萬國公墓。此後我們再也沒有回過上海。

四月底，上海也已遭共軍進駐，局勢十分險惡，長記的輪船由上海返回青島後，上海航線也被迫停航，僅剩青島至台灣的航線仍持續往返中。（附圖：三十八年五月大民報亨春輪航班通知）

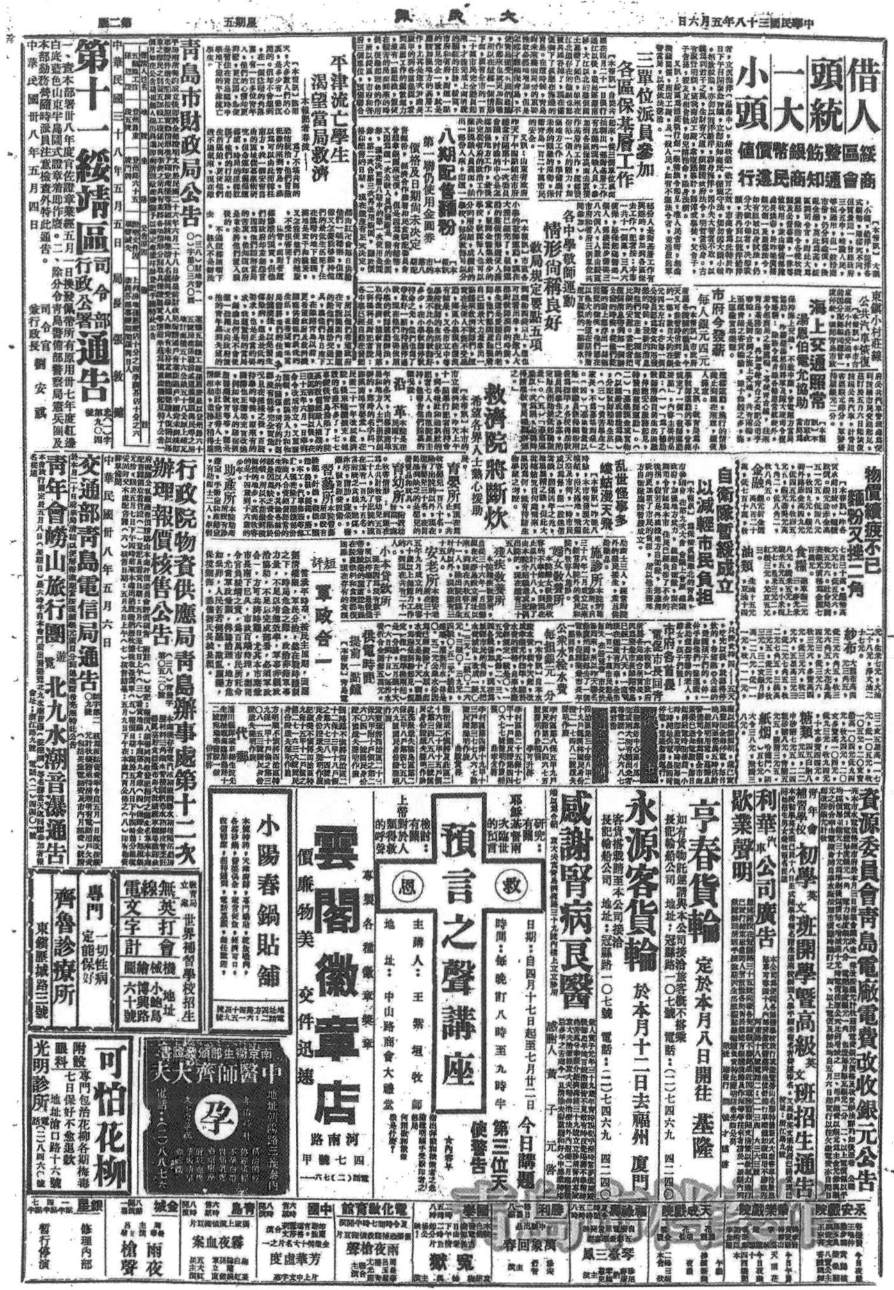

中華民國三十八年五月六日 大民報 星期五 第二版

借人頭統一大小頭

綏區整飭銀幣價值 商會通知商民遵行

三單位派員參加 各區保甲層工作

各中學教師運動 情形尚稱良好 教局規定要點五項

八期配售麵粉 第一期仍使用金圓券 價格及日期尚未決定

平津流亡學生 渴望當局救濟

海上交通照常 湯恩伯電允協助

市府令發薪 每人銀元四元

救濟院將斷炊 希望各界人士熱心援助

物價續疲不已 麵粉又掉二角

自衛隊暫緩成立 以減輕市民負担

亂世怪事多 蟑螂滿天飛

短評 軍政合一

供電時間 提前一點鐘

青島市財政局公告

第十一綏靖區司令部行政公署通告

中華民國卅八年五月四日

司令官 劉安祺

行政院物資供應局青島辦事處第十二次辦理報價核售公告

中華民國卅八年五月六日

交通部青島電信局通告

青年會嶗山旅行團 北九水潮音瀑通告

資源委員會青島電廠電費改收銀元公告

青年會補習學校 初學英文班開學暨高級英文班招生通告

利華汽車公司廣告

歇業聲明

亨春貨輪

定於本月八日開往 基隆

如有貨物託運請與本公司接洽旅客概不搭乘

長記輪船公司 地址：冠縣路一〇七號 電話：(二)七四六九 四二二四〇

永源客貨輪

於本月十二日去福州 廈門

客貨搭載請至本公司接洽

長記輪船公司 地址：冠縣路一〇七號 電話：(二)七四六九 四二二四〇

感謝胃病良醫

感謝人 黃子元 啓

預言之聲講座

救 恩

研究：有關耶穌基督兩次降臨世界的預言

檢討：有關於人類對上帝得救的呼聲

日期：自四月十七日起至七月廿二日

時間：每晚前八時至九時半

主講人：王榮垣牧師

地址：中山路商會大禮堂

今日講題 第三位天使警告

雲閣徽章店

專製各種徽章獎章

價廉物美 交件迅速

河南路四七號甲 電話(二)七六一一

小陽春鍋貼舖

世界補習學校招生

無線電 英文打字 會計 機械繪圖

地址 小鮑島 博興路六十號

專門 一切性病 定能保好

齊魯診療所

東鎮縣城路三號

中醫師齊大夫

孕

可怕花柳

附設眼科 專門包治花柳各期梅毒 七日保好不愈退欵

光明診所 地址滄口路十六號 電話(二)八四六〇號

永安戲院 華樂戲院 天成戲院 勝利 國泰 冤獄 電化教育館 雨夜槍聲 中國 芳華虛度 青島 霧夜血案 金城 雨夜槍聲 銀星 修理內部 暫行停演

圖1　民國卅八年五月六日亨春輪廣告

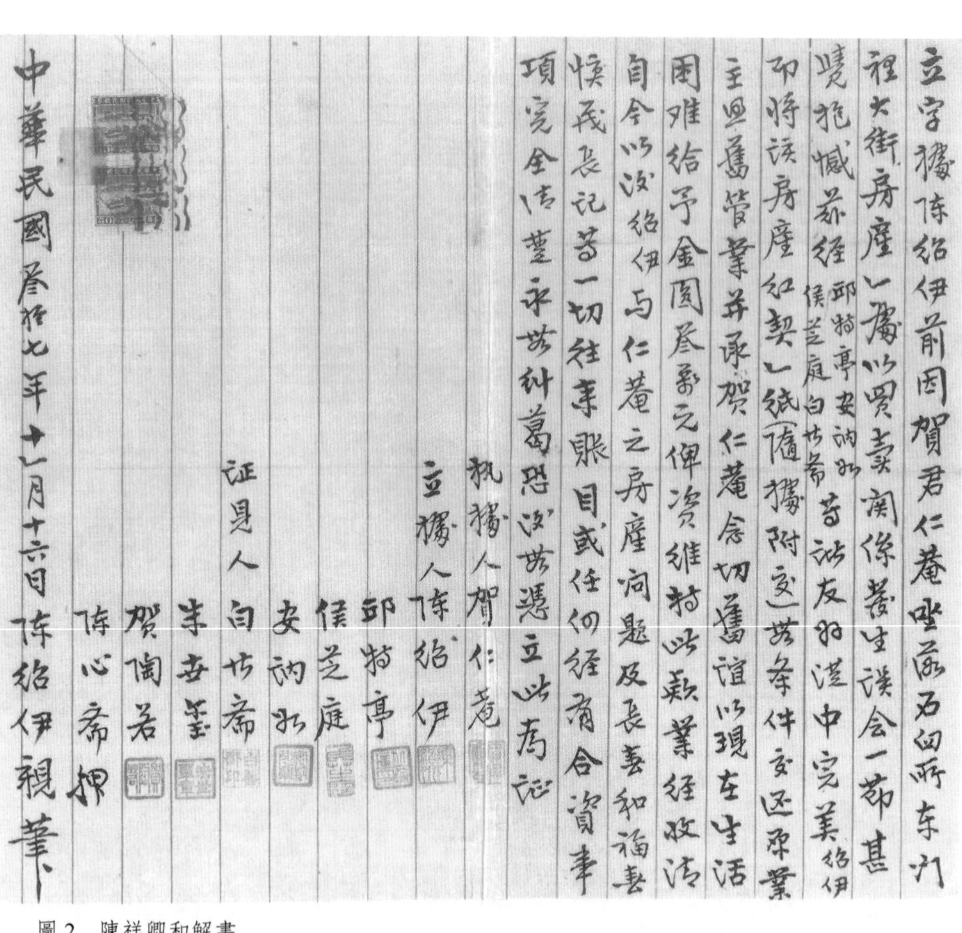
立字據陳紹伊前因賀君仁菴坐落石[illegible]所東門
裡大街房產乙處以買賣關係發生誤會一節甚
覺抱憾兹經邱特亭 安訥孫 侯芝庭 白竹齋等諸友從中完美紹伊
印將該房產紅契乙紙（隨據附交）並無條件交還原業
主但舊管業并承賀仁菴念切舊誼以現在生活
困难給予金圓叁萬元之俾資維持此款業經收清
自今以後紹伊與仁菴之房產問題及長妻和福妻
候氏長記等一切往來賬目或任何經商合資事
項完全清楚永無糾葛恐後無憑立此為証
執據人賀仁菴
立據人陳紹伊
証見人
邱特亭
侯芝庭
安訥孫
白竹齋
朱安笙
賀陶若
陳心齋押
中華民國叁拾七年十二月十六日陳紹伊親筆

圖 2　陳祥卿和解書

1891
春和樓
春和樓創立於西元1981年，是中華魯菜名店，上方招牌由康有為題字，是父親當年專屬的宴客或外燴餐館，目前已是"中華十大餐飲老字號"及"山東百年魯菜第一樓"

圖 3　春和樓外觀 (上方招牌為康有為題字，非下方匾額)

圖 4　春和樓「島成魯菜第一樓」匾額
（右起春和樓董事長沈健基先生、賀郁芬、賀照群）

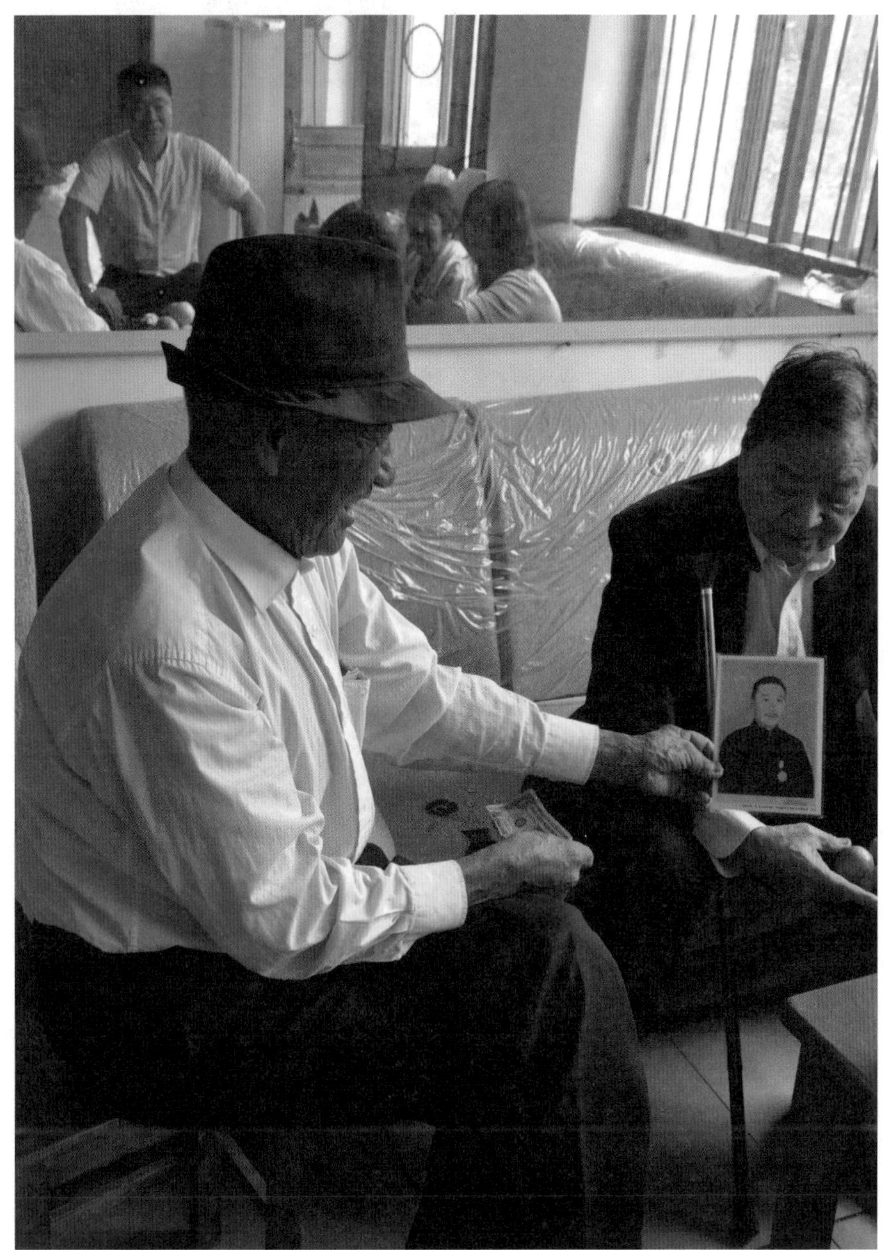

圖5　賀久林（左）與賀中林（右），賀久林拿出二元美鈔，回憶當年情景

圖6　青島日照臨中大連路5號校舍(由日照一中安丰奇先生提供)

第十六章　東北大撤退

一九四五年，日軍在中太平洋的幾個島嶼據點陸續被美軍攻陷，日本已成強弩之末。同年八月，美軍在廣島丟下一枚原子彈，日本仍未投降，此時與日本簽有「互不侵犯條約」的蘇聯立即投機取巧，對日宣戰。接著美軍又在長崎投下第二枚原子彈，日本天皇見大勢已去，宣布願意接受無條件投降。蘇聯隨即進駐大連，並接收了日本留在此地的大量武器。

蘇聯與國民政府在抗戰期間原本是「同盟國」，但此時不但不肯將大連歸還國民政府，甚至還協助共軍在東北各地建立了若干根據地，千方百計阻擾國民政府的接收工作。

一九四六年，八路軍在東北的人數約百來萬人，自此時起即不斷與國軍部隊在此圍攻交戰。而東北各地冬季氣候嚴寒，氣溫經常在零下一、二十度，由於蘇聯的支持，國軍的配備遠不及共軍，國軍派赴東北的部隊沒有足夠的禦寒衣物，導致士兵無法適應天寒地凍的環境，意志沮喪，屢戰屢敗，數度接連戰敗後，鬥志越發消沉！

若干自東北回來的鄉親曾說，東北地區民間對於國軍在此地戰敗原因之一，是當時國軍上級長官曾下令收編一些抗日游擊隊，無奈這些隊員遭收編後，卻被指成只是一些沒有經過訓練的老百姓，因此只有少數人被留下來，其餘大多數均遭解散，所以當時有段順口溜是這麼說的：「此處不留爺，自有留爺處，到處不留爺，爺去幹八路！」，這些人對國民黨自然十分不滿！為了有口飯吃，去幹八路也是很自然的事。

一九四六年八路軍在東北的人數約百來萬，至四七年時已增為二百餘萬人，到了一九四八年更激增到了三百萬人之多，這句順口溜顯然確實地描述了當時的情況。

一九四八年十月，國軍在東北和共軍的戰事連連失利，節節敗退，國民政府開始準備撤退工作。由於八年抗戰期間，平漢鐵路、津浦鐵路均被挖成數段，隴海鐵路各站雖有國軍駐守，但所行經之黃河鐵橋、沂河鐵橋亦遭炸毀，此舉嚴重影響國民政府的軍公大員，無法迅速往東或北行，前去淪陷區辦理接收工作。

由於共軍的干擾，因此國府自南京轉上海赴東北的接收人員只能以大連北方的營口作為起迄港口。

「營口」坐落於遼寧省的遼河邊上，原名「牛莊」，原本是個不大的港口，至一九四八年時，已是個十分忙碌的城市和港口了。

當時國民政府的招商局，雖有二十多艘輪船，卻難以支援撤退工作。原因是戰事係在東北地區進行，而撤退又多在倉促中決定，但招商局的總部設在上海，船舶亦多泊於上海地區，若由上海派船去東北，緩不濟急，不如就近徵船為宜，因此這個撤退的任務又找上了長記。

一九四八年十月二十四日，交通部下令徵用長記公司的輪船，要求「迎春」、「得春」、「利春」、「元春」及「亨春」等輪於十月二十九日前必須駛抵「營口」，泊錨等候命令，以便載運即將自東北地區撤退之軍隊殘部及軍公人員。

父親一生雖非國民黨員，但愛國之心卻不輸給任何一位忠貞的黨員，甚至猶有過之，對國府的命令向來服從到底，未曾有過怨言。因此接獲支援撤退工作時是全力以赴，不分晝夜立即調派船隻，即使船上載有貨物，也是先將貨卸下，以國家任務為第一優先。

十月三十日，迎春、得春兩輪各擠上了四百餘人，比起一九四五年復航時載運的人數還多。由於是緊急撤退，能載多少算多少，甚至連頭等艙的臥舖，每一間也都擠進了七、八人，值此逃命關頭，有船可搭已是萬幸。

此時郊區已傳來隆隆砲聲，迎春、得春立即啟航，至青島下了部份人員後，繼續開往上海後再返回青島。

元春輪於三十一日又緊急載上了大約七百人，大部份都是部隊的傷患，少數是公務人員。該輪行經遼河口時，岸上共軍小型砲火不斷射擊，泊在海上的數艘國軍軍艦立刻予以還擊壓制。元春輪幸未遭砲火擊中，船駛至青島後，旅客全數登岸，傷患立即由軍車轉送至醫院。

參與營口撤退的船隻，除了長記的輪船外，還有極東公司的一艘船以及海軍之LST（中海號坦克登陸艦）十餘艘，國軍部隊在營口的砲火連天聲中撤出後，東北地區全面易手。

隨著國軍節節敗退，一九四九年一月，剛過完元旦沒幾天，得春輪和利春輪又奉令去遼寧省「葫蘆島」撤出「遼海商船學校」的師生和當地的公務人員，也像難民船似的擠滿了人。迎春輪則奉令去河北省「秦皇島」負責撤退工作，該地守軍部隊仍然由LST載運，由於此地並非戰略要塞，共軍也未進攻，因此撤退頗為順利。

數日後，得春、迎春、元春、利春四輪又接獲新的命令，支援「天津撤退」。此時天津直東公司的北極輪和肇興公司的一艘小船，也加入了撤退任務，每艘船上都擠滿了烏鴉鴉的人群。時值冬天，船長唯恐寒流來襲、天津河可能會突然結冰，船若被凍住，後果不堪設想，因此命令所有輪船都先駛進『太古洋行』的碼頭，再進入于家堡，待確定回航至青島所經航線不會遇到河面結冰後，才敢開航返抵青島。

接著，亨春輪又接到命令，至天津大沽口的北塘停泊，負責撤出防守大沽口的部隊和天津市區的國軍部隊以及輜重。

撤退時，司令官命令船長先將軍用吉普車、迫擊砲等輜重吊進貨艙，載至吃水線才停載。船長一看不得了，怎麼能載這麼多重物？於是經再三請求司令官後，才將部分車輛卸下碼頭。

但是接著又開來了二千人的部隊，二話不說立即登船，倘若僅僅載運這些人員，這個數目就已經是超載了，何況每個人身上還揹著槍械，這使得船又超出吃水線甚多。

沒想到正要開船時，碼頭又出現八百餘人的部隊要求登船，司令官斷然拒絕，岸上的指揮官立刻破口大罵：「你們這些沒良心的傢伙！既然你們如此無情無義，那就別怪我們狠心！」

由於他們是負責斷後的部隊，怎麼可以丟下他們不管？

這時岸上部隊立刻架起了迫擊砲，聲稱如果不顧他們的死活，逕行開船，他們就開砲射擊，大家同歸於盡。

當時天津市區已經全部棄守，若再不速速離去，可能就走不成了。司令官考慮了一陣，先命令船上官兵將武器全數丟入河中，只在船艏、船艉各留了一挺重機關槍，岸上部隊也只准許人員登船，武器彈藥一概丟入河中。即便如此，亨春輪的載重也已超出極其危險程度。所幸海上風平浪靜，兩天後，亨春輪平安進入青島大港。

撤退時的混亂，是我的一位在亨春輪船上擔任船員的表兄劉克紀事後敘述給我聽的，其危險緊張情況，若非身歷其境，根本無法體會船上船員們是如何提心吊膽，每個都被嚇出一身冷汗的滋味，可惜當時沒有照相機拍照留底。

青島大撤退

青島向來為山東地區國軍進出要塞及戰略物資補給通道，當蘇聯勢力進入東北後，美國也以青島作為基地，迅速進駐了海軍陸戰隊和第七艦隊，以制衡蘇聯，藉以提升青島的戰略地位。

一九四八年底，國軍主動撤守煙台後，山東地區除青島、長山八島外，其他地區全為共軍所盤據，而長山八島與青島相隔遙遠，青島實際上已遭圍困成為孤島。

青島一九四五年總人口數約六十餘萬，到一九四八年陡然增至一百餘萬，這些人要吃、要喝、要住，給青島加上了一個大包袱，也成為社會不安定的因素。成為孤島後的青島更出現了嚴重糧荒，加上此時金圓券貶值速度之快難以想像，一九四七年底，大約二千元即可維持一家四口一個月的生活費，到了一九四九年四月時，市面商家已不收金圓券，僅剩郵局還收，此時到郵局寄一封信，得貼上五百萬元的郵票（附圖：五百萬元郵票），物價較之前增長上百倍，為全國之冠，更加使得人心惶惶不安。

由於共軍仍不斷在外圍干擾，青島情勢相當危急。一九四九年五月，共軍又發起了青島、即墨圍攻戰役，國軍雖有與共軍數量相當的守軍，但青島市發電廠需用燃煤因膠濟鐵路已為共軍所佔據，來源斷絕。一但存煤用盡，發電機將停止運轉，則不只是無電可供照明而已，甚至須靠電力抽水的自來水亦將停擺，全市將陷於無電亦無水可用之困境，國軍勢必無法應戰。

此時山東省政府及青島市政府異常著急，雖知以青島市之情況遲早必將撤守，然而迄今未接獲撤退命令，且軍方對青島何時撤退一事又極度保密，而美軍此時仍希望國軍繼續駐守青島，因此不知尚需留守至何時，但倘若一但停電、停水，勢必將引發不可收拾之暴亂。

山東省政府和青島市政府為了替青島電廠解決無煤可用的窘境，雙方便共同委託了長記公司以亨春輪協助載運他們向《中國紡織建設公司青島分公司》徵調來的布疋九二一二疋和《齊魯公司》的橡膠輪胎三百個，準備來台出售，並將出售所得購買燃煤運回青島，以供電廠發電之用。同時搭乘此船一同來台的還有大約二千名部隊（軍長為趙麟）。

父親深知此事攸關重大，親自押船來台處理出售及換煤一事，我和大弟也一同搭船來到寶島遊覽。由於當時青島的吉普車十分廉價，一輛只要二兩黃金，所以來台之前父親還讓長記公司的祕書買了十輛吉普車運來台灣，自己留下了兩輛，其餘出售。

一九四九年五月二十日上午十一時亨春輪自青島啟航，五月二十四日下午四時進入基隆港，當時基隆港內到處都還是抗戰時期遭盟軍炸毀，但尚未打撈出水的沉船，僅僅露出船頭、煙囪或是船尾，景像是一片淒慘。亨春輪停靠在基隆港十八號碼頭，我們隨即登岸。當晚父親帶我們入住台北市博愛路的「永大旅社」。

隔天一早，船上的布匹與輪胎開始卸貨，費了大約一天時間。不料剛卸完貨，父親又接獲通知，青島市已決定在六月一日全面撤退，下令亨春輪即刻回航。

五月三十日亨春輪返抵青島，除亨春輪外，此時長記還有另外四艘輪船（得春、迎春、元春、利春）泊在青島港內，也遭青島十一綏靖區司令劉安祺將軍全數徵用，奉令載運青島市的公務人員與眷屬來台，長記職員和眷屬也可登船。

一九四九年六月一日，長記的五艘輪船（得春、迎春、元春、亨春、利春）全部自青島啟程，航向了台灣。

除了一艘已經報廢了的承春輪外，留在大陸的，還有青島及日照的多處房產土地，以及父親於戰後購入的一輛美國黑色克萊斯勒（CHRYSLER）轎車和祖父的兩艘五桅大風帆「福增茂」、「福祥茂」。

此去經年，直至一九七六年父親去世，再也未曾返回青島。

母親曾回憶起撤退時的匆忙：五月三十日上午，接到沈鴻烈前祕書長徐冠羣的電話，立即收拾一些重要細軟，父親的汽車也隨即來家中載了兩趟；第一趟先讓母親帶著大妹和兩個箱子登上亨春輪船長室，第二趟大媽自己帶了兩個裝著十幾萬美金與數百兩金條的箱子，也登上了亨春輪。

台南崑山大學董事長李士崇先生和他當時任職於山東省政府的哥哥，也在匆忙中搭上了長記的「利春輪」，他在《來台六十年感懷》一文中描述了青島撤退時的情況：

「…船在匆忙中起錨出港，碼頭上仍有許多人未及登船，亦有人乘小船追趕而落海的。撤退時的慘狀，恐怕不祇有青島一地而已，第二天依稀聽到共軍攻城的槍砲聲。船的噸位小，顛簸的厲害，艙位少，人多擁擠，生活環境甚不理想，但少有人抱怨，大家都體認到有此逃命機會已是萬幸了……」

魯籍鄉親前輩李夢九先生也曾在他的一本著作《山東鄉民對日抗戰暨反共紀實》中，描述了他離開青島時內心的不捨：

「當我站在那艘船的甲板上，依依難捨，大陸國土、故鄉的親族及友人，留在青島的諸多親人，一直再二再三的遙望，直到再也望不到青島市了才轉身入艙，連坐的力氣都沒有了……。」

當時並未料到，這輩子無論是人或船都再也回不去青島了，而同樣沒料到的是，在劉安祺將軍的指揮下，長記的輪船除了先後載運了無數山東地區的政府官員及物資撤退來台外，此後舉凡福州、定海、廣州、嵊泗列島、海南島之撤退，長記輪船全都奉令參與。

在《山東人在台灣》工商篇一書中，也曾記載了這段艱辛的撤退過程：

「1949年全國各港口歷次之棄守、撤退，長記輪船公司無役不與。」

定居台灣

青島既然已經撤退，看來一時之間是回不去了，因此父親立即著手找尋可讓公司和全家人的落腳之處。父親先在基隆頂了一戶四百六十坪的房子[2]，將其登記為長記輪船基隆分公司，又在台北市廈門街[3]頂了一戶二百多坪的日式房子，登記為「長記輪船公司」，並打算讓家人也在此居住。

我和父親住進去的第二天，祖母、二叔、二嬸一家，大媽、媽媽和大妹也都到了台灣，同來的還有大媽娘家的一大群親戚，計有已婚的四表姐劉克瑩、得叫我叔叔的劉曾芸，劉曾康和牟善蘭（其父就是在抗戰期間拿走大媽三萬銀元救國公債的西郡表哥）、牟善珍、五表姐劉克珍、五舅劉蘭舟全家十二口人，同時來了這麼多人，廈門街怎麼擠得下？於是父親趕緊又在附近的紹安街42巷5號頂了一戶大約一百五十坪的房子，讓克瑩、善蘭、曾芸三家人去住，接著又在台北市開封街二段5號頂了一戶大約二百坪的日式房子，讓長記公司的協理徐國傑、上海分公司的經理賀茂林居住，接著沈鴻烈的前秘書長徐冠羣、沈鴻烈的姪子沈紹宗全家也都來了，父親也讓他們遷入該處居住。原長記基隆分公司經理黃爵臣的家眷此時也來了

2 當時的門牌是基隆港東街7號

3 當時的門牌是台北市廈門街99巷17號

台灣，父親只好又在院子搭了兩間房子給他們住，此外還有來自老家日照荷疃的表兄秦元起也住了進來。另外又頂了台北市建國北路15巷56號，一間兩百多坪的房子，讓五舅一家人和六表兄劉克紱一家八口免費住著，並讓友人在此處開設了上海製革廠。

由於當時台灣經過殖民統治，房產是屬於國民黨政府從日本人手中接收回來的國有財產，僅交由各地方政府管理，地方政府只有權頂讓，無權出售。根據當時法令，「頂」到房子的人只要不違反與市政府之間所訂的契約，便可以永久居住，因此，頂讓房子收的權利金很高，幾乎等於是買到房子的價格，只不過買到的是房子的使用權。

而光是為了頂下這幾處房子，父親就花費了二百多兩黃金。適逢非常時期，黃金珍貴無比，當時台灣銀行規定每人憑身分證限購一兩，銀行每天僅拿出幾十兩黃金出售，民眾即使徹夜排隊，也未必能買到手。

長記公司所有的輪船隨同國民政府撤退來到台灣，對父親、公司以及家人而言，不締是人生當中一場最大劫難的開始！

民國38年五月已經沒人肯收金圓券，只有郵局收受，寄一封信得貼上五百萬圓的郵票。

圖 1　金圓券貶值導致郵費爆增

第七部 驚滔駭浪

賀仁菴

華北船王

第十七章　撤退來台　奉召徵船

一九四九年六月一日，長記輪船公司的五艘輪船遭國民政府無償徵用，在極其倉促的情況下撤退來台，值此國共內戰末期，多少出人意外的變局如狂風暴雨般瞬間來襲，局勢惡化速度之快令人措手不及。

由於當年大陸國籍輪船業務，僅以國內航線為主，因此撤退來台後，所有來自大陸的輪船，都不具備國際航線之航行執照，而台灣當時也沒有任何航線可供航行，全都只能困坐基隆或高雄港，當時輪船唯一的業務，就是被國府徵作軍用。

唯一的例外，是泊在基隆港，但船籍登記在香港的輪船，例如：中國航運公司董浩雲的船，他的船可以跑香港，交通部無權徵用。

一九四九年六月，父親重新在台灣設立『長記輪船股份有限公司[1]』；股東除了沒有隨船來台的以外，已來台的股東照舊，由父親擔任董事長，開始正式在台營運。之前被父親趕走的賀壽千此時也因央求大媽跟父親說情後，重回長記擔任原

1　長記公司設在台北市廈門街99巷17號。

職。同一時間，父親也為黃海水產公司重新註冊登記，仍由鄭旭東擔任經理，轄有十二艘雙拖漁船，可以出海捕撈漁貨出售營利。

此時又發生了一件插曲，由於祖父的福永茂和福增茂在戰後都到了青島，這兩艘船在祖父過世後給了二叔，但二叔不想經營，父親只好把船交給船老大和船員，由他們自行攬貨並分配所得。

一九四九大撤退時，福永茂正好載貨去上海，卸貨後又攬到一船鹹白帶魚要運來台灣，船老大沒來過台灣，在上海找了一位領航員，這傢伙也沒來過台灣，根本不會領航，只想搭免費的船。船雖是摸索著來了台灣，不過領航員領過了頭，把船領到了巴士海峽，發現往南已經看不到陸地了，又往回走，到了台南縣的鯖鯤鯓，看到旁邊有竹筏同行，就用一口日照土話大聲喊著問他們：「『基隆港』還有多遠？」他們也大聲回話：「聽冇」（音：天卯，台語聽不懂的意思），接連問了二、三艘竹筏，都說「天卯」，於是船老大王守德命令船員：「人家都說下錨啦！」，船員唏哩花啦放下船錨。過了一會兒，感覺似乎不大對，這裡不見港灣，更不像是個港口。正要起錨再行，突然有一艘竹筏靠近，上來兩個警察，將船扣下，全部船員都帶去台南縣北門警察局問話、收押，以為抓到了「匪諜」。

警察翻遍了整艘船，沒發現任何可疑之物，船老大王守德不識字，全船只有二人識字，一位是六表兄劉克紱，他是船上的旗門（風船事務長），本應由他寫信通知台北的長記輪船公司來擔保處理，但他對於父親沒給他安插個長記輪船上的工作，耿耿於懷，因此不肯寫。雖然每趟福永茂攬貨所得他也照分，但他是父親的親戚，船老大也沒法兒跟他計較，祇好由另一位略識幾個字的老船員呂寶山寫了一封半通的信和長記公司連絡。

船老大和船員們被關了兩個月，警察也查明了確實是因言語不通，以為竹筏叫他們下錨，而且整船除了六表兄外幾乎都是些粗人，不像是能做匪諜的人，再關下去除了白耗米飯之外，沒有意義，最後由台北的長記公司具保釋放。

由於鯖鯤鰺水淺，退潮後船底落在泥灘上，這是木船最忌諱的事。因為泥灘裡有一種蟲，稱為「海蠹蟲」，又叫「海蛆」，身長約一寸，身體呈半透明狀，頭部有一對很硬的牙齒，會啃食木材，將船底啃成蜂窩狀，除非在船底釘上一層銅皮，否則無法在泥灘上停泊太久，即便祇停個一、兩天，蟲都會鑽進船底的木材中。

福永茂在二十多年的歲月中都是泊在海水中，一般沙灘和海水中是沒有這種蟲的，由於福永茂落在泥灘上的時間太久，船底鑽進了許多蟲，因此船也報廢了！

約莫過了兩年多後，福永茂才以極低廉的價格出售給嘉義布袋鎮的二位蔡姓人士，他們買去後，將船的兩舷以及甲板水線以上可用的上等福杉拆了下來，打造了小漁船使用（附圖：福永茂賣船合同）。

一九四九年六月初，國民政府雖已撤退來台，但在中國大陸仍有多處據點尚未完全撤退，因此仍有許多軍品物資需要輪船載運，此一任務又再次落到長記公司身上，父親也別無選擇，只能奉令行事，讓旗下船隻供國府軍事徵召之用。

首先是「亨春輪」，自一九四九年六月起，就由「基隆港口司令部」徵召使用，載運軍品到海南島。

由台灣至海南島，每趟航次去程約需四天，在海南島卸下軍品後，原租用單位就立刻解除租船合約（附圖：亨春輪解租合約），因為解約後就可以不必再支付回程的任何費用，由於當時海南島極其落後，回航時根本無法招攬到任何貨物可供載運，因此每趟都是空船駛回基隆港。亨春輪每二十四小時需燃煤七十噸，此外，鍋爐運作也需要注入淡水，以及全船船員薪資等等，全都得由長記公司自行負擔，導致虧損連連。

一九四九年八月十日至十七日，駐守福州的國軍約六萬人，在解放軍優勢兵力攻擊下攻取此地，第六兵團司令李延年將軍擅自來台，亨春輪此時又奉令前往該地，載運撤退之軍隊殘部。

十月，廣州戰役，國軍再度戰敗，亨春輪又奉令前往參與撤退，所有任務去程都是空船，回程載運軍品及人員回台。

一九五〇年初，中華民國政府在中國大陸南方完整控制的地區，只剩「海南島特別行政區」，此時亨春輪再度奉令擔任基隆到海南島的軍品運送任務，期間不乏經歷諸多大、小戰事，此任務至五月一日，解放軍取得勝利，攻佔了海南島，戰役結束。五月二日前共有七萬多名海南島軍民自榆林港撤離，亨春輪又全程參與撤退任務，依舊是空船去，載運人員物資回台，如此往返一趟僅換得新台幣一萬四千六百元的運費（附圖：亨春輪海南島運費函、海南軍用款收據），根本不夠支付燃煤、淡水、船員薪資等費用，長記公司依然只能倒貼。

海南島撤退後，亨春輪的軍差終告停止，原因是當時中國大陸南方許多港口無法停靠噸位如此大之輪船。

至於「迎春輪」，也自一九四九年六月開始，奉令做為定海[2]往返基隆間的不定期交通船。每日租金僅給付五百多元，當然不夠支付基本開銷，長記公司還是入不敷出。

至九月二十三日起，該輪又由「基隆水運辦公處」租用，每日租金為新台幣五百八十四元六分，裝運洋灰等貨物赴定海，交「浙江省建設廳」（附圖：基隆水運辦公處迎春租船合約）。

起初還算相安無事，迨至舟山群島戰事吃緊時，經常有不明單位之部隊強行登

2 定海區是中國大陸浙江省舟山市轄下一區，位於舟山市東北部東海海域。

船，劫持使用。在逼不得已的情況下，父親只好請求浙江省政府出具公文（附圖：浙江省府公文），張貼在輪船駕駛台前，可是並無效果，仍然時遭非法劫持，對方所持的理由是「他M的！老子賣命保護你們，你們還他M的嘰嘰歪歪，不知感恩！」

五百多元租金雖然極少，但也不無小補。但誰知道後來這些徵用單位索性連這筆小錢都不付了，所有燃煤和添加淡水的費用，全部由得長記自行支出，導致長記損失慘重。

隨著時間的演進，此一情況愈發嚴重，後來甚至連浙江省政府的下級單位也起而效尤，在船已卸貨並解租後，仍將船隻扣留使用了一個月又二十餘天，由於並非經由「基隆港口司令部水運處」租用，因此連租金都不必支付，實與盜匪無異。

迎春輪經定海水運處在一九四九年十月三日解租後，自行攬到一批豆餅和鰲魚等貨物回台，但卻在貨物上船後，船隻又遭到不明單位扣留，導致船上所有貨品發霉腐爛，貨主不斷的拿著提貨單要求長記賠償損失，父親無奈，只好照數賠償。

此時父親除了請求「基隆水運處」代為交涉外，還向「全國船聯會」請求協助處理善後事宜（附圖：船聯會公文），但依然無法解決問題。於是父親在十月廿二日致電給全國船聯會，同時要求當初「租船」單位「基隆水運處」照章給付租金。

基隆水運處在一週後，十月二十九日電函定海水運處楊主任（附圖：基隆水運處發定海水運楊主任電文），得到的回覆是：「無法查得租用單位」，因此長記當然無法向不知名單位索取租船費用，只好自認倒楣。但此時旗下的迎春輪仍然遭到扣留，後來全國船聯會終於致電浙江省主席，請求下令調查。

如此又過了將近一個月，到了一九四九年十一月二十五日上午八時四十分，一位「浙江省建設廳民航船舶管理所」的官員，持浙江省主席之命令登船，下令迎春輪「著即於今日上午九時開船，不得有誤」（附圖：上午九時開船命令）。

上午八時四十分才發出開船命令，卻要求九點整必須開船，短短二十分鐘，如何能生火開航？根本就是強人所難！而迎春輪從基隆出航時，原有存煤二十噸，中間經過不明單位多次驅使，燃煤早已使用殆盡。徵用單位又不曾為船隻補充燃煤，在沒有煤炭和淡水的情況下，根本無法開航。但此時該單位仍蠻橫不講理，最後在船長呂明奎苦苦跪求後，民航船舶管理局的官員終於極不情願的撥了三噸煤炭。

至於淡水，這位官員給了一個令人欲哭無淚的回答：「整個海裡都是水，你想用多少都有！」，明知輪船鍋爐需燒淡水，卻要其燒海水，簡直無理至極！

迎春輪原本航速每小時十二海浬，每二十四小時得耗煤十噸，但在遭非法徵用期間，經常航至偏遠小島，而多數小島並無淡水可供輪船上水，逼不得已只好抽取海水燃燒供氣，但海水含鹽量高，會腐蝕鍋爐內層，導致鍋爐損壞而使蒸氣外洩，因此鍋爐壓力逐漸降低，航速銳減到每小時八浬。

即便航速已驟降三分之一，每小時仍須耗煤近半噸，三噸燃煤最多只能航行不到六十浬（定海到台灣約三百餘海浬）。迫不得已，船長臨危應變，計劃以這三噸燃煤，將船隻航行到一座江蘇省所管轄的小島停泊，再拍電報給台北長記，派船運送燃煤，應可順利返回基隆。

孰料，航行途中遇上惡劣天候，燃煤在抵達小島前便全數用盡。倘若放任船舶漂流海上，將危及船隻與人員安危。此時船長想到貨艙內還載有豆餅，索性拿來充做燃料，勉強航行到江蘇省的陳錢山島，這是一座小到連海圖上都找不到的島，之後再由元春輪運來了四十噸煤炭、三十噸淡水，迎春輪最後終於在一九四九年十二月二十九日返抵基隆。從出航到返港，整整歷時三個月。

迎春輪返台後，先在基隆港將鍋爐灌滿淡水，設法溶解爐內已凝結成塊的鹽粒，隔日再將水全部排出。這樣連續沖洗數次，但還是無法回復原本的動力，因為機艙內部縫隙全都已遭鹽塊腐蝕。

此一經過情形，事後由船長呂明奎、輪機長朱立堂、事務長沈佐華，共同具名向公司報告。（附圖：迎春輪報告書）

但更悲慘的是，此時父親已遭白色恐怖迫害，被誣陷為「匪諜」，關進了大牢之中。

一九五〇年一月二十四日，長記再次接到軍差通知單，這次是到金門，做為金門往返台灣的定期船班。一月二十四日基隆港口司令部發電文給長記公司：「希就

迎春、得春、利春等輪中擇較佳一艘開金門應用」（附圖：基隆港口司令部電文）

當時，元春輪、利春輪，都還領有軍差，負責廈門與上、下大陳島往返基隆之船班，得春輪支援高雄與馬公之間的臨時船班，因此台、金間的軍品運輸任務，又落在迎春輪身上。

基隆港口司令部在一月二十七日發出「差輪起租通知單」（附圖：基隆港口司令部迎春起租通知單）

一月二十八日「台灣省石炭委員會」撥發了八十九噸的煤炭給迎春輪。於是，迎春輪再次出航，前往金門（附圖：石炭委員會撥發煤炭通知單）。

這份命令是要求迎春輪負責往返台、金載運軍品，但實際上，船在金門時，卻經常接獲臨時通知，負責運送物資到多個偏遠小島，其中不乏共軍與國軍交戰的危險地區，難免遭受共軍砲擊。如此歷經多次槍林彈雨後，輪船甲板上所有建物全部損壞，一九五〇年十月，該船駕駛台終於被共軍砲彈擊中！當時船上的舵工係躲在船尾艙內，以繩索繫在船尾之備用舵輪上，僅露出上半身操作方向盤，一旦發現有砲彈發出火光時，立即蹲回船艙內，情況可謂危險萬分。

迎春輪返回高雄時，父親下令該輪停航待修。經請專家評估後，若要修復所費不貲，且修復得自費。而一但修復，恐仍將繼續被徵軍差，父親幾經思考後，決定依當時政府規定，向交通部及高雄港務局申請准予拆卸。

高雄港務局於一九五一年五月十八日以「代電」呈交通部，以迎春輪經高雄港務局派員檢查船體及機器情形據報：「該輪船殼水線以下情況尚佳，水線以上鐵板略有損壞，甲板全部損壞，建物損壞頗甚，機器尚佳，鍋爐略有損壞，預計非大修不可，如修復約需美金二萬餘元，以目前情形言似無修復航行之價值」（如附：高雄港務局公文）。

最後這艘歷經八年抗戰，沉船阻敵，戰後全國第一艘開至上海運送國府人員接收復原，又參與一九四九大撤退，依當時舊船價格約值五萬美金的迎春輪，僅以新台幣九萬元賣給了一家拆船公司「建源行」。該行購入後，隨即將該輪解體，將此船以廢鐵出售。（如附：迎春輪賣船合約書）

至於「得春輪」，則自一九四九年六月起奉令不定期擔任各單位之交通船，航行金門、馬公、澎湖、及上、下大陳島、嵊泗列島等當時國軍仍據守的各島嶼。依照長記公司存留資料顯示，每日給付租金為新台幣五百八十一元二角九分（附圖：得春租用付費單），這個租金當然不夠拿來支付船上二十八位船員薪資（包含船長、大副、輪機長等高階船員），因此幾乎等於也是白白將船交給政府各單位長期使用，還得自行負擔基本維修費及添加燃煤及淡水的費用以及萬一船隻遭砲擊之風險。一九五一年十月經基隆港口司令部退租後（附圖：得春退租通知單），父親不堪虧損，索性在年底將此輪以新台幣三十八萬元賣給了「大成輪船公司」，扣除應付各船員的薪資後，所剩無幾。

由於買主是頗有背景之本省籍人士，國民黨政府不敢向他們徵船做軍用，他們買了這艘船後用來跑環島，將台灣東部的出產運到基隆和高雄。

「利春輪」的遭遇也十分淒慘，自一九四九年來台後，隨即奉令擔任廈門，上、下大陳島往返之軍差，一九五〇年五月二十二日，正返回基隆港，並趁此空檔攬了一批四百餘噸的商貨，預計載往定海，當貨已上船正待結關開航時，五月二十七日突然接獲「基隆港司令部」之命令，稱：「該輪已『奉准』交本部租用，該輪所裝商貨請尅日卸清備用為荷」（附圖：基隆港司令部租用單）。但實際上卻是將此船交給一個非政府單位之民間組織「浙江人民反共突擊軍」使用。

據船員回來時報告，該「浙江人民反共突擊軍」從未登陸或突擊任何共軍駐地，而是專門攔截民船，劫掠船貨，如同海盜一般。因此所有民船只要遠遠望見利春輪，就急忙趨至附近港口躲避，此時該突擊軍指揮官呂〇祥立即命令船長將利春輪加速至三十浬追趕民船，而利春輪正常航速應為二十四浬，由於長期高速使用，又未曾給機件添加潤滑油，使得該船機械嚴重受損，致無法以正常航速航行。此時呂某竟以手槍抵著船長賀吉林及輪機長李承基謂係其故意不依照命令加速行駛。船長回他：「船快不起來，怎麼能怪我們？我已將船速指示器開至最大了，應該是機器出了問題！」，此時呂某又威脅輪機長，輪機長回他：「你用船至今超過半年，都沒給船添加潤滑油，船機器缸和活塞早已磨損毀壞，我拆開來給你看看，你就明白！」，但呂某仍置之不理。

半年多後，利春輪勉強以五、六浬的速度開回基隆，該突擊軍呂指揮官又命令長記公司速速修船備用。經請專家檢查後，發現該輪曲軸遭嚴重磨損，汽缸套上之活塞也已全部損壞，軸承又因長期缺乏潤滑油，已不堪使用。由於台灣買不到此種美國軍艦配用之氣缸套，也買不到相同口徑之活塞。而最糟糕的是，主機曲軸已磨損至報廢程度，而該輪有兩台主機，若向國外訂貨，除需美金四萬元外，並需等候三個月之久，全部修復需花費美金六萬元。但此時長記公司原攜自大陸的十餘萬美金早已遭一幫魯籍黨政警界人士勒索一空，已無力負擔此筆修繕費用，而當時台灣外匯仍屬管制中，縱使有錢也無法申請到外匯，且若船修好了，勢必還是得繼續被徵軍用，因此只好呈請基隆港口司令部派員檢查，以追究責任歸屬，結果當然也是不了了之。

至於該輪租金，當初該突擊軍指揮官呂〇祥租船時雖言明每日給付新台幣六百五十一元五角，原租約自一九五〇年五月二十七日起租用至同年十二月三十日止，據長記存檔資料積欠租表所列，應付十三萬八千七百六十九元，但實際上呂某僅支付了七萬八千六百一十五元，尚欠租金六萬零一百五十四元（附圖：利春輪出租情形）。於是父親只好呈函國防部參謀總長周至柔，周參謀總長於一九五一年一月十七號發函保密局，要求保密局查清本案具報，並將附件抄本送聯勤總部。「聯勤基隆運輸司令部總司令」遂於一九五一年一月十日發文致「浙江人民反共突擊軍」呂指揮官，電文（附圖：聯勤基隆運輸司令部發函電文）：

據長記輪船股份有限公司元月六日稱：

國防部參謀總長周至柔鈞鑒：

（一）敝公司利春輪於去年五月二十七日奉基隆港口司令部令租於鈞部保密局浙江人民反共突擊軍，開往浙江海面使用，經訂立租船合同，並承前基隆港口司令部見證在案，該輪曾於去年七月間返台一次，因所負任務與普通軍運不同，承前基隆港口司令部召集該突擊軍呂指揮官與敝公司協議增定附款四項附在租約船合同復承前基隆港口司令部見證各在案

（二）該輪租金在協議附款第四項經規定於每月十日向呂指揮官公館支領，惟六月份以後均未荷照付（如附證件）又該輪尚未奉令解租，船上砲位尚未拆下，務肯賜予轉飭依照規定計算租金……等語。

一九五一年一月十七日國防部參謀總長周至柔復以「（四十）轔轃字第一二四號」代電令保密局，電文如下：（附圖：轔轃字第一二四號電文）

茲隨電抄附長記輪船股份有限公司四十年元月六日呈一件

查利春輪解租發還并請發欠付租金一案業經（三九）炳焜字第（一四〇三）號代電副本飭辦在卷希即遵照前電解租發還並將結欠租金及燃料迅速清付具報

副本抄送聯勤總部及長記輪船股份有限公司

參謀總長 **周至柔**

到了一九五一年三月二十七日，利春輪上的砲位終於被拆除了，算算前後整整十個月又三百零五天，按照合約，租金一共應付給長記公司新台幣十九萬八千七百零七元五角，但即便參謀總長具名出函，呂〇祥一毛也不肯再付，一共欠下租金十二萬零九十二元五角，以及燃料柴油二十二噸。當時柴油每噸二十美元，二十二噸是四百四十美元，折合新台幣為一萬七千六百元，兩者合計共十三萬七千六百九十二元五角。

呂某原寄望於以此船之快速，足夠用來劫掠浙江沿海之民船，而大發其財，哪知初時雖略有斬獲，但時間一久，眾人皆知其為劫匪，非不得已絕不出海，導致呂某財務拮据無法負擔租金。而船是由保密局出面承租，雖有參謀總長之命令，但實則並無法向上級單位請款。最後保密局乃以敷衍了事的辦法墊付了一萬元交給呂〇祥轉交長記公司，當長記公司派人至呂某處領款時，呂某卻僅付了八千元，又扣下兩千元自用，如此一來更可向保密局謊稱他實在是窮得付不出錢來了。這是一個十足的無賴兼海盜，不但沒有為國家出過力，還把他老家浙江沿海一帶善良的漁民狠狠的洗劫了一番，甚至還害得「利春輪」揹上了海盜船的惡名。（附圖：利春輪欠租費表及八千元付款單據）

而導致父親遭白色恐怖被誣陷為匪諜的，是父親於抗戰勝利後購入的第一艘輪船「元春輪」。

「元春輪」原本自一九四九年六月起奉令擔任廈門、金門往返之軍運交通船，一九四九年十月十七日共軍攻克廈門，廈門戰役結束，元春輪又奉令參與撤退任務，載運人員及物資回台。

不料，十一月十二日，元春輪又遭徵用載運赴敵後工作之魯中軍區司令劉振策等人，而因他們為逃避守軍盤查船上走私之貨物，擅自改變航程，導致劉某等數十人不幸罹難。

父親一生無論如何忠貞愛國，但卻因此一事件被扣上了「匪諜」的帽子，白白蒙受了一場冤獄之災。

父親坐牢的半年期間，長記的五艘輪船仍然持續遭國府各單位徵召使用，此時元春輪又被徵為金門至基隆之船班，每日租金也僅區區五、六百元，承租單位同樣不給添加潤滑油。一九五一年中，該船也因主要機件嚴重磨損，而台灣同樣買不到美國登陸艇之零件，經請專家檢查後，若需修復至少得花費美金六萬元，只好停航。

最後利春輪和元春輪均依交通部規定，泊錨於淡水河社子島的邊上，我還曾經上船去拆了兩艘船上美國原裝，可四面旋轉的電風扇，每艘船有二十八台。由於當時電扇是奢侈品，而這種四面旋轉的電扇市面上根本買不到，曾有人上船看過想買。一九五二年時，長記公司已搖搖欲墜，我只好上船去拆下來賣錢，還記得每台售得新台幣三百元，是公務員每月薪資的四分之三。這兩艘船最終的結局，都是當成了廢鐵出售。

賣買契約

立賣船契約人福永茂帆船船主賀蓮林（青島長記輪船公司管理）於四十一年三月廿九日將停泊在台南縣將軍鄉青鯤鯓海灘之自置福永茂帆船（膠海關註冊膠字第1046號）總担數136噸上海航政局船舶登記證明書（共滬帆字843號總担數200.49担）壹艘暨船具出售與蔡迎鐘價格雙方言明新台幣壹萬壹仟元訂約日先付一半計新台幣伍仟伍佰元其餘伍仟伍佰元於十四日內付清價款付清後在該船停泊地点買主得折船如有來歷不明或將來發生產權糾葛等情賣主願負全責與買主無干恐口無憑特立契約書壹紙為憑。

附註：

一、船具双方当面点清。

二、付福永茂帆船航運憑單、船舶登記證明書、檢查證明書、檢查證書等證件交買方。

賣船人　福永茂帆船船主賀蓮林

住址　台北市康門街九九巷十七號長記輪船公司或高雄市捷興二街廿一之二華達行內

買船人　蔡迎鐘

住址　嘉義縣布袋鎮清水路136號

介紹人　黃天鴻

住址　嘉義縣布袋鎮清水路136號

賣方保證人　徐傳献

住址　嘉義縣布袋鎮岱江里

中華民國四十一年三月廿九日

圖 1　福永茂賣船合同

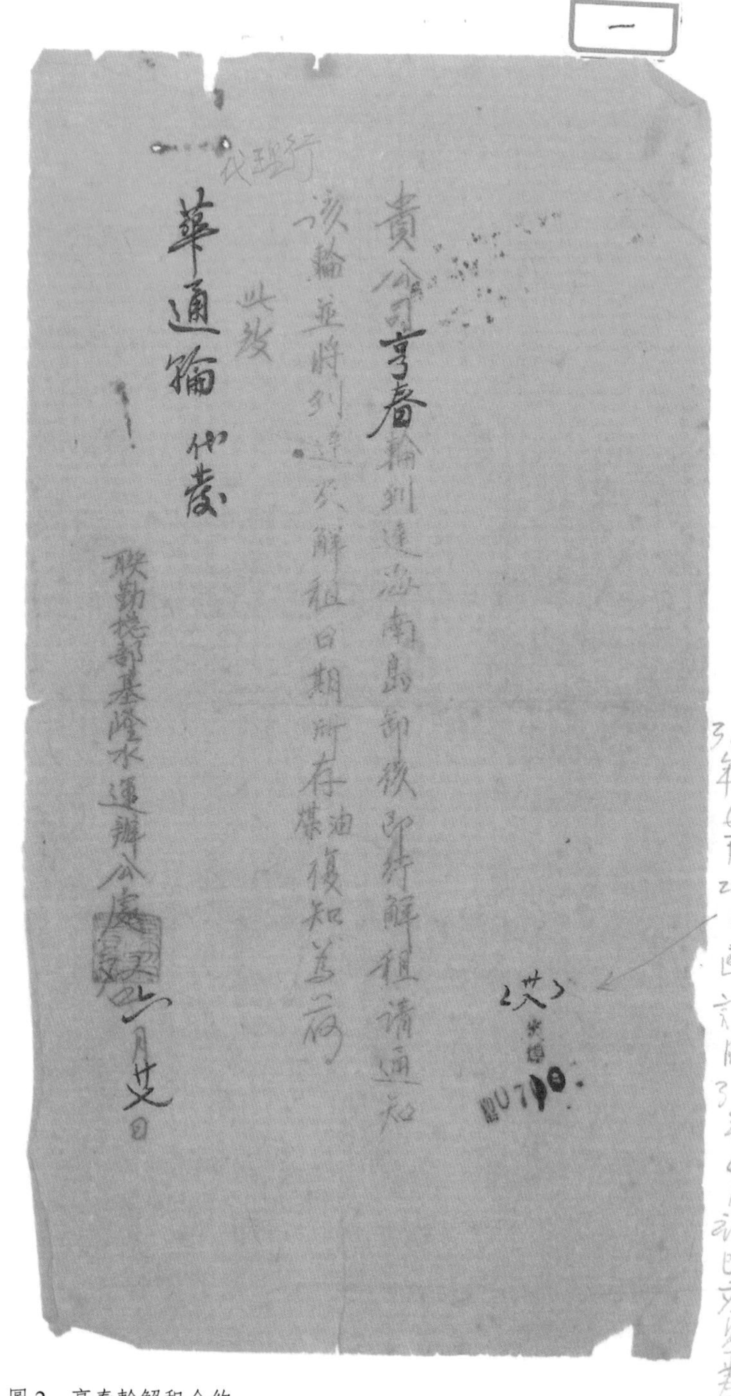

貴公司亨春輪到達海南島卸貨後即行解租請通知該輪並將到達及解租日期所存煤油複知為荷

此致

華通輪代理行

聯勤總部基隆水運辦公處

六月廿七日

38年6月27日函，記明38年6月初已交船差

圖 2　亨春輪解租合約

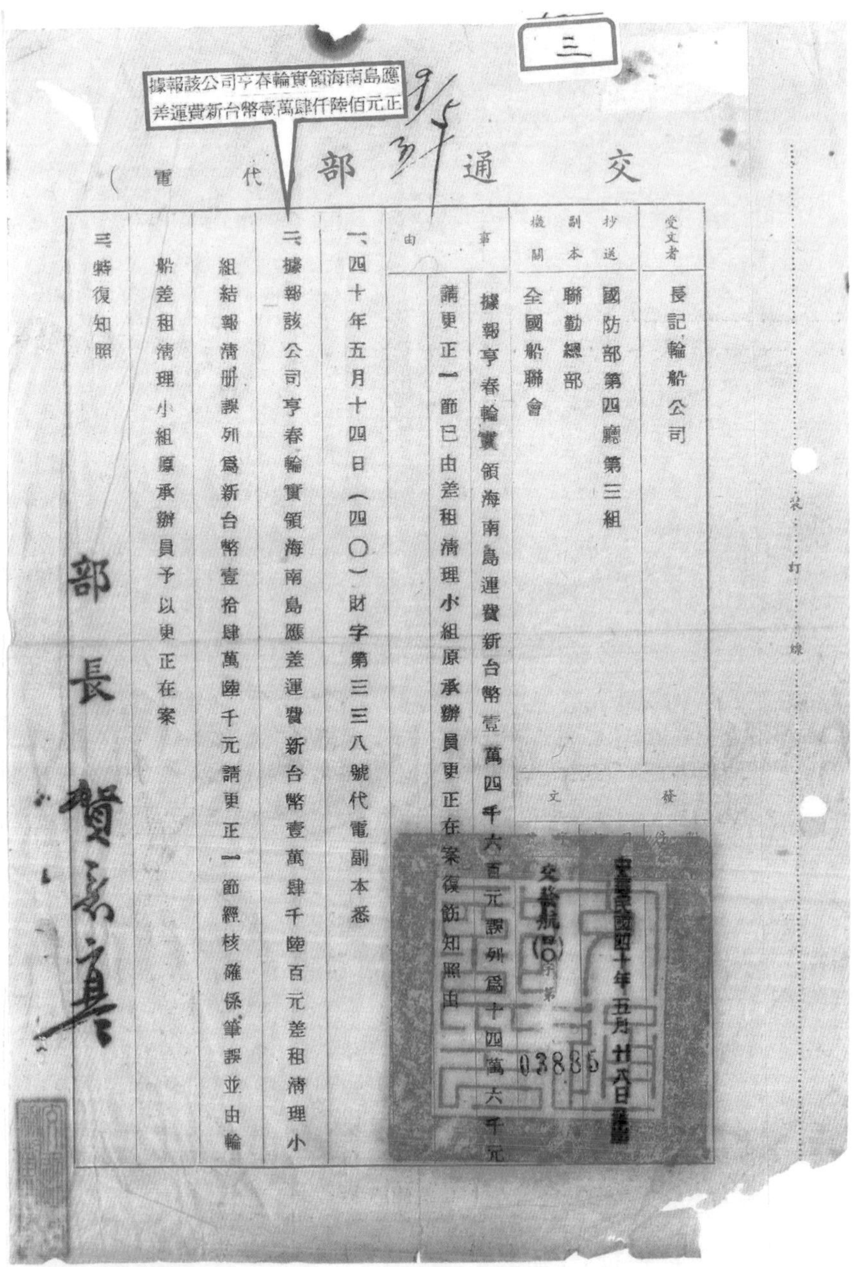

據報該公司亨春輪實領海南島應
差運費新台幣壹萬肆仟陸佰元正

三

交通部代電（

受文者：長記輪船公司

抄送副本機關：國防部第四廳第三組　聯勤總部　全國船聯會

事由：據報亨春輪實領海南島運費新台幣壹萬四千六百元誤列為十四萬六千元請更正一節已由差租清理小組原承辦員更正在案復飭知照由

一、四十年五月十四日（四〇）財字第三三八號代電副本悉

二、據報該公司亨春輪實領海南島應差運費新台幣壹萬肆千陸百元差租清理小組結報清冊誤列爲新台幣壹拾肆萬陸千元請更正一節經核確係筆誤並由輪船差租清理小組原承辦員予以更正在案

三、特復知照

部長　賀衷寒

發文：中華民國四十年五月廿八日　交航（四〇）字第03885

裝訂線

圖3　亨春輪海南島運費

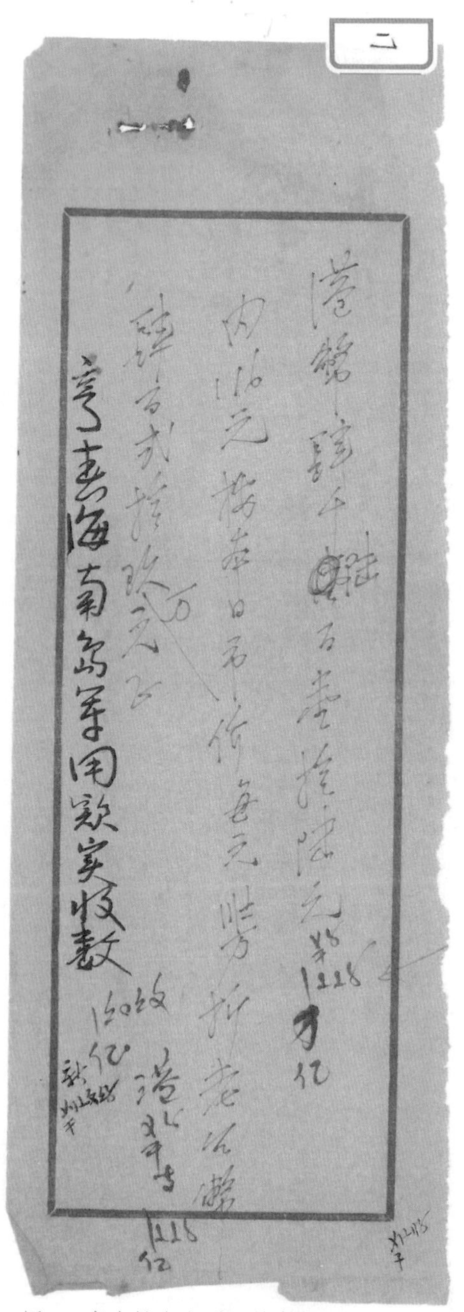

圖 4　亨春輪海南軍用款實收據

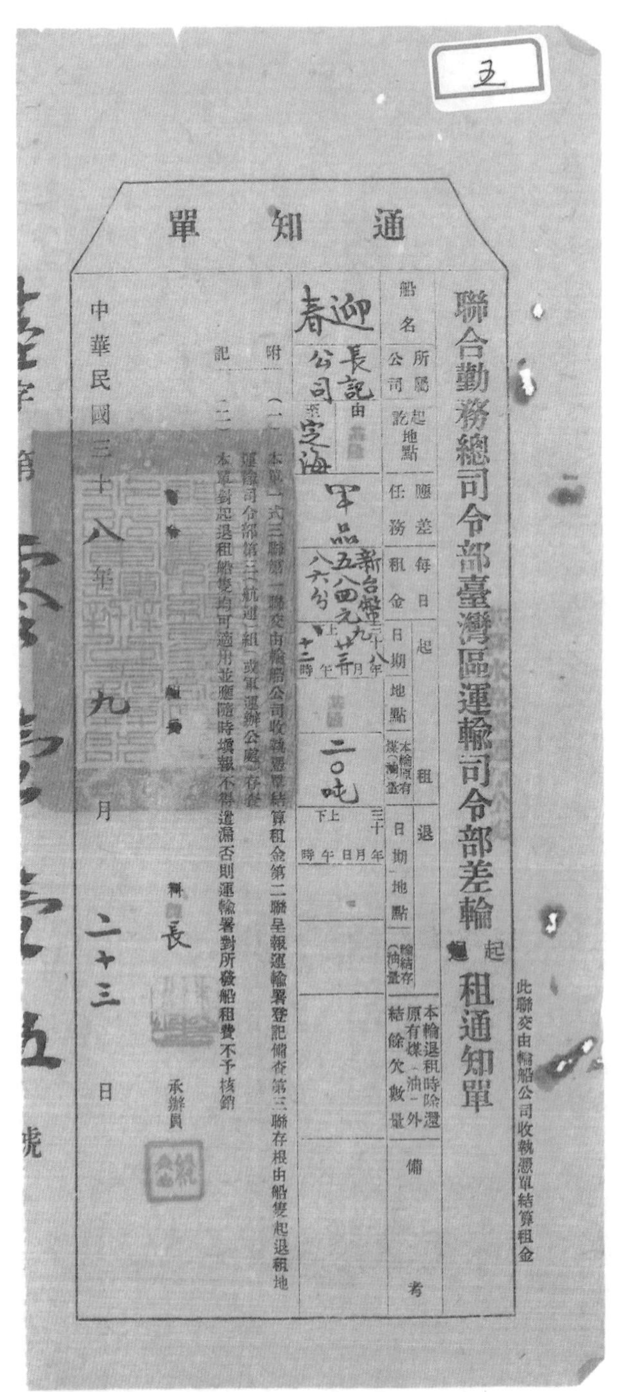

通知單

聯合勤務總司令部臺灣區運輸司令部差輪起退租通知單

此聯交由輪船公司收執憑單結算租金

船名	所屬公司	起訖地點	應差任務	每日租金	起租日期	起租地點	本輪原有煤（油）量	退租日期	退租地點	輪結存（油）量	本輪退租時除澀原有煤、油外結餘欠數量	備考
迎春	長記公司	由［illegible］至定海	軍品	新台幣五八四元八六分	三十八年九月廿三日上下午十二時	[illegible]	二〇吨	三十　年　月　日上下午　時				

附記：
（一）本單一式三聯第一聯交由輪船公司收執憑單結算租金第二聯呈報運輸署登記備查第三聯存根由船隻起退租地運輸司令部第三航運組（或軍運辦公處）存查
（二）本單對起退租船隻均可適用並應隨時填報不得遺漏否則運輸署對所發船租費不予核銷

組長　科長　承辦員

中華民國三十八年九月二十三日

臺字第五號

圖5　基隆水運辦公處迎春租船合約

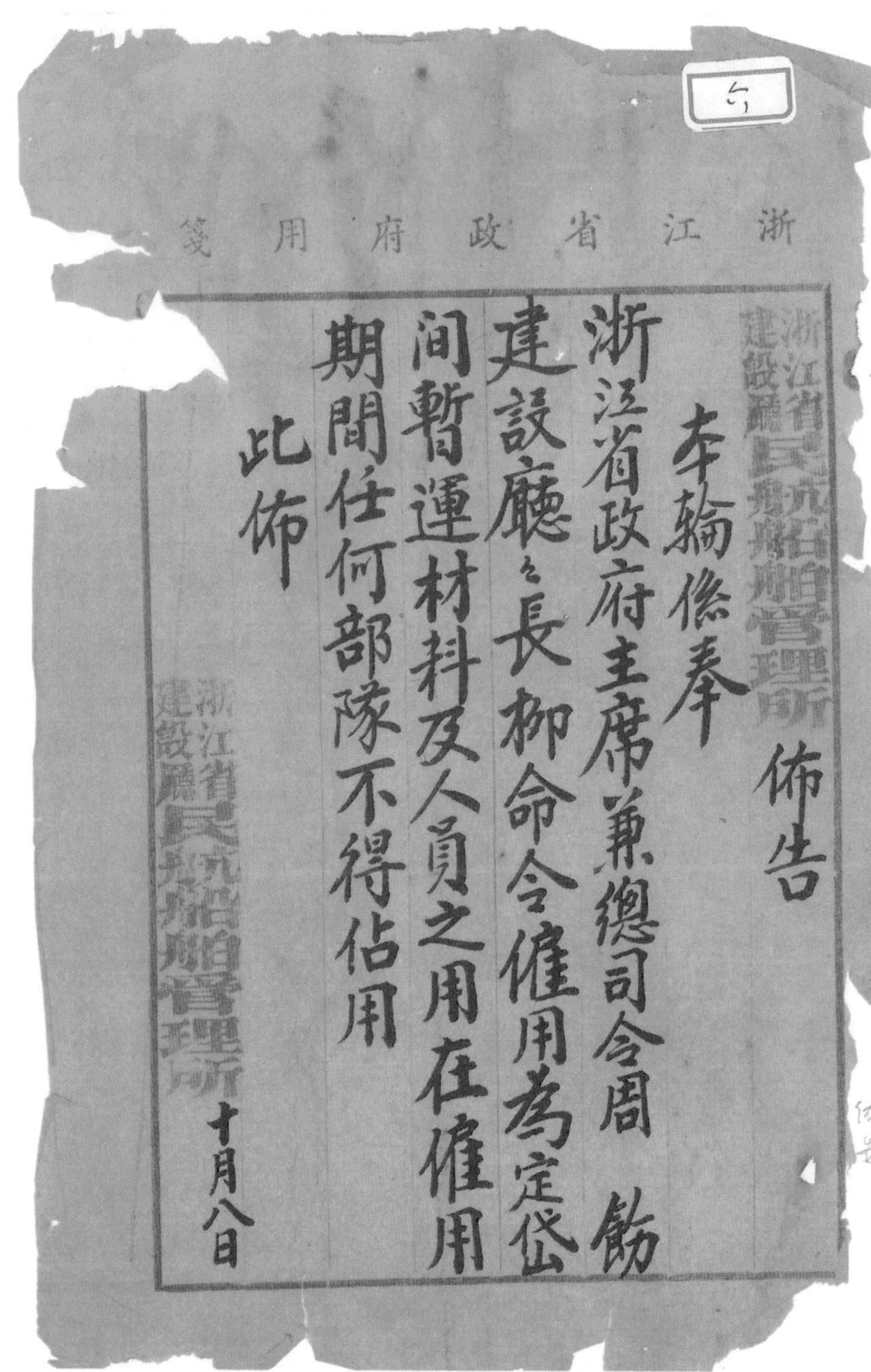
浙江省政府用箋

浙江省建設廳民船管理所

佈告

本輪係奉

浙江省政府主席兼總司令周 飭

建設廳廳長柳命令僱用為定岱

間暫運材料及人員之用在僱用

期間任何部隊不得佔用

此佈

浙江省建設廳民船管理所

十月八日

圖 6　貼在迎春輪駕駛台上的浙江省府公文

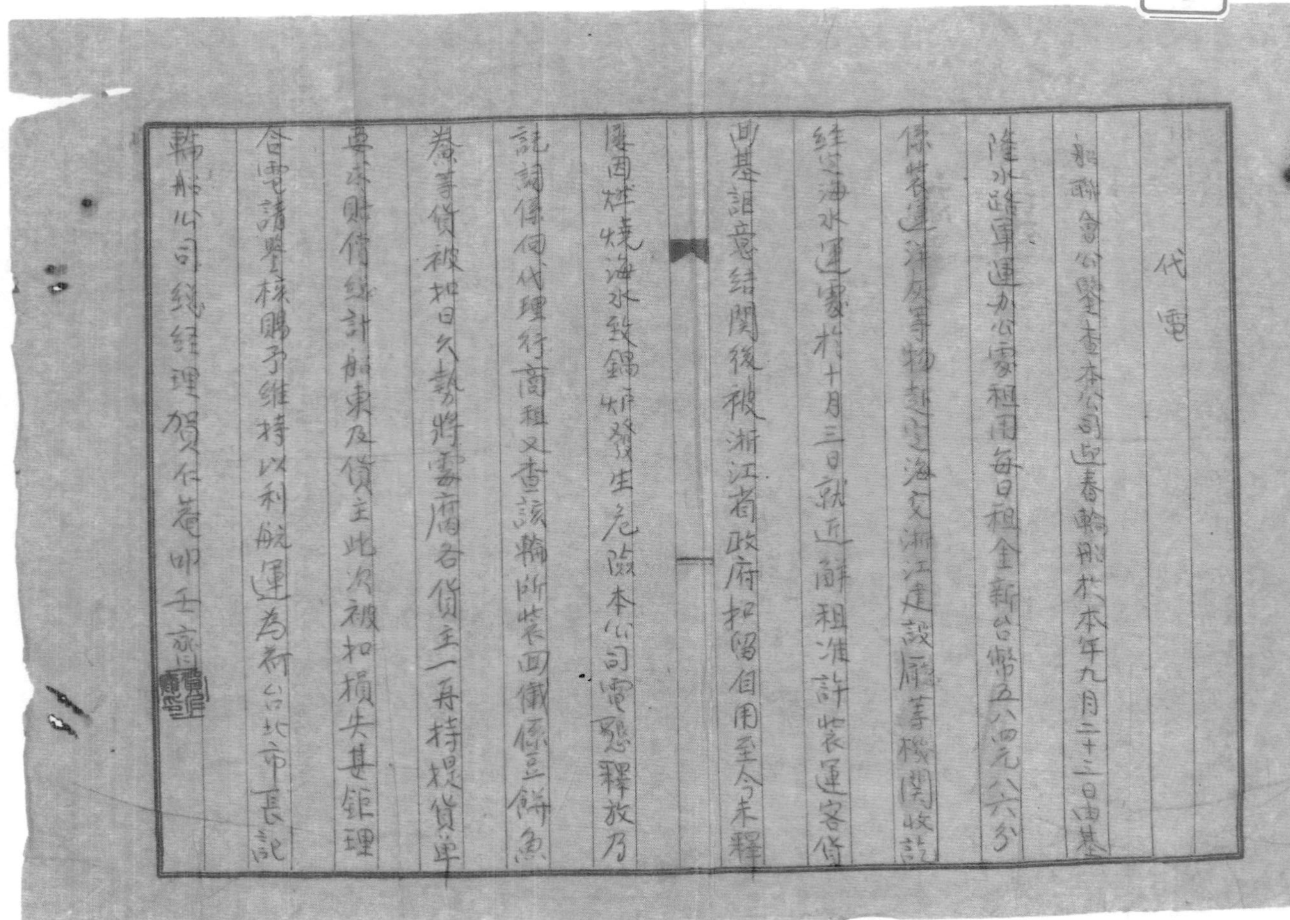

代電

船聯會公鑒：查本公司迎春輪船於本年九月二十三日由基
隆水路軍運办公處租用，每日租金新台幣五八四元八六分，
係裝運汽油等物赴定海交浙江建設廳等機關收訖，
經定海水運處於十月三日就近雇租，准許裝運客貨
回基。詎意結關後被浙江省政府扣留自用，至今未釋。
後因燃燒海水致鍋爐發生危險，本公司電懇釋放，乃
詎詢係何代理行商租，又查該輪所裝回貨係豆餅魚
類等貨，被扣日久，勢將霉腐，各貨主一再持提貨單
要求賠償，總計船東及貨主此次被扣損失甚鉅，理
合電請鑒核，賜予維持，以利航運為荷。台北市長記
輪船公司總經理賀仁菴叩壬亥

圖 7　船聯會公文

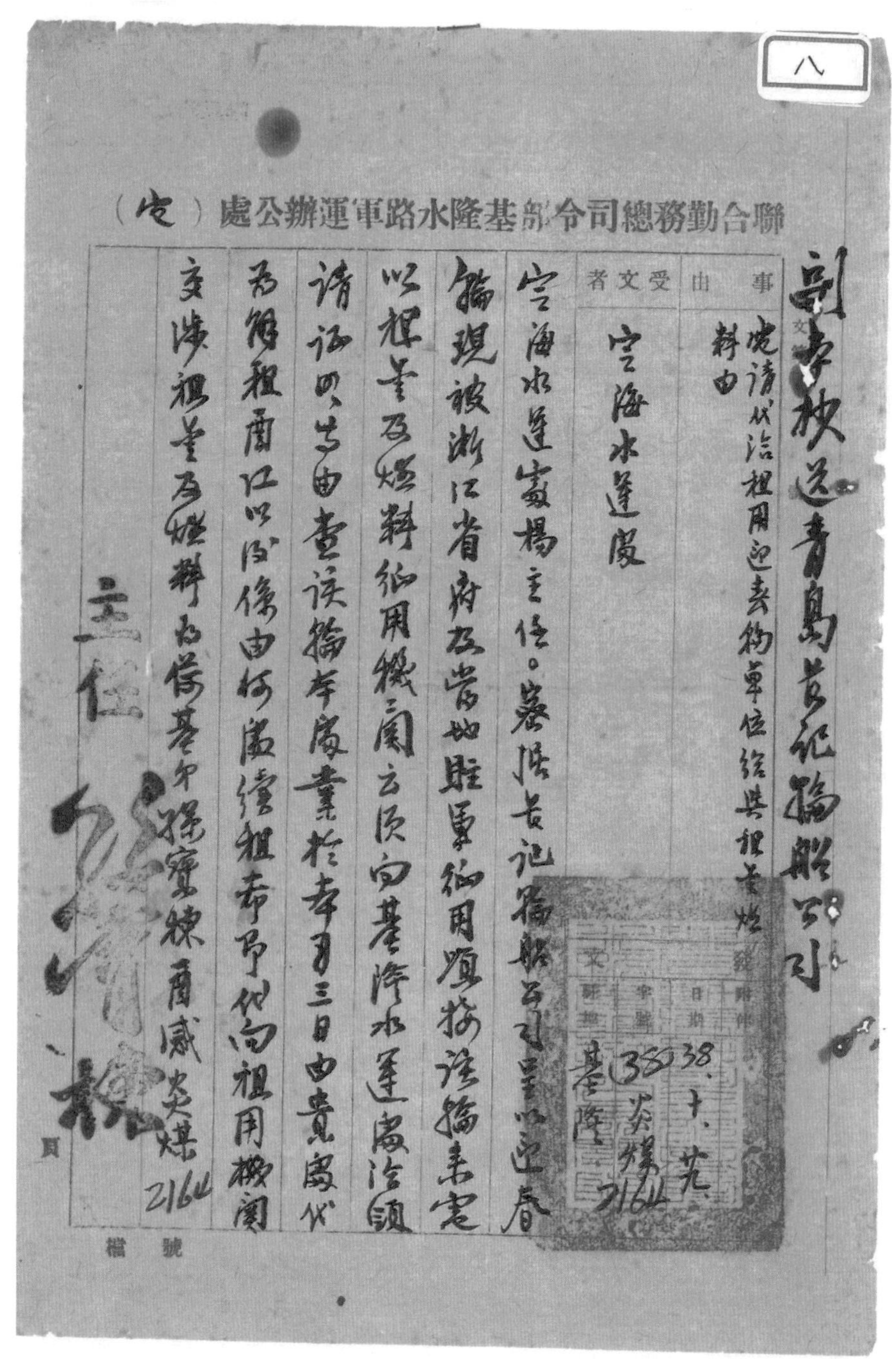

八

聯合勤務總司令部基隆水路軍運辦公處（代）

事由：爲請從洽租用運載物資單位給與租費燃料由

受文者：定海水運處

定海水運處楊主任。案據長記輪船公司呈以長春輪現被浙江省府及當地駐軍徵用須接洽輪來定以租費及燃料徵用機關支領向基隆水運處洽領請示等由查該輪本處業於本月三日由貴處代爲解租商江以後係由何處續租本部代向租用機關交涉租費及燃料以維其生存爲禱

主任

副本抄送青島長記輪船公司

38.十.廿九　基隆（38）炎煤 2164

圖 8　聯勤總司令部發給定海水運楊主任之公文

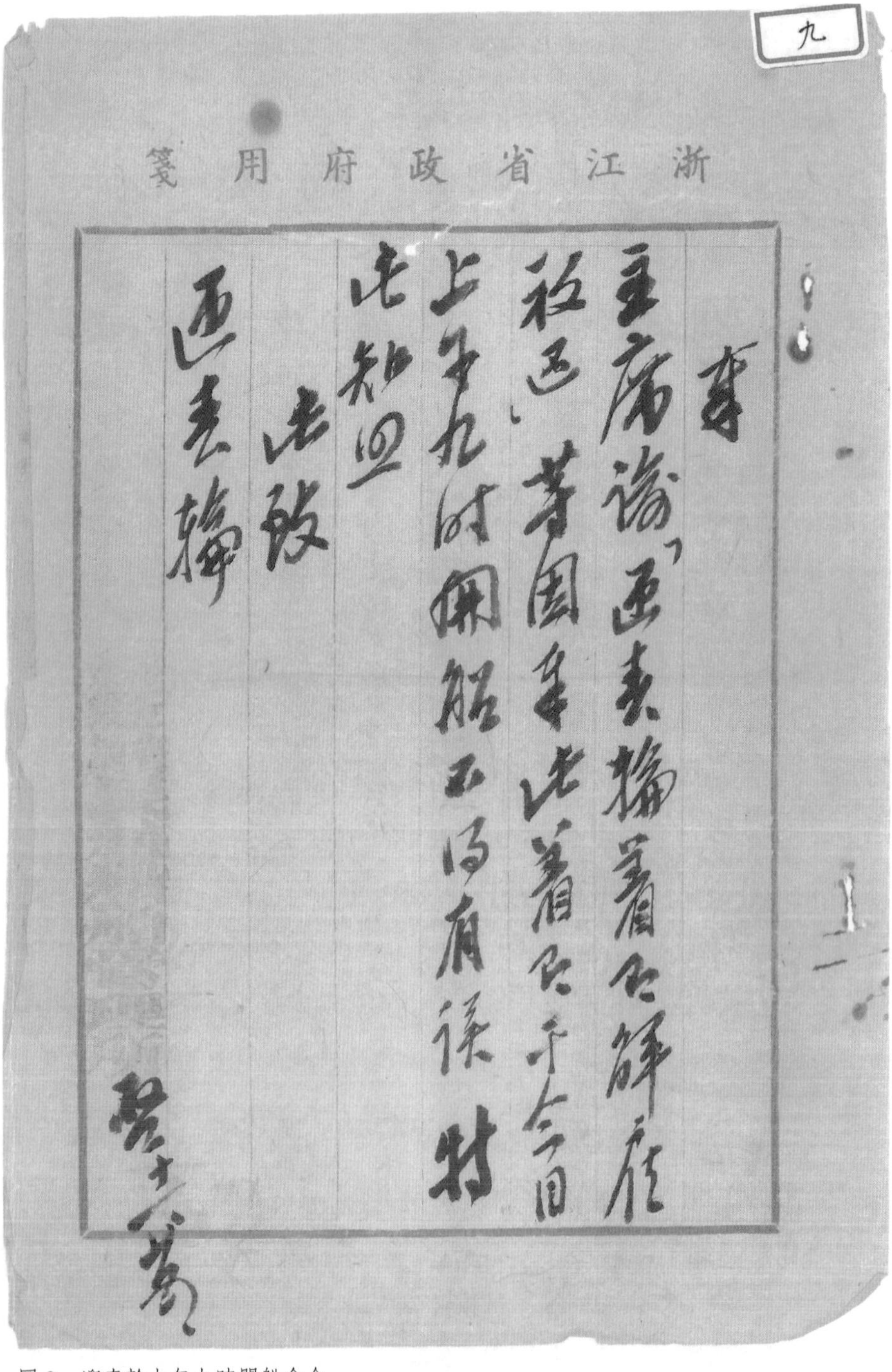

九

浙江省政府用箋

奉
主席諭「迎春輪著即解往
救迎」等因。奉此，著即於今日
上午九時開船，不得有誤。特
此知照
此致
迎春輪

[illegible]簽

圖 9　迎春輪上午九時開船命令

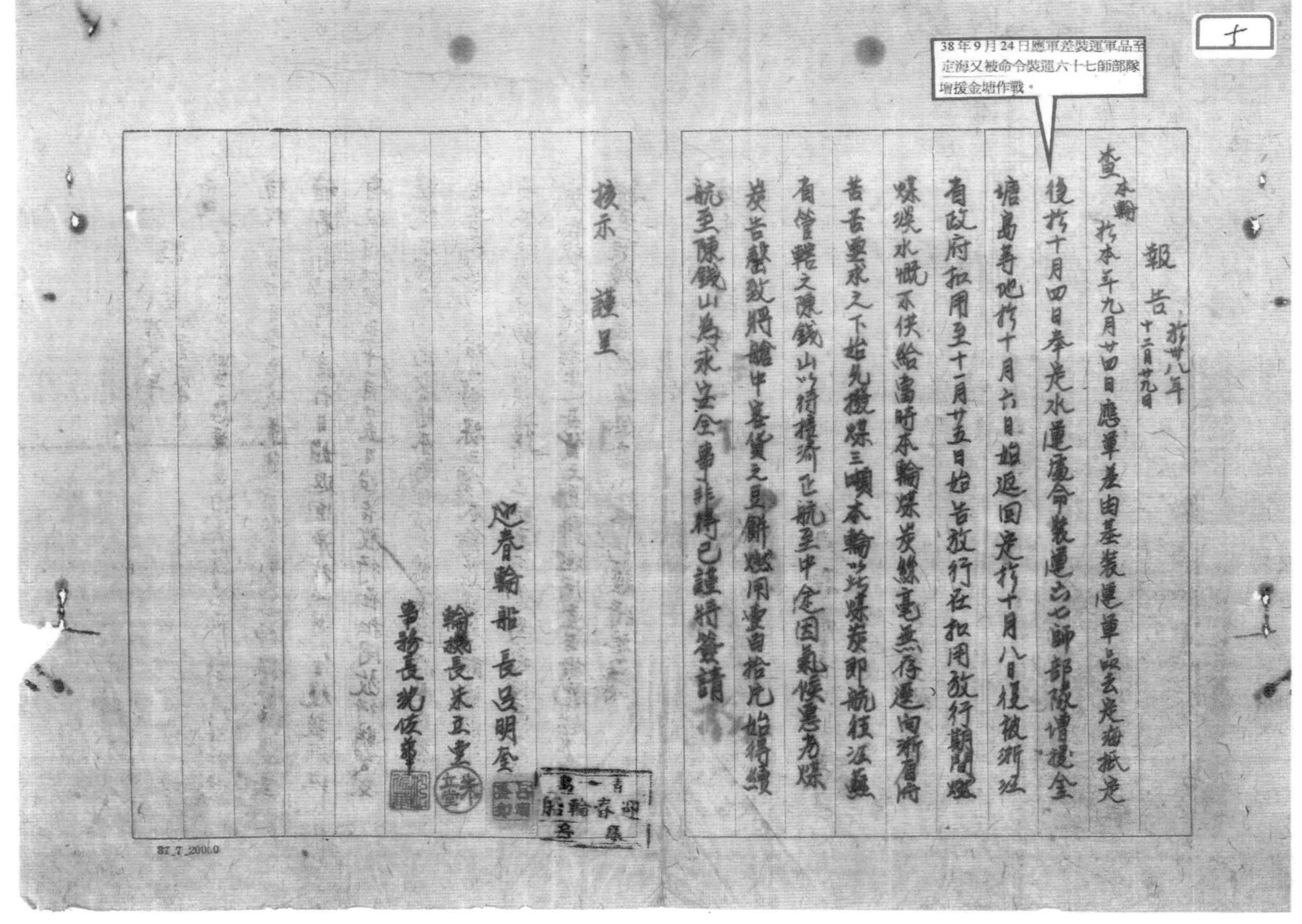

報告 於卅八年十二月廿九日

查本輪於本年九月廿四日應軍差由基裝運軍品去定海抵定後於十月四日奉定水運處命裝運六七師部隊增援金塘島等地於十月六日始返回定於十月八日復被浙江省政府扣用至十一月廿五日始告放行在扣用放行期間燃煤缺水概不供給當時本輪煤炭雖毫無存還向浙省府苦苦要求之下始允撥煤三噸本輪以此煤炭即航往江蘇省管轄之陳錢山以待接濟乃航至中途因氣候惡劣煤炭告罄致將艙中墊貨之豆餅燃用壹百拾片始得續航至陳錢山為求安全事非得已謹將彙請

核示

謹呈

迎春輪船長吳明奎

輪機長朱五惠

事務長沈佐華

圖 10　迎春輪報告書

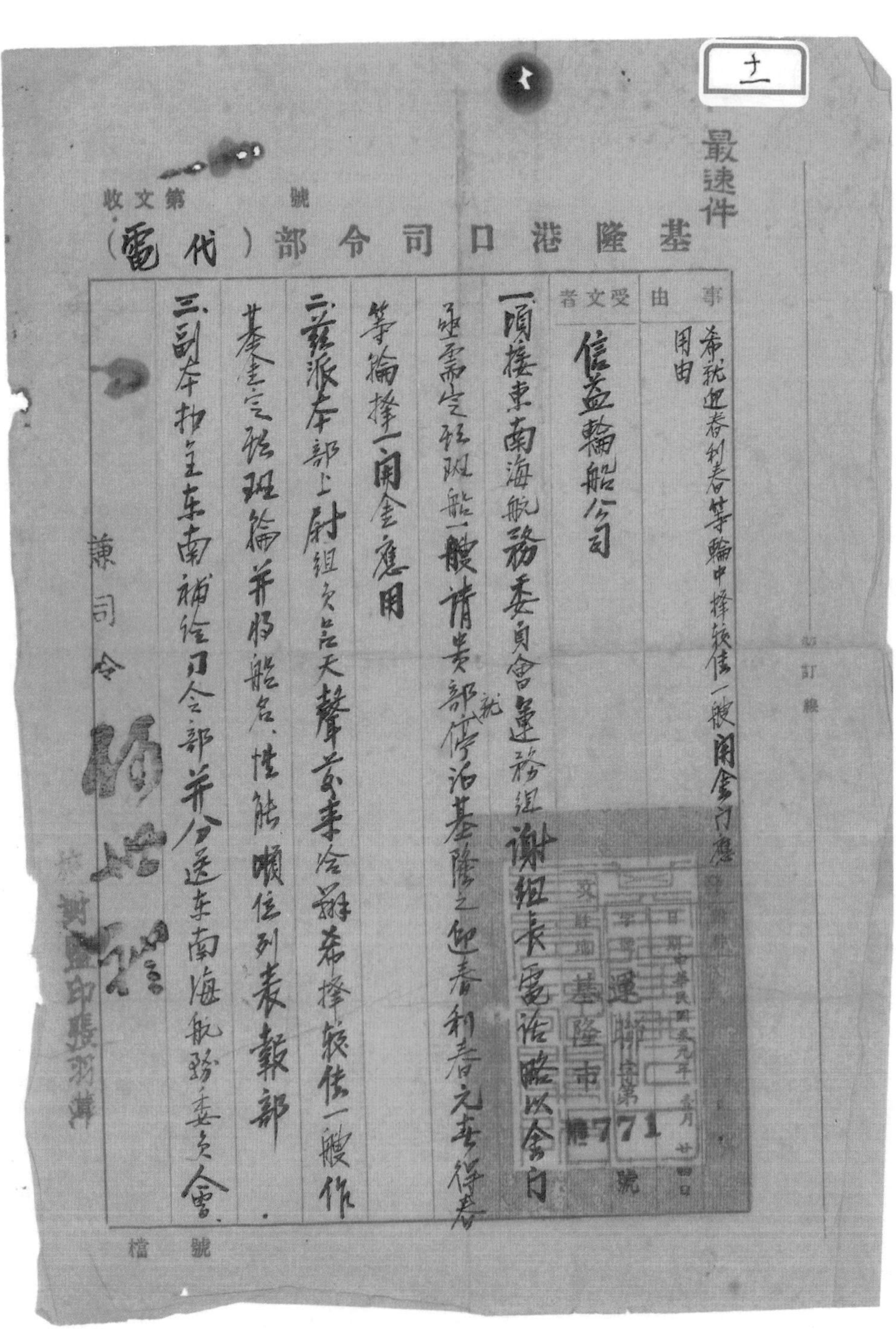

十二

最速件

基隆港口司令部（代電）

收文第　　號

事由	希就迎春利春等輪中擇較佳一艘開金門應用由
受文者	信益輪船公司

一、頃接東南海航務委員會運務組謝組長電話略以奉令亟需定班船一艘請貴部就停泊基隆之迎春利春元安得春等輪擇一開金應用

二、茲派本部上尉組員呂天聲前來會辦希擇較佳一艘作基金定班輪并將船名、性能、噸位列表報部

三、副本抄呈東南補給司令部并分送東南海航務委員會

兼司令 [illegible]

校對監印[illegible]

日期 中華民國卅九年五月廿四日
字號 運聯字第771號
駐地 基隆市

檔號

圖 11　基隆港口司令部電文

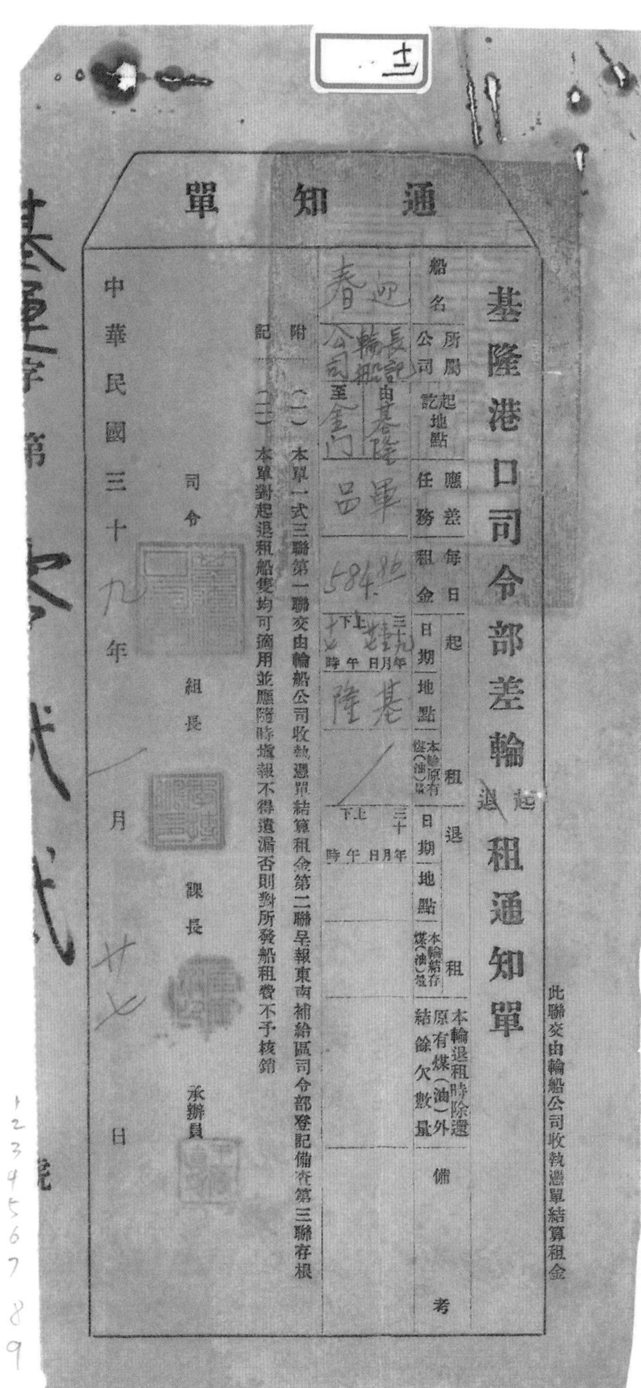

通知單

基隆港口司令部差輪起退租通知單

船名	所屬公司	起訖地點	應差任務	每日租金	起租 日期	起租 地點	起租 本輪原有煤(油)量	退租 日期	退租 地點	退租 本輪結存煤(油)量	本輪退租時除還原有煤(油)外結餘欠數量	備考
迎春	長記輪船公司	由基隆至金門	軍品	584元	三十九年 月 日 上下午 時	基隆		三十 年 月 日 上下午 時				

附記
(一)本單一式三聯第一聯交由輪船公司收執憑單結算租金第二聯呈報東南補給區司令部登記備查第三聯存根
(二)本單對起退租船隻均可適用並應隨時塡報不得遺漏否則對所發船租費不予核銷

司令　組長　課長　承辦員

中華民國三十九年　月　日

基隆字第　號

此聯交由輪船公司收執憑單結算租金

圖 12　基隆港口司令部迎春起租通知單

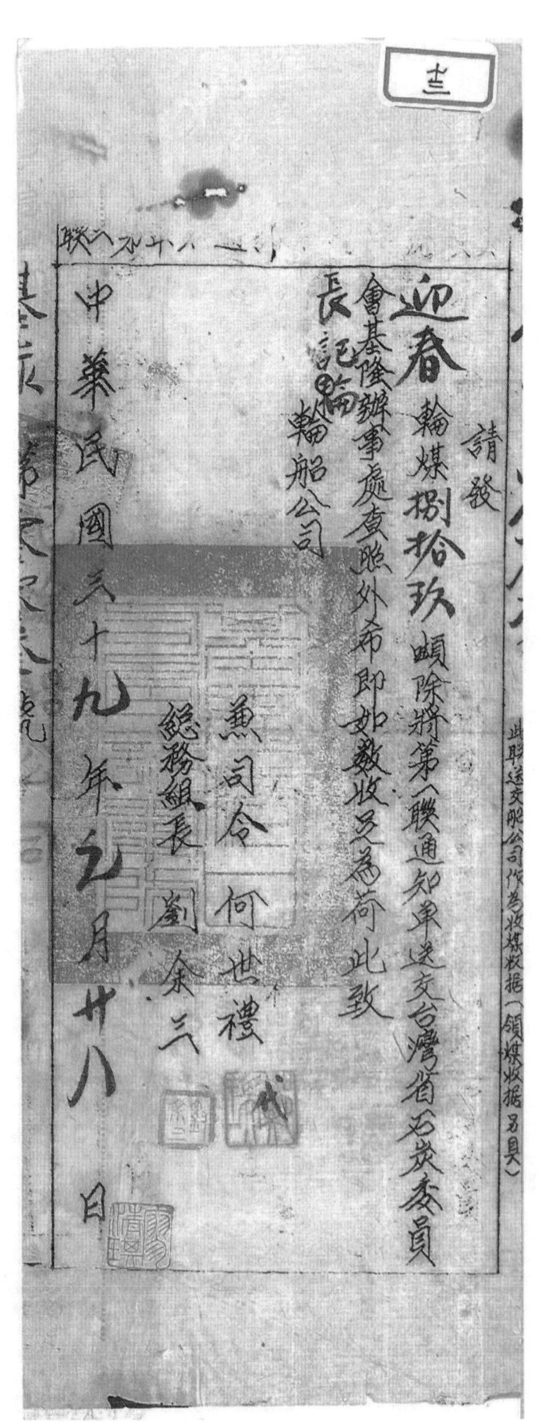

此聯送交船公司作為收煤收據（領煤收據另具）

請發
迎春輪煤捌拾玖噸除將第一聯通知單送交台灣省石炭委員
會基隆辦事處查照外希即如數收足為荷此致
長記輪船公司

兼司令　何世禮
總務組長　劉余三

中華民國三十九年七月廿八日

圖 13　撥發煤碳公文

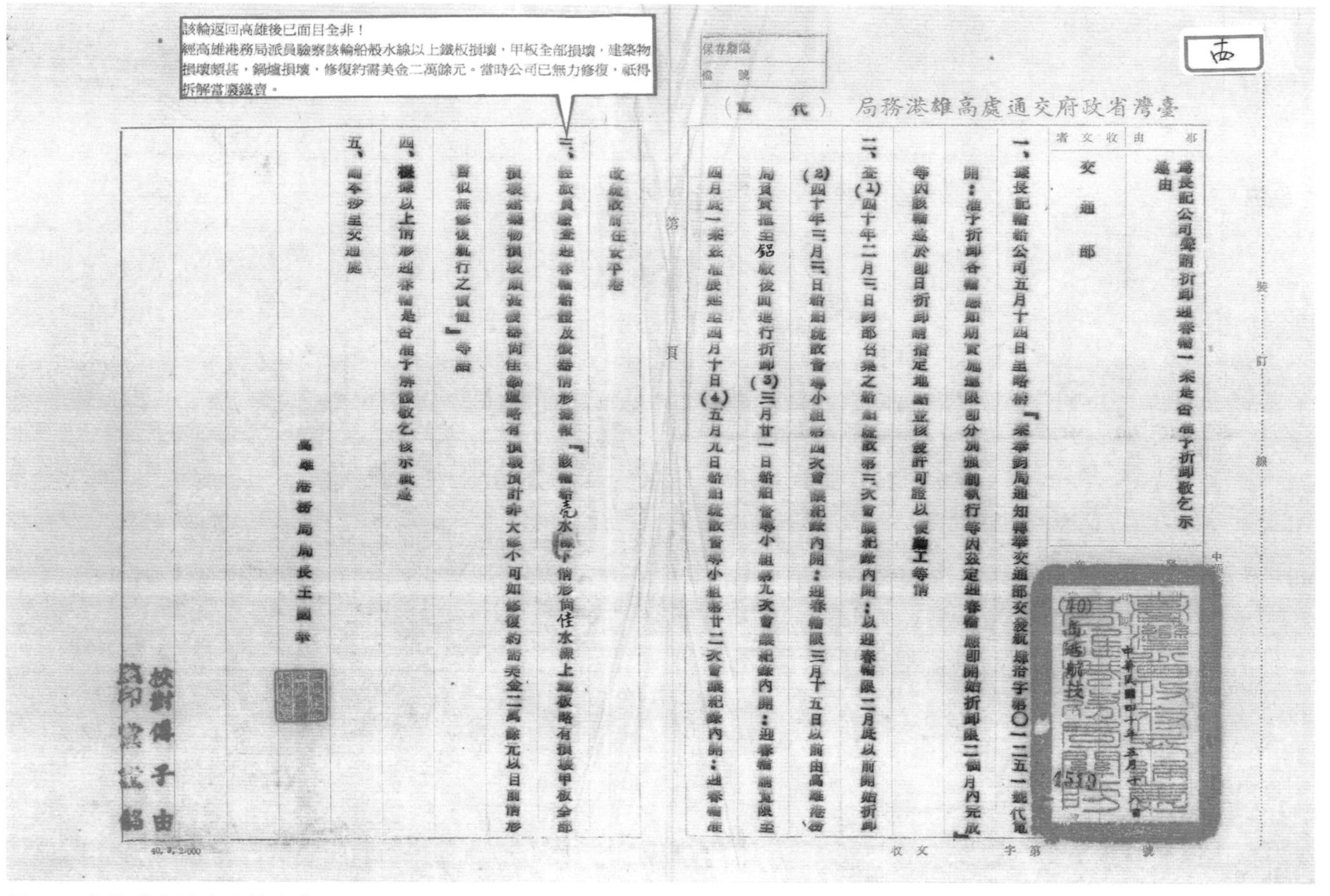

臺灣省政府交通處高雄港務局（代電）

事由：爲長記公司簽請折卸迎春輪一案是否准予折卸敬乞示遵由

收文者：交通部

一、據長記輪船公司五月十四日呈略稱『案奉鈞局通知轉奉交通部交發航埠治字第〇一二五一號代電開：准予折卸合輪應如期實施逾限即分別強制執行等因茲定迎春輪應即開始折卸限二個月內完成等因該輪遂於即日折卸請指定地點並核發許可證以便繳工等情

二、查（1）四十年二月三日鈞部召集之船舶疏散第三次會議紀錄內開：以迎春輪限二月底以前開始折卸（2）四十年三月三日船舶疏散會報小組第四次會議紀錄內開：迎春輪限三月十五日以前由高雄港務局負責插至鋁廠後面進行折卸（3）三月廿一日船舶會報小組第九次會議紀錄內開：迎春輪希望寬限至四月底一案茲准展延至四月十日（4）五月九日船舶疏散會報小組第廿二次會議紀錄內開：迎春輪准

故應改前往安平港

三、經派員驗查迎春輪船體及機器情形簽報『該輪船殼水線下情形尚佳水線上鐵板略有損壞甲板全部損壞建築物損壞頗甚鍋爐略有損壞預計非大修不可如修復約需美金二萬餘元以目前情形尚似無修復航行之價值』等由

四、據以上情形迎春輪是否准予折卸敬乞核示祇遵

五、副本抄呈交通處

高雄港務局局長王國華

校對 傅子由
監印 鍾銘

圖 14　高雄港務局迎春輪公文

迎春輪買賣契約

立買賣船舶契約人長記輪船公司(以下簡稱甲方)

茲因[illegible]方願將自有之迎春輪一艘賣與甲方執業甲方亦願買受該輪雙方協定條款如後共資遵守

(一)乙方以自有之迎春輪壹艘作價新台幣[illegible]萬元正然售與甲方立約以後該迎春輪所有權即完全移轉與甲方所有此後甲方與[illegible]分受益不受任何[illegible][illegible]體其解體等[illegible][illegible]負責辦理。

(二)迎春輪之內容簡列如左

船舶名稱:迎春輪 英文 S.S YING CHUN

建造年月:一八九四年

建造地點:日本

總噸數:三九三.五六噸

登記噸數:一九六.九五噸

甲板層數:二層

船身長度:一六〇.二九呎

船身闊度:二四.八呎

吃水:空船時平均吃水九呎 重載時平均吃水十二呎

機器:種類 三聯式蒸汽机 座數 壹座

馬力:六五四匹

船籍港:台灣.基隆港。

(三)迎春輪售與甲方後移交時除[illegible]及机艙之儀器設[illegible]明由乙方領回外其餘應保持目前之狀態交與甲方

(四)迎春輪立於訂約後十天內由乙方自責[illegible]一切[illegible]解[illegible]續並拖到甲方指定地點交與甲方接收不得藉詞延宕逾期由乙方負担賠償甲方之損失

(五)迎春輪原有全部員工由乙方負責處置於交接之前一日全部離船

(六)迎春輪全部船價雙方議定為新台幣[illegible]萬元正言明於契約立之日甲方先付乙方船價百分之六十其餘百分之四十於船隻移交清楚後(九)天內一次付清。

圖 15　迎春輪賣船合約書

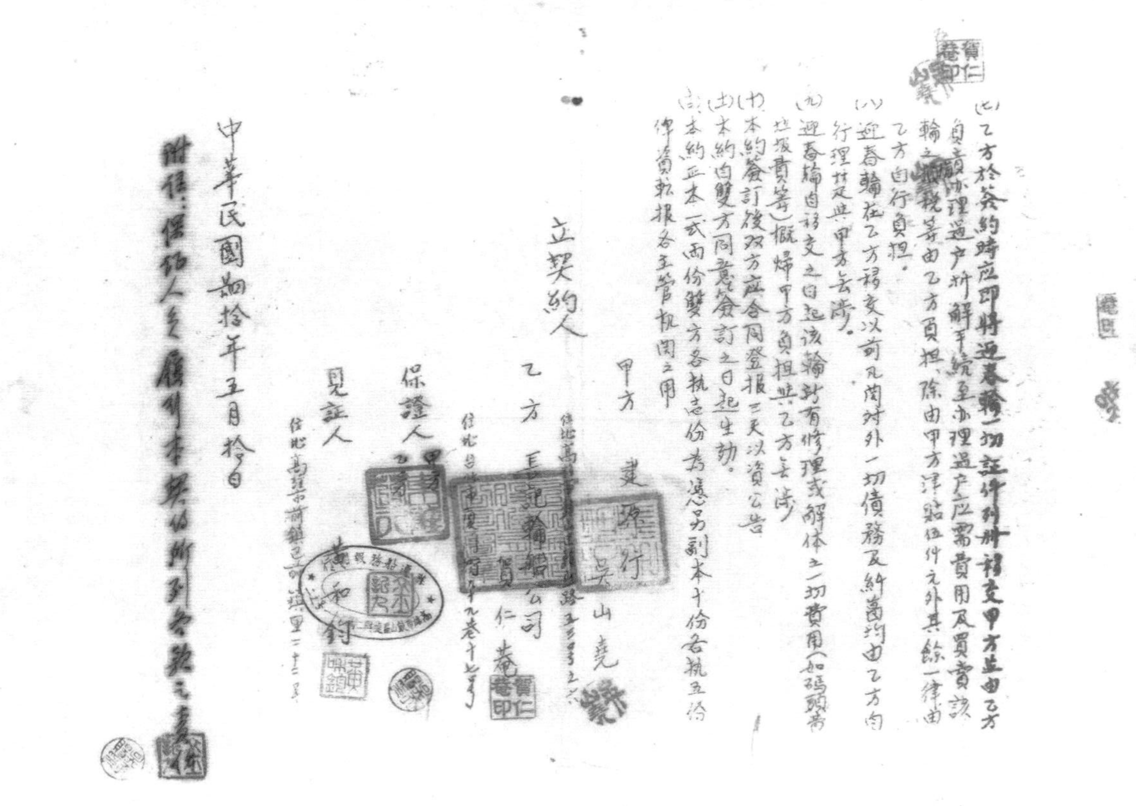

(七) 乙方於簽約時應即將迎春輪一切証件冊籍交甲方並由乙方負責辦理過户拆解手續至辦理過户應需費用及買賣該輪之一切稅等由乙方負担，除由甲方津貼伍仟元外其餘一律由乙方自行負担。

(八) 迎春輪在乙方移交以前凡関對外一切債務及糾葛均由乙方自行理楚與甲方無涉。

(九) 迎春輪自移交之日起該輪對有修理或解体之一切費用（如碼頭費拖駁費等）概歸甲方負担與乙方無涉。

(十) 本約簽訂後双方應合同登報三天以資公告

(十一) 本約自雙方同意簽訂之日起生効。

(十二) 本約正本一式兩份雙方各執壹份為憑另副本十份各執五份俾資輾報各主管機関之用

立契約人

甲方 建源行 吳山堯 住址 高雄市[illegible]

乙方 長記輪船公司 賀仁菴 住址 台北市[illegible]

保證人 [illegible]

見証人 [illegible] 住址 高雄市[illegible]

中華民國肆拾年五月拾日

附註：保証人之履行本契約所列各款之責

圖 16　迎春輪賣船合約書

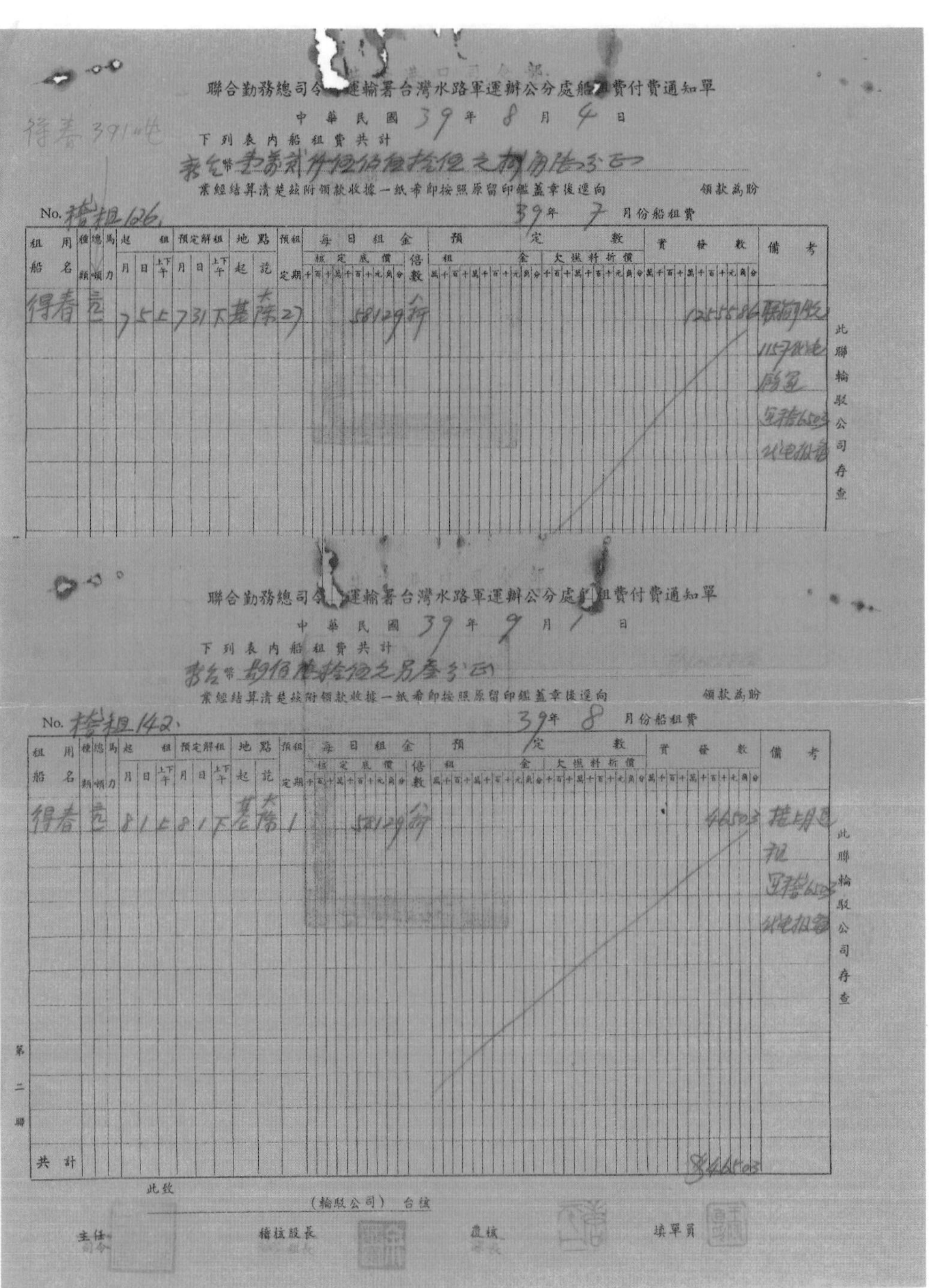

聯合勤務總司令[illegible]運輸署台灣水路軍運辦公分處船[illegible]費付費通知單

中華民國 39 年 8 月 4 日

得春 391 噸

下列表內船租費共計

新台幣 [illegible]

業經結算清楚茲附領款收據一紙希即按照原留印鑑蓋章後逕向 領款為盼

No. 稽租 126

39 年 7 月份船租費

租用船名	種類	總噸	馬力	起租 月	起租 日	起租 上下午	預定解租 月	預定解租 日	預定解租 上下午	地點 起	地點 訖	預租定期	每日租金 核定底價	每日租金 倍數	預定數 租金	預定數 大撫料折價	實發數	備考
得春		391		7	5	上	7	31	下	基	大陳	27	58129	八分			1255586	[illegible]

此聯輪駁公司存查

聯合勤務總司令[illegible]運輸署台灣水路軍運辦公分處[illegible]租費付費通知單

中華民國 39 年 9 月 1 日

下列表內船租費共計

新台幣 [illegible]

業經結算清楚茲附領款收據一紙希即按照原留印鑑蓋章後逕向 領款為盼

No. 稽租 142

39 年 8 月份船租費

租用船名	種類	總噸	馬力	起租 月	起租 日	起租 上下午	預定解租 月	預定解租 日	預定解租 上下午	地點 起	地點 訖	預租定期	每日租金 核定底價	每日租金 倍數	預定數 租金	預定數 大撫料折價	實發數	備考
得春		391		8	1	上	8	1	下	基	大陳	1	58129	八分			46503	[illegible]
共計																	[illegible]	

此聯輪駁公司存查

第二聯

此致

（輪駁公司）台核

主任 稽核股長 覆核 填單員

圖 17　得春租用付費單

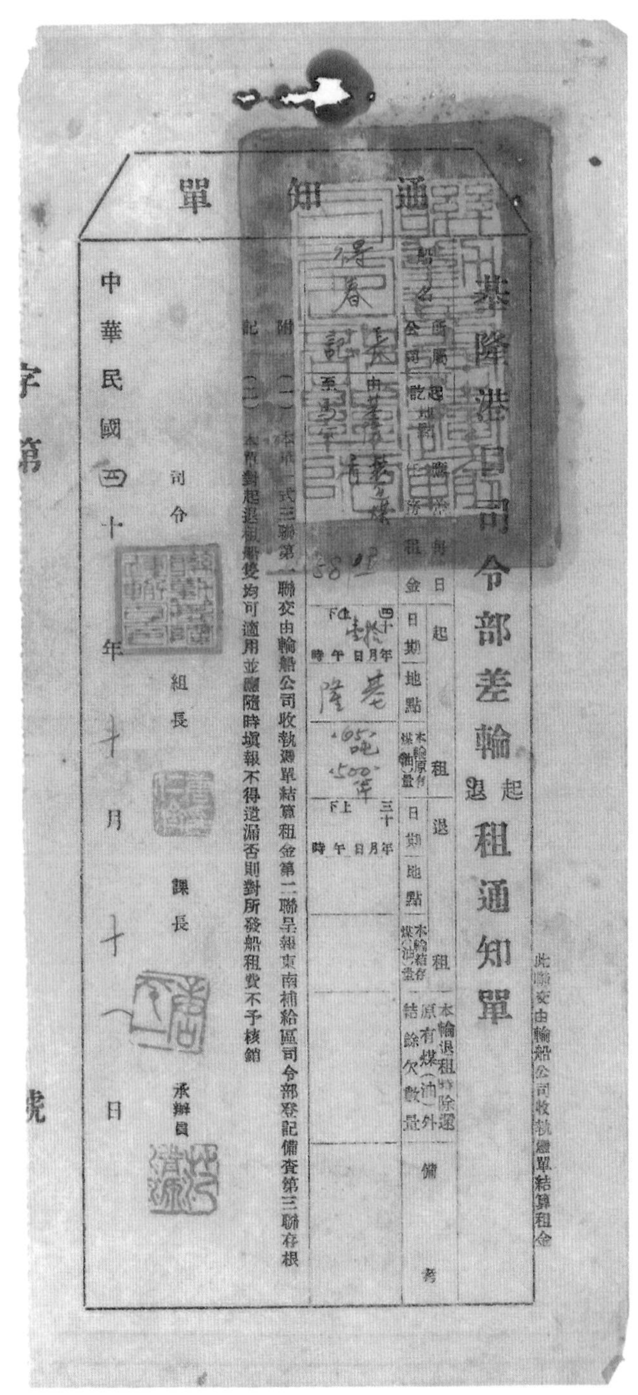

圖 18　得春退租通知單

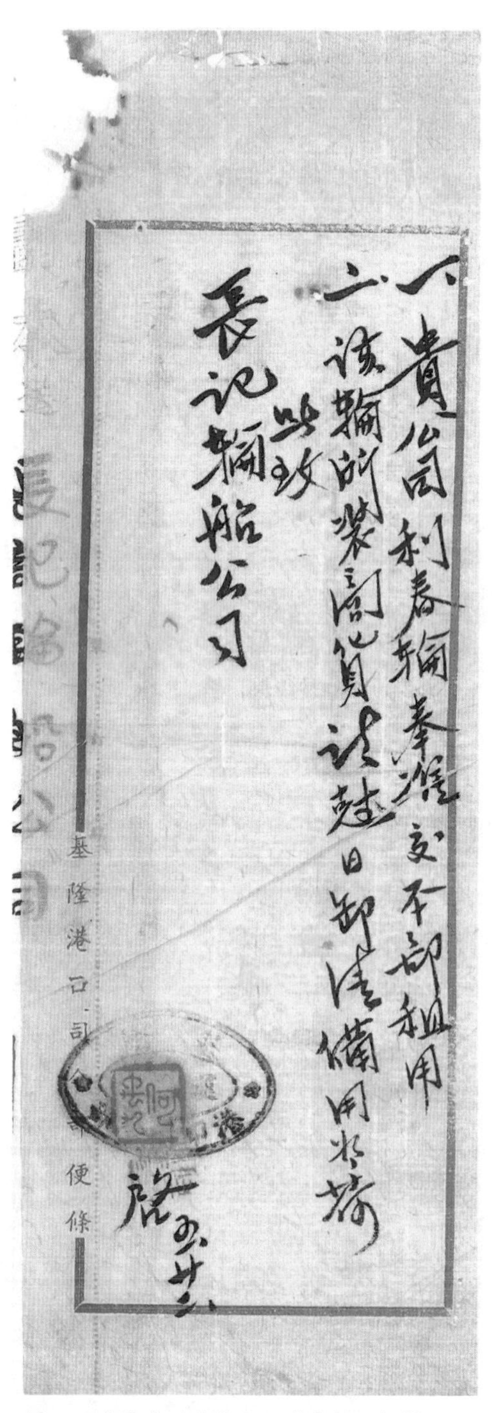

八、貴公司利春輪奉准交本部租用
二、該輪所裝之閩北貨請趁日卸清備用為荷
此致
長記輪船公司
基隆港口司令部便條
啟　五廿三

圖 19　基隆港司令部租用利春輪通知單

保密局正卿字第 6857 代電略以利春輪積欠租金一案，已由本局墊付壹萬元，請轉知該公司逕往呂渭祥家具領，而後租金已飭該部按期交付等因，當經領到八千元，以後每月向呂公館支領均未荷付。

長記公司利春輪出租情形　39,12,30 稿

(一) 利春輪於本年三月廿七日奉基隆港口司令部令租與國防部保密局浙江人民反共突擊軍使用，經訂定租船合同並由基隆港口司令部見證在案。該輪於七月二十三日返基後，因須繼續租用，曾由基隆港口司令部召集該局及該軍並指揮官會訂協議四項附在租船合同，復經基隆港口司令部見證並分報保密局及聯勤總部在案。

(二) 該輪租金依照協議第四項規定自九月份起按月十日到呂指揮官公館支領，唯自九月份起到呂公館[illegible]領未荷發給，經報請基隆港口司令部先賜勸於從事該部晚運，[illegible]代電轉奉保密局正卿字第

(四) 總代電略以「利春輪積欠租金一案已由本局墊付壹萬元，請轉知該公司逕往呂渭祥家具領，至所有租金已飭該部按期交付」等因，當經領到八千元，以後每月向呂公館支領，均未荷照付。

(三) 該輪業於十二月五日返基，並指揮官因臨時返台，經派員趨向呂指揮官請領租金亦未荷照付，並迄未獲具體答覆。該因船員薪津積欠數月，員工生活無法維持，敝公司因年來業務停頓，經濟拮据萬分，無力墊付。

(四) 該輪至今尚未解租，已截至十二月十日止，已積欠租金四萬[illegible]元[illegible]角[illegible]分，柴油六十七噸，[illegible]期間利春輪積欠租金清單乙份。

請迅賜請追以便支應。

圖 20　利春輪出租情形

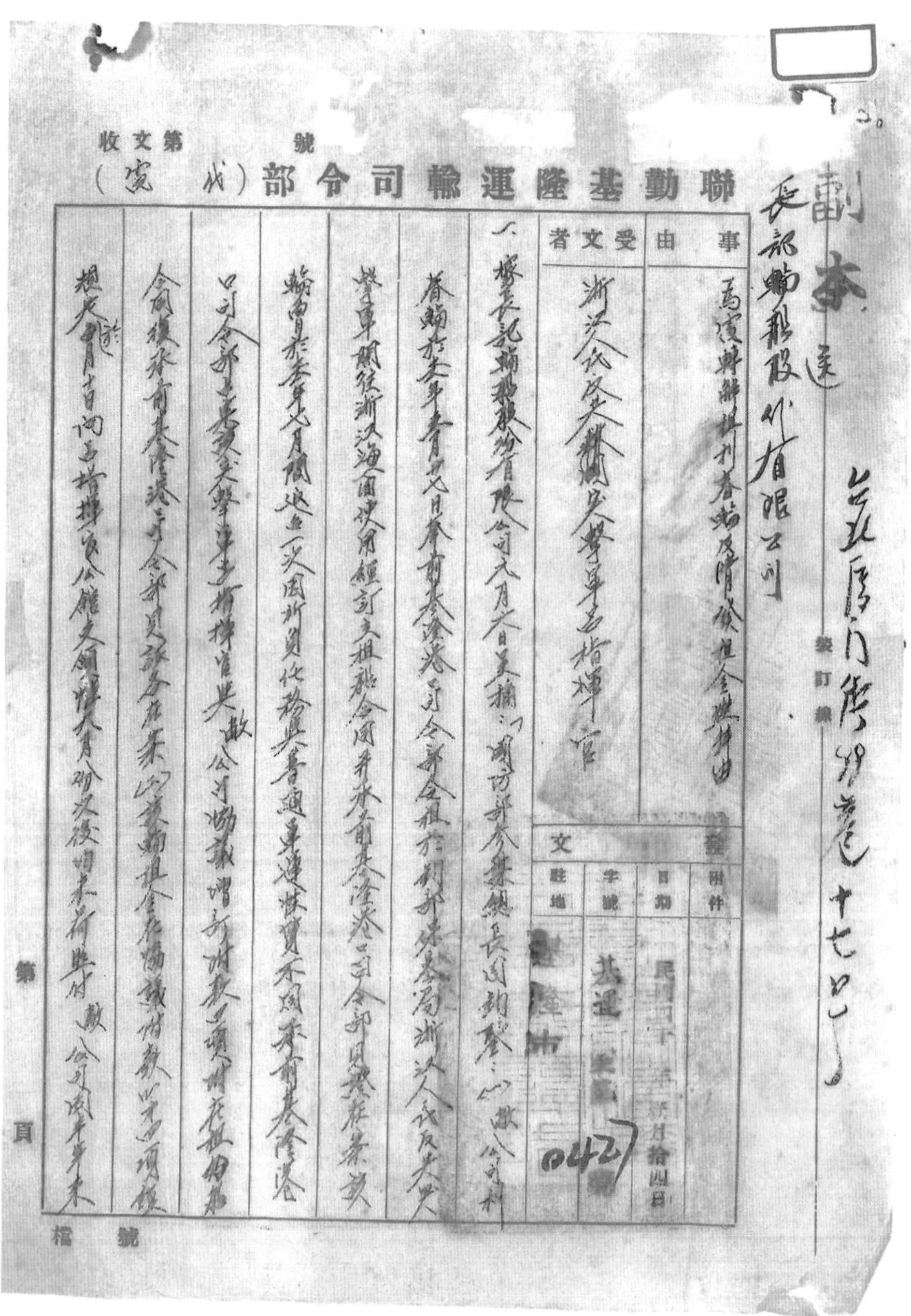
收文第　　號

聯勤基隆運輸司令部（戌　寅）

事由	受文者

發文

附件	日期	字號	駐地
	民國　年　月拾四日	基運	基隆市

副本

裝訂線

第　頁

檔　號

圖 21　聯勤基隆運輸司令部發函電文 P.1

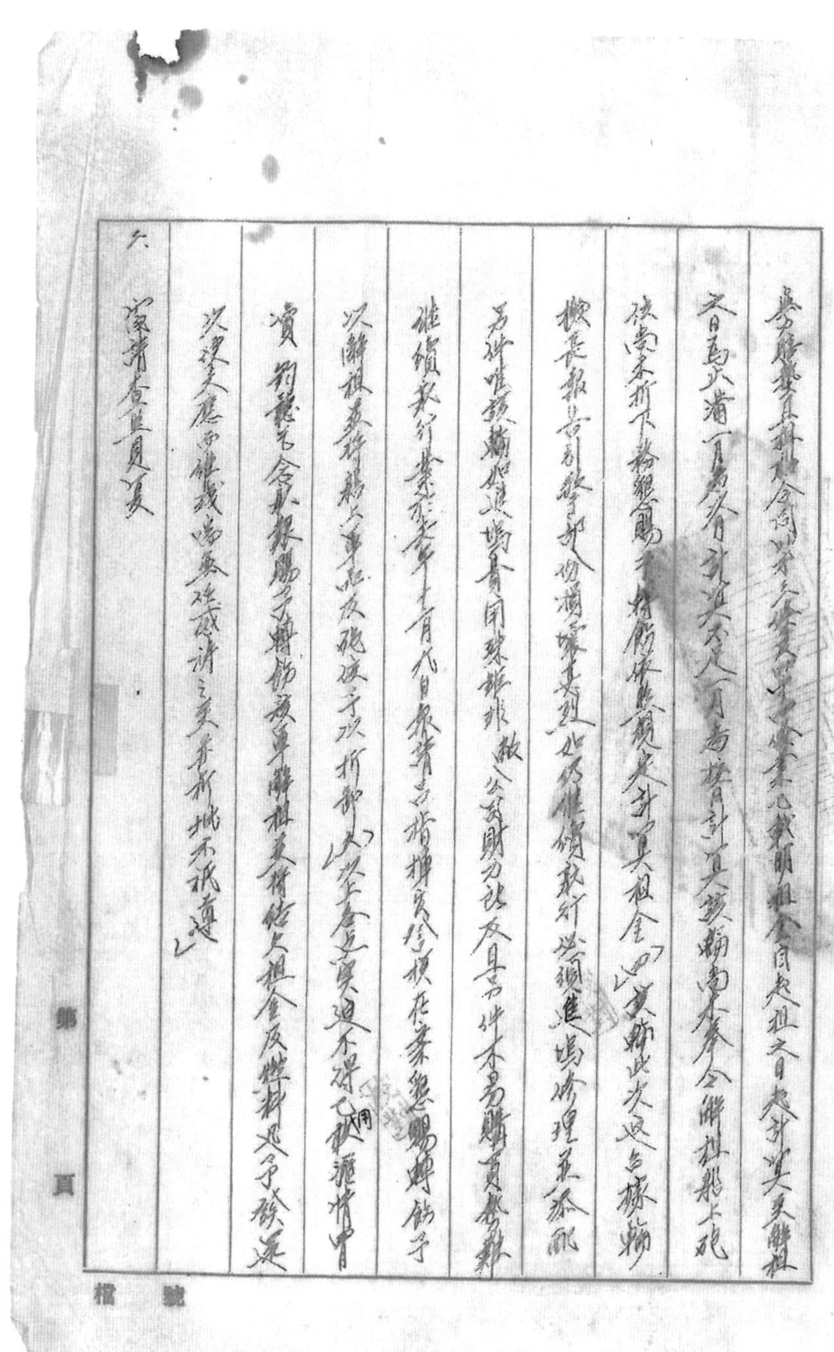

裝訂線

第　頁

檔　號

圖22　聯勤基隆運輸司令部發函電文 P.2

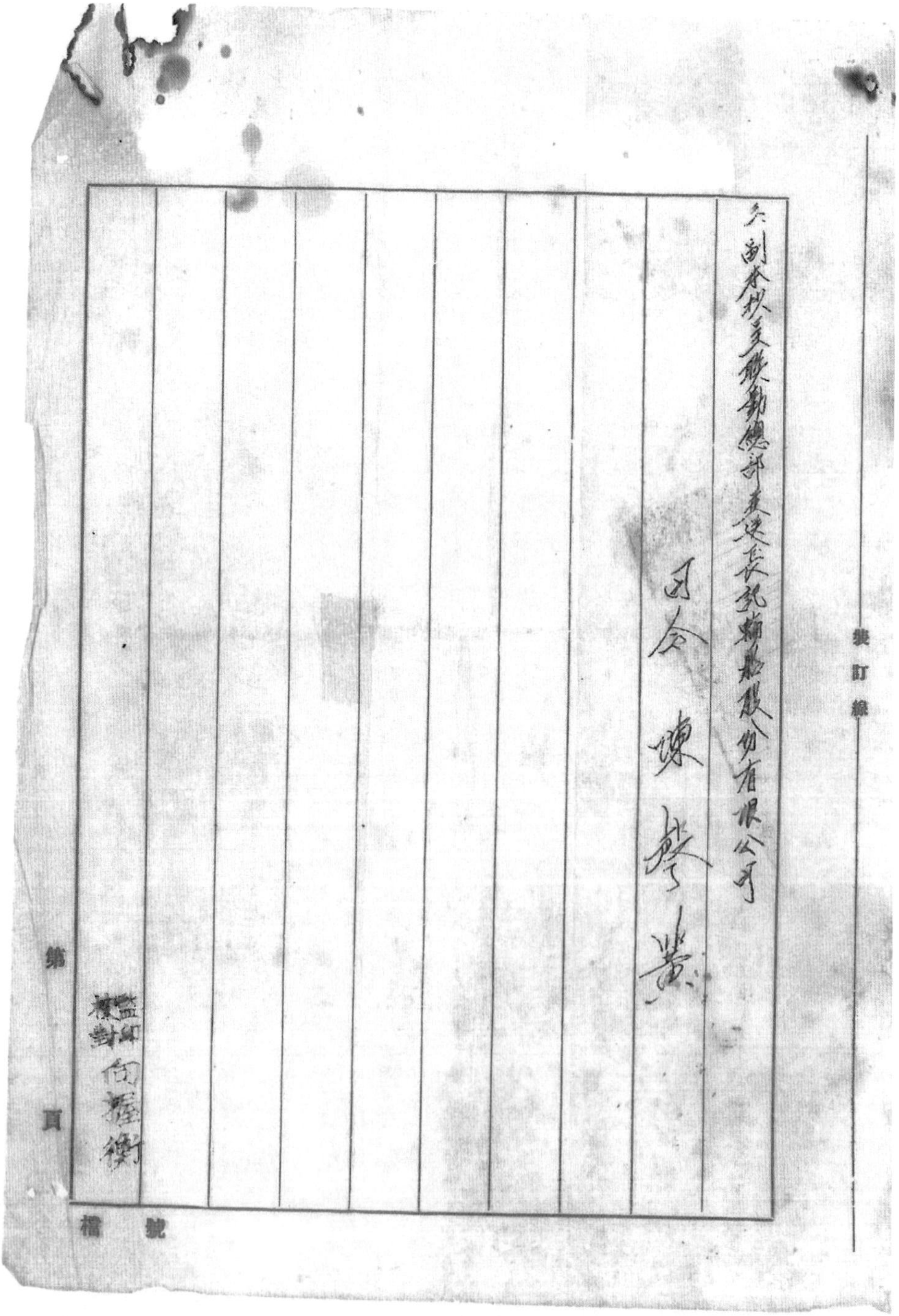

欠 副本抄送聯勤總部基隆港務局長記輪船股份有限公司

司令 陳 懋 黨

第 頁

監印 何耀衡
校對

檔號

裝訂線

圖23　聯勤基隆運輸司令部發函電文 P.3

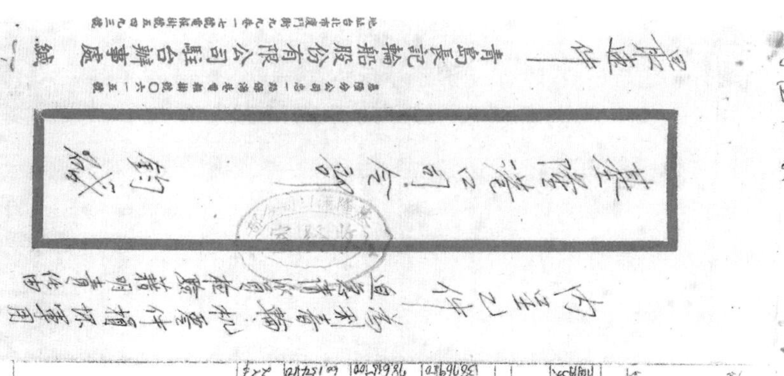

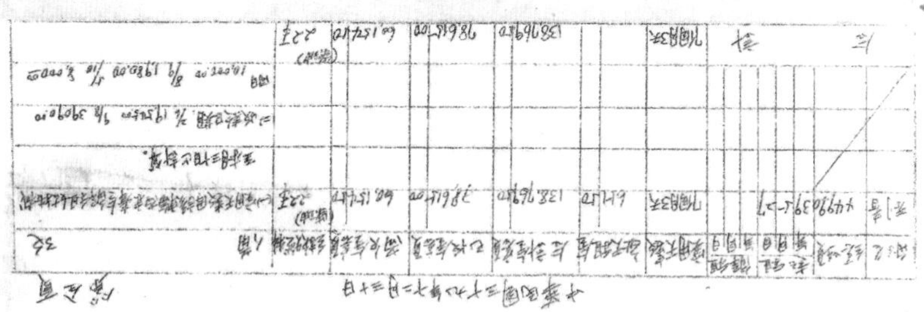

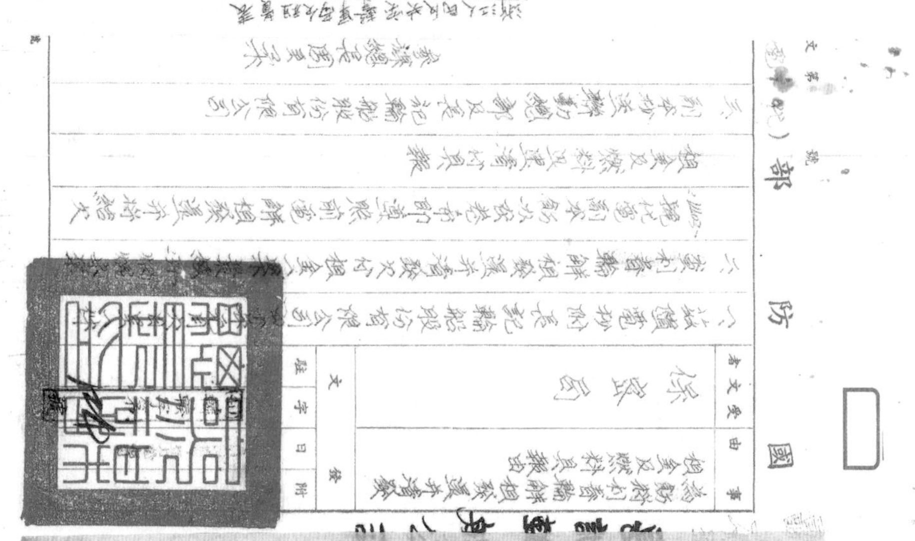

圖 24 轄轄字第一二四號電文

該輪於 40 年 3 月底方拆卸砲位，執勤人員離去，未通知解租亦不結清欠款，棄置不顧，自 39 年 5 月 27 日交船起至 40 年 3 月底拆除砲位共計 10 個月餘，租金約計 305 天x 651.5 元＝198,707.5 元減去已收金額 78,615 元，尚欠 120,092.5 元，再加燃料費 22 公噸（當時每噸約 20 美元，折合新台幣 17,600 元），合計共欠 137,692 元。

浙江人民反共突擊軍商欠租費表

中華民國三十九年十二月三十日

船名	總噸	起租年月日	解租年月日	實用天數	每天租金	總計金額	已收金額	尚欠金額	燃料	備考
利春	449.90	39-5-27		7個月3天	651.50	138,769.50	78,615.00	60,154.50	(柴油) 22T	實用天數因該輪尚未辦理解租手續，暫以本年十二月三十日止計算。已收款日期：7/6 17,545.00 9/6 39,090.00 同日 10,000.00 8/9 1,980.00 5/10 8,000.00
合計				7個月3天		138,769.50	78,615.00	60,154.50	(柴油) 22T	

其最後一筆付款係由保密局正卿字第 6857 號代電通知墊付 10000 元，卻又被呂渭祥扣下 2000 元，僅付給 8000 元，其不打算付款之心態可見！

圖 25　利春輪欠租費表

第十八章 白色恐怖

一九四九年六月，山東省政府及青島市政府都已撤來台灣，父親立即向省主席秦德純及市長孫繼丁請示該批託運來台之布疋出售所得款項應如何處理？由於該批貨物是由青島市政府及山東省政府共同委託長記載運來台出售的，以長記的立場，祇需負責運送來台出售以及處理後續事宜，至於貨源來自何主，與長記公司實無任何關係，長記公司應也無需對其負責。而此時既已不必再處理原訂後續購煤事宜，因此將出售所得款項交還原委託者所指定之官方單位實屬合法行為。況且若需將該款交還中紡公司，也應經由山東省政府和青島市政府共同交還。但因當時台灣並無中國紡織建設公司或辦事處之設立，連省主席都找不到該公司在台代表，因此二人答稱可將布款代為轉交台灣省政府保管，並交給父親一份蓋有山東省政府及青島市政府大印及二人簽名之「府台字第一號」批示公文作為收款證明（附件：府台字第一號批示公文）。

父親隨即將該筆款項交出，不料此事卻引發了日後一連串的大禍！

迨至十一月初，省主席秦德純見青島中紡公司並未遷來台灣，又始終無人出面主張有權領取該筆款項，因此判斷該款可能將成為一筆無主公款，而此時為國府撤退來台初期，省府經費拮据，便決定挪用其中的一萬餘銀元，交付魯中區司令劉振策等人，做為赴敵後工作之經費。

劉振策獲得這筆資助款後，隨即率同幹部五十二人，於同年十一月十二日自基隆搭乘長記公司之元春輪，原計畫先到嵊泗列島後轉馬關再另雇它船航至上海，伺機潛返山東。

一行人等航行到定海後，全團成員每人各採買了當時仍屬禁運品之白糖二百公斤，預做走私買賣以賺取利潤，總計有十噸之餘，後又續搭元春輪到嵊山島，先在當地停留了數日，一則探聽上海方面消息，如何能以最安全之方式潛入，二則尋找可靠之人雇得小船赴上海。

一開始，劉振策等人因人地生疏，曾委託父親設法為其租船，但父親也是初到該地，並無熟識之船行。兩人商量後，決定到江蘇省政府設於嵊山之辦事處，會見主任曲九山，商請他代為雇得可靠之船，並商討如何避開我軍軍艦盤查，安全抵達上海。

透過曲九山的介紹，找來了當地鄉長胞弟陳蛟舫的一艘三桅帆船，劉振策便親自與其簽定雇船合同，並將元春輪上的十噸白糖搬至帆船上，父親則仍續留該地尋找商機。

由於風向不對，劉振策等人欲搭乘之三桅帆船無法立即啟航，故在當地等待數日之後，才於十一月二十八日下午二時駛往上海。待抵達長江口時，已是夜晚，因船上載有禁運之白糖，為免遭封鎖「吳淞口」的我方海軍軍艦盤查，便自行決定改變航線，以掩人耳目。

不料，該船行駛至外銅沙洋面時，風雨交加、視線模糊，導致該船不慎撞上了沉於水下之廢艦，船身頓時劇烈震動。船長原以為是誤觸暗礁，此時船面開始大量進水，於是眾人於慌亂中急忙趕到船面甲板上，船員緊急將水潑出船外，奈何無濟於事，不到十五分鐘，船已開始下沉。

照理來說，一艘三桅帆船若非載有重物，即使船面進水也不會如此快速下沉，甚至有些還可在海面上漂流數日，但因船上載有十噸餘之白糖，是導致船體快速下沉之主因。

此時船長眼看情況不妙，趕緊放下隨船小舢舨，船員與劉振策等團員都欲逃上舢舨，大家一起蜂擁而上。結果僅有船主、船員與該魯中軍區第六總隊司令王同宇共十三人，在慌亂中登上舢舨船，帆船隨即飄開，在大風浪中沉沒，未及逃離的船員連同劉振策等共四十八人，全數罹難。

僥倖登上舢舨船的船主及船員八人及該軍區五人，在海中載浮載沉約十五分鐘後，遇上一艘帆船經過，或許因為風浪太大，用力呼救未獲回應。之後又歷經二十多小時，船隻飄流到大洋山，方得黃部（雙槍王八妹[3]之部隊）之協助才獲救。

黃部遂派遣王中隊長護送王同宇等人返回嵊山，由於父親此時仍停留於該地，聽聞此事後，憫恤五人遭遇，分別每人贈送二十銀元，並讓他們搭乘元春輪返回基隆，眾人當時都十分感激父親義舉。而他們也將遇難經過向江蘇省政府嵊山辦事處簽具備忘錄，詳述劉振策等四十八位人員乘船失事原因係誤觸廢艦，並在備忘錄上留下親筆簽名。

豈料，王同宇等人返回台北後，向多位魯籍在台知名黨政人士報告沉船經過，不久後，就有國大代表裴〇宇、監察委員趙〇魯、立法委員趙〇勳等人，同時前往長記公司，分別開口向父親借款二千美元。

由於這幾位大老，都知道父親來台時攜帶了公司營運週轉金十餘萬美元，在此事發生之前，就曾分別向父親借款若干未還，父親很清楚再借也是有借無還，遂未應允。幾位大老借款遭拒，當場惱羞成怒，轉而出言恫嚇，並聲稱若父親堅持不借款，將對父親不利。

3 黃八妹原名黃翠雲，清光緒30年（1904年）出生於江蘇省金山鄉，排行第八，故稱「八妹」，後來改為為黃百器。傳說黃八妹在抗日期間，曾手持雙槍擊斃日軍數十人，而有「雙槍王八妹」（因浙江鄉音的「黃」與「王」類似，以訛傳訛成王八妹）的稱號。國共內戰末期，加入國民黨後，便在江浙淪陷區對抗共軍，民國44年（1955年）隨政府大陳島撤退來台。

合謀，捏造沉船真相，並四處宣揚，企圖藉此訴諸輿論，迫使父親受其威脅、予取予求。

面對威脅恫嚇，父親仍拒絕借款，只是萬萬沒有料到，王同宇竟與這幫大老們

但當時聽聞此事者，鮮少有人表示同情，因此他們又另謀計畫陷害父親。隨後便於一九四九年十二月八日，以假藉籌備追悼劉振策等人不幸罹難為名，在台北市中山堂集會，由王同宇出面說明船隻遇難「真相」，並散發不實傳單，指稱父親為「匪諜」，此次沉船乃因其赴敵後工作遭父親洩密所導致。

當時「山東省綏靖司令部」雖然已遷至台北，但並未取得合法地位，更無權逮捕任何人，而參謀長馮○昌也僅是司令部籌備會成員之一，卻與裴○宇、趙○魯、趙○勳等人勾結，當場下令草山警察局局長王○翹派其手下巡佐巴○懷與一劉姓員警，當天立即到廈門街以「叛亂」之罪名將父親拘捕，並羈押在草山警察所內。這段期間，父親亦曾數度被解送到位於新北投的所謂「綏靖司令部」遭私審。

草山警察所王○翹明知無權，卻仍非法逮捕父親。依父親推測，這些人的目的無非是想威脅父親，拿錢贖命，由於父親始終嚴正否認有叛亂或匪諜之嫌，因此被關在草山警察所二十多天。同時，該警察所長也在這段期間，令手下手下巴○懷多次前往家中，向母親曉以利害，揚言如不遂其所求交出贖金，將以父親欲逃獄為名，予以槍斃。

母親面對此一威脅，驚恐之下，只好讓賀壽千帶著「贖金」，坐著父親的吉普車前往付款，但對方收錢後仍未將父親釋放，甚而食髓知味。不久後，警佐巴〇懷又再次前來家中，向母親直言：之前那筆贖金不夠他們分配，要求再付一筆。事已至此，母親只好再次給錢，但父親依舊未獲釋放。

此時，父親得知母親已被迫交出數萬美元，但案子卻依然懸而未決。於是在一九五〇年一月，委託律師戴天球以「草山警察所非法逮捕拘禁」為由，向國防部舉發，並申請提審。之後，此案改核發「東南長官公署」審理，父親又再向該公署呈交答辯狀（附件：呈東南長官公署答辯狀），說明事情經過，並要求立即提訊，釐清真相，並還其清白。

數日後，東南長官公署終於受理了此案，將父親移送至當時位於青島東路之軍事監獄繼續羈押，又將此案移至國防部軍法局審理。但軍法官雖已審案，卻遲遲未做出判決。此時又有不明高層人士，多次到家中告知母親，謂此案雖然已查明實屬「誣告」，但軍法官「既可判生，亦可判死」，請母親自行斟酌。

由於這位不明高層人士，言辭間多次提及父親在獄中與李延年將軍同房之情形，而李延年將軍所犯之罪為軍事機密，只有高層人士知情。甚至，連父親所提出之答辯狀內容也詳述相符，再加上對方還帶來父親親筆所寫「不得怠慢此人」的字條，以證明其身分。

母親無奈，在父親坐牢的前後一七八天期間，陸續交出了十四萬美元的贖金，用來打點相關人士。

「山東人在台灣－工商篇」一書中，亦曾記載「…不料一九四九年十二月八日，賀先生竟被妄誣，以『匪諜』之罪名逮捕，尤其自青島攜來台灣營運資本之十四萬美金，亦被勒索一空…」

之後國防部終於提訊王同宇、楊崇文、苗秀文等人，這些人先是在庭上供稱「不過當時風浪很大，縱是上了小船也很危險，照這點判斷並非故意把船鑿沉的」，又說「我們不過是將經過情形報告上峯，對賀本人並無其他意思，即便如今我也並沒有說一定是賀仁菴陷害的」，因此無從認定父親有此重大罪嫌。

不料等到正式開庭時，王同宇又反咬父親，對劉振策等人身分未能保密，且長記基隆分公司經理黃爵臣曾在碼頭向船上員工公開介紹「劉等均係赴魯工作」，不無洩漏軍機之嫌，並宣稱父親曾在山東省綏靖司令部供認不諱，並已簽字畫押。

但事實是劉振策等人在基隆登船時，所有家屬均來送行話別，不但聲勢浩大，且大聲喧嚷，引人側目，此一行徑不締自曝其身份，違反做敵後工作者應有之言行。而經查相關筆錄，父親既從未供稱不諱、也從未簽字畫押，與《刑事訴訟法》第四十一條第四項之規定不合。

此外，即便長記公司黃經理以商人身分在基隆碼頭向船員說明劉振策等人身分，亦無法證明是父親洩漏軍機，更何況劉振策等人所乘之帆船誤觸廢艦沉沒，與自基隆搭乘長記之元春輪赴嵊並無直接因果關係，當然也沒有其他事證足以證明父親有叛亂或匪諜行為。

且王同宇先前又曾多次向上級報告，並印發《劉振策傳畧》，詳述事發當時確實是為了避免軍艦盤查船上走私之白糖，才繞道航行而不幸誤觸廢艦沉沒。而王同宇亦曾在十二月二十九日及十二月三十日向「山東綏靖司令部」報告：「該船行至銅沙洋面時，天陰月黑，誤觸廢艦沉沒於海」，在在證明他早已承認這起事故是因誤觸廢艦而沉船，與父親實不相干。

這個白色恐怖冤獄案，直到了一九五〇年四月二十六日，父親終被國防部判決無罪（附件：國防部判決書），之後又關了一個多月，拖到六月三日始獲釋放。

父親在獄中時，每周我都帶著母親做的菜送給父親吃。每回去探望父親時，由於軍事監獄監管森嚴，連報紙都不能帶，且所有談話都有錄音，我唯一能跟父親說的就是家人一切平安，請父親不要擔憂。

其實當時母親和大媽天天以淚洗面，大媽也已有病在身，但我怎麼能跟父親多提，讓他徒增煩惱。

國防部判決書　勁功字第二九號

判決正本

被告賀仁菴男六四歲山東日照縣人長記輪船公司總經理。

右被告因叛亂嫌疑等一案經本部審判如左

主文

賀仁菴叛亂部分無罪背信部分不受理

理由

按犯罪事實應依證據認定刑訴法定有明文本件被告賀仁菴經理之長記輪船公司原存有山東省政府公款於三十八年十一月撥付魯中軍區司令劉振策等銀元一萬餘元為潛赴敵後工作費用劉等當以攜帶不便除提取一部分現款在台添置外並約定至嵊山扣去船費其餘照當地市價代購白糖同月十二日劉率同幹部五十二人乘該公司元春輪赴嵊越日到達十八日轉抵馬關至二十八日復由賀介紹轉僱木船往滬詎當晚駛至銅沙洋面帆船誤觸廢艦沉沒除船主及員工八人與該軍區第六縱隊司令王同宇等五人跳入隨船木筏倖免於死外其餘船員三人劉振策等四十八人悉數罹難嗣王同宇等以賀仁菴中途結帳遲延疑有洩漏機密與勾串陷害之嫌報請徹究到案據上開經過該賀仁菴有無勾通船戶故意沈船陷害死者之事實王同宇身臨其境自屬案內要證但查王等脫險抵馬

關船主陳蛟舫曾當面報告沉沒經過製成備忘錄載「初九下午二時自馬開出七時餘至外銅沙附近觸銅沙沈船沉沒當時船身振動知觸及礁石或沈船已發現走水客人知悉後皆趨艙面時天雨船員爭驅水令出奈均無濟于事約不及十五分鐘船已將沉乃將舢舨放下船員旅客皆爭上十三人上舢舨後即飄開餘員客皆不見大船在隱約中沉沒須臾（約十五分鐘）即見同時開行之帆船經過呼救置之不理大約風緊浪大未曾聽見隨後飄行廿十餘小時始抵大洋山始得黃部協助派王中隊長護送回馬」核有該王同宇親筆簽名可考據此則劉等乘船失事確因誤觸礁石或廢艦已甚明顯再查王同宇等歷次報告及印發劉振策傳略一則曰當時為避免軍艦盤查不幸誤觸廢艦沉沒（見山東綏靖司令部卷第三頁第十頁王同宇十二月二十九日十二月三十日報告）再者曰「行至銅沙洋面以天陰月黑誤觸廢艦沉於海」（見前長官公署卷第十九頁劉振策傳略）是王同宇等又自承沈船原因係誤觸廢艦再經研訊復據王同宇楊崇文苗秀女等先後供稱「這件事說有心或無心我不敢肯定」又稱「不過當時風浪很大縱是上了小船也很危險照這點判斷他們似非故意把船鑿沉的」又稱「我們不過將經過情形告報上峯對賀本人並無其他意思到現在我也並沒有說一定是賀仁菴陷害的」各等語（見前長官公署卷第52、64、83、90頁）似此游移推測模稜兩可更無從據以認定強令被告負此重大罪責至王同宇以被告對劉振策等身分未能保守秘密不無洩漏軍機之嫌因之疑竇滋多第查告訴人等所持唯一理由無非以基隆長記分公司黃經理曾在碼頭向船上員工公開介紹「劉等均係赴魯工作」之一語認為係由賀仁菴有心洩漏之事實並據稱該賀仁菴在山東綏靖司令部業經供認不諱惟質諸賀仁菴不但矢口否認其事且原卷筆錄並無被告簽字劃押核與刑訴法第四十一條第四項之規定不合已難採證縱退而言之認為其所供屬實則黃經理以商人身分而在基隆碼頭向船員言明亦難率然以洩漏機密論處次查劉振策等所乘之帆船誤觸沉沒與自基隆乘輪開駛既無因果聯絡關係此外亦無其他事證足資證明被告確有叛亂行為本部份犯罪不能證明應予諭知無罪再告訴人等所稱賀仁菴扣除赴滬船價銀元一千一百元當時儘付船主半數事後狡不承認等情既據船主陳蛟舫供明在卷（見江蘇省政府三十八年十二月三日談話筆錄）再據訴於馬關高抬糖價有心剝削致告訴人等蒙受損害顯有背信之嫌以及因遲延結帳延誤時期等等民事損害賠償部分均非軍法管轄範圍應諭知不受理。

據上論結除背信部份應移送法院訊辦外爰依懲治叛亂條例第十條刑事訴訟法第二九三條第一項第二九五條第六款判決如主文。

國防部軍法合議庭

中華民國三十九年四月二十六日

審判長　王修身
審判官　劉夢九
審判官　解寄寒

中華民國三十九年五月日

本件證明與原本無異　書記官　王建炎

此判決書中有關王同宇稱父親原存有山東省政府公款一事，與事實不符，因該筆公款早已於三十八年七月二十六日交山東省政府主席秦德純轉台灣省政府保款中。王某又稱父親扣除赴滬船價若干後，當時僅付船主半數……，但事實上雇用帆船是委託江蘇省嵊山辦事處曲九山代為介紹而雇得，並由劉振策自行與船主簽約。至於彼等購買白糖高抬糖價一事，實與父親無關，以父親之為人處事，豈有可能參與其走私買賣一事？故此案父親被判無罪釋放後，王某亦未再向法院提告父親，因此父親當然也沒有所謂「背信」之罪名。

父親被判決無罪釋放後，當局有權者仍未放過父親，此後約有三年時間，警察每月都會派人到家中，查看父親行蹤。而幾位非法逮捕父親的立委、國代、監委、警察所長等，無一遭到判刑，甚至那位警察所長還一路升官，做到了警政署長。但父親一生為國家所做的貢獻及付出的心血及其所受到的莫大冤屈，卻無人聞問。

在那個台灣政治史上極其黑暗的年代，父親的遭遇，顯示了當時政府有權者並無正義和公理可言！

此一白色恐怖冤獄案件，到了二〇〇〇年二月二日《戒嚴時期人民受損權利回復條例》修正公布時，規定人民於戒嚴時期，因犯內亂、外患、《懲治叛亂條例》或《檢肅匪諜條例》之罪，有所列情形之一者，得聲請所屬地方法院准用冤獄賠償法相關規定，請求國家賠償。此時我們兄妹便委託律師，向台北地方法院遞狀申請父親之冤獄賠償金（附件：刑事　請求冤獄賠償）。

二〇〇一年四月六日，台灣台北地方法院判決我方所申請之冤獄賠償為有理由，依《冤獄賠償法》第三條第一項規定，以每日最高五千元折算一日，共計賠償新台幣八十九萬元。[4]（附件：刑事決定書）

[4] 台灣台北地方法院刑事決定書（如附）載明，賀仁菴自民國38年12月8日起至民國39年6月3日止，獲無罪判決確定前受羈押178日，並無《冤獄賠償法》第二條各款所列不得請求賠償之情形，又未逾修正後《戒嚴時期人民受損權利回復條例》第六條規定聲請賠償之時期，是聲請人聲請賠償為有理由，准予賠償新台幣89萬元予其全體法定繼承人。

台灣台北地方法院刑事決定書　　八十九年度賠字第四五七號

右列申請人之被繼承人賀仁菴因派亂罪嫌，申請冤獄賠償，本院決定如左：

主文：

賀仁菴於無罪判決確定前，受羈押一百七十八日，准予賠償新台幣八十九萬予其全體法定繼承人。

其餘申請駁回

理由

一、

聲請意旨略以：申請人賀中林、賀雋林、賀郁芬之父賀仁菴曾任青島市輪船公會理事長、山東省政府參議，中華民國輪船商業同業公會全國聯合會理事、黃海水產公司常務理事及長記輪船公司董事長，民國三十八年十一月間，魯中軍區司令劉振策率同幹部五十二人，乘長記輪船公司元春輪赴嵊，同年月十八日轉抵馬關，至同年月二十八日復由賀仁菴介紹轉僱木船往滬，詎料船駛致銅沙洋面時，誤觸廢艦沉沒，除該軍區第六縱隊司令王同宇等人跳入隨船木筏倖免於死外，其餘劉振策等四十多人均告罹難，王同宇懷疑賀仁菴有洩漏機密與勾串陷害之嫌，乃報請上級徹查，三十八年十二月八日，前立委趙季勳、監委趙公魯、國代裴鳴宇等人勾結草山警察所長王魯翹、巴英懷及前山東綏靖司令部參謀長馮其昌等，藉口在台北市中山堂集會，以追悼劉振策等敵後工作人員不幸沈船罹難為名，誣指賀仁菴為匪諜，由馮其昌下令，而由斯時任草山警察所之巡官巴英懷等人至台北市廈門街九十九巷十七號賀仁菴住處，將賀仁菴逮捕，並羈押於草山警察所，迨三十九年一月間，賀仁菴之律師戴天球以草山警察所違法逮捕拘禁為由，向國防部舉發及聲請提審後，該案始移送國防部軍法局審理，經該局調查後，於三十八年四月二十六日判決賀仁菴無罪，並於三十九年六月三日判決無罪確定，是日始獲釋放，聲請人賀中林、賀雋林、賀欣林為賀仁菴之法定繼承人，爰依戒嚴時期人民受損權利回復條例及冤獄賠償法相關規定，請求賠償新台幣（下同）五百萬元等語。

二、

按戒嚴時期人民受損權利回復條例第六條於八十九年二月二日修正公布，依中央法規標準第十三條規定，於同年月四日生效施行。該條例第六條修正後規定：「人民於戒嚴時期因犯內亂、外患、懲治叛亂條例或檢肅匪諜條例之罪，有下列情形之一者，得聲請所屬地方法院准用冤獄賠償法相關規定，請求國家賠償：（一）經治安機關逮捕以罪嫌不足逕行釋放前，人身受拘束者。（二）於不起訴處分確定前受羈押，或不起訴處分確定後未依法釋放者。（三）於無罪判決確定前受羈押或刑之執行，或無罪判決確定後未依法釋放者。（四）於有罪判決或交付感化教育、感訓處分，執行完畢後，未依法釋放者。前項請求權，自本條例修正公布日起，因五年間不行使而消滅。」」。次按，受害人死亡或受死刑之執行者，法定繼承人得聲請賠償；繼承人有數人時，其一人聲請賠償者，其效力及於全體，冤獄賠償法第七條、第十條第二項分別有明文，且為戒嚴時期人民受損權利回復條例第六條所準用，本件聲請人賀中林、賀雋林、賀郁芬均為賀仁菴之法定繼承人，賀仁菴並已於六十五年十一月十一日死亡，此有戶籍謄本一份在卷足按，則依上開規定，其法定繼承人自得聲請賠償，且法定繼承人均未有拋棄繼承之情事，亦經本院依職權查明無誤，此有本院九十年一月四日北院文家八九家繼字第七〇三九號函及台灣新竹地方法院九十年一月十八日（八九）新院錦民慎字第二二五八號函各一份附卷可參，是聲請人賀中林、賀雋林、賀郁芬聲請賠償之效力應及於全體法定繼承人全體，合先敘明。

三、

經查，本院依職權函請國防部查明賀仁菴遭逮捕羈押之起迄日期，據該部函覆略以：賀仁菴曾於民國三十九年一月三十一日經前東南軍政長官公署軍法處涉嫌叛亂案為由與已逮捕羈押，嗣於三十九年四月二十六日經前國防部已三十九勁功字第二九號判決其涉犯判亂部分無罪在案，於三十九年六月三日提解移送前台北地方法院檢察處另案偵辦其所涉背信罪嫌部分，此有國防部軍法局九十年三月八日（九〇）則創字第〇〇〇八六三號函一份附卷可參，然查，依聲請人所提出之賀仁菴遭東南軍政長官公署軍法逮捕羈押後所承答辯狀載明：「……希圖藉此聳動聽聞以為陷害報復，乃因聞者鮮表同情，復十二月八日以籌備劉振策等追悼會為名，召集少數同鄉開會，馮其昌是日亦參加此會竟在會場中遽下手令謂民有破壞敵後工及匪諜罪嫌加以逮捕拘禁審問，此本案經過事實之實在情形也。」，此有答辯狀之彩色影本一份附卷可按，參以在：「山東人在台灣－工商篇」一書中，亦記載「……不料一九四九年十二月八日，賀先生（即賀仁菴）竟被妄誣，以『匪諜』之罪名逮捕，尤其自青島攜來台灣營運資本之十四萬美金，亦被勒索一空」‧此亦有該書附卷可參，由上足徵聲請人所述賀仁菴係於三十八年十二月八日起即因涉叛亂案件而遭逮捕羈押，迄三十九年六月三日始因無罪判決確定始獲釋放乙節，應勘採信。則聲請人之父賀仁菴自三十八年十二月八日起至三十九年六月三日止或無罪判決確定前受羈押一百七十八日，且此部份並無冤獄賠償法第二條各款所列不得請求賠償之情形，又未逾修正後戒嚴時期人民受損權利回復條例第六條規定聲請賠償之時期，是聲請人聲請賠償為有理由。爰審酌聲請人之父賀仁菴原係長記輪船公司董事長，並曾協助對日抗戰有功，竟於六十餘歲高齡遭此逮捕羈押達一百七十八日（此有前開書籍及戶籍謄本各一份在卷可憑）等一切情狀，認以五千元折算一日為相當，准予賠償八十九萬元，並依前開規定裁定如主文第一項所示。末按，冤獄賠償法第三條第一項規定：「羈押及徒刑或拘役執行之賠償，依其羈押或執行之日數，以新臺幣三千元以上五千元以下折算一日支付之。」，本院業已按日依五千元之最高標準核定前開賠償金額，詳如前述，是聲請人逾此範圍之請求，於法尚非有據，應予駁回。

據上論斷，應依修正後戒嚴時期人民受損權利回復條例第六條，冤獄賠償法第三條第一項、第十三條第二項，決定如主文。

中　華　民　國　九　十　年　四　月　六　日

臺灣臺北地方法院刑事第六庭

法官　林欣蓉

右正本證明與原本無異

如不服本決定聲請覆議，應於收受決定書二十日內，以書狀敘述理由經由本院向司法院冤獄賠償委員會提出。

書記官　陳泰寧

中　華　民　國　九　十　年　四　月　十　一　日

遲來的正義不是正義，這個遲來了五十一年的冤獄賠償金，只有區區新台幣八十九萬元，與一九四九至一九五〇年母親為保父親生命安全而交出的十四萬美元相比，實乃天壤之別，而父親半年多的牢獄之災，所受到的身心煎熬以及一生清譽蒙汙，也絕非少少金錢所能彌補。

不料到了二〇一〇年，小妹無意間上了國家檔案資訊網，查詢父親的相關資料，赫然發現網頁上仍登載著國防部軍法局之資料，標題竟然是「賀仁菴等阻礙敵後工作，殺害赴敵後工作同志劉振策等四十七人之匪嫌……」（附件：國家檔案局調閱資料明細）。

經小妹委託律師出具存證信函給「國家檔案資訊網」，說明父親早已於一九五〇年獲判無罪釋放，且我方已於二〇〇一年獲得冤獄賠償金，為何事隔多年年卻仍在網路上公然登載此一錯誤資訊？而此訊息不但有損父親一生名譽，更是名符其實的「標題殺人」，請該單位立即刪除不實資料，但得到該網站主管的答覆卻是：「該檔案為應家屬要求登載，因此無法刪除」。

小妹無奈，只好訴諸媒體，後經媒體批露此事後，國家檔案資訊網才終於同意將檔案移除。

附件 1　府台字第一號批示公文 P.1

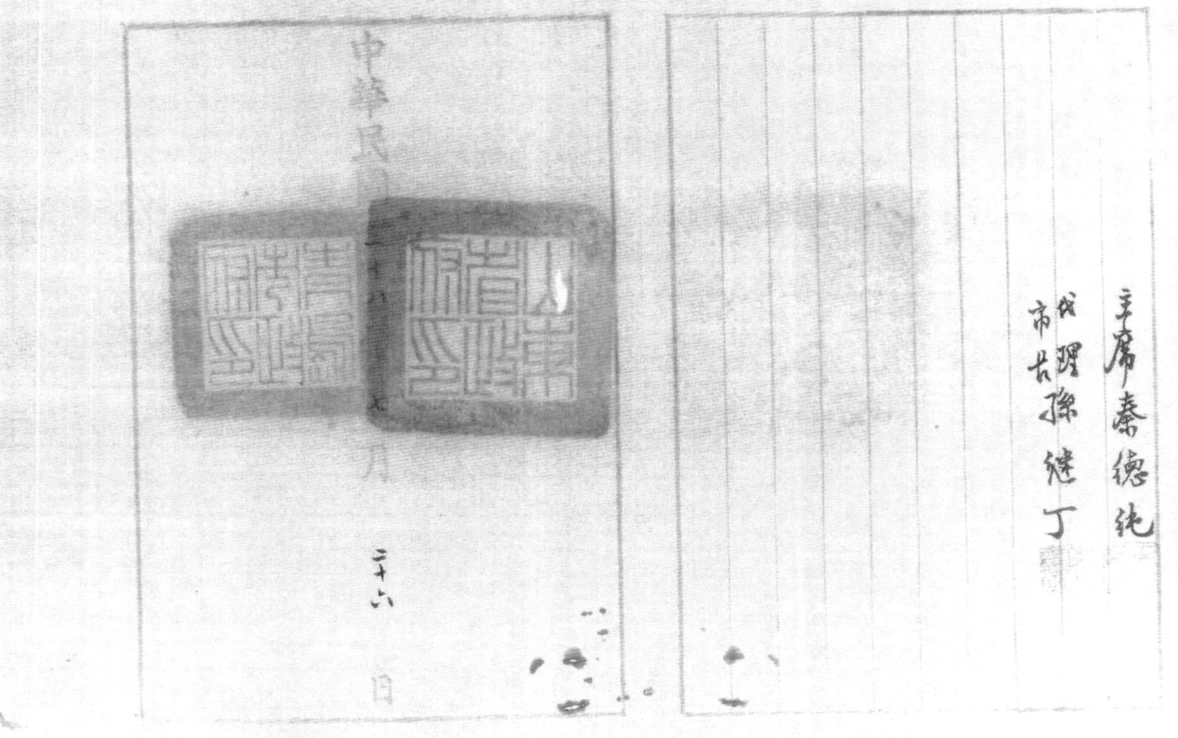

主席秦德純

代理市長孫繼丁

中華民國三十八年五月二十六日

附件 2　府台字第一號批示公文 P.2

呈東南長官公署答辯狀稿（原稿係以土紙書寫，由紙質陳舊可證之，即知為陳若曲之物）

事由：為被誣稱破壞敵後工作及匪諜嫌疑，呈經 國防部茂夭鈞署審理一案，陳明事實經過及足以証明
虛偽誣告、非法逮捕拘禁審問各點，請求立賜提傳訊明真相，分別判處，以肅軍紀而儆將來由
竊被王同字等及山東少數同鄉誣稱有破壞敵後工作及匪諜嫌疑，山東省綏靖司令部參謀長
馮其昌非法逮捕拘禁審問，經民呈請國防部提審，經奉茂夭
鈞署審理在案，茲將事實經過及足以証明虛偽誣告、非法逮捕拘禁審問各點，分別陳明於次：

（甲）事實經過

緣於三十八年十一月間，劉振東等五十一人經山東省政府介紹，乘民經理長記輪船公司九喜輪至嵊泗列島，
再由該地僱帆船赴滬轉入山東敵後工作。劉等至泗後，因風向不利，至同月二十八日乘其僱雇之帆船赴
滬，詎行至銅沙洋面，因避免我停在該處封鎖吳淞口海軍艦艇查詢，改變行駛方向，以致誤觸沉船，
劉等四十六人及船夫二人均皆溺斃，僅王同字等五人遇救還泗，當將上述遇難情形向江蘇省政府
報告，并與備忘錄在案。民當時憫王等遭遇，各贈銀元廿元，王等深為感謝，詎王等到台北後，山
東少數同鄉與民因挾有仇讐，并以民經營航業，海有資財，不免妬忌，遂與王等勾串捏造
種種事實，口頭之外并廣發印刷品，對民作惡意之攻擊與宣傳，希圖藉此聳動聽聞，以為陷害
報復。乃因聞者鮮表同情，復於十二月八日以籌備劉振東等追悼會為名，召集少數同鄉開會，馮其昌
是日亦參加此会，竟在会場中遣下手令，謂民有破壞敵後工作及匪諜罪嫌，加以逮捕拘禁審問，此本
案經過事實之實在情形也。

（乙）足以証明虛偽誣告及非法逮捕拘禁審問各點

（一）王同字等與山東少數同鄉及馮其昌均誣稱民有破壞敵後工作及匪諜嫌疑，而以劉振東等死
亡謂係為破壞敵後工作。查劉振東等之死與破壞敵後工作不生牽連關係，即不能併為一談，今以
劉振東等之死謂為破壞敵後工作，實屬語無倫次，不合邏輯。至犯罪必須有一定之行為，其行為與

附件 3　呈東南長官公署答辯狀 P.1

犯意更須有此果係然能認為要件與鄉劉振東等同避免軍警查詢觸沈船致死為不爭之
事實此係出於偶然事故不能預見之不可抗力並非出於人為除應矜憫其慘遭不幸哀悼同情
外實不能有其他任何主張今竟欲對民追究懲處更謂應負破壞敵後工作責任謬妄荒幻實屬
不知所云此足以證明其明知虛偽而任意牽強誣告意圖入[illegible]人於罪情節顯然。
(二)所謂匪諜應當有確切之事實與証據王同守等雖對民作種種惡意之宣傳與攻擊但並未誣控民
有匪諜嫌疑乃為其畏為掩飾其違捕責任起見故在其所下手令上妄加民有匪諜嫌疑王等捐為附
和亦祇民有此嫌疑但始終既未提出匪諜之事實與証據其虛偽已不攻自破此外彼等于招待記者
接報紙上揭載王同守曾[illegible]閣民稱「共產黨已經成功如不隔海台灣早已完了」不利於政府之荒謬言論
查民効忠政府對擊共匪再接再厲始終不懈因是為共匪所恨曾伺隙將八旬老父擄去加以慘殺民
與共匪勢不兩立而共匪亦久欲得民而甘心事實具在人所共知若誣民為匪諜則人之詢將不
免有匪諜之嫌耳此種荒謬言論不為他人所聞而獨為對民讐視最烈之王同守所聞亦寔令人不能
置信竊查論定罪犯須憑証據卷無其他犯罪証據僅據王同守之所稱即謂為有此嫌疑則凡有
人有讐恨而欲加以陷害者可以虛構事實任意誣告即可入人於罪將來豈不人人自危此誤為法所不
許故王同守所稱匪特不能置信顯屬任意捏造藉此誣陷
(三)再就王等所捏列之事實言不外故意延不結算帳目遲誤行期到滬出後不許下船并不准其分批
出發否則或不致遭此慘禍或尚有一部份到達上海云云查劉等雖有一部份旅費交由敝輪代為保管
當即依照慣例給予先後到滬後即持條取見根本上無由民因結算帳目遲延行期之事實至所乘之
春[illegible]駛抵滬出後因[illegible]航線南行閩[illegible]缺鋪位[illegible]勘定無法停靠并非不許其在該地下船彼等抵
滬後如何行動民實無從知悉更無不准其分批出發之事實其所稱皆屬捏造且縱使如其所云然查刑事
論罪必須有犯罪之故意而行為所致或不致遭此慘禍或當有一部到達上海純係為假想推測之

附件4　呈東南長官公署答辯狀 P.2

附件 5　呈東南長官公署答辯狀 P.3

應請一併偵審處以應得罪刑以肅軍紀而儆將來實為公德兩便謹呈

東南長官公署長官陳

具呈人　賀仁菴

附件6　呈東南長官公署答辯狀 P.4

附件 7　國防部判決書 P.1

國防部判決書　勞功字第二九號

判決正本

被告賀仁菴男六四歲山東日照縣人長記輪船公司總經理。

右被告因叛亂嫌疑等一案經本部審判如左。

主文

賀仁菴叛亂部份無罪背信部份不受理

理由

按犯罪事實應依證據認定刑訴法定有明文本件被告賀仁菴經理之長記輪船公司原存有山東省府公款於卅八年十一月撥付青島十一軍區司令劉綏霙等銀元一萬餘元為潛赴敵後工作費用劉綏霙等以攜帶不便除提取一部份現款在台添置外並約定至嵊山向去船費其餘照當地市價代購白糖同月十二日劉綏霙率同該部五十二人乘該公司元春輪赴嵊越日到達十八日轉赴馬關至廿八日復由賀介紹轉僱本船往滬詎當晚駛至銅沙洋面帆船誤觸磨艦沉沒除船主及員工八人與該軍區第六縱隊司令王同宇等五人既入隨船大木筏幸免於死外其餘船員三人劉振策等四十八人悉數罹難嗣王同宇等以賀仁菴中途結賬遲延疑有洩露機密與勾串謀害之嫌報請徵究到案據上開經過該賀仁菴有無勾通船戶故意沉船陷害死者之事實王同宇身臨其境自屬案內要證但查王等脫險返抵馬關船至陳蚊舫當面報告沉沒經過製成備忘錄載「初九下午二時自馬關出戈時餘至外銅沙附近觸銅沙沉船沉沒當時船身震動知觸及礁石致沉船船已發現未水客人知悉後皆趨艙面時天雨船身驟水令出均無濟于事約不及十五分鐘船已將沉乃將舢板放下船員旅客舍事

附件 8　國防部判決書 P.2

十三人上舢舨後即飄開餘員客皆不見大船在隱約中沉沒須臾（約十五分鐘）即見同時開行之帆船經過呼救置之不理大約風緊浪大未曾聽見隨後飄行廿餘小時始抵大洋山始得黃部協助派王中隊長護送回馬」核有該王同宇親筆簽名可考據此則劉等乘船失事確因誤觸礁石與廢艦已甚明顯再查王同宇等歷次報告及印發劉張策傳略一則曰當時為避免軍艦盤查不幸誤觸廢艦沉沒（見山東綏靖司令部卷第三頁第十頁王同宇十二月廿九日十二月卅日報告）再者曰「行至銅沙洋面以天陰月黑誤觸廢艦沉於海」（見前長官公署卷第十九頁劉張策傳略）是王同宇等又自承沉船原因係誤觸廢艦再綜所訊據係王同宇湯崇文苗秀文等先後供稱「這件事說有心或無心我不敢肯定」又稱「不過當時風浪很大艦是上了小船也很危險照這點判斷他

六

們似非故意把船鑿沉的」又稱「我們不過將經過情形報告上峯對賀本人並無其他意思到現在我也並沒有說一定是賀仁菴謀害的」各等語（見前長官公署卷第64 83 90頁）似此游移揣測模稜兩可更無從據以認定強令被告負此重大罪責至王同宇以被告對劉張策等身份未能保守秘密不無洩露軍機之嫌因之疑竇滋多，第查告訴人等所持唯一理由無非以基隆長記分公司前經理曾在碼頭向船上員工公開介紹「劉等均係赴魯工作」之一語認為係由賀仁菴有心洩露之言，資並據稱該賀仁菴在山東綏靖司令部業經供認（不諱）惟質諸賀仁菴不但矢口否認其事且查原卷筆錄並無被告簽字劃押核與刑訴法第四十一條第四項之規定不合已難據為證據退而言之認為其所供屬實則其代理以商人身份而在基隆碼頭向船員宣佈亦難率以

附件9　國防部判決書 P.3

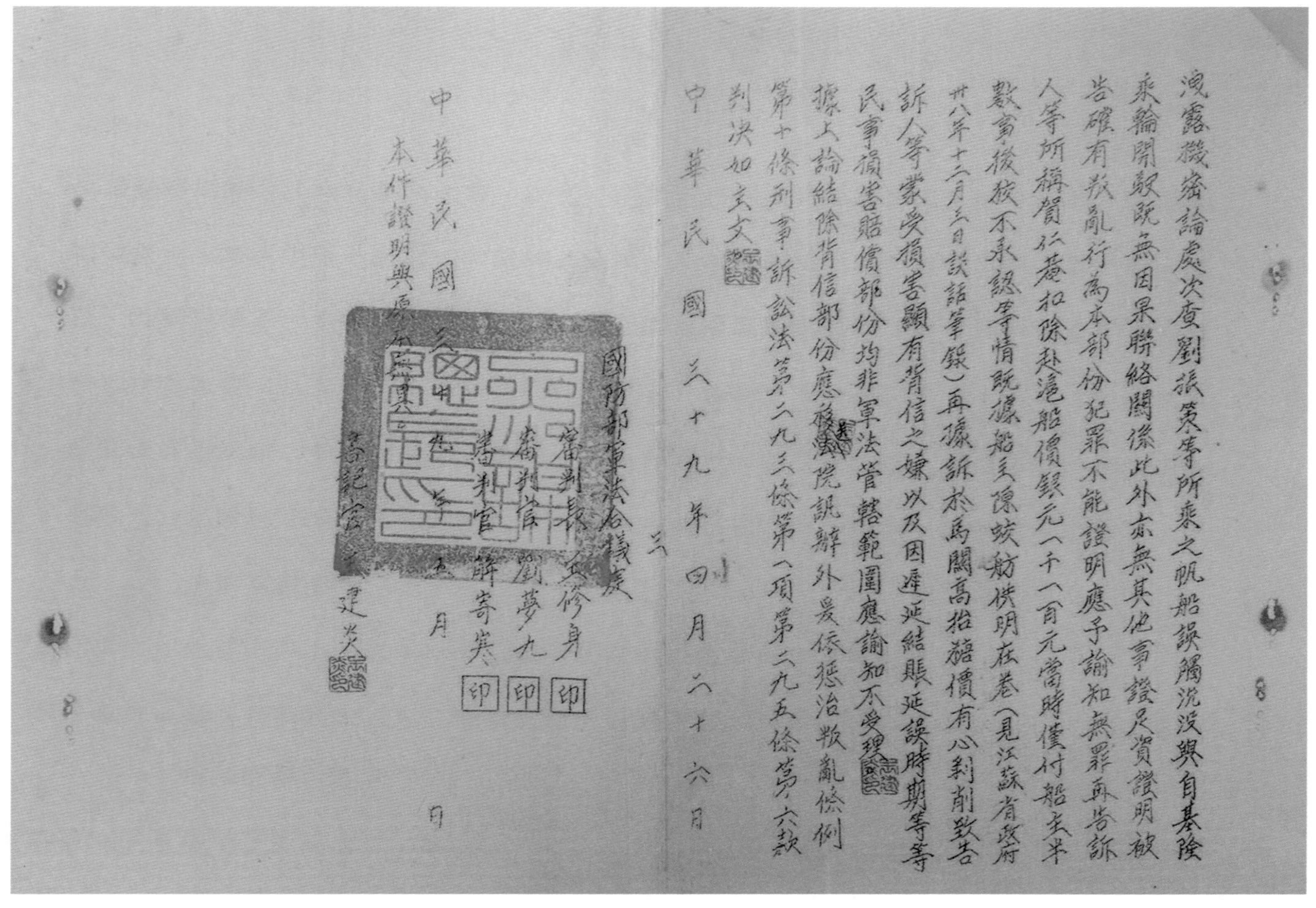

洩露機密論處次查劉振棠等所乘之帆船誤觸沉沒與自基隆
乘輪開駛既無因果聯絡關係此外亦無其他事證足資證明被
告確有叛亂行為本部份犯罪不能證明應予諭知無罪再告訴
人等所稱賀仁菴扣除赴滬船價銀元一千一百元當時僅付船主半
數尚被不承認等情既據船主陳蛟舫供明在卷（見江蘇省政府
卅八年十二月三日談話筆錄）再據訴於馬關高抬船價有心剝削致告
訴人等蒙受損害顯有背信之嫌以及因遲延結賬延誤時期等等
民事損害賠償部份均非軍法管轄範圍應諭知不受理
據上論結除背信部份應移送法院訊辦外爰依懲治叛亂條例
第十條刑事訴訟法第二九三條第一項第二九五條第六款
判決如主文

中華民國三十九年四月二十六日

國防部軍法合議庭
審判長 [illegible]修身 印
審判官 劉夢九 印
審判官 解寄[illegible] 印

書記官 [illegible]建炎

中華民國三十九年五月 日
本件證明與原本無異

附件 10　國防部判決書 P.4

為聲請冤獄賠償（即國家賠償）事：

請求准就聲請人之被繼承人賀仁菴於民國三十九年六月三日國防部勁功字第二九號判決無罪確定前，受羈押一百七十六日予以賠償，賠償金額新台幣伍佰萬元。

聲請賠償之標的

事實及理由

一、聲請人之先嚴賀仁菴為一愛國商人，曾任青島市輪船公會理事長、山東省政府參議、中華民國輪船商業公會全國聯合會理事、黃海水產公司常務理事及長記輪船公司董事長。由於長記輪船公司擁有大小客貨輪船二十餘艘，在營口、天津、煙台、上海、福州、汕頭、基隆等商港，先後設有分公司。營運網遍及全國沿海地區，且民國三十四年勝利後擔負東北、華北地區之軍公人員復員之運送，復於民國三十八年大陸戰況逆轉之際，擔負搶運撤退軍公人員之重責大任。因此，先嚴之名聲在航運界日隆，無人不曉，且備受推崇。

第二頁

附件 11　冤獄賠償聲請 P.1

二、在先嚴賀仁菴經營之長記輪船公司正欣欣向榮，業務蒸蒸日上之際，不幸卻因長記輪船公司原存有山東省公款，於民國三十八年十一月撥付魯中軍區司令劉振策等銀元一萬餘元，為潛赴敵後工作之費用。劉等當時以攜帶不便，除提取一部分現款在台添置外，並約定至嵊山，扣去船費，其餘照當地市價代購白糖，同月十二日，劉率同幹部五十二人，乘長記輪船公司元春輪赴嵊，越日到達，十八日轉抵馬關，至二十八日復由先嚴賀仁菴介紹轉僱木船往滬。詎料，當時駛至銅沙洋面，帆船誤觸廢艦沉沒，除該軍區第六縱隊司令王同宇等人跳入隨船木筏，幸免於死外，其餘劉振策等四十多人均告罹難。嗣王同宇懷疑先嚴賀仁菴有洩露機密與勾串陷害之嫌，乃報請上級徹查。民國三十八年十二月八日，前立委趙季勳、監委趙公魯、國代裴鳴宇等人勾結草山警察所長王魯翹、巴英懷及前山東綏靖司令部參謀長馮其昌等，藉口在台北市中山堂集會，以追悼劉振策等敵後工作人員不幸沉船遇難為名，誣指先嚴賀仁菴為匪諜。由馮其昌參謀長下令，而由時任草山警察所之巡官巴英懷等人穿著警察制服，至台北市廈門街九十九巷十七號聲請人

第三頁

附件 12　冤獄賠償聲請 P.2

住處，將先嚴逮捕，並羈押於草山警察所，其間曾數次提押至「山東綏靖司令部」之法庭，由趙裴等人審訊。當時警察人員示意先嚴，交付二萬美元後，可以放人。然彼等得款分贓後，卻又變掛。另因先嚴以事屬冤枉，而始終不肯在該不實訊問筆錄上署押簽章，遂遭繼續羈押，迨民國三十九年一月間，先嚴之律師戴天球以草山警察所等非法逮捕拘禁先嚴，向國防部舉發及聲請提審後，該案始移送國防部軍法局審理，經該局詳加調查後，咸認先嚴係遭栽誣，而卒還先嚴以清白，判決先嚴賀仁菴無罪，並於無罪判決確定之日釋放先嚴。

三、查先嚴賀仁菴自民國三十八年十二月八日遭逮捕羈押，至民國三十九年六月三日獲釋，共計羈押五個月又二十五日，本件之違法羈押，除致使先嚴之身心遭受嚴重之迫害與折磨外，先嚴之長記輪船公司復因而倒閉，先嚴所受之損害，洵難以筆墨形容於萬一。

四、先嚴被「羈押」起迄之證據分述如左：

㈠自先嚴生前呈送「東南長官公署長官陳」之遠年舊狀內（甲）事實經過欄第八、九行

第四頁

所載，足以證明先嚴係於民國三十八年十二月八日被馮其昌藉詞先嚴破壞敵後工作及匪諜罪嫌下令加以逮捕拘禁。茲謹呈先嚴遺留之狀稿乙份，以供參證。（此狀稿紙張，已甚為破舊且泛黃，一望即知乃遠年舊物，絕非虛假偽造。）

㈡國防部軍法局遲至民國三十九年四月二十六日方以勁功字第二九號判決先嚴賀仁菴叛亂部分無罪。背信部分不受理，而該項判決正本於民國三十九年五月間始制作，再經送達先嚴及軍事檢察官十日後，始於民國三十九年六月三日判決無罪確定。而先嚴乃於是日始獲釋放。此有上開判決書呈案可稽。

五、有關本冤獄賠償事件，敬請　鈞院依戒嚴時期人民受損權利回復條例及冤獄賠償法等有關規定惠予參酌先嚴之社會地位，當時之年齡及遭受違法羈押對先嚴名譽、自由、身體、健康及事業所造成之損害而予以相當之賠償為禱。

六、先嚴之法定繼承人計有聲請人賀中林（長子）、賀僑林（參子）、賀欣林（長女）。賀郁芬（次女）。詳如戶籍謄本及繼承系統表所載，合此釋明。

第五頁

附件 14　冤獄賠償聲請 P.4

賀仁菴繼承系統表：

賀仁菴（亡）

配偶

賀劉氏（亡）

賀顧淑蘭（亡）

- 長子　賀中林
- 次子　賀華林（亡、無子嗣）
- 三子　賀雋林
- 長女　賀欣林
- 次女　賀郁芬

第六頁

附件 15　冤獄賠償聲請 P.5

台灣台北地方法院　刑事庭

一、國防部判決書影本乙份。
二、陳明狀影本。
三、戶籍謄本二份。
四、繼承系統表。
五、山東人在台灣工商篇報導乙本。
六、死亡證明書影本。

八十九　十二　十八

賀中林　賀雋林　賀郁芬

第七頁

附件 16　冤獄賠償聲請 P.6

臺灣臺北地方法院刑事決定書

八十九年度賠字第四五七號

聲　請　人　賀中林

賀儁林

賀郁芬

右列聲請人之被繼承人賀仁菴因犯叛亂罪嫌，聲請冤獄賠償，本院決定如左：

主　文

賀仁菴於無罪判決確定前，受羈押壹佰柒拾捌日，准予賠償新臺幣捌拾玖萬元予其全體法定繼承人。

其餘聲請駁回。

理　由

一、聲請意旨略以：聲請人賀中林、賀儁林、賀郁芬之父賀仁菴曾任青島市輪船公會理事長、山東省政府參議、中華民國輪船商業公會全國聯合會理事、黃海水產公

1

附件 17　台北地方法院刑事決定書 P.1

司常務理事及長記輪船公司董事長，民國三十八年十一月間，魯中軍區司令劉振策率同幹部十二人，乘長記輪船公司元春輪赴緣，同年月十八日轉抵馬關，至同年月二十八日復由賀仁菴介紹轉僱木船往溫，詎料船駛至銅沙洋面時，誤觸廢艦沈沒，除該軍區第六縱隊司令王同宇等人跳入隨船木筏幸免於死外，其餘劉振策等四十多人均告罹難，王同宇懷疑賀仁菴有洩漏機密與勾串陷害之嫌，乃報請上級徹查。三十八年十二月八日，前立委趙季勳、監委趙公魯、國代裴鳴宇等人勾結草山警察所長王魯翹、巴英懷及前山東綏靖司令部參謀長馮其昌等，藉口在台北市中山堂集會，以追悼劉振策等敵後工作人員不幸沈船罹難為名，誣指賀仁菴為匪諜，由馮其昌下令，而由斯時任草山警察所之巡官巴英懷等人至台北市廈門街九十九巷十七號賀仁菴住處，將賀仁菴逮捕，並羈押於草山警察所，迨三十九年一月間，賀仁菴之律師戴天球以草山警察所違法逮捕拘禁為由，向國防部舉發及聲請提審後，該案始移送國防部軍法局審理，經該局調查後，於三十九年四月二十六日判決賀仁菴無罪，並於三十九年六月三日判決無罪確定，是日始獲釋放，聲請人賀中林、賀萬林、賀欣林為賀仁菴之法定繼承人，爰依戒嚴時期人民受損權利回復條例及冤獄賠償法相關規定，請求賠償新台幣（下同）五百萬元等語。

二、按戒嚴時期人民受損權利回復條例第六條於八十九年二月二日修正公布，依中央法規標準法第十三條規定，於同年月四日生效施行。該條例第六條修正後規定：

2

附件18　台北地方法院刑事決定書 P.2

「人民於戒嚴時期因犯內亂、外患、懲治叛亂條例或檢肅匪諜條例之罪，有下列情形之一者，得聲請所屬地方法院準用冤獄賠償法相關規定，請求國家賠償：（一）經治安機關逮捕以罪嫌不足逕行釋放前，人身自由受拘束者。（二）於不起訴處分確定前受羈押，或不起訴處分確定後未依法釋放者。（三）於無罪判決確定前受羈押或刑之執行，或無罪判決確定後未依法釋放者。（四）於有罪判決或交付感化教育、感訓處分，執行完畢後，未依法釋放者。前項請求權，自本條例修正公布日起，因五年間不行使而消滅。」。次按，受害人死亡或受死刑之執行者，法定繼承人得聲請賠償；繼承人有數人時，其中一人聲請賠償者，其效力及於全體，冤獄賠償法第七條、第十條第二項分別定有明文，且為戒嚴時期人民受損權利回復條例第六條所準用，本件聲請人賀中林、賀為林、賀郁芬均為賀仁菴之法定繼承人，賀仁菴並已於六十五年十一月十一日死亡，此有戶籍謄本一份在卷足按，則依上開規定，其法定繼承人自得聲請賠償，且其法定繼承人均未有拋棄繼承之情事，亦經本院依職權查明無誤，此有本院九十年一月四日北院文家八九家繼字第七０三九號函及台灣新竹地方法院九十年一月十八日（八九）新院鎬民慎字第二二五八號函各一份附卷可參，是聲請人賀中林、賀為林、賀郁芬聲請賠償之效力應及於全體法定繼承人全體，合先敘明。

三、經查，本院依職權函請國防部查明賀仁菴遭逮捕羈押之起迄日期，據該部函覆略以：賀仁菴曾於民國三十九年一月三十一日經前東南軍政長官公署軍法處涉嫌叛

3

附件19　台北地方法院刑事決定書 P.3

亂案爲由予以逮捕羈押，嗣於三十九年四月二十六日經前國防部以三十九勁功字第二九號判決其涉犯叛亂部分無罪在案，於三十九年六月三日提解移送前台北地方法院檢察處另案偵辦其所涉背信罪嫌部分，此有國防部軍法局九十年三月八日（九０）則創字第０００八六三號函一份附卷可參，然查，依聲請人所提出之賀仁菴於遭東南軍政長官公署軍法處逮捕羈押後所呈答辯狀載明：「．．．希圖藉此聳動聽聞以爲陷害報復，乃因聞者鮮表同情，復十二月八日以籌備劉振策等追悼會爲名，召集少數同鄉開會，馮其昌是日亦參加此會竟在會場中遽下手令謂民有破壞敵後工及匪諜罪嫌加以逮捕拘禁審問，此本案經過事實之實在情形也。」，此有答辯狀之影色影本一份附卷可按，參以在「山東人在台灣－工商篇」一書中，亦記載「．．不料一九四九年十二月八日，賀先生（即賀仁菴）竟被妄誣，以『匪諜』之罪名被捕，尤其自青島攜來台灣營運資本之十四萬美金，亦被勒索一空．．．」，此亦有該書附卷可參，由上足徵聲請人所述賀仁菴係於三十八年十二月八日起即因涉叛亂案件而遭逮捕羈押，迄三十九年六月三日始因無罪判決確定始獲釋放乙節，應堪採信。則聲請人之父賀仁菴自三十八年十二月八日起至三十九年六月三日止獲無罪判決確定前受羈押一百七十八日，且此部份並無冤獄賠償法第二條各款所列不得請求賠償之情形，又未逾修正後戒嚴時期人民受損權利回復條例第六條規定聲請賠償之時間，是聲請人聲請賠償爲有理由。爰審酌聲請人之父賀仁菴原係兵記輪船公司董事長，並曾協助對日抗戰有功，竟於六十餘

4

附件20　台北地方法院刑事決定書 P.4

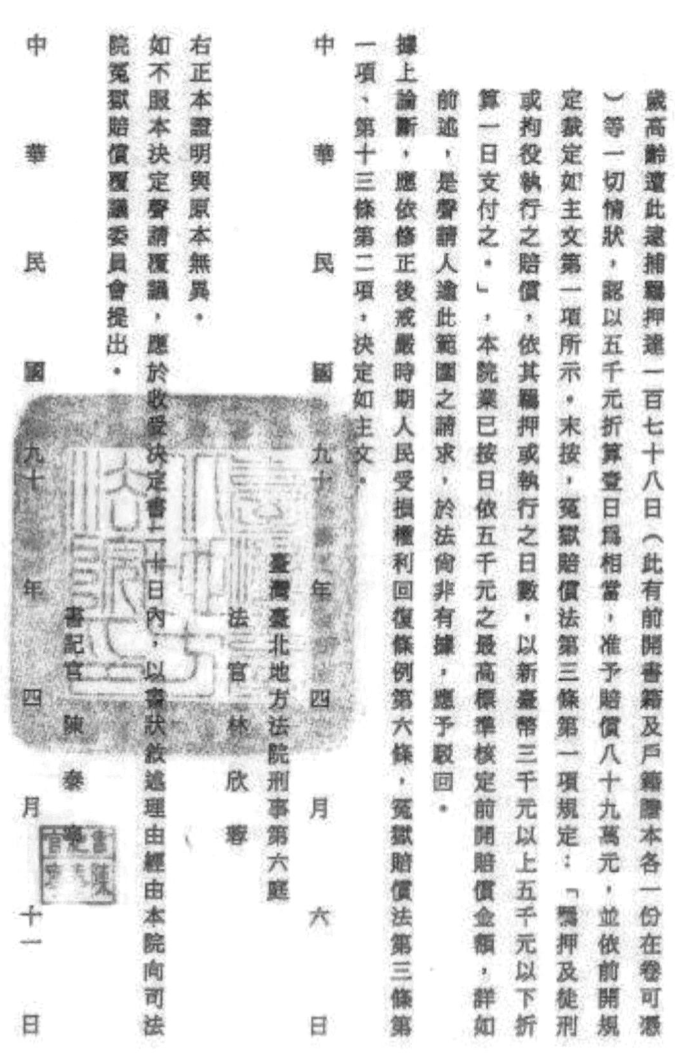
歲高齡遭此逮捕羈押達一百七十八日（此有前開書籍及戶籍謄本各一份在卷可憑）等一切情狀，認以五千元折算壹日爲相當，准予賠償八十九萬元，並依前開規定裁定如主文第一項所示。末按，冤獄賠償法第三條第一項規定：「羈押及徒刑或拘役執行之賠償，依其羈押或執行之日數，以新臺幣三千元以上五千元以下折算一日支付之。」，本院業已按日依五千元之最高標準核定前開賠償金額，詳如前述，是聲請人逾此範圍之請求，於法尚非有據，應予駁回。

據上論斷，應依修正後戒嚴時期人民受損權利回復條例第六條，冤獄賠償法第三條第一項、第十三條第二項，決定如主文。

中華民國九十[illegible]年四月六日

臺灣臺北地方法院刑事第六庭

法官 林欣蓉

右正本證明與原本無異。

如不服本決定聲請覆議，應於收受決定書十日內，以書狀敘述理由經由本院向司法院冤獄賠償覆議委員會提出。

書記官 陳泰寧

中華民國九十[illegible]年四月十一日

5

附件21　台北地方法院刑事決定書 P.5

姓名	設籍地	判決機關	判決書字號	表冊名稱	檔案來源機關	案名	檔號
賀中立	陝西攸縣	國防部	53年度覆高準字第13號		國防部軍法局	胡克飛等叛亂案	0052/3132514/514/1/002
賀中立	陝西攸縣	國防部	53年度分判字第2號		國防部軍法局	胡克飛等叛亂案	0052/3132514/514/1/002
賀仁菴	山東日照縣	國防部	勁功字第29號		國防部軍法局	賀仁菴等阻礙敵後工作殺害赴敵後工作同志劉振榮等四十七人之匪嫌審判情形	0039/3132006/6/1/006
賀日球	湖南醴陵	海軍總司令部	43觀瞻字第1052號		國防部軍務局	陳益舟等叛亂案	0041/1571/75298027/134/102
賀世修	四川			空軍總司令部45年2月份授權代核及自行審理軍法案件簡明表	國防部軍法局	授權代核軍法案件月報表（五）	0045/3134053/53/5/001
賀正編	河南輝縣			中國陸軍第一方面軍司令部督察處偵訊漢奸案件報告表	國防部軍事情報局	漢奸戰犯判決案	0034/1583/3413/10/001
賀松琨；賀松崑	北平	河南高等法院	35年特字第114號		國防部軍事情報局	漢奸戰犯判決案	0034/1583/3413/10/001
賀秉温	綏遠歸綏			△	國防部軍事情報局	漢奸戰犯判決案	0034/1583/3413/10/001
賀振寰	湖北			空軍總司令部45年2月份授權代核及自行審理軍法案件簡明表	國防部軍法局	授權代核軍法案件月報表（五）	0045/3134053/53/5/001
賀择巽	湖北蒲圻	台灣省保安司令部	39安澄字第2467號		國防部軍務局	周子良等叛亂案	0039/1571/77221730/162/014

附件 22　國家檔案資訊網所示軍法局資料

第十九章　無妄之災

又遭誣告

一九五〇年初，父親仍在獄中，但早於一九四八年十一月就已辭去中國紡織建設公司總經理一職的束雲章，得知該筆布款遭挪用後，欲將此款中飽私囊，立即在台設立了「台灣中國紡織建設公司」，自任董事長，前來向父親追討布款，並委託知名律師端〇愷[5]，向台北地方法提告父親「背信」罪。

開庭時，法官面對一位政黨背景雄厚之律師，情勢當然是一面倒，即便父親提出蓋有山東省政府與青島市政府大印，並有山東省主席秦德純和青島市市長孫繼丁二人親筆簽名之「府台字第一號」公文，證明此布款早已奉令交台灣省政府保管，法官仍不予採信，甚至拒絕傳訊這兩位國府官員到庭作證，父親所提出的辯詞也遭法官喝斥，正所謂「不由分說」！

5　端〇愷留學美國獲得法學博士，從事執業律師多年，曾任國民政府行政院政務處參事、第四屆國民參政會參政員、立法委員、司法院秘書長、行政院秘書長。來台後，曾任總統府國策顧問、東吳大學校長，以及國民黨第十一、第十二屆中央委員會評議委員。

最後，此案形式上是開了兩次庭，父親在無人主持正義之下，法院便判決父親「背信」罪成立。

中紡建設公司是一九四五年抗戰勝利後，當時的行政院長宋子文，指派經濟部將接收回來的日本紡織廠組成「中國紡織建設股份有限公司」，並任命經濟部長翁文灝任董事長，東雲章任總經理。

但一九四九撤退時，該公司卻未隨國府來台，此後國民黨也從未在台重新設立該公司或建廠正式營運。試想，如果當時中紡公司已在台設有公司或辦事處或有負責人，何以山東省政府及青島市政府遍尋不著？仍將父親交付之布款轉交台灣省政府保管，而非直接將布款交還該公司？

而更荒謬的是，東雲章早於青島市政府與山東省政府委託長記公司運送布疋的半年前（一九四八年十一月），就已自行辭去中紡公司總經理一職，此時又有何資格要求父親歸還任何屬於中紡公司的財產？

事後推測，或許當時有人知道東雲章曾任中紡總經理一職，因此當他在台灣重新設立中紡公司時，可能誤認為此公司等同原來的中紡公司，也誤認為以東某過去之經歷，有權代表該公司。即便父親當時並不這樣認為，但仍委婉告知東某，請他向原委託人山東省政府與青島市政府洽領該款，哪知山東省政府因撤退來台時經費不足，早已將所有款項挪用殆盡，一毛錢都付不出來。

由於秦德純交付劉振策的一萬餘銀元，是用來支援敵後工作，按理當由政府公帑支出，因此秦主席便向其上級機關「行政院」請求批准抵沖。

東雲章得知此事後，唯恐即將到手的錢飛了，遂轉而憑藉其深厚的人脈關係，致函當時的行政院院長陳辭修（陳誠）：（附件：行政院留底公文書影本）

函文內容為：

辭公院長鈞鑒查本公司青島分公司前於青島局勢緊張時以布一萬四千餘疋值新台幣八十餘萬元交青島長記輪船公司賀仁菴運台，詎該賀仁菴藉口當時本公司無人接管，存心蒙蔽事實，詭稱將該項布疋售得銀元三萬八千餘元，擅交山東青島市政府充作敵後活動經費，冀圖抵銷八十餘萬之債務，經由山東青島市政府呈請

鈞院鑒核備案，幸蒙垂察批示經財兩部不准所請在案，茲該長記公司賀仁菴業經本公司在台北地方法院提起訴訟，刑事部份已經判刑，民事部份正在審理，此項布款係為本公司在台建廠之資，如遭損失，將影響工作之進行，且本公司之布款山東青島省市府擅自挪用不獨法之不許，於財政系統上亦顯有未合，近該賀仁菴以案將判決，四處活動，冀以少數金錢消除鉅額債務，特肅陳

鈞座，敬祈對本案

俯賜關注，免為奸商蒙蔽，以重公帑，而保國力，我

公對本案如有垂詢，乞隨時賜電，當即趨謁，詳陳種切，以明真相，肅此敬叩

勛安

附　本案節略一份

東雲章　敬啟　一九五〇年四月十五日

這批貨原是為了替青島電廠換煤而徵用來的，即便換煤不成也與「台灣中紡公司」在台建廠基金無關，況且當山東省政府及青島市政府向中紡公司徵用布疋時，東某已非中紡公司總經理，根本未曾參與此事。而台灣中紡公司和青島中紡青島分公司更非同一家公司，東某於情、理、法都無任何資格能以背信罪名羅織先嚴，而當時父親還因白色恐怖一案被關在獄中，如何能四處活動？又何謂「冀以少數金錢消除鉅額債務」？而此區區布款到底值多少公帑？能保多少國力？又能建個什麼樣的廠？先嚴又蒙蔽了誰？到底誰才是名符其實的「奸商」？

至於該函所述：『一、……本公司青島分公司以布疋一萬四千餘疋值新台幣八十餘萬元交青島長記輪船公司運來台灣……』，但此份呈函中，無論是正文或所附節略，布疋的數量和金額無一相符。

『二、……經本公司在台北地方法院提起訴訟，刑事部分已判刑……』，這些全都是東某揑造的謊言。而如此雜亂無章、破綻百出的呈文，竟可成為高層判斷事實之依據，實在令人啞口無言。

父親被國防部判無罪釋放出獄後，律師戴天球建議繼續上訴「中紡」一案，但父親因自身慘痛經歷，對台灣司法界之黑暗早已失望透頂，而此時大媽又剛過世，心中萬分悲痛，只好選擇和中紡公司和解，賠錢了事。

依照端〇愷大律師所擬的和解書，我方存底資料，重點摘錄為：乙方應將「甲方青島分公司『委託運台代售』之布匹八九九二疋，依台北市當時平均布價及同期銀元平均價格計算，應償還甲方銀元六萬零一元二角八分，扣除乙方運費二萬零一百八十五銀元及代繳稅金棧租等三千五百八十九元六角，以及已送交山東省政府之銀元三萬八千四百三十二元六角銀元外，還須支付甲方律師費用七千五百銀元」

最後，此和解書的結論是，乙方須歸還甲方二萬零一百八十五銀元，及貼補律師費七千五百銀元。但若山東省政府無法返還乙方前所交付之三萬八千四百三十二元六角銀元，則此部分款項仍須由乙方負責償還。

學法律的人有句戲謔之詞是這麼說的：「證據不可以偽造，但可以製造。」依照山東省主席和青島市市長給父親的批文，上面寫著：「由青島運來中紡青島分公司白布疋九二一二疋……」，但束雲章在幾份不同的函文中，提到的布疋數量都不相同，給陳辭修的函文是一萬四千餘疋，但是該函附件中又寫成二四九八〇疋。至於銀錢部分，山東省政府批文中的新台幣二十七萬六千三百六十元，也被束某偽造成新台幣八十餘萬元。

但和解書中提到的長記代運布疋，數量又只有八九九二疋，金額則是六萬六千零一銀元，等於新台幣二十八萬三千四百零四元。前後所有的數目都對不上，在在顯示束某根本未曾參與此事。

至於端〇大律師所擬的和解書，更是一個荒謬的證據，因為事實上「甲方」從未委託「乙方」代為運送布疋來台出售。（附件：中紡和解書稿）

而和解書中的補貼律師費用為七千五百銀元，一九五〇年時一銀元可兌換新台幣四元三角，因此律師費用七千五百銀元等於新台幣三萬二千二百五十元（當時新台幣兌美元匯率為40：1），是一位公教人員八十個月的薪資。開出這樣的天價，根本是看準父親甫自獄中出來，即使明知是獅子大開口，也莫敢不從。

至於和解書上所謂支付乙方海運費二萬零一百八十五銀元，折合新台幣為八萬六千七百九十五元五角，僅為亨春輪載運台糖公司之白糖自基隆到日本大阪可得二萬一千八百七十五美元（新台幣八十七萬五千元）運費的十分之一，但青島到基隆的距離實際上比基隆到大阪更遠。（附圖：亨春輪與台糖合約）

最後，由於山東省政府已交不出父親當初交付的三萬八千四百三十二元六角銀元，父親也不可能向秦德純主席追討，因此父親一共賠了五萬八千四百三十二元六角銀元和律師費用七千五百銀元，幾乎等於免費幫忙運布來台。不但賠了這批布的出售所得款項，還加上半年多的牢獄之災，以及長記公司的大好前途。

此時，歷經百般折磨的父親早已身心俱疲，卻又遭遇了另一樁不白之冤。

永源輪事件

「永源輪船行」，原本是設在遼寧營口的一家小型輪船行，初始由幾位山東省蓬萊縣人士集資設立，旗下擁有一艘輪船，在抗日戰爭前，該艘輪船航至青島時，都由長記公司代理一切報關業務。

抗戰勝利後，該公司原來那艘船已不知去向，因此永源輪船行的股東們再度集資，於一九四七年購買了一艘約二千二百噸的二手船，取名「永源輪」，並將公司名稱改為「永源輪船股份有限公司」，隨即在「營口」復業。

隔年，國共內戰轉趨激烈，眼看營口即將淪陷，該公司總經理葛摋臣便在民國三十六（一九四七）年底，赴上海辦理公司設立登記，名稱為「上海永源輪船公司」，將公司撤至上海繼續營業，仍舊委託長記代理各項報關業務。

一九四九年四月，上海地區淪陷，上海十六鋪碼頭上擠滿了想搭船逃來台灣的旅客。此時永源輪也被國民政府徵用軍差，負責自上海載運軍品來台。

永源輪來台未幾，又再度遭徵軍用，被派至廣州，裝運欲撤退至海南島榆林港之廣州第十一兵工廠機器。由於機器太重，榆林港當地並無起重設備，以致該機器無法卸下，永源輪因此被困在榆林港達數月之久，後有其他具有大型吊貨設備之輪船恰好前往榆林港，始協助其將機器卸下，該輪隨即開返基隆。但因停泊在榆林港時間太久，煤、水消耗甚多，以致於在折返基隆途中，無法繼續航行，幸而遇到其他輪船經過，永源輪遂要求救助，於是該輪被拖至香港暫泊。

一九四九年底，船聯會（正式名稱為：中華民國輪船商業同業公會全國聯合會）以航運業不振，航線短縮，各輪船公司虧累日甚，難以繼續維持，呈文請台灣省政府予以接濟，至一九五〇年五月始奉批准貸款，共計新台幣八百萬元，由船聯會公平分配各輪船公司使用，並由各公司向台灣銀行申請辦理貸款手續。

此時永源輪船公司亦獲得分配貸款。金額為新台幣十萬零七千八百二十元，依照規定應由該公司自行向台灣銀行貸款，但由於台灣銀行規定之貸款條件必須以公司輪船作為擔保品設定抵押，而作為抵押品之輪船必需已向保險公司投保船體險，且需在台灣設有公司機構者方為合格。但此時永源輪仍泊於香港，而該公司總經理葛嘏臣及一張姓股東於上海撤退時又逃至香港避難，台灣僅有一辦事處，並無公司之設立登記，在此情況下，根本無法向台灣的保險公司投保船體險。

當時，也有其他輪船公司有類似情況無法申請貸款，此一問題經船聯會多次開會討論議決後，決定分組連保，由在台設有公司登記之輪船公司，且具有保險資格者，為無保險資格者具保，共分五組。此時，永源輪在台代表許子長先生遂商請先嚴之長記輪船公司為其擔保。

一九五〇年六月父親甫出獄，而永源輪仍泊於香港，台灣仍未設立公司，長記公司如何能為一家沒有在台設立公司登記的輪船擔保？

該公司總經理葛諔臣此時遂透過各種關係，請求船聯會理事長楊管北先生及另一上海同業許可均先生，多次向先嚴請託協助。據父親推測，此二人應是受到交通部某高層指示，希望藉此機會讓永源輪回台，而永源公司在台負責人許子長先生亦數度前來長記公司懇求先嚴協助，後該公司總經理葛諔臣復由香港來函：「保證永源輪船公司在台代表與長記公司之一切往來，本人及敝公司當負完全責任」。（附件：葛諔臣致賀仁菴信函）

父親基於過去雙方情誼與商場道義，遂應允為永源輪擔保。

但此事被長記公司賀副總得知後，極力反對。可是為永源輪擔保，是父親在船聯會上當眾允諾的事，若事後又反悔，等於言而無信，有違父親做人處事的原則，因此父親堅持必須信守承諾。

恰好此時亨春輪即將赴日本做船體檢查及維修供養，此事是委由「日本關西汽船株式會社」代理接洽日本A級造船廠，完成後便可取得該造船廠之驗船師所出具亨春輪可航行國際港口載軍物貨之A級船體證明文件[6]。為了隨船赴日，父親便向有關單位申請出境，不料卻遭到駁回，才知有人以許子長的名義，具狀告發「賀仁菴私吞永源輪之貸款，並欲攜帶美金十萬元逃往日本」。

6 當時台灣造船公司之檢查維修，國際均不予認證。

亨春輪預赴日本做船體檢查這件事，只有長記的主管知道，許子長或外人並無從得知。到日本去監督船體檢查維修保養究竟有何好處值得寫黑函去爭取？可想而知顯然是可以趁機向日本船廠要求給予「回扣」，反正羊毛出在羊身上，而且可以做的神不知鬼不覺。因此這封揑造不實指控的黑函當然是長記公司內部人士所為，父親推測以賀副總嫌疑最為重大。

若父親既無法出境，勢必得派他人前往監督整個作業流程，而發此黑函的目地正是如此。由於長記公司來台時因業務部除賀副總及費經理外，只有一位何秘書和黃經理，但此二人均非熟悉輪船檢查業務者，最後這個任務當然是落到了囂張跋扈的賀副總身上。

此時保安司令部也派人到長記調查，結果發現父親非但沒有私吞永源輪的貸款，反而已借支許子長五千三百五十元。此時永源公司總經理葛嘏臣又去函許子長，要求必須再向長記提領二萬七千元匯至香港，才有錢購買燃煤，以便將船開來台灣。

許子長與父親討論後，一致認為永源輪根本不可能開來台灣，因為此時永源公司不但已付不出員工薪資，甚至連船員伙食都已無法供應。但倘若父親此時拒絕借款，就會被認定是永源輪無法來台的「罪魁禍首」。

因此父親只好再提款二萬七千元給許子長。連同先前那筆款項，合計新台幣三萬二千三百五十元。

許子長先生將這二萬七千元領走後，人就不見了。父親推測他應該是騙了錢捲款逃亡了！

到了一九五一年四月廿一日，突然接到許子長的來信，說他於前一年的十一月七日在基隆遭刑警隊逮捕，被拘送到保安司令部，關在廿九號押房，已經關了四個多月，現在保安司令部已將事情真相查明清楚，他將具保釋放。被關進保安司令部的罪名是他領了長記的錢，但未匯去香港，致使永源輪未能來台。

不久後，永源輪航向了大陸。原因很簡單，如果航來台灣，根本沒有任何航線可供航行，沒有A級的船體證明，也無法航行國際任何航線，若是呆呆的泊在台灣，公司也沒錢養活員工，祇能坐以待斃。如果去了大陸，還可擔任北方一些港口的運輸作業，而當時共軍也急需輪船運輸，航到大陸反而可能受到重視，至少有飯給船員吃。

當時永源輪船行有位張姓股東雖極力勸說船員來台，但終究無法保證他們來台後的生活，最後這位張姓股東來了台灣，至於該公司總經理葛嘏臣有沒有來台沒人知道，就算來了也不敢露面，因為得和長記公司把帳算清楚（該筆貸款依規定得如期償還台灣銀行本金和利息）。

父親基於同業道義擔保，結果賠上了的是長記公司的大好前途。

許子長遭羈押了四個多月，交通部終於在接獲許子長陳情函後（附件：許子長陳情函），由保安司令部查明真相，將許子長具保釋放。

許子長呈交通部函文：

呈

一、為案原向台灣銀行貸款被人誣告改被押於省保安司令部軍法處歷應四夙月蒙鈞部明察秋毫准予保釋茲申報發落始末於後。

二、竊民原籍山東省蓬萊縣自離校後即供職永源輪船公司營口分公司民三十七年春營口淪陷因永源輪船公司在營口聲譽均知總經理葛蝦臣已於年發赴津轉滬辦理復業事務當時內部一切業務由民負責因是共軍進入營口後民即被拘捕鬥爭民不堪受共軍暴政故是於同年六月拋眷逃至天津繼赴上海公司服務同年秒奉敝公司總經理葛蝦臣委派來台負責業務為時迨今三載歷安本分不苟毫非敝總經理及同人等俱所深知

三、緣於去年十一月七日突被基隆警察局刑警隊拘送省警務處轉解省保安司令部軍法處以民與長記輪船公司總經理賀仁菴吞沒敝公司貸款罪名予以拘押歷時四月特准交保民之哀情當蒙
鈞長洞察但以空穴之風使民無辜坐監而長記輪船公司總經理賀仁菴係同業義氣代為作保亦受牽連深以為憾

四、查敝公司與長記輪船公司台銀貸款一節乃係民國三十八年冬船聯會以航業不振航線短縮各輪船公司虧累日甚實難維持當為呈請省政府予以接濟至三十九年春始奉批准貸款共計台幣八百萬元由船聯會公正分配因之敝公司得分貸款十萬零七千二百元依章應由敝公司直接向台灣銀行辦理貸款手續奈該行所定條件至苛必須輪船公司在台有總機構者為合格且以輪船抵押須有船體保險方可申請查大陸撤退各公司之輪船均服軍運工作限於環境倉促啟航因此來台者多係輪船員工及公司負責人而已在台同業大都如此敝公司原一小航商僅有永源輪一艘自與台灣銀行貸款條件不能適合大都如是後經船聯會數次開會討論議決分組聯保在台有資格者保無資格者共分五組敝公司商得長記輪船公司總經理賀仁菴同意求其保証列為第四組因之該公司以亨春輪向台灣銀行抵押（附抵押書）申請貸款同時交換條件船體保險費按貸款數額分攤敝公司應負擔三分之一其餘有關貸款費用敝公司均負擔三分之一如貸款額領到時敝公司須覓同業般實保証提交長記公司始可由該公司提取貸款嗣因敝公司難覓保証以改貸款留存長記公司民曾商香港敝總經理葛堨臣請示辦法覆來函仍著民酌情辦理查永源輪自廣州撤退裝運第十一兵工廠機器至榆林但因機件太重榆林港無起貨設備改將船停航數月煤水食米均告用盡後經他輪援助始將大件機器卸下旋即開返基隆奈中途燒煤用盡無法繼航當求救他輪將船拖往香港是以敝公司無力開航而因欠員工七十餘人二年餘薪俸船員屢提賣船抵債之議甚至動武敝總經理葛堨臣亦無辦法并兼外債逼迫開航實無能力非小數之款可以補救也敝公司情形如此民為敝公司台灣負責人此項貸款自當由民負責清債即將貸款全部寄港亦屬杯水車薪無濟於事而永源輪斷無返台之可能，此情諒

鈞長均在洞察中此乃事實非民指問偽報且此項貸款期屆而永源輪不來民將以何清債台銀又限於台銀條件及長記公司保証關係民實無法辦理最後民與長記公司商討由民提取兩萬七千元以發曾借五千三百十元共計三萬二千三百五十元餘者存于長記公司每月計息十分以保証屆期清還台銀而民自來台敝公司未發分文一切均由民負責籌借而付開支所提之三萬二千三百五十元除付還一部分債務外餘則充補開支及支用附呈明細表一份至供鑒察

五、上級各節為敝公司與長記公司台銀貸款之經過情形足証長記輪船公司賀仁菴并無吞沒敝公司貸款之情事而民亦無牽涉之嫌至為明顯

六、基上所陳民處理台銀貸款經過自揣實無犯罪所為當蒙

鈞長明查下情予以諒解是為至禱

七、又擾長記公司總經理賀仁菴稱有人以民名義向鈞部告發賀仁菴吞沒敝公司貸款十萬七千貳百元並攜帶美金十萬餘元擬離台去日本等語半天霹靂不勝駭異查民並無具名告發之事且長記公司總經理對敝公司贊助至大民感激之不暇焉有具名

誣陷之理敢乞
鈞部嚴懲歹徒而安善良
七、此項貸款已屆限期民擬與長記公司共同清償台灣銀行而清手續以結此案當否之
處尚望
鈞長批示以便照辦是為請便。

謹呈

交通部

民　永源輪船公司
駐台負責人　許子長　具
四〇、四、二十一日

此函文中寫得很清楚，許子長先生對於父親義氣相挺，願為永源輪擔保一事感佩至極，從未曾寫過任何黑函指控父親欲攜款十萬美金離台赴日。

就這樣，父親基於商場道義為其擔保，結果卻無端遭到限制出境，致使亨春輪在日本做船體檢查因未盡完善而導致後來更大的災難。

父親的這一連串遭遇，正所謂：

「能耐天磨真鐵漢，不遭人忌是庸才！」

一九五〇年六月底，亨春輪去日本大阪做船體維修檢查，父親既然無法出境，只好派公司的賀副總隨船至日本。賀副總如願到了日本，回來後，長記公司於一九五二年秋被迫結束營業，賀副總卻立刻在台北縣中和鄉買地蓋屋開起了建材行，還買了三輛大卡車，同時經營貨運業務。合理的懷疑是他去日本時拿了不少好處。

亨春輪遇難

亨春輪取得國際航行執照返台後，加入了船聯會，每月可載運船聯會所分配的台糖公司砂糖到大阪，連同裝卸貨物時間，每趟來回大約二十天，其餘時間可自行攬貨。

一九五二年四月二十五日，亨春輪從泰國曼谷攬了一批四千噸的鹽欲駛往韓國釜山交貨，但在航行至南中國海（越南外海約六百浬處）時，推進軸突然斷裂（推進軸約有一尺粗，若非早有裂痕，不會突然斷裂），父親推測應是賀副總隨船至日本時未善盡監督之責所致。

此時亨春輪在海上漂流，船長雖立即發出S.O.S求救信號，然而國際救援卻遲遲未予回應。原本船隻若在海上遇難，可獲得保險公司鉅額理賠金，但問題是此時船上有三十多名船員，人命關天，倘若放任不管，後果將不堪設想。於是父親只好放棄等待國際救援，將自己持有的黃海水產公司股票，向該公司股東鄭旭東以十二分利之高利貸質借美金二萬元，匯去新加坡修船廠，請求派拖船將亨春輪拖至新加坡修理。（附圖：新加坡修船廠所繪製之亨春輪平面圖）

亨春輪修復後回到台灣不久，由劉憲禔帶頭，領著數十位船員提告父親。其中多數船員都姓賀，非賀姓者幾乎也都是石臼所鄉親，卻為了父親積欠他們每人千把塊錢的薪資，聘請律師王〇基向法院申請扣押亨春輪，要求將船拍賣，以償還欠資。

由於這群人天天到公司大吵大鬧，搞得雞犬不寧，父親雖允諾將由日後亨春輪每月固定載運台糖砂糖到日本的營收中撥款償還，這個解決方案也獲其中九成船員同意，但仍有少數人堅持不願意和解。

據了解，倘若官司勝訴，律師可以分得三成，因此當然不願意和解；而該幫帶頭鬧事之船員可能是因為當年曾和父親發生過節；但其中有幾位船員在戰後逃至青島，走投無路時，吃、喝、住全在我家。如今感恩之心蕩然無存，反而苦苦相逼，只能說世態炎涼，好心未必會有好報！

如此相持不下的結果，亨春輪終於遭到法院扣押而停航，由於當時台灣對外貿易尚不亨通，因此拖了一年都賣不掉。依當時交通部規定，所有因故停航之輪船必須分散停泊，亨春輪被指定泊錨於台北縣的關渡鎮。

原本亨春輪每個月還能有新台幣八十幾萬元的收入，扣除船員薪資後，仍然能夠維持公司運轉。如此一來反而導致所有船員生計全失，況且即使亨春輪拍賣成功，首先也得由亨春輪船員先行拿回公司積欠他們停航後的薪資，其餘才能歸其他船員分配。

亨春輪在停航約一年後，到了一九五三年十月終於找到買主，最後以新台幣二百八十萬元，拍賣給了浙江籍的許文華、許文貴兄弟。兩兄弟買到此船後，開設了「益利輪船公司」，並將船名改為「益利輪」，那時已值台灣經濟開始起飛之際，外貿十分暢旺，亟需具有國際航運執照的輪船，因此經營不到半年，許氏兄弟就添購了新船，之後五年又陸續購入五十萬噸輪船。倘若當時債權人非如此短視，長記公司前景仍大有可為。

這場人算不如天算的官司，可謂雙輸。而父親又因早在一九五二年四月，公司周轉困難時曾將該輪抵押給「基隆港務局」新台幣四十萬元（附圖：亨春輪抵押書），加上需歸還之前的借款，因此該輪拍賣後分文未得。

此時這些債權人也不再吵鬧了，只有律師王〇基一人獲利三成。

於此種種災難發生之際，黃海水產公司股東鄭某又因稍早由債權人推舉擔任長記公司經理，此時又趁此之危，竊取了放在長記公司保險櫃裡的股東印鑑，擅自將父親交付的黃海公司股票過戶給其妻子與多位親友，父親只好再與鄭某興訟。

一審時，鄭某雖被判背信罪，但父親所持有之黃海水產公司股票卻已無法取回，由於股票已過戶，若要取回得繼續再打冗長的官司，而父親此時已身心俱疲，只能感嘆時運不濟，『屋漏偏逢連夜雨』。

亨春輪已是長記輪船公司僅存的最後一艘船，遭法院拍賣後，父親的人生瞬間『從雲端跌落谷底，從一無所缺到一無所有』，畢生心血付諸流水！

父親一生仗義疏財、助人無數，孰料晚年際遇竟是落得如此淒慘！

中國紡織建設股份有限公司

0028

辭公院長鈞鑒查本公司青島分公司前於青島局勢緊張時以布疋萬四千餘疋值新台幣八十餘萬元交青島長記輪船公司賀仁菴運台詎該賀仁菴藉口當時本公司無人接管存心蒙蔽事實詭稱將該項布疋售得銀元三萬八千餘元撥交山東青島省市政府充作敵後活動經費齎關抵銷八十餘萬之債務經由山東青島省市政府呈請

鈞院察核備案幸蒙

垂察批示經財兩部不准所請在案茲該長記公司賀仁菴業經本公司在台北地方法院提起訴訟刑事部分經已判刑民事部分正在審理此項布款係爲本

附件1　行政院留底之東某致行政院長陳誠函 P.1

中國紡織建設股份有限公司
0029

公司在台建廠之資如遭損失將影響工作之進行且本公司之布欵由東省局
省市政府擅自挪用不獨法之不許於財政系統上亦顯有未合近被省仁養以
案將判決四出活動冀以少數金錢銷除鉅額債務特籲陳
鈞座敬祈對本案
俯賜關注免為奸商蒙蔽以重公務而保國力我
公對本案如有垂詢乞隨時
賜電當即趨謁詳陳種切以明真相竊此敬叩
勛安

附本案節略一份

東某 敬啓

四月十五日

附件2　行政院留底之東某致行政院長陳誠函 P.2

關於本公司青島分公司委託青島長記輪船公司代售棉布及以布換煤一案節略

一、本公司青島分公司前因籌辦社急曾於上年五月廿日急電本公司前台灣辦事處設法由亨[illegible]輪裝運棉布共二四、九八〇疋來台其中八九九貳疋係在台出售一〇、四八八疋係用以換煤三、八〇〇噸其餘五、五〇〇疋即作為換煤之運繳等費並已委託青島長記輪船公司經理賀仁庵代爲辦理設如因故不能辦妥時全部布疋轉由該處如數案邊暫存

二、該處於接電後之翌日（廿二日）即派員往洽催請早日辦妥運青迨青島易手後該處乃根據青島分公司以前迭次來電除於六月八日代電該公司外復數度派員面洽請將棉布如數交由該處收存該長記公司負責人一再託詞拖延不交

三、查前台灣辦事處與青島分公司同為本公司之分支機構揆諸情理該處原有接收保管本公司及所屬運台物資之職責況又奉青島分公司迭電委託該公司自不應推諉迺該公司竟於青島易手郵電中斷

0030

附件 3　行政院留底之束某致行政院長陳誠函節略 P.1

之當補口青島分公司未遵核函告拒不交付雖經再三交涉仍屬無效蓄意侵佔政府物資已屬昭然

四、關於該處又於七月十二日及九月九日函電長記公司請將棉布如數交出並請將代售棉布部份之棉布價款暨詢出售日期及價格列表送還該處

五、該公司既不復函又不交布於拖延二月有餘後始在上年九月十六日函復稱該項代售之棉布款及賬日等業於七月十五日呈送山東省政府及青島市政府核收轉還向山東青島市政府查詢

六、本公司關於台灣辦事處以本案與山東青島省市政府無關不便逕洽於十二月二日復電長記公司請查照送還將售布價款及詳細賬目仍逕由該處核收以備手續而資結案

七、嗣據長記公司函略以所售價款因無法交由青島分公司應收先經山東青島省市政府會令該公司及曾函台灣省政府代為收存保管後又令飭該公司將該款繳呈山東省政府留作策動敵後工作之用俟將來勝利復員後再由山東青島省市政府如數歸還等語

八、本公司以該項代售之棉布賬款長記公司先則一再藉故托詞拒交繼稱已交山東省政府布款試元云

附件4　行政院留底之東某致行政院長陳誠函節略 P.2

將來勝利復員後再由山東青島省市政府如數歸還等語

八、本公司以該項代售之棉布價款長記公司先則一再藉故托詞拒交繼稱已交山東省政府布價銀元三萬八千四百卅二元一角六分查本公司青島分公司託該公司代售之布計八九九二疋運貿之布五五〇〇疋因禁未運出除扣應得之運費二一七疋外應找四五、二八三疋兩共一四、二七五疋依照市價每疋新台幣六十元計共應新台幣八十四萬餘元除去所撥魯省府三萬餘銀元約合新台幣十三萬餘元外該公司侵佔公款計新台幣七十餘萬元爰於上年底延請律師具狀法院依法訴請償還

九、現該項訴訟刑事部份業蒙台北地方法院本年三月十三日判決其判決書主文爲賀仁庵背信處罰金銀元一十元如易服勞役准以罰金總額與六個月之日數比例折算至民事部份則仍在審理中

十、本案關於以布換煤部份業由本公司台灣辦事處洽准物資調節委員會趙主任委員召集山東省政府與該處三方面辦會商討決定將山東省政府押存物資調會之煤斤八十餘噸撥抵該項換煤布款一切手續業已辦理清楚

0031

附件 5　行政院留底之束某致行政院長陳誠函節略 P.3

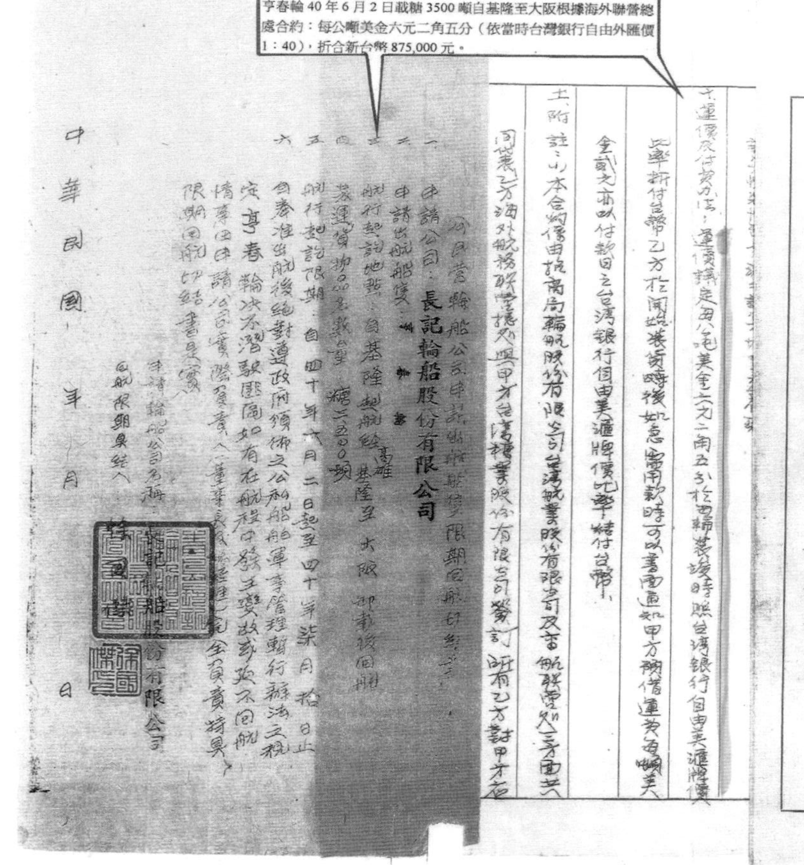
亨春輪 40 年 6 月 2 日載糖 3500 噸自基隆至大阪根據海外聯營總處合約：每公噸美金六元二角五分（依當時台灣銀行自由外匯價 1：40），折合新台幣 875,000 元。

四

抄件

運輸合約

台糖契<40>字第097號

立運輸合約人 台灣糖業股份有限公司（以下簡稱甲方）
海外航務聯營總處（以下簡稱乙方）
茲因甲方有砂糖乙批委託乙方承運雙方議妥訂明條款如後：

一、品名及數量：貳號砂糖參仟伍佰公噸（如因事實上之需要甲方對於運輸數量得酌予增減）

二、交運日期：中華民國四十年三月至五月之間由乙方調派船隻承運。

長記輪船股份有限公司

中華民國　年　月　日

附件6　亨春輪與台糖合約

稿

和解契約

立和解契約人 中國紡織建設股份有限公司
青島長記輪船公司（以下簡稱甲方
乙方）緣乙方前受甲方青島分公司委託裝運代售布疋糾紛事件經甲方在臺北地方法院提起訴訟請求賠償損害在案茲由王嵐僧先生出面調處雙方協議和解條款如左：

一、乙方應將甲方青島分公司委託運臺代售之布疋八九九二疋依照民國卅八年六月一日起至廿三日止（扣除星期實足二十天）之臺北市平均布價（以振中細布市價為準）及同時期內銀元平均價格計算全部價款計銀元陸萬陸千零零壹元貳角捌分正償還甲方。

二、甲方青島分公司原約定青島臺灣間布疋煤炭往返運費共計布疋五千五百疋旋因青島撤退致乙方未能將煤運返改按原約定運費半數計算所有應由乙方返還甲方布疋貳千柒百五拾疋併照前條標準計算價格計銀元貳萬零壹百捌拾五元返還甲方

三、乙方允諾貼補甲方律師公費銀元柒千伍百元整。

四、乙方代甲方所付各項捐稅棧租佣金等甲方承認照乙方提出付款憑證在應償款內扣除共計銀元叁千伍百捌拾玖元陸角整。

五、乙方前送交山東省政府布款一部分銀元叁萬捌千肆百叁拾貳元壹角陸分乙方承認負責呈請政府轉賬如將來甲方奉到政府命令不准撥抵時部分布款仍由乙方與保證人連帶負責償付甲方

六、乙方於和解簽訂之日即時給付甲方布款銀元貳萬肆千壹百陸拾肆元伍角貳分及貼補律師公費銀元柒千五百元其餘之款除送繳山東省政府之叁萬捌千肆百叁拾貳元壹角陸分外尚欠銀元貳萬元由乙方與保證人連帶負責分兩期給付計第一期銀元壹萬元以卅九年八月四日第二期銀元壹萬元以同年九月四日為償還期限不得逾限稽延

七、如乙方送交山東省政府之布款銀元叁萬捌千肆百叁拾貳元壹角陸分政府不准轉賬或不於卅九年八月四日給付第一期金額時所有第二期應付之金額視為到期甲方均得聲請法院對乙方及保證人一併強制執行並按照臺灣銀行優利存款利率計算利息至清償完了之日止。

八、保證人復源行（包括全體合夥人）對於本契約全部了解並願放棄先訴抗辯及檢索抗辯之權如乙方不履行本約任何條款時保證人應即代為償付絕不推諉

九、銀元價格依卅九年七月四日報載價格每一銀元等於新臺幣肆元叁角日後漲落無關所有本契約內應付之銀元均以新臺幣給付

附件 7　中紡長記和解契約 - 稿

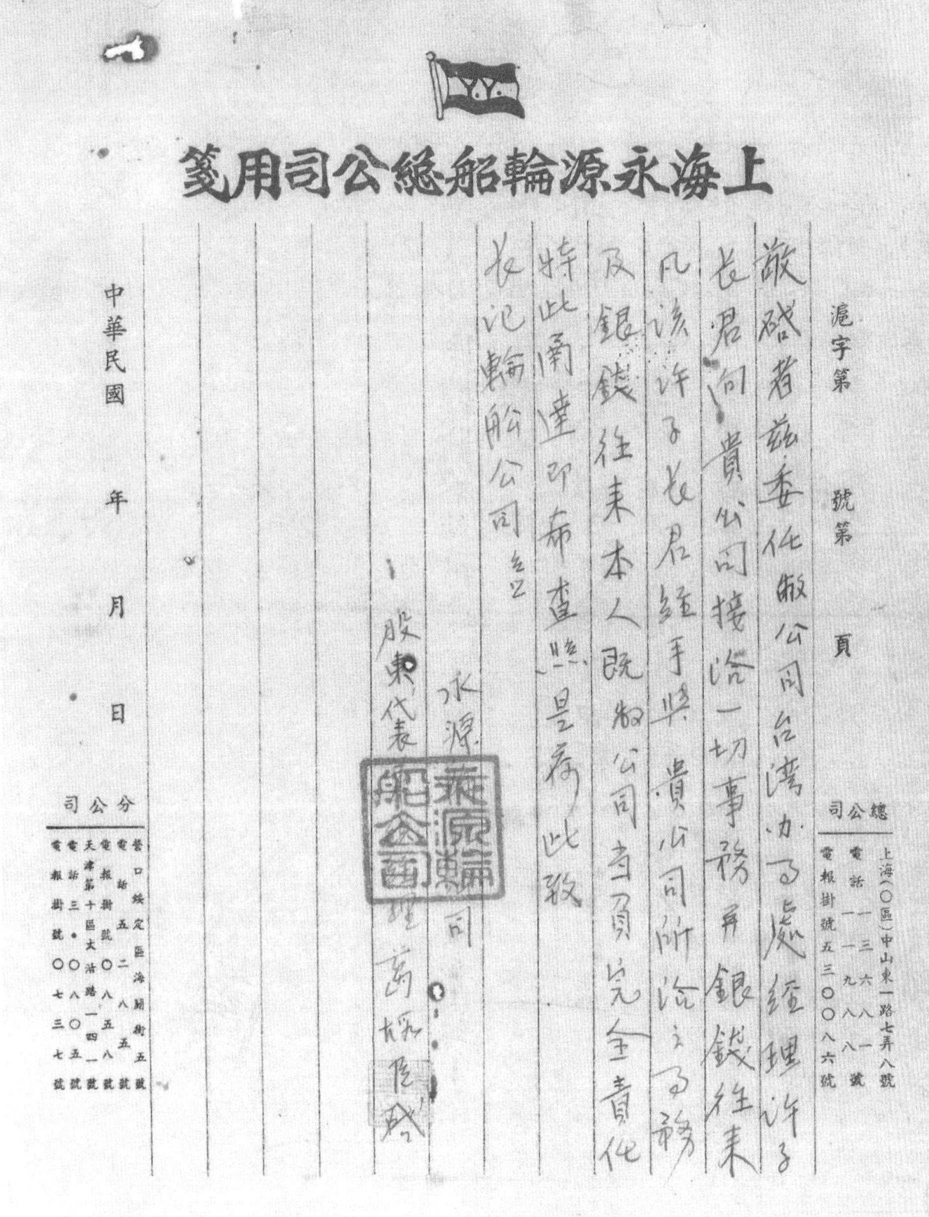

上海永源輪船總公司用箋

滬字第　號第　頁

啟者茲委任敝公司台灣辦事處經理許子長君向貴公司接洽一切事務並銀錢往來凡該許子長君經手與貴公司所洽之事務及銀錢往來本人暨敝公司當負完全責任特此備達即希查照是荷此致

長記輪船公司 台照

永源輪船公司
股東代表經理 葛蝦臣 啟

中華民國　年　月　日

總公司
上海(〇區)中山東一路七弄八號
電話 一三六八一 一一九八八號
電報掛號五三〇〇八六號

分公司
營口綏定區海關街五號
電話五二八五號
電報掛號〇八五八號
天津第十區大沽路一四一號
電話三・〇八〇五號
電報掛號〇七三七號

附件 8　葛蝦臣致賀仁菴信函

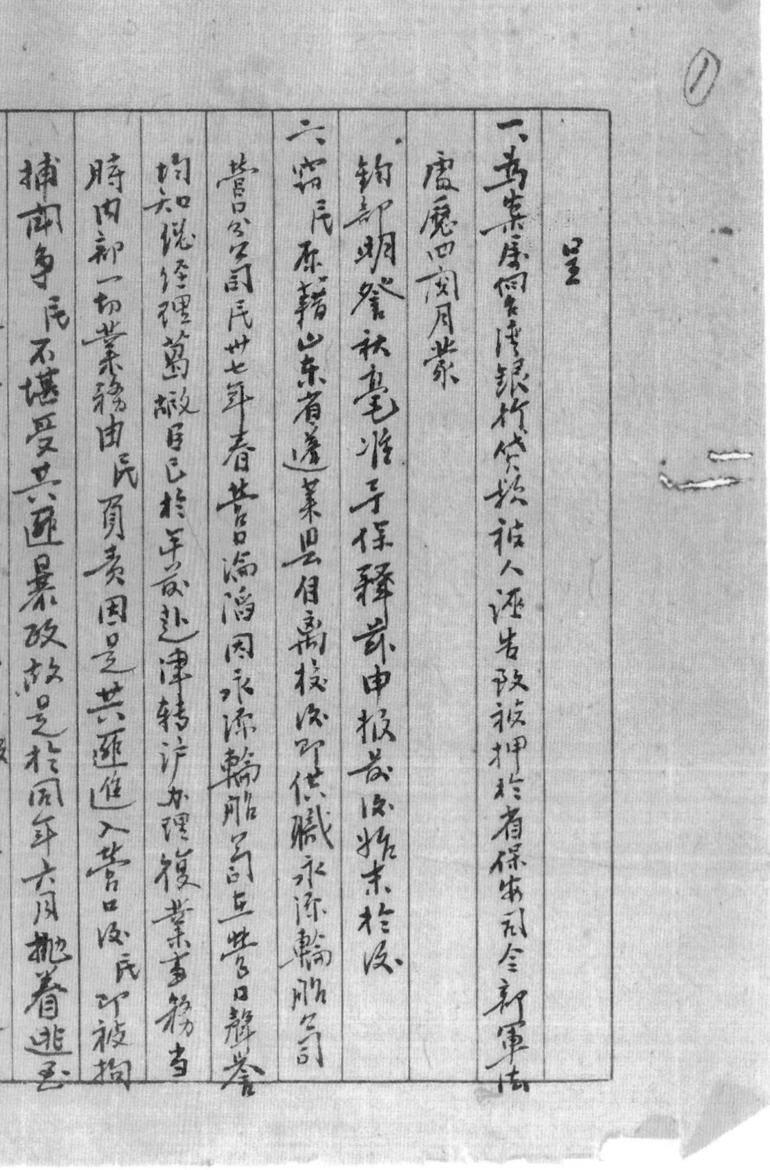

呈

一、為某康伯泉銀行貸款被人誣告致被押於省保安司令部軍法

處歷四閱月蒙

鈞部明察秋毫准予保釋並申報在案於後

六、竊民原籍山東省蓬萊縣自離校後即供職永源輪船公司

營口公司民卅七年春營口淪陷因永源輪船公司在營口聲譽

均知總經理萬啟目已於年前赴津轉滬辦理復業事務當

時內部一切業務由民負責因是共匪進入營口後民即被拘

捕鬥爭民不堪受共匪暴政故是於同年六月攜眷逃至

許子長陳情函 P.1

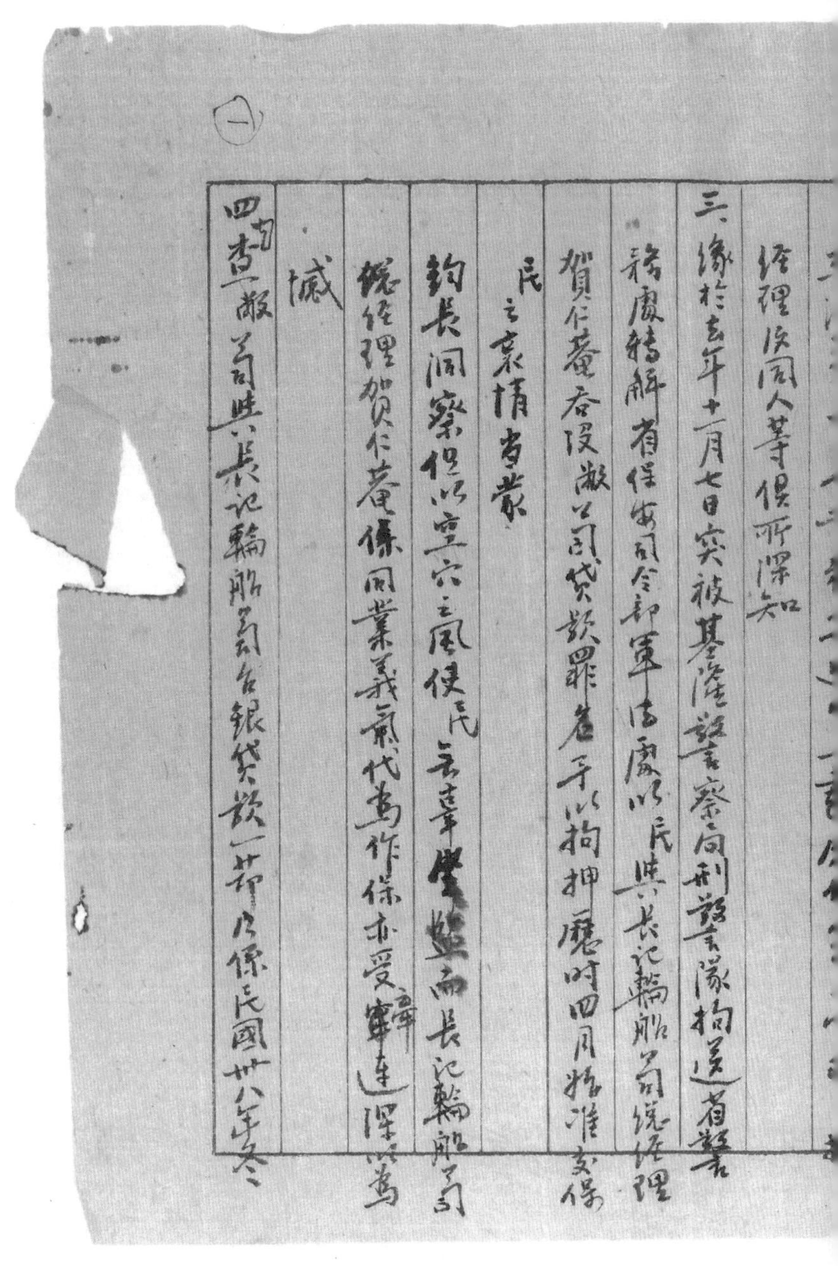

(一)

經理使同人等俱所深知

三、緣於去年十一月七日突被基隆港警察局刑警隊拘送省警務處轉解省保安司令部軍法處以民與長記輪船公司總經理賀仁菴吞沒敝公司貸款罪名予以拘押歷时四月始准交保

民之哀情當蒙

鈞長洞察但以空穴之風使民無辜與[illegible]南長記輪船公司總經理賀仁菴係同業義氣代為作保亦受牽連深以為憾

四、查敝公司與長記輪船公司合銀貸款一節乃係民國卅八年冬

附件 9　許子長陳情函 P.2

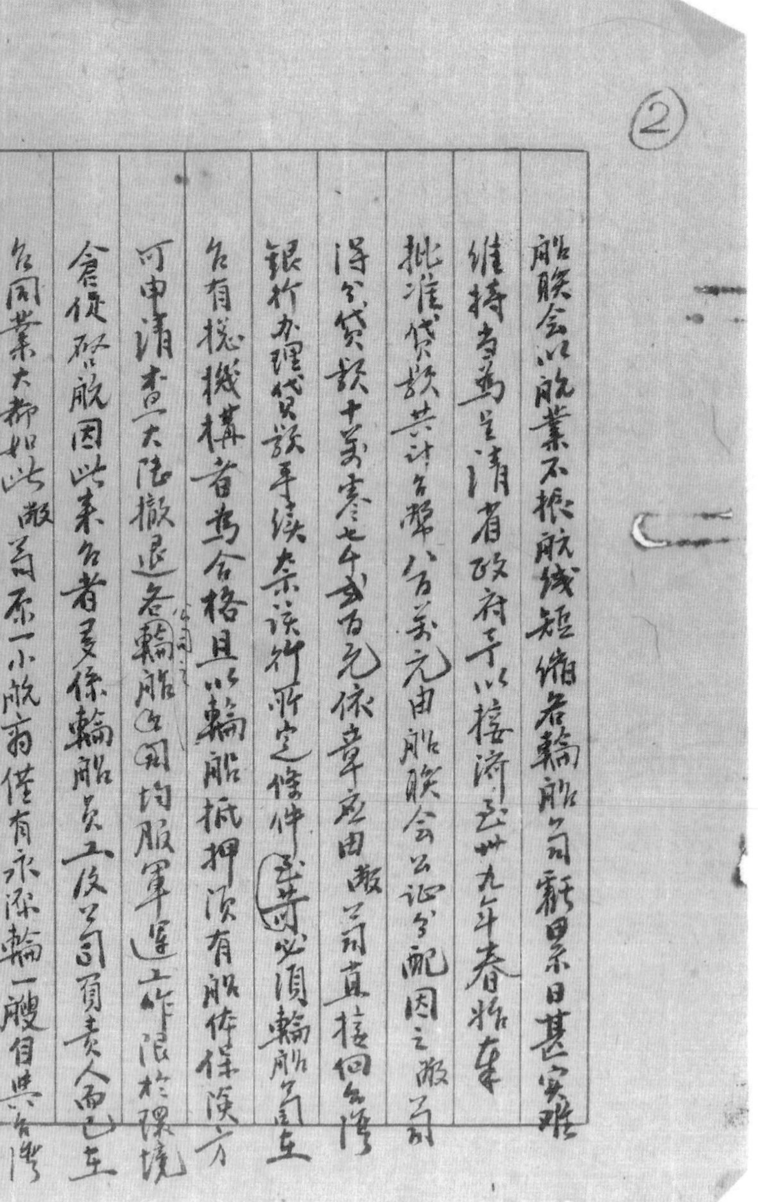

②

船聯會以航業不振航線短縮各輪船公司虧累日甚實難
維持曾為呈請省政府予以接濟並卅九年春准奉
批准貸款共計台幣八百萬元由船聯會公認分配因之敝公司
得分貸款十萬零七千貳百元依章應由敝公司直接向台灣
銀行辦理借貸款手續奈該行所定條件並附必須輪船公司在
台有總機構者為合格且以輪船抵押須有船体保險方
可申請查大陸撤退各輪船公司均服軍運工作限於環境
倉促啟航因此來台者更係輪船員工及公司負責人而已在
台同業大都如此敝公司系一小航商僅有永添輪一艘自與台灣

許子長陳情函 P.3

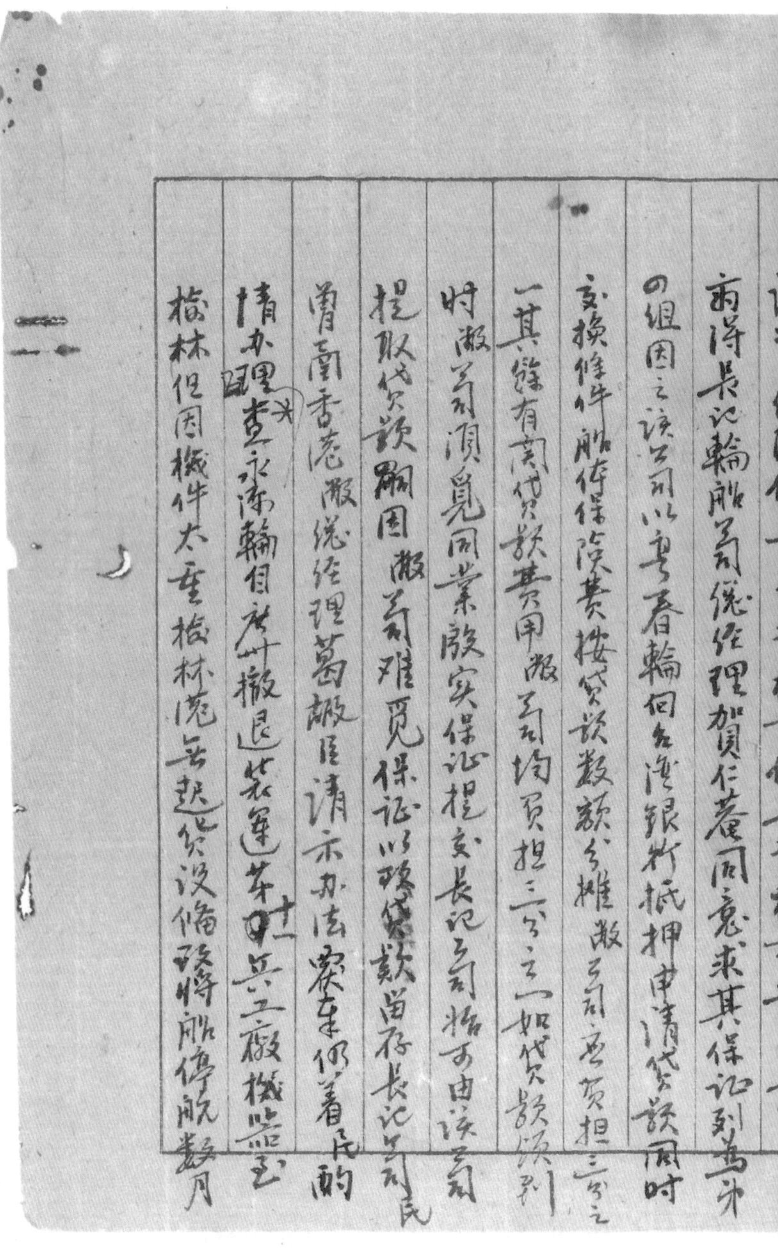

函得長記輪船公司總經理賀仁菴同意求其保証到萬一的組因之該公司以粤春輪向各該銀行抵押申請代貸款同時交換條件船保險費按貸款數額分攤敝公司應負擔三分之一其餘有關代貸款費用敝公司均負担三分之一如代貸款須到時敝公司須覓同業殷實保証提交長記公司始可由該公司提取代貸款關因敝公司難覓保証以致代貸款留存長記公司民曾商香港敝總經理葛敬恩請示辦法窺來係着民酌情辦理函查永源輪自廣州撤退裝運第十一兵工廠機器至榆林但因機件太重榆林港無起貨設備致將船停航數月

附件 10　許子長陳情函 P.4

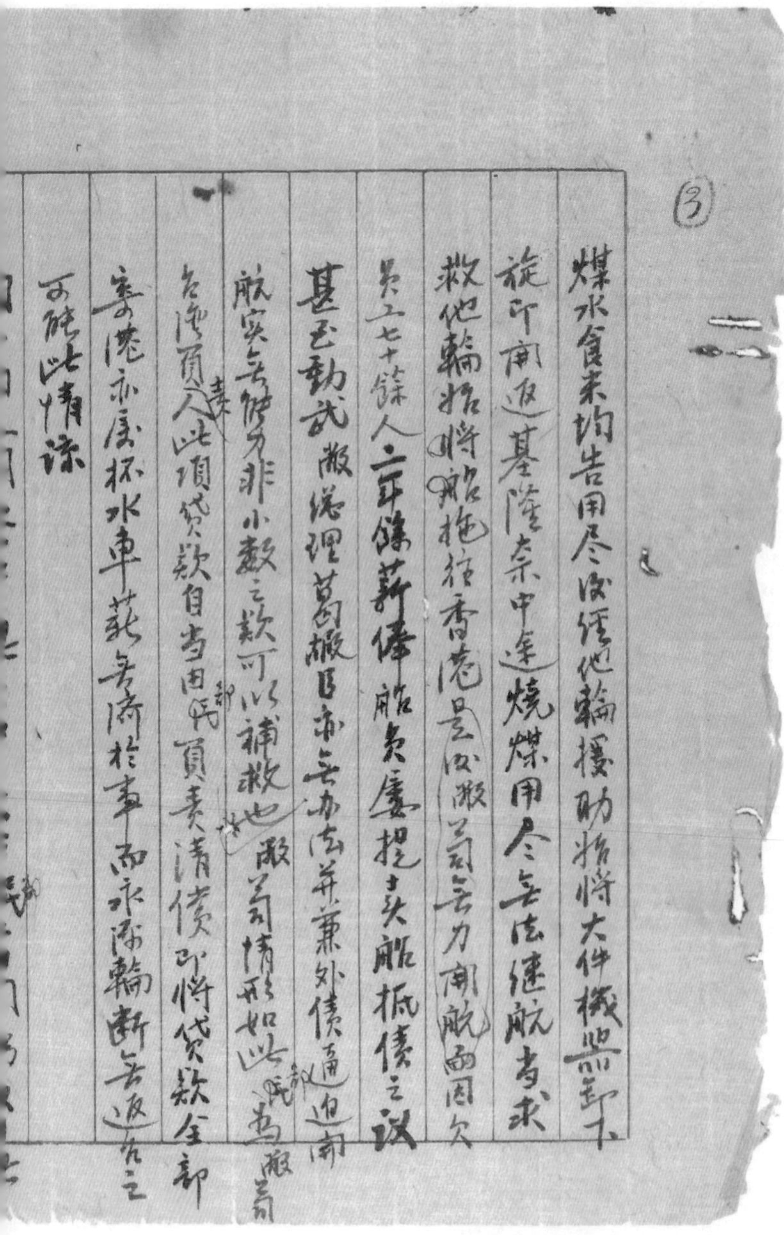

煤水食米均告用罄設經他輪援助將將大件機器卸下
旋行南返基隆奈中途燒煤用罄無法繼航乃求
救他輪將將船拖往香港是以敝司無力南航因欠
員工七十餘人六年係薪俸船員屢提該船抵債之議
甚至動武 敝總理葛瀾臣亦無法並兼外債逼迫南
航實無能力非小數之款可以補救也 敝司情形如此
各債主人此項貸款自當由敝部負責清償即將貸款全部
香港亦屢報水東莊無濟於事而永源輪斷無返航之
可能此情詳

許子長陳情函 P.5

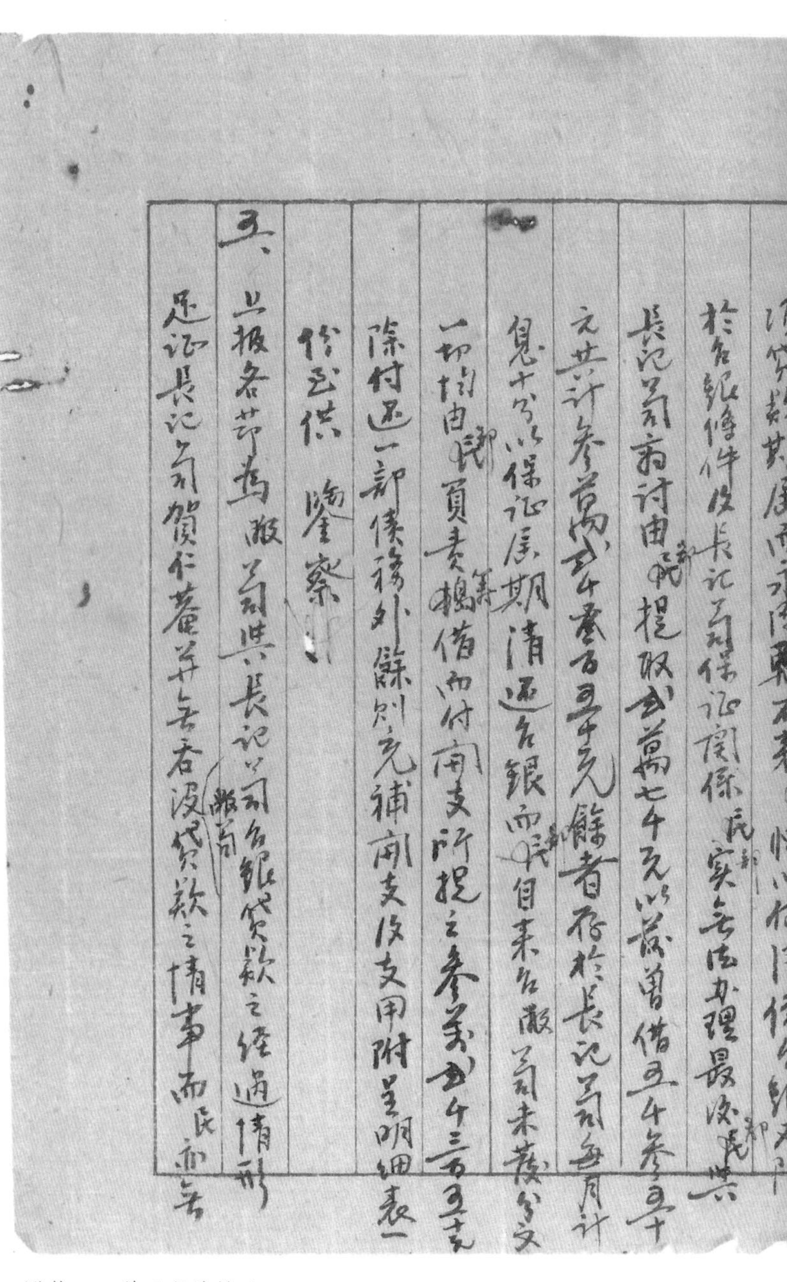
於各銀行條件及長記公司保證關係民實無法辦理最後民共
長記公司商討由民提取貳萬七千元以前曾借五千叁百五十
元共計叁萬貳千叁百五十元餘者存於長記公司每月計
息十分以保證屆期清還各銀行而民自來各廠公司未發分文
一切均由民負責籌挪借而付開支所提之叁萬貳千三百五十元
除付還一部債務外餘則充補開支及支用附呈明細表一
份以供 鈞鑒察
五、
呈報各節為廠公司與長記公司各銀行貸款之經過情形
述記長記公司貸不舊并無有沒代貸款之情事而民亦無

附件 11　許子長陳情函 P.6

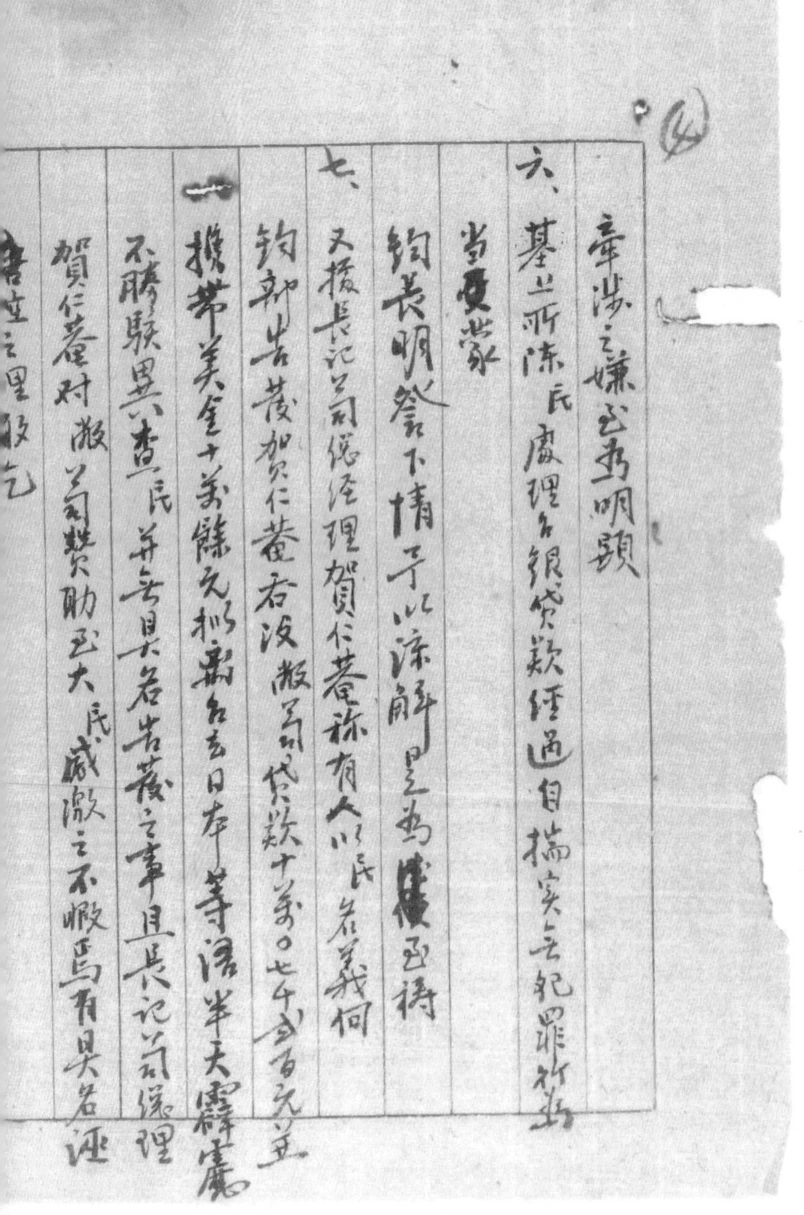
章涉之嫌，亟為明顯
六、基上所陳，民處理各銀貸款經過，自揣實無紀罪行為
當蒙
鈞長明察，下情予以諒解，是為懇禱
七、又據長記公司總經理賀仁菴稱有人以民名義向
鈞部告發賀仁菴吞沒微公司貸款十萬〇七千弍百元並
攜帶美金十萬餘元擬為名去日本等語，半天霹靂
不勝駭異，查民並無具名告發之事，且長記公司總理
賀仁菴對微公司贊助至大，民感激之不暇，焉有具名誣
告並之理，敬乞

許子長陳情函 P.7

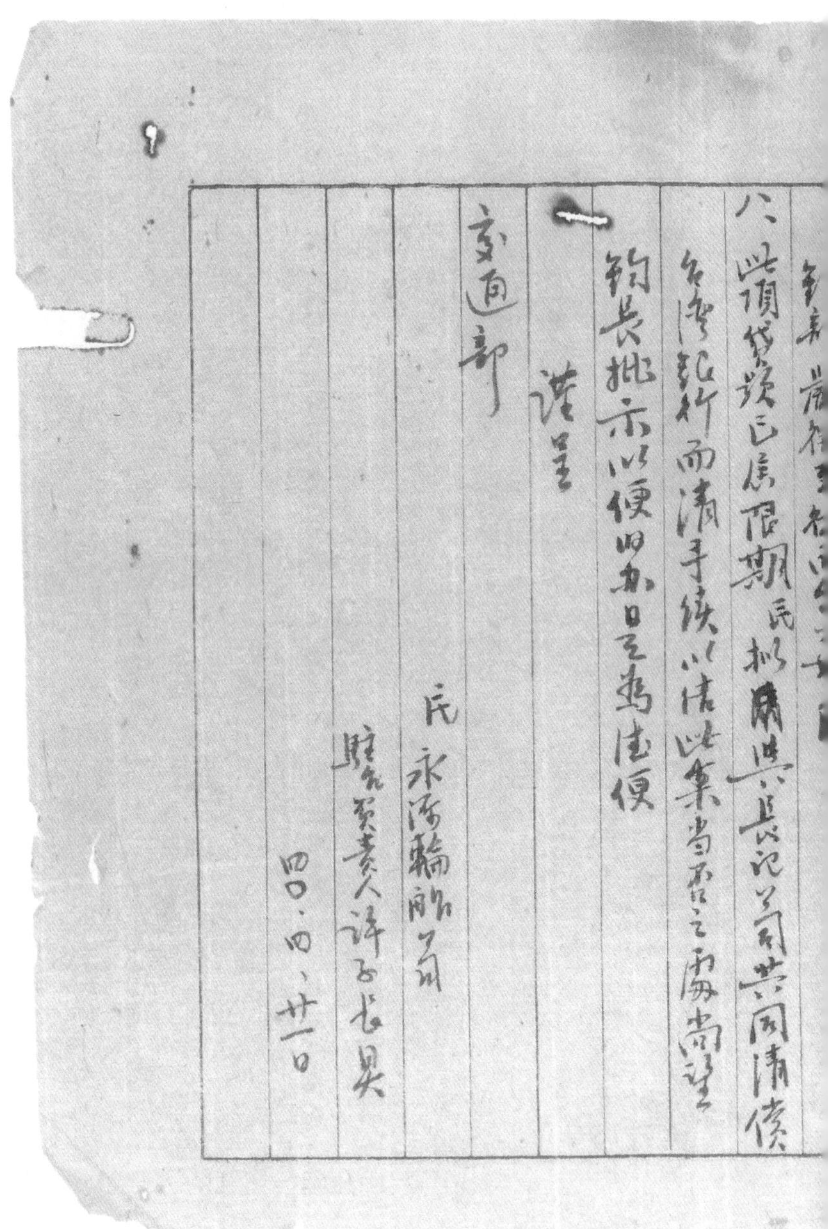

八、此項貸款已屆限期，民擬請興長記公司共同清償台灣銀行而清手續，以清此案，當否之處，尚望

鈞長批示，以便四月卅日呈為佳便

謹呈

交通部

民 永濟輪船公司

駐台負責人許子長 具

四〇、四、廿一日

附件 12　許子長陳情函 P.8

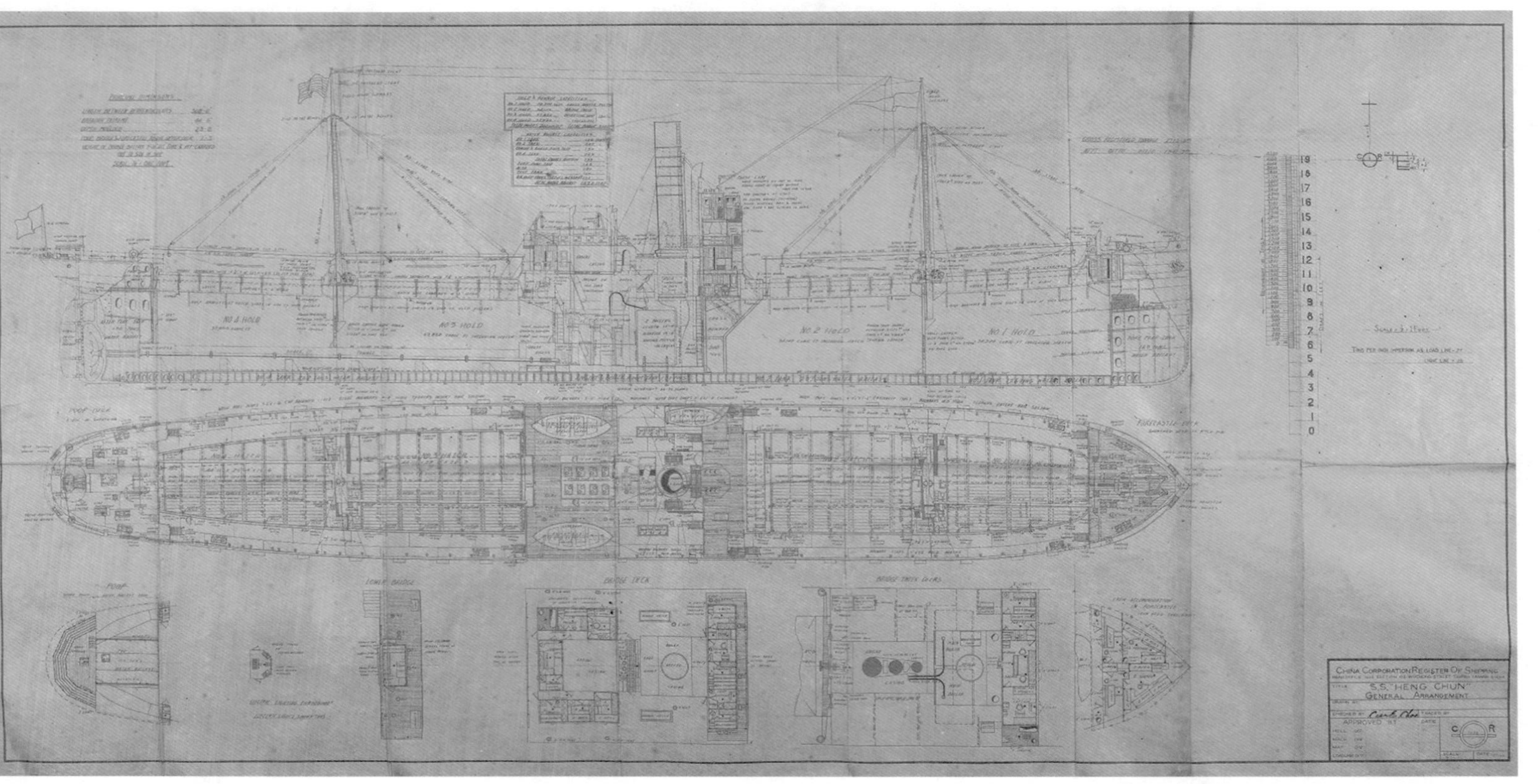

附圖13　新加坡修船廠所繪製之亨春輪平面圖

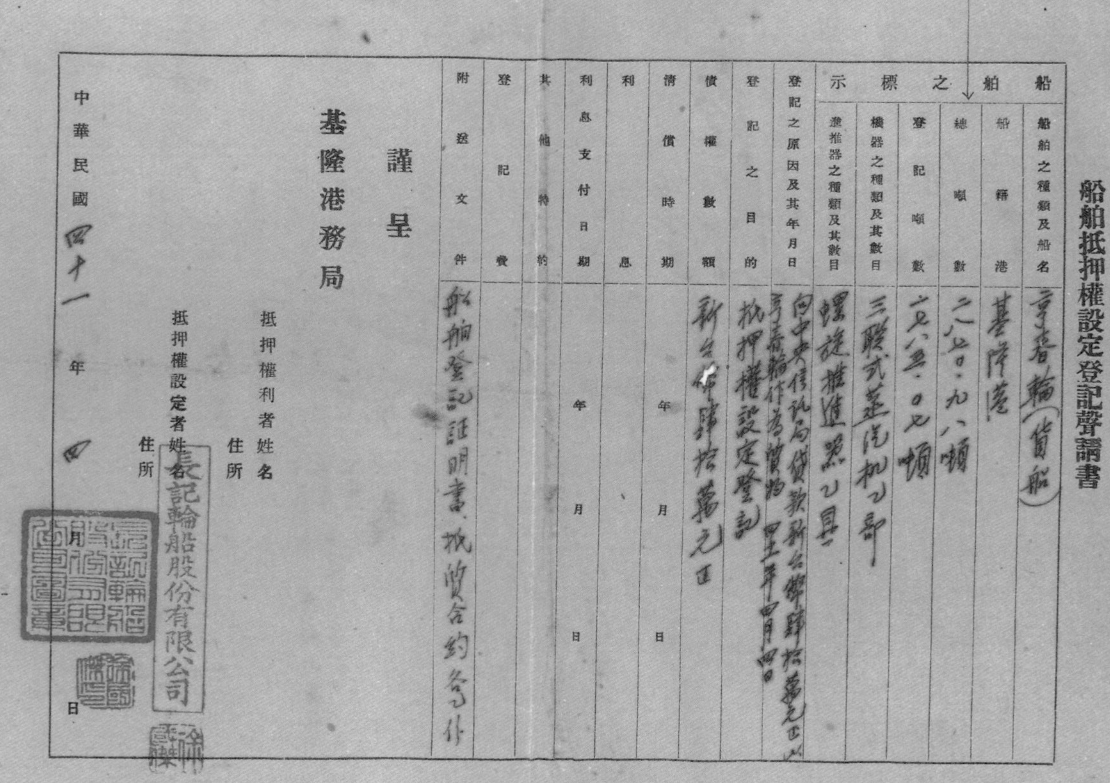

船舶抵押權設定登記聲請書

船舶之標示：船舶之種類及船名	亨春輪（貨船）
船籍港	基隆港
總噸數	二八七〇・九八噸
登記噸數	一九八五・〇七噸
機器之種類及其數目	三聯式蒸汽机乙部
推進器之種類及其數目	螺旋推進器乙具
登記之原因及其年月日	向中央信託局貸款新台幣肆拾萬元正以亨春輪作為質物 四十一年四月四日
登記之目的	抵押權設定登記
債權數額	新台幣肆拾萬元正
清償時期	年 月 日
利息	
利息支付日期	年 月 日
其他特約	
登記費	
附送文件	船舶登記證明書、抵貸合約各乙件

謹呈

基隆港務局

抵押權利者姓名

住所

抵押權設定者姓名 長記輪船股份有限公司

住所

中華民國四十一年四月 日

附圖 14　亨春輪抵押書

第八部 磨難人生 撥雲見日

第廿章　生老病死、悲歡離合

大媽過世

一九五〇年春，父親仍在獄中，大媽已經六十九歲，身體情況不是很好，此時家中大小事情全都落在母親一人身上，除了得照顧不能下床走動的繼祖母外，大媽又在五月初突然得了盲腸炎，住進了鄭州路的省立台北醫院，醫生說得禁食一周。出院後不知是何原因，只要吃東西就吐出來，又再去看了醫生，這次醫生說是腸沾黏，需要再開刀，但手術後也不能保證不會再沾黏，大媽正在考慮是否再動手術時，突然病情惡化，呼吸困難。母親請了當時知名的蔣家御醫蔣維倫前來出診，發現是肺膜炎，蔣大夫每周來看診一次，以一支一百CC的大針筒，從背後扎進去，每次抽出來的血水有半個臉盆之多，十分嚇人。

此時又有朋友介紹了一位知名國醫鄭〇青，住在我們家廈門街隔壁的巷子，每天來家裡出診一次，費用是新台幣六十元（當時白米一斤一元二角），他開了個藥方子，還指定得上迪化街某家中藥行抓藥，一副藥需二十多元，大媽服藥後明顯感覺身體舒服很多。我們猜測裡頭可能摻了一些麻醉藥的成分，這樣吃了大概半個多月的藥，因為藥費實在太過昂貴，只好另請國醫張伯塘來看診。

我們把鄭〇青的藥方給了張國醫看，他也開了同樣的藥方，但是沒指定得上哪家中藥行抓藥，我們也沒再到原來的中藥行去抓藥。但同樣的藥方煎出來的藥大媽吃了以後卻毫無任何效果，如此拖了一個多月，一九五〇年七月一日，大媽就去世了，享壽六十九歲。此時父親出獄還不到一個月，又逢妻子重病過世，表面上雖然看不出有何特別傷痛之情，但心中巨大的哀傷是可想而知的。

父親給大媽辦了喪事，安葬在當時台北最好的六張犁公墓，隔壁葬的是山西省主席閻錫山的老太太。

二弟出生

一九五一年國曆十一月二十一日，母親在距離生下大妹欣林十三年半後，又在台北市廈門街住處，由一位女助產士接生，生下了我的二弟雋林，比我小二十一歲，此時母親四十一歲，父親已六十五歲，算是老來又得子，實屬不易。父親十分高興，亨春輪也開始跑日本線，每月固定有八十多萬元的收入，雖然仍得陸續歸還之前積欠的一些債務，但此時公司仍然是很有發展前途的。

繼祖母的殯葬費

一九四八年繼祖母在青島武定路三號家中不慎跌倒，導致髖關骨骨折，醫生說得動手術，但繼祖母因年事已高，不肯去醫院開刀，此時二叔住在小港沿四十七號長記輪船公司煤場的樓上，既不前來探視自己的親生母親，更別說照顧了。因此照顧繼祖母的事全落在母親身上，父親也幫繼祖母請了專治跌打損傷的師傅，這位在青島地區風評頗佳的江湖郎中祖傳秘方的膏藥，對祖母的骨傷效果不大。俗話說：「傷筋動骨一百天」，但過了三個多月後，繼祖母仍然只能在床上坐著挪動，不能站立行走。

一九四九年青島撤退時，二叔、二嬸和繼祖母都搭了長記的船來到台灣，二嬸還攜帶了若干當年祖父的黃金。一開始二叔全家都住在基隆港東街七號長記基隆分公司的房子裡，不久後全家搬去了嘉義新生街九巷七號，但並未把自己的母親接去同住，繼祖母還是跟我們一起住在廈門街。由於繼祖母無法下床走動，母親又剛生下二弟，因此父親又把原本照顧外婆的親戚劉朱氏請來和母親一起照顧繼祖母。

一九五二年的某一天，二叔突然來了台北，不過來的目的不是探視他不能下床走動的母親，而是向父親討繼祖母的殯葬費，他要求父親給他兩萬塊讓他先存著，父親回他：「老祖還住在我家，也還好好的活著，你來要什麼殯葬費？將來母親過世時，我自然會好好的辦喪事，你現在操什麼心？」

不久後，二叔聽信了船員的話：「如果你把你母親接去住，不怕你哥哥不給贍養費」，二叔想想也是個理，於是終於把繼祖母接去嘉義同住。

一九五二年，當長記公司的亨春輪在南中國海因為推進軸斷裂，船在海上漂流，父親正焦頭爛額設法籌錢處理善後時，二叔又來了台北，仍然吵著要繼祖母的殯葬費，父親問他：「母親去世了嗎？」，二叔答道：「沒有」「那為何現在就要殯葬費？」，二叔訕臉的說：「我聽說你的公司可能就快要倒了，你現在不把母親的殯葬費拿來給我保管，將來若是母親過逝，你又沒錢了，拿什麼來安葬母親？」，父親仍然沒給他錢。

我們搬到新竹之後不久，二叔又來吵著要繼祖母的殯葬費，父親被他鬧得沒辦法，便叫我去嘉義將繼祖母接來新竹同住。

我出門走去火車站，到了售票口買票，二叔把我推開，父親隨後也到了，二叔又與父親吵了起來，此時車站的員警過來維持秩序，把父親和二叔送去車站前的派出所。

正當局面僵持不下時，突然從裡面走出來一位二線一星的警官，一看二人，驚訝的說：「你們不是三哥和四哥嗎？怎麼吵起來了？」問了原委後說：「在這裡吵不好看，不如到我的辦公室去詳談吧！」這位警官是我的宗叔賀華斌，他的哥哥是亨春輪的船員，對長記的事情很清楚。父親和二叔去了他的辦公室，我獨自回家。

不久，父親回來了，嘆了口氣說：「真是丟人現眼！」自此以後再也沒見過二叔。

二叔搬到嘉義時，住的房子是藩林大哥的部隊配給的，同一棟房子的前半部配給了一位日照同鄉「厲景周」，是個副營長，他的夫人我們稱她五嫂，他們後來也養雞。不久後，我開始出售孵卵機器，五嫂跟我買了一台六千三百粒的孵卵機，我去維修機器時和五嫂閒聊，五嫂對我說說：「你二嬸向我顯富貴，她有金元寶。」，並且亮給她看，一包有十幾顆，五嫂當時羨慕的不得了，我沒有妒忌，倒是佩服她，經過八路軍的吊打拷問和輾轉逃難來台，居然還能帶出來這麼多的金元寶，我猜或許這還不是祖父全部的黃金。

一九五九年，陰曆十一月，父親生日那天，我照慣例請了新竹市金龍飯店到家裡辦了兩桌酒席給父親過生日，堂兄藩林也坐著部隊的吉普車來了，又跟父親索取繼祖母的殯葬費，父親沒理他。

過了五、六年，繼祖母去世了，二叔寄了訃聞來，我拿了六千塊錢給父親去嘉義參加喪禮。此後兩人再無來往，兄弟之情已蕩然無存。不久二叔也過世了，又寄了訃文給父親，父親沒再去，但我仍依照禮數寄了一份奠儀過去。

喪子之痛

一九五二年夏天，大弟華林考上了省立桃園高中，平時住在學校宿舍，放假時才回家，五三年暑假時，回到新竹家中，晚上睡在客廳的榻榻米上，到了七月二十七日，突然發起了高燒，我和父親把他送到省立新竹醫院住院治療，我們陪在他病床邊照顧他，但高燒一直退不下來。二十八日晚間，他突然開始胡言亂語，不停的說著一些我們完全聽不懂的話，醫生判斷應該是感染了日本腦炎，當時沒有特效藥可醫，即使能救回一命，也可能成為廢人；最後醫生試著打了盤尼西林，仍然不見起色，到了七月三十日就過世了，得年十九歲又十七天。按照家鄉的說法，也已屆齡二十歲，算是成年了。

回想過去，我們兄弟二人曾在一九四〇年七月遭土匪綁票長達半年之久，那年我十歲，大弟六歲，我們在被綁票期間相依為命，我也擔負起照顧弟弟的責任。此後除了抗戰末期我隨父親去了河南商丘，兩年沒和大弟住在一起、玩在一起外，勝利後我們一直在一起生活，還一起去了上海新華中學唸書，可謂兄弟情深。

大弟去世後，停靈在省立新竹醫院太平間，父親委託了一個葬儀社給大弟辦了喪事。儀式完畢後，遺體送去了位於西大路與現今食品路附近的新竹火葬場。次日我和父親去領取骨灰，撿骨的師傅打開焚化爐的鐵門，抽出來一個大約七尺長的鐵盤，骨灰和未燃盡的木炭仍鋪在鐵盤上面，隱隱約約仍然可以看到一個人的輪廓，此時眼淚在我的眼眶裡打轉，我儘量忍著不讓父親看到。其實父親也和我一樣，甚至比我還更傷心，心愛的次子如此年輕的生命突然間就消逝了，人世間還有比白髮人送黑髮人更令人悲痛的事嗎？

葬儀社的人帶來一個方型的骨罐，咖啡色陶土製的，師傅打開蓋子開始撿骨，先從腳開始撿，仔細的撿著，每撿起一塊就輕輕的放在罐底，撿到最後是頭骨，放在罐子的最上面。我捧著骨灰罐，乘坐葬儀社的三輪車，去了新竹市青草湖附近的靈隱寺，將大弟的骨灰罈存放在此。父親已自己先回家，沒有跟我一起來，我在靈隱寺辦了手續，繳了五百元的費用，仍乘坐葬儀社的三輪車返回市區。

當我和父親正要離開火葬場時，突然來了長記的員工費經理和賀吉林二人，費經理十分平靜的告訴父親，他們已經把父親讓他們白住著的基隆港東街七號，長記基隆分公司四百六十坪的房子的所有權頂讓出去了，至於頂了多少錢他沒說，父親也沒問。費某交給了父親二千元，此事沒有經過父親的同意和蓋章，如何能將地和房子頂讓出去？顯然他們自行刻了父親的印章，蓋在轉讓的契約上，但父親沒有追究，他們還假意的向父親說了些節哀的話。父親接過了錢，一句話也沒說，也沒嫌少，任由他們二人離去。

我們剛到台灣時，那時市面上用的還是老台幣，也貶值得厲害，因此來台後所有公司和住家房子都是用黃金「頂」來的，多則七十兩，少則二、三十兩。基隆這處房地有四百六十坪大，是一九四九年父親花了六十兩黃金（折合新台幣約十二萬元）頂來的。到了一九五三年，台灣已經開始對外通商，各地房產均增值不少，比起當初頂到的價格早已高了數倍，尤其是基隆碼頭附近，因為台灣對外貿易蓬勃發展，更是增值的厲害。若依當時市價，此處房地至少值新台幣三、四十萬。此事雖然費經理和賀吉林兩人都有份，但完全由費某一人主導，因為賀吉林不識字，這事得由識字的人去辦。長記公司結束營業以後，這位費經理隨即在台北開起了「萬利當鋪」。父親合理懷疑他是用這處房地頂到的錢作為營運周轉金，很快就發達了起來。

大弟逝世後，每年清明節我去給他上香燒紙錢時，都會想起一首宋朝詩人高翥的詩：

南北山頭多墓田　清明祭掃各紛然
紙灰飛作白蝴蝶　淚血染成紅杜鵑
日落狐狸眠冢上　夜歸兒女笑燈前
人生有酒需當醉　一滴何曾到九泉

我的婚約

一九五一年父親的朋友王金祥先生介紹了一位祖籍山東曲阜的王幼芳小姐給我認識，當時她任職於員林第二國小，十月十日我去相親，王小姐長得十分漂亮，我長得也算英俊，而此時長記公司營運狀況也很正常，因此雙方都很滿意。十月二十五日，我們在台北市廈門街家中辦了一個簡單的訂婚儀式，王家請了她們的親戚孔德成先生來福證，雙方交往了一年，交往期間王小姐認為我是闊少爺，經常要求我給她買東西，買個包包得花四百元，每個月至少得做一件新旗袍，我都如數照辦（附件：賀中林年輕時照片）。

一九五二年秋長記公司結束營業後，我們全家搬至新竹，此時我已無法繼續供應她龐大的花費了。我開始靠養雞賺錢，王小姐嫌棄我不知長進，認為養雞沒有什麼前途。此時她恰好又被調至革命實踐研究院深造，不到兩個月就和她的老師，國民黨桃園縣黨部的主委紀〇行交往，於是託介紹人要求我解除婚約，我毫不遲疑立刻答應。

她攀上高官不久後，二人就結婚了，不料桃園縣選舉時，遭若干黨外人士選上，紀〇行被高層叫去斥喝，據說當晚回家就自殺了，但報上是寫因心臟病發而死。一九六二年我又經趙慎安先生介紹，認識了台南縣的陳秀甘女士，雙方於同年十一月二十三日在新竹結婚，婚後育有二女二子。

隔年，我的大妹欣林也與任職於西方公司[1]的韓東聲先生結婚，婚後育有二子一女。

1 西方公司（Western Enterprises Inc.，WEI），為美國派駐於臺灣的機構之一，於1951年2月在美國賓夕法尼亞州匹茲堡正式註冊成立，由最早開始與中華民國政府進行秘密接觸的查理．詹斯頓（Charles S. Johnston）擔任董事長，威廉．皮爾斯則負責主持西方公司駐台北辦事處的業務。台灣總部設於臺北市中山北路圓山附近，活動基地則在大陳島、金門、馬祖等外島。西方公司表面上是一家民間公司，但實際上隸屬於美國中央情報局的一個秘密機構。成員為美軍各戰鬥單位選出的七十多位精銳軍官團組成，負責訓練中華民國國軍。1955年初，西方公司結束運作，將業務轉移給另一個中央情報局派駐台灣的秘密單位美國海軍輔助通訊中心。

圖 1　賀中林年輕時照片

第廿一章 漫漫求償之路

抗戰勝利復原後，父親隨即向國府提出履行戰前要求長記輪船行沉船前的承諾，賠償七艘沈船中遭毀損的四艘。

依照民國三十七年十月七、八、九日於上海舉行的「中華民國輪船商業同業公會全國聯合會」會議記錄顯示，交通部對此一賠償案，先是於民國三十六年三月十五日以「部航字第一五四八號指令：准予彙案核辦」發函給長記，後又於民國三十七年二月二日再次以「部航字第七九三號指令：業經列入第二批賠償案彙辦」發函。而此會議交通部亦派代表「黃慕宗」參加（詳參閱第五章附件）。

此二封函文除證明交通部確實曾經承諾給予長記輪船行沉船賠償外，亦證明交通部曾於戰後還都初期，對民間沉船航商給予賠償，而被列入第一批賠償的航商全都是江浙籍的輪船公司。當時主政者對其江浙籍同鄉給予優先賠償有其偏頗之心，乃是不爭的事實。因此「長記輪船行」沉船才會被列為第二批賠償案。

事實上，戰後長記的輪船雖仍不時遭國府徵用，但畢竟大陸航線完整，南、北各港口商貿繁榮，因此長記在戰後的發展及營收遠遠超過戰前數十倍，甚至在戰後復業僅僅一年多，就改組為「長記輪船股份有限公司」，還以國幣四十八億元發行了的股票，因此，這段期間父親並未積極求償。

孰料，一九四九國府大陸領土失守，長記所有屬輪船再度遭到軍方劉安祺將軍無償徵用，負責載運山東地區人員和物資轉進臺灣。初來台時五艘輪船又無任何航線可供航行，業務陷入絕境。而當時國共仍持續在中國南方各地對戰，所有船隻又迭遭政府強徵軍用。不但屢屢拖欠租金不付，又將輪船不當使用，最後多艘輪船只能當成廢鐵出售。

而父親也因來台時攜帶了若干美元，在當時不知是多少有權有勢之黨政人士覬覦的對象，若非此種種人禍，導致長記公司最後被迫結束營業，全家人連最基本的生計都陷入困境，以父親急公好義的個性，又何需再三向政府呈文，請求政府賠償戰時沉船損失？

倘若真要政府賠償包括：（一）戰前長記輪船行沉船、（二）戰後長記輪船參與東北軍隊殘部撤退任務、（三）一九四九大撤退、（四）來臺後參與福州、定海、廣州、乘泗列島、海南島之撤退及輪船被強徵軍用等。參照一九八〇年七月制訂的國家賠償法，若可追溯申請國賠，則政府前前後後應該賠償長記的損失，將是一筆難以估算的鉅款。

憲法第十五條明文規定：「人民之財產權應予保障，國家機關依法行使公權力致人民之財產遭受損失，逾其社會責任所應忍受之範圍，形成個人之特別犧牲者，國家應予合理補償」。

又依照「戒嚴法第十一條、軍事徵用法第二十九條、國家總動員法第二十八條，民防法第十七條」等等，亦明文規定：「政府徵用人民財產致生人民損害時，依法應給予賠償或補償」，在在顯示政府具有保障人民身家財產之「責任和義務」。而衡量父親為國家所作的特別犧牲，不但超過其所應負之「社會責任」，亦符合所謂個人之「特別犧牲」，並遠遠超過其所能忍受之範圍。

此後，父親又多次呈函交通部請求賠償。

（第一次）

民國四十九年四月二十八日（附件1：申請書四十九年四月二十八日）

受文者：交通部

事　由：奉令徵用沉港之輪船四艘請援案賠償……

一、申請人在大陸時經營青島長記輪船公司航行華北及京滬各線在民營航業中頗具規模

鈞部當有案冊可稽對日抗戰軍興為保衛國土阻擊敵人申請人所有之長春同春江春華順等四輪奉令徵用沉塞港口為軍事防禦抗戰勝利復原還都三十七年十月九

日中華民國輪船商業同業公會全國聯合會在上海集會決議依據

鈞部三十六年三月十五日部航字一五四八號指令及三十七年二月二日部航字第七九三號指令准予列入第二批賠償之原案呈請

鈞部照案予以賠償

鈞部當予允許正洽辦期間適值……大陸變色申請人于極端危疑之際排除萬難帶同僅餘之輪隻冒險來台自矢忠貞志切追隨含苦如辛自謀生活上体　政府艱難未忍積極進行請求賠償船隻事件時逾十年在台北經營航運之同業除招商台航屬於公營外民營者共二十二家均係仰賴

鈞部照案賠償船隻或予以營運資金及担保賒購船隻之扶植悉能各理舊業報效國家申請人獨令向隅寸心未甘不得不再行申請

二、前此華聯輪船公司曾上蒙

鈞部扶植以墊款代購輪船方式使之復業改為「裕通航業公司」足徵

鈞部矜恤商艱維政信申請人被徵用之船位約二千噸為數有限

鈞部縱令財源欠裕亦不致即此區區之件無力了結且同業同樣情形均已辦理完竣申請人年已七旬妻兒幼弱生計困窮雖不便請求救濟但政府照案應為之補償似不能任其久懸不決俾申請人生平血汗經營完全歸於烏有而令有志航業之商民為之

寒心。

三、基上各點僅具文申請伏乞

鈞部照案核賠或以其他方式予以扶植補償俾資了結申請人自當益矢忠勤力圖報稱迫切陳詞敬請

鑒核示遵

交通部接獲此函後，於次月回覆了父親一封令人欲哭無淚的通知函（附件2：交通部04535號函）

受文者：前長記輪船公司代表人賀仁菴

交航字第04535號　　民國四十九年五月二十五日

一、四十九年四月二十八日申請書悉

二、關於抗戰時期征用船舶賠償問題，「目前政府財力困難，應俟光復大陸後再行核辦」。

三、特此知照

部長　袁守謙

若以當時之特殊局勢、社會氛圍，軍民咸信「光復大陸」指日可待。先總統蔣公還曾於撤退來臺後大力宣揚：「一年準備，兩年反攻，三年掃蕩，五年成功」之國家未來方向。

復因一九五〇年六月韓戰爆發，美國政府驚覺一九四九年八月五日發表的「中美關係白皮書」是嚴重誤判情勢，立即下令美國第七艦隊開始巡防台灣海峽，並把台灣納入西太平洋防禦體系。而後美國更在一九五四年和中華民國政府簽訂《中美共同防禦條約》作為新的對華政策，因此更加使得軍民同胞深信反攻大陸只是遲早的事。

接著父親又二度呈文交通部（附件3：申請書四十九年八月一日）：

受文者：交通部　　　　日期：四十九年八月一日

事由：鈞部四十九年五月二日交航（49）04535號通知奉悉待再申請

一、當對日抗戰時，政府徵用民營航業者所有之輪船，沉塞港口，申請人被徵用四艘，勝利復原，政府大多照案賠償，倘非大陸情況劇變自當一一處理完畢，到台灣後，政府為維持政信，並扶植忠貞勤懇之航業人士，仍予賡續辦理，對上開被徵用船隻之所有人，或賠償輪船，或代為保證購船，或貸予款項，俾各能設法復業，裕國利民，在全國數十家航業中，現未理賠者僅有三家，為數均不甚大，此種事實及處理權責鈞部有案可稽，絕無爭執。

二、申請人因迄未奉令賠償，曾於本（四九）年四月二十八日，重提原案，呈請

鈞部援案賠償，奉

鈞部首開通知，示以政府財力困難，應俟光復大陸再行核辦等因，捧讀之後，更感憂遑，竊以前陳徵船及賠償之事件乃政府與人民間之契約行為，依法負責履行，似無任何疑義，徵船之用，係為作戰，沉船之目的，係為制勝，我國家轉弱為強，國際地位崇高，所獲戰利物品亦甚豐碩，因而對慷慨應徵之船業主持人，給予賠償，事屬可能，法亦應當。

後國事又趨艱屯，政府遵行動員之任務，人民仍應竭力支援，但依法定之債務，似不能不設法調度，照案償還，此為法理政情無可諉卸之責任，當不應以財力困難為辭，聽令無期擱置。至於應俟光復大陸核辦云云，查法律行為必有始期與終期，其條件及期限之成就與約定，法有明文，斷無無限期之法律行為或政治承諾，給付之請求權，其行使期間之最長者為十五年，本案距奉

鈞部三十六年三月十五日及三十七年二月二日兩次令示，准予列冊照賠之時期，已逾十三年，若不積極申請，求得一具體明確之批示，則申請人之權益，值將無從請求

鈞部為航 業之領導者，當亦為之不忍。光復大陸，為自由世界人民一致之祈求，申請人聞之歡欣，思之鼓舞，特以茲事體大，雖有信心，而不能逾記其時日，就法律行為與債務給付而言，此種提示，似不當作為期限或期間，更不便認為始期或終期。申請人經營航業數十年，向受

鈞部之維護，現年逾七十，幾無以為生，對

鈞部仍抱信賴依托之忱，上項陳述，不願純以有權人之態度，任本案為違約不當，而採取其他請求方式程序，致請

鈞部之煩擾，仍以

鈞部 管領下之一海上老人，其處境之苦，待救援之殷，呈請

鈞部比照其他同業之補償辦法，迅予以有效之救濟，勿令一人向隅，以示政府公平處事惻怛為懷之仁政仁心，不僅有助於申請人及對戰時輸將之人民更有極大之鼓勵作用。

三、迫切上呈，敬乞 核示為禱。

交通部接獲父親的申請書隔了二個多月後，又回了一封通知函（附件4：交通部 8792 號函）。

受文者：長記輪船公司代表人賀仁菴　　民國四九年十月十四日

交航（四九）08792

事　由：關於申請賠償抗戰期間征用船舶案復希知照由

一、本年八月一日申請書悉

二、關於抗戰期間征用船舶損害補償案件除在還都初期，已部分辦理完畢外，政府遷台以後，對於此類船舶，從未辦理賠償，或保證貸款購船之事，並非獨對該公司有偏枯之意。

三、特復知照

部長　沈怡

此通知函再次證明交通部確定曾於抗戰勝利後，對戰時少數特定航商之沉船給予賠償。但歷經八年抗戰，早已導致國府財政枯竭，乃眾所週知，如無特殊關係，如何還能在戰後初期國家財政極度困乏之際撥款給與少數航商賠償？

父親收到此函後，又第三度向交通部遞交申請書（附件5：申請書四十九年十月二十日-交通部）

受文者：交通部　　四十九年十月二十日

事由：鈞部四十九年十月十四日發文交航（四九）〇八七九二號通之奉悉

特再申請

一、鈞部對於申請人之請求就首開通知所示已承認其屬實承認其適當原案俱再自無從加以抹殺或置之不理申請人應得之權利鈞部應為之給付更不能永久懸擱聽令拖延

二、鈞部 通知文中第二項承認船舶補償在還都初期已部分辦理，惟申請人迄未領到任何給付此項責任不在申請人實係 鈞部當時之處理未盡公允周延所致此其一；又云政府遷台以後對於此類船舶從未辦理賠償云云竊以政府遷台以後關於政府機關應享之權利應盡之義務并無變更更未終止對國內外償信之維持較前尤為確實上開賠償事件為償信之一種自不應以政府所在地不同而加以伸縮此其二；在台航業同業受 鈞部賠償保證扶持究竟有無其事 鈞部有案可稽申請人無須舉例亦無庸援例指之被 鈞部征用之船舶依法照案應予賠償為不爭之事實申請人自應請求 鈞部自應處理此其三；來台已十一年政府一切措施均極修明進步國際民生日趨繁榮 鈞部部長沈接任之始揭示施政方針首為發展海洋航業因而對公民營航業正積極輔導加強申請人經營航業多年為船舶應征而停業論法論理更應獲得 鈞部之垂注此其四。

三、關於本案之法律關係賠償責任及請求期間以前兩度申請均已陳明請予引用不再

贅述統懇核示。謹呈

行政院

由於父親申請賠償遲遲未獲應允，此時聽聞已有多家在戰時僅略有損失之江浙籍船商獲得政府貸款購船，時有宗兄賀效朋介紹前台灣省財政廳長任○群之胞弟任星崖給父親認識。任君向父親稱其姑丈為行政院秘書長陳雪屏先生，且自陳雪屏處確定行政院已成立「賠償沉船貸款購船專案」，並由台灣省政府財政廳撥款支付。

經雙方協商後，決定由任君籌措十萬美金，父親讓出一半股權，委任任星崖代表長記輪船向行政院申請特別貸款，放棄賠償。

由於此時任君手中恰好握有拍自行政院的文件底片（由於當時並無影印機，因此只能拍照留底）。這張底片，是行政院分別發文給三個不同主管機關的留底紀錄，且上面有發文日期、字號，因此不可能造假。

底片內容為：

一、行政院令 48,2,11　台（48）交字第 076 號

受文者：國防部

　　　：交通部

副　本：財政部、義興行馬世鑫

事　由：關於馬世鑫放棄私有「風興」（輪）賠償，請求政府銀行擔保自購自由輪乙案准照交通部 該所擬意見辦理 仰知照由

二、國防部函 48,2,17 （48）綸結字第 213 號

受文者：義興行 馬世鑫

關於台端私有「風興輪」於放棄賠償，請求政府擔保自購自輪一案希照交通部意見辦理請查照

三、交通部 通知 48,2,19 交航 （48） 1247 號

受文者：義興行馬世鑫

副　本：行政院秘書處

國防部、財政部

事　由：關於該行請求政府擔保購買自由輪一案奉院令核准本部所擬處理意見辦理，轉飭知照由（附件6：行政院（076）國防部（213）交通部（1247）函文底片）

此份底片中所顯示由政府擔保「義興行」自購自由輪[2]一案，是給予義興行特別貸款購船，再以其所購入之輪船向台灣銀行抵押，並由營運所得分期支付貸款和極低的利息。此三份抄件發文日期均在民國四十八年二月，其中第三份受文者是交通部，交通部長焉有可能不知此事？

而事實上，義興行在戰前僅有一艘加裝馬達之小木船，噸位僅約二百噸，卻僅因該行負責人為江浙籍，就能破例獲得政府特別貸款購船，實有失公允！

因此，任君又代表父親和長記輪船行第四度向行政院呈遞申請書（附件7：五十年六月二十四日呈行政院）

受文者：行政院　　民國五十年六月二十四日

事　由：為放棄沉船賠償，擬請准予照案扶助購買舊船敬祈核示由

竊查政府應賠償青島長記輪船行輪船四艘一案，迭經　呈奉交通部交航（49）〇

2 是二次世界大戰期間，在美國大量製造的一種貨輪。這種船建造迅速，價格便宜。源自三十年代初，英國湯普森船廠（Joseph L Thompson Shipbuilding）為重振海運業而設計的一種低造價、低運營成本的萬噸級貨船。這種船的船首柱前傾，船底呈V字型，而非普通貨船的U字型，可減少阻力。每艘造價在10萬英鎊以內。二戰期間，中國一共從美國獲得了4艘自由輪：中正號、中山號、中統號和孫逸仙號。

四五三五號通知，以目前政府財力困難，俟光復大陸後再行核辦等因，政府在反共復國前提下，對於民間賠償，財力容有未逮，既屬國民之一，自應體念時艱，惟政府應賠者，達美金七十四萬餘元，茲長記輪船行業經積極籌備復業，申請人為代表人，並經依法呈報主管機關備案，賠償既不能實現，申請人受損在前，時無力籌措巨輪之全部價款，為求兩全之道，擬請

鈞院秉歷年來對航商貸款購船之前案，准予抵押貸款，申請人購買自由輪二艘船價之九成，申請人則放棄賠償，即是就政府言，在有船舶為可靠押品及不妨礙財力情形下了一懸案，謹分陳如左：

（一）政府已承認賠償及申請人放棄賠償之金額

查長記輪船行於抗戰期間被政府征用長春江春同春華順四輪，沉沒青島港口，阻敵深入，三十四年勝利後該輪船行以船舶已一無所存，當另籌資本組設長記輪船股份有限公司，嗣政府對戰時征用之商輪，一體賠償，江浙航商，均有所得。獨長記公司之前身長記輪船行一家向隅，經檢齊證件由全國輪船業聯合會呈奉交通部三十七年二月二日部航字七九三號指令：

「長記輪船公司之前身長記輪船行在戰時被征沉沒之長春、江春、同春、華順輪准予列入第二批賠償」

該公司以同屬為國犧牲，不甘落後，遂向三十七年十月九日在上海召開之全國

輪船業各省代表大會書面呼籲，蒙故理事長杜月笙及各省代表一致支持，做成65號決議案：

「查上海前損失之商輪，係屬多數公司所有，經列入第一批，已由政府賠償，成立復興公司，而青島應賠者，僅長春等四輪，係屬長記獨有，核與上海情形不同，應與他處無關，似應專案辦理，既與上海同時徵用，秉公賠償，勿令長記過期落後，擬呈交通部專案核賠，提前撥償相當噸位之商輪或代價之外匯，以恤商艱。」案經交通部採納，不數月大陸局勢突變，政府一再播遷，所謂「第二批賠償」及「提前撥償相當噸位之商輪及代價之外匯」均未實行。

以上各節，交通部及全國輪船業聯合會均有案可稽，故長記公司歷年來呈請交通部求償時，交通部亦承認給予賠償，惟因政府財力困難，應俟光復大陸後再行核辦，如此以不定期處理債權債務，是否違法，應屬疑問。

查被徵沉沒之四輪，總計二九七四噸，無論就政府賠償浙江航商合組復業公司時期或現在之中型舊船價格，每噸均至少為美金二百五十元，此有國際紀錄可稽，是政府應賠金額至少為美金七四三五〇〇元，值茲長記輪船行積極復業資金短絀之際，申請人仍忍痛僅求政府將應賠金額改為抵押貸款，申請人實已無負於國家。

（二）政府已准抵押貸款購船之前案

查益祥輪船公司益民油輪曾蒙　鈞院特准由政府一次貸予美金四百五十萬

元，貸款為船價之八成有餘，台安航業公司購買舊船均安油輪，亦由鈞院准由政府銀行以該輪作抵，貸予鉅款，更令定「停航補貼」，作為業務不景氣時之扶助，三十九年被軍方徵用沉沒之義與行馬世鑫機帆船，船位僅兩百餘噸，但　鈞院仍於四十八年二月十一日以台（48）交字七六一號調令，准由政府銀行擔保其自購萬噸舊輪船價之九成，代付現金達二十餘萬美元，核其性質，機帆船既非正式輪船，且噸位尚不及申請人之仟一。益銘公司在尚未辦理正式登記前　鈞院即准其將擬購之自由輪向政府銀行貸款七成；而最近之利泰輪船公司因抗戰時期曾被政府征沒船舶，茲該公司願放棄賠償要求政府貸款購買自由輪二艘，亦蒙　鈞院准予在經建第三期四年航業計畫內優先酌撥，作為專案辦理，以上一而再再而三三而四五之特准案件，具見　鈞院之扶助航業，培植私人航商，已無微不至，卻獨漏長記。

（三）政府銀行受質船舶無分毫風險

查現在自由輪之售價，每艘約三十餘萬美元，視船況之優劣而異，縱政府銀行准予抵貸九成，每艘至多為美金三十萬元，無論自營或租賃，政府銀行均可如期收回本息，歷年來民營航商從無倒閉，且迭添輪只，可資證明，又申請人對卯艘船隻，表面上僅需支付價款一成，實則派船員三十人之接船費用，及接船後之修繕，添購船用物料，非八萬美元莫辦，（如準八成需十一萬，七成需十四萬）無形中亦抵押於政府銀行，亦增貸款之安全。

（四）所謂第二批賠償現僅申請人一案，不必顧慮效尤

查抗戰期間征用民間船舶至多，列入第二批賠償者亦夥，但其公司行號來台者僅有三案，計A、泰利公，B、申請人之長記、及C另一損失木船者，泰利已蒙　鈞院核准，木船所有人縱提出放棄賠償依法亦不能要求貸款購買輪船，故真正未解決者僅申請人一案，實無群起效尤之虞，此點交通部有案可稽。

查申請人代表之長記輪船行始則因抗戰全部犧牲，另組之長記輪船公司所屬五艘輪船，又於卅八年被軍方征用撤退來台，時值國際航線缺如，軍拆運費僅及成本三分之一，終因服務戡亂軍差虧蝕過鉅而賣船歇業，未獲政府分文補償，亦未獲政府絲毫濟助，而其他航業對抗戰稍有犧牲者均已得賠償，益祥、台安、義與對抗戰戡亂鮮有損失者，反獲政府鼎力扶助，泰利公司已蒙核准，若獨對申請人不許放棄賠償，必俟尚不可期之光復大陸後再行核辦，實失事理之平。

鈞院係最高行政機關，一事准駁，全國楷模，為此呈請俯鑑申請人已兩度為抗戰戡亂犧牲之實情，准申請人

（1）購買合於交通部規定之自由輪二艘，在政府應賠償額七十四萬三千五百美元限額

內由政府銀行貸款九成，其餘船價及接船費、修繕費、添購 物料費 由申請人自備。

(2)擬請船只俟談妥後申請人即將應付之船價先交政府銀行，以茲守信，政府銀行付出全部船價後立即取得抵押權。

(3)自設定抵押權之日起，比照以前航商貸款之期限，申請人負還本利息之責，若到時未還，聽憑處分船只。

(4)抵押貸款購船核准，申請人願放棄長春等四輪之賠償，即光復大陸亦不求償。申請人與泰利公司同屬抗戰時期被征沒船只，同屬列入第二批賠償，實非過分之情，是否之處，敬祈鑑合示尊。謹呈

行政院

此時任君亦提出行政院發文有關給予義興行貸款之底片及另二家小船商（益祥、全安）均已獲得政府特別貸款購船之證據。

行政院收到此呈文後，並未回函，但交通部在事隔五個月後，部長沈怡終於在民國五十年十二月十八日 以速件致函行政院（附件8：交通部 08971 號函）

交航（五〇）08971

受文者：行政院秘書處

事　由：關於長記輪船行呈請放棄沉船賠償改請貸款購船案復請查照轉陳由

一、五十年十一月二十二日台交字第一五四〇三號交辦案件通知單暨附件均敬悉。

二、長記輪船公司於二十六年抗戰期間，奉令將所有之長春、同春、江春、華順等四輪（共約二千總噸）作為阻塞港口，經本部令准列入第二批賠償案內，嗣因大陸淪陷，未及結案。

三、四十九年四月間，長記輪船公司代表人賀仁菴，檢同前青島事長，山東、浙江省主席沈鴻烈之證明文件，迭向本部申請賠償，或以其他方式予以扶植補償，當以目前政府財力困難，已批復俟光復大陸後再行核辦在案，嗣該公司對此種處分，表示不服，後於四十九年十二月三日向　鈞院提出訴願，經由本部答辯，並奉鈞院五十年一月十四日訴字第三三六號判決書決議駁回。迨五十年三月該公司因擬籌備復業，自願將訴願案撤回書撤回，並委託任星崖代表籌備復業，業經本部核准成立長記輪船行籌備處登記有案。

四、查該公司在抗戰期間以船隻四艘沉塞港口，「對於政府確有貢獻」，茲既重新籌備復業，宣告放棄賠償，所稱籌足約美金十萬元，倘以之購買自由輪一艘，免可湊合船價三成，至其不足之數，擬以所購船舶向銀行質借，尚無不合。擬

請

鈞院，准由該公司逕洽有關銀行辦理抵押貸款購船手續，俾利復業。

五、特復請查照轉陳為荷？

部長　沈怡

不料，此事卻遭某高層得知，而該高層人士因曾與任星崖之胞兄任○群同時追求某國劇名伶未獲青睞，不久後，該名伶與任○群結婚。此時雖已事隔多年，但該高層是否仍耿耿於懷？不得而知，但此申請案卻立即遭到駁回。

據任星崖轉述自其姑丈陳雪屏處得知之消息，謂此案遭駁回是由該高層親自致電行政院長陳誠，下令絕對不得給予長記公司特別貸款，只能以「一般航業貸款」處理。

因此陳誠隨後立即以親筆函文回覆交通部（附件9：陳誠親筆函文交字0142號）。

令　交通部

五十一年一月十日　　　　五一交字○一四二號

一、據本院秘書處案承該部五十年十二月十八日交航 字第8971號函關於長記輪船行呈請放棄沉船賠償，改請貸款購船復請查照一案悉

二、本案所請准予貸款購船一節應由該部本於職權斟酌該輪船行財務情形按照一般航業貸款規定處理

三、仰即知照

院長　陳

當時所謂「一般航業貸款」，規定必須購買全新輪船，但購買全新輪船需自備船價三分之一，而購買一艘一萬噸全新自由輪需三百萬美元，自備款為一百萬美元，此與「特別貸款」乃天壤之別。倘若父親當時已有一百萬美元在手，則逕可自行購買三艘每艘價格僅三十萬美元，載重一萬噸之中古自由輪，又何需低聲下氣、三番兩次呈請政府給予特別貸款？

而「特別貸款」是為曾於戰時對政府有功但未獲賠償之航商所設立之專案，如彼等獲特別貸款之泰利公司、全安公司、義興行馬世鑫等對政府有所貢獻，則長記公司對政府可說是犧牲更大、貢獻更偉，所應獲得的補償比前者更多才對，政府何以如此不公不義？

我方接此函文後，任星崖又自陳雪屏處得知行政院「第三期經建計劃」自民國五十年起施行，而該計劃中，交通運輸亦被列為重點發展項目之一。

因此任君又於民國五十一年二月八日（第五度）呈文行政院（附件：五十一年二月八日呈行政院）

受文者：行政院

事　由：再請准照前案貸款購船購船敬祈核事由

查申請人呈請放棄沈船賠償要求貸款購買自由輪一案，鈞院之決定，應由交通部本於職權按一般航業貸款規定處理等因，經洽詢該部，據稱依照規定購買舊輪不得貸款或擔保，但經鈞院專案核准如泰利公司等則仍可照貸。

查申請人與泰利公司同屬戰時被征船舶經交通部列入第二批賠償未及結案者，申請人之原始證件早於勝利後呈部求償，並由執行征用之原青島市長沈鴻烈於三十五年七月在浙江省主席任內掣給證明，申請人撤退來台後，故因長期供應軍差虧蝕歇業，但泰利公司在抗戰後期已無船舶營業，歇業達二十餘年，此點兩者亦無差別，但鈞院處理同樣案件時，對放棄一艘沈船賠償之泰利則直接批准在第三期經建計劃內優先酌撥，以專案之方式使不受一般規定之限制而獲得貸款，對放棄四艘沈船賠償且經交通部函復　鈞院秘書處卻為對政府確有貢獻之申請人則批示交交通部依照根本不准特別貸款之一般規定處理，兩者相較，顯然不同。

查第三期經建計劃內有增加船舶十萬噸一款，正在實施，尚有餘額，本案事關賠償，夙由

鈞院直接處理，為此再行呈請

鈞院俯鑒本案與泰利公司完全相同，准在第三期經建計劃內優先酌撥，以示公允，如何之處，敬祈核示。謹呈

行政院

（此函文中所提之「泰利公司」在抗戰期間即已歇業，戰後亦未曾參與國府一九四五運送軍公大員接收復員工作，及一九四八年東北大撤退、一九四九青島大撤退、來台後船隻迭遭國府徵召軍事之用，和福州、廣州、定海、嵊泗列島、海南島等地撤退工作，與長記公司對政府之貢獻根本無法相提並論，卻仍獲政府特別貸款，此事再度顯示政府是何等不公不義。）

但此份申請書仍未能改變行政院之決定，此後父親多次向行政院提起訴願，均遭該院以「程序不合」、「訴願管轄等級不合」、「求償時效已過」等諸多藉口為由，予以駁回。（附件11：64年第0246號行政院決定書）

父親來台時已六十三歲，直到民國六十五年，八十九歲過世前，沒有一天不在思考如何才能獲得政府賠償或貸款購船，以重振基業，晚年時期抑鬱之情可想而知。

父親離世前還曾親筆寫了一份呈行政院陳情書（附件12：陳情書）：「……民少讀聖賢書，深知漢賊不兩立，忠奸不共存之義，抗戰期間毀家阻敵參加游擊工作迭遭漢奸圍攻幾度虎口餘生，戡亂期間……，家父被共軍殺害……家仇國恨無時或忘。民別無長自信一生忠誠報國從未計及個人得失，事實可稽毋待喋喋……。

申請書　中華民國四十九年四月二十八日

受文者　交通部

事由：奉令征用沉港之輪船四艘請援案賠償

一、申請人在大陸時經營青島長記輪船公司航行華北及京滬各線在民營航業中頗具規模

鈞部當有案冊可稽　對日抗戰軍興為保衛國土阻擊敵人申請人所有之長春同春江春華順等四輪奉令征用沉塞海口為軍事防禦　抗戰勝利復員還都三十七年十月九日中華民國輪船商業同業公會全國聯合會在上海集會決議依據

鈞部三十八年三月十五日部航字一五四八號指令及三十七年二月二日部航字七九三號指令准予列入第二批賠償之原案呈請

鈞部照案予以賠償　鈞部當予允許正洽辦間適值共匪倡亂大陸變色申請人于極端危難之際排除萬難帶同僅餘之輪隻冒險來台自矢忠貞志切追隨含辛茹苦自謀生活上体　政府艱難未忍積極進行請求賠償船隻事件時過

附件 1　申請書四十九年四月二十八日 - 交通部 01

十年往台北經營航運之同業係招商台航屬
于公營外民營者共有二十二家均係仰賴
鈞部照案貼償船隻或予以營運資金及担
保險購船隻之扶植悉能各理舊業報効國
家申請人獨令向隅寸心未甘不得不再行申請
二、前此華聯輪船公司亦曾上蒙
鈞部扶植以墊款代購輪船方式使之復業改
為裕通航業公司足徵
鈞部矜恤商艱力維政信申請人被征用之
船位約二千噸為數有限

鈞部縱令財源久裕亦不致即此區區之件無
力了結且同業同樣情形均已辦理完竣申請
人年已七旬妻兒幼弱生計困窮雖不便請求
救濟但政府照案應為之補償似不能任其久
懸不決俾申請人生平血汗經營完全歸于烏
有而令有志航業之商民為之塞心
三、基上各點謹具文申請伏乞
鈞部照案核貼或以其他方式予以扶植補償
俾資了結申請人自當益矢忠勤力圖報稱迫
切陳詞敬請

附件1　申請書四十九年四月二十八日 - 交通部 02

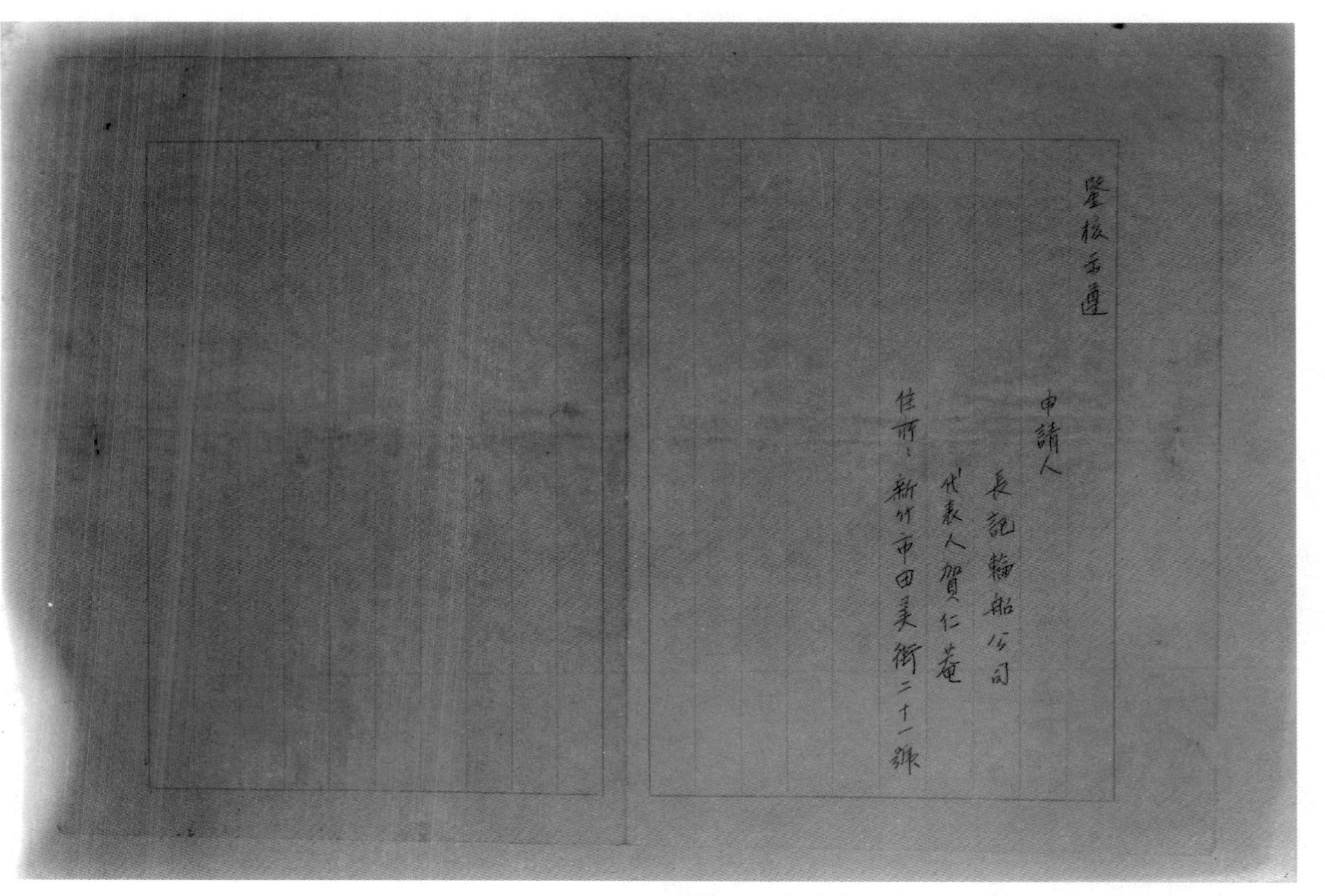

鑒核示遵

申請人

長記輪船公司

代表人賀仁菴

住所：新竹市田美街二十一號

附件 1　申請書四十九年四月二十八日 - 交通部 03

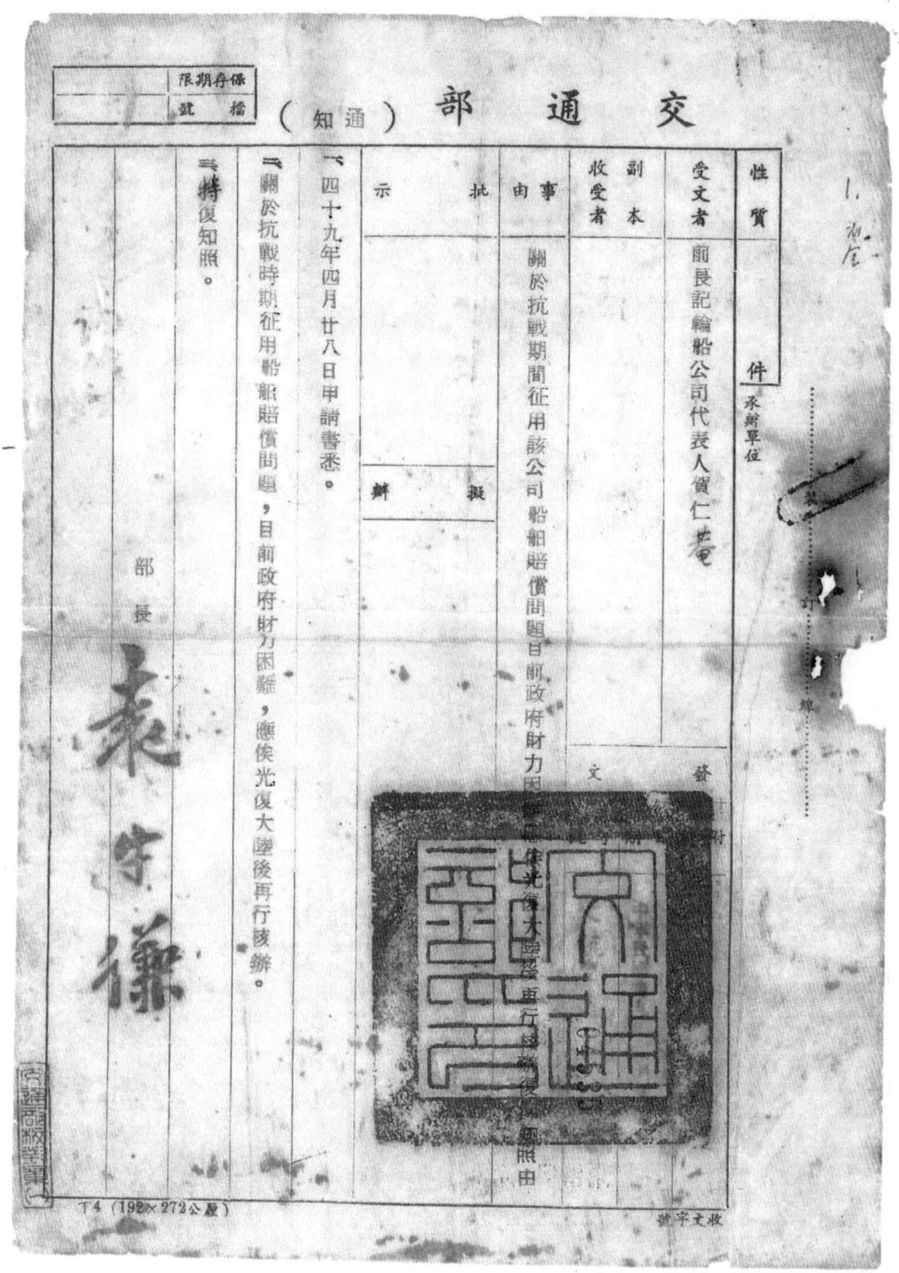
交通部（通知）

保存期限
檔號

性質：件
受文者：前長記輪船公司代表人賀仁菴
副本收受者：
事由：關於抗戰期間征用該公司船舶賠償問題目前政府財力困難應俟光復大陸後再行核辦希照由

一、四十九年四月廿八日申請書悉。
二、關於抗戰時期征用船舶賠償問題，目前政府財力困難，應俟光復大陸後再行核辦。
三、特復知照。

部長 袁守謙

T4 (192×272公厘)
收文字號

附件 2　交通部 4535 號函

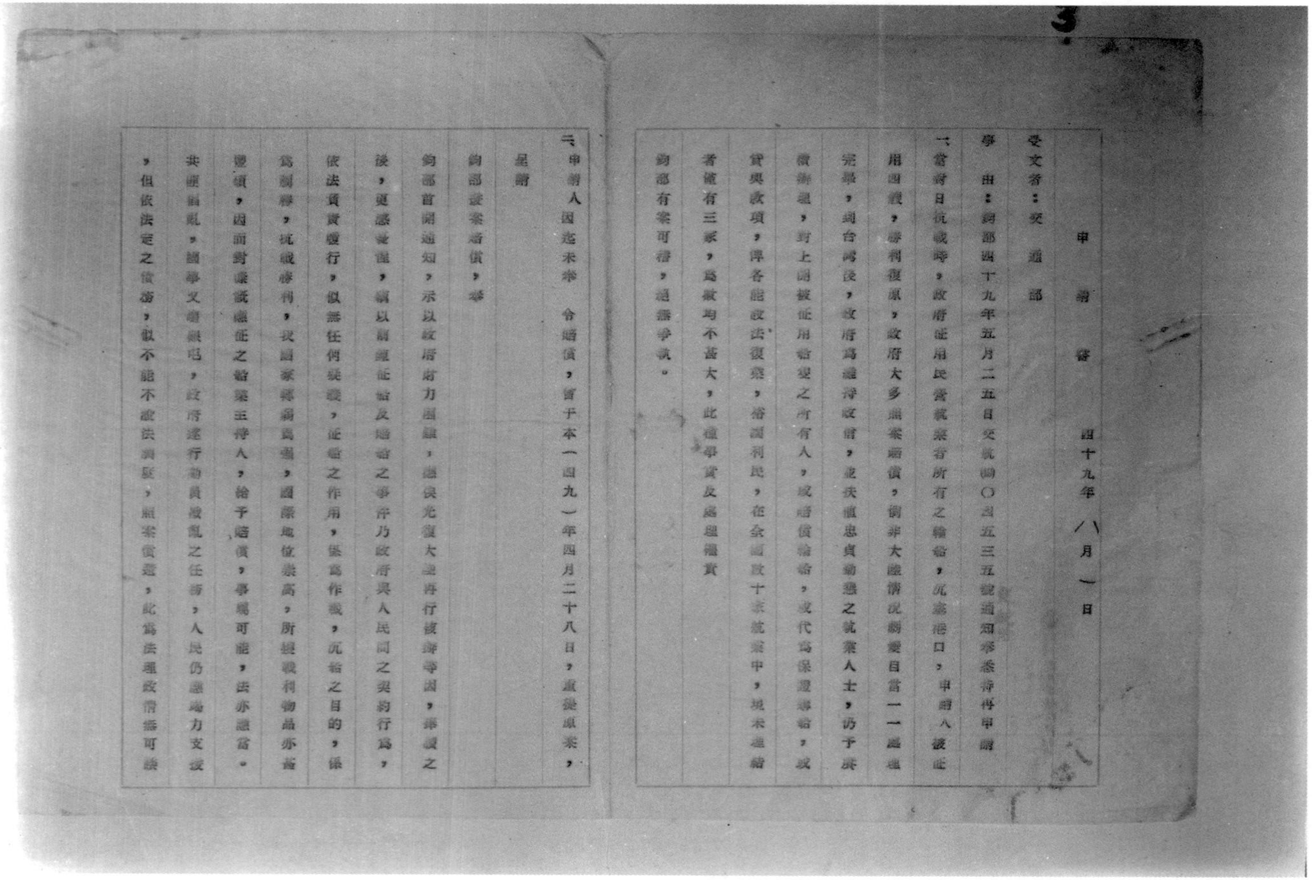

申　請　書　　四十九年八月一日

受文者：交通部

事　由：鈞部四十九年五月二五日交航(四九)○五三五號通知奉悉特再申請

一、當對日抗戰時，政府征用民營航業者所有之輪船，沉塞港口，申請人被征用四艘，勝利復原，政府大多無案賠償，倘非大陸情況劇變自當一一補還完畢，迨台灣後，政府爲遷得政府，並扶植忠貞勤懇之航業人士，仍予廣續辦理，對上項被征用船隻之所有人，或賠償輪船，或代爲保證籌船，或貸與款項，俾各能設法復業，藉謀利民，在全國數十家航業中，現未邀賠者僅有三家，爲數均不甚大，此種事實及處理稽實

鈞部有案可稽，毋需爭執。

二、申請人因迄未奉　令賠償，曾于本(一四九)年四月二十八日，重提原案，呈請

鈞部從案賠償，奉

鈞部首開通知，示以政府財力困難，須俟光復大陸再行核辦等因，奉讀之後，更感愴恨，竊以前項征船及賠船之事，乃政府與人民間之契約行爲，依法負責履行，似無任何疑義，征船之作用，係爲作戰，沉船之目的，係爲制勝，抗戰勝利，我國家尊崇爲五強，國際地位崇高，所獲戰利物品亦甚豐碩，因而對彙議應征之船業主持人，給予賠償，事屬可能，法亦應當。共匪猖亂，國事又當艱屯，政府遂行動員戡亂之任務，人民仍應竭力支援，但依法定之債務，似不能不設法湊足，照案償還，此爲法理政情無可諉

附件3　申請書四十九年八月一日 - 交通部01

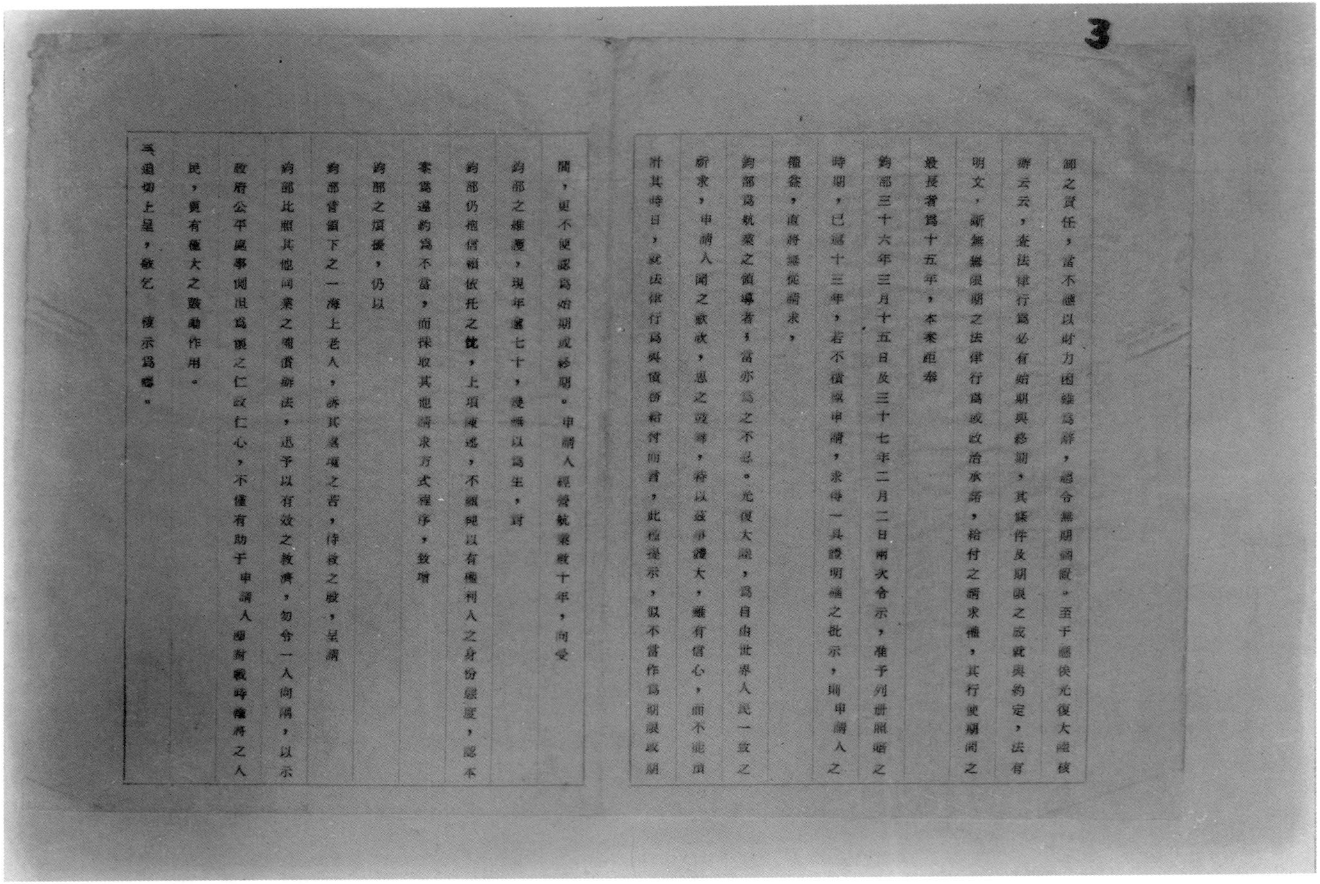

部之責任，當不應以財力困難為辭，總令無期弱緩。至于應俟光復大陸後
辦云云，查法律行為必有始期與終期，其條件及期限之成就與約定，法有
明文，斷無無限期之法律行為或政治承諾，給付之請求權，其行使期間之
最長者為十五年，本案距奉
鈞部三十六年三月十五日及三十七年二月二日兩次令示，准予列冊照賠之
時期，已逾十三年，若不積極申請，求得一具體明確之批示，則申請人之
權益，直將無從請求，
鈞部為航業之領導者，當亦為之不忍。光復大陸，為自由世界人民一致之
祈求，申請人聞之歡欣，思之既殊，惟以茲事體大，雖有信心，而不能預
卜其時日，就法律行為與債務給付而言，此種提示，似不當作為期限或期
間，更不便認為始期或終期。申請人經營航業數十年，向受
鈞部之維護，現年逾七十，端賴以為生，對
鈞部仍抱信賴依托之忱，上項陳述，不純粹以有權利人之身份態度，認本
案為違約為不當，而採取其他請求方式程序，致增
鈞部之煩擾，仍以
鈞部管領下之一海上老人，訴其衰邁之苦，待救之殷，呈請
鈞部比照其他同業之賠償辦法，迅予以有效之救濟，勿令一人向隅，以示
政府公平處事惻怛為懷之仁政仁心，不僅有助于申請人，即對戰時犧牲之人
民，更有偉大之鼓勵作用。
茲謹切上呈，敬乞　核示為禱。

附件 3　申請書四十九年八月一日 - 交通部 02

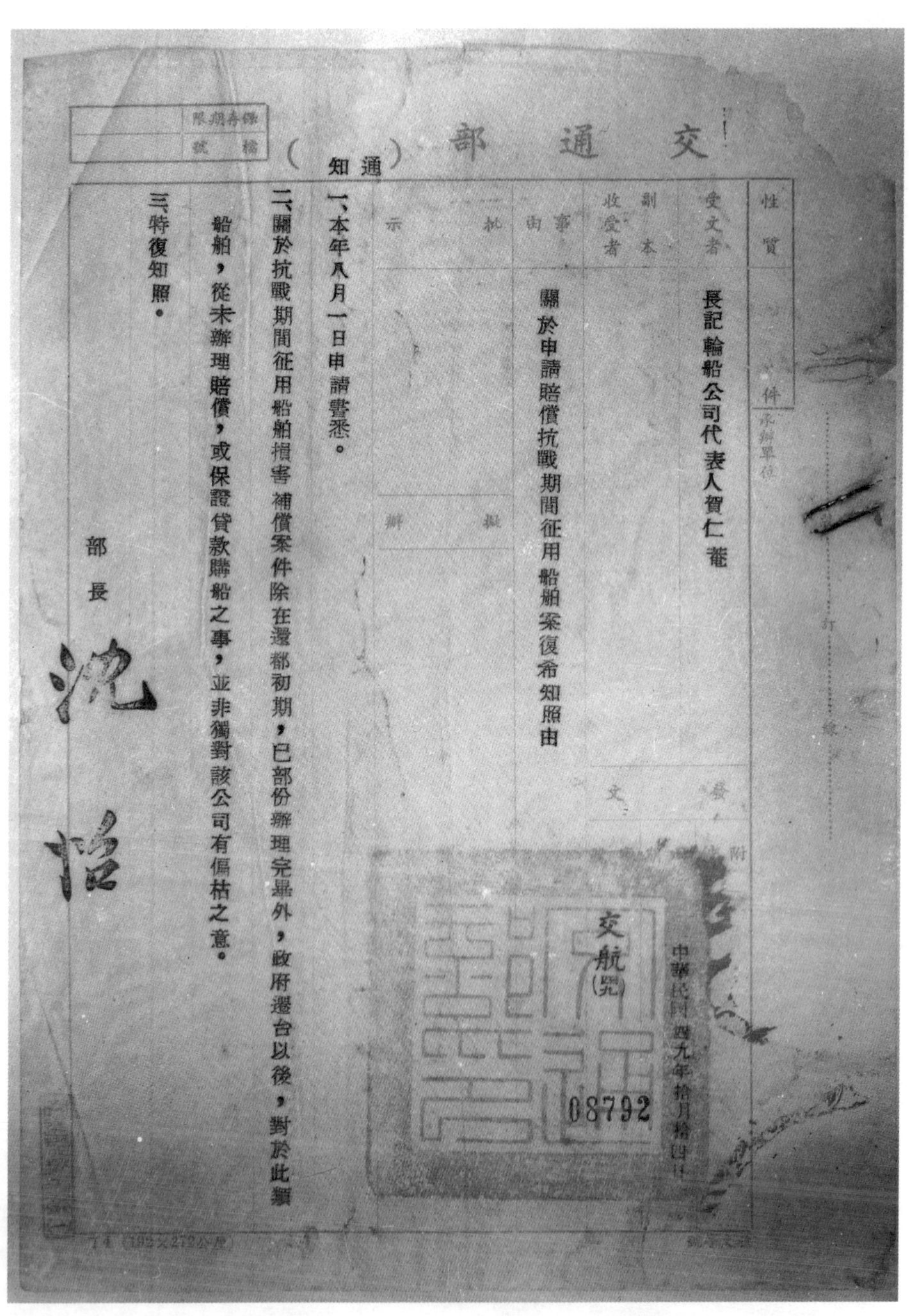

交通部（通知）

檔號	
保存期限	

受文者：長記輪船公司代表人賀仁菴

副本收受者：

事由：關於申請賠償抗戰期間征用船船案復希知照由

一、本年八月一日申請書悉。

二、關於抗戰期間征用船舶損害補償案件除在還都初期，已部份辦理完畢外，政府遷台以後，對於此類船舶，從未辦理賠償，或保證貸款購船之事，並非獨對該公司有偏枯之意。

三、特復知照。

部長 沈怡

中華民國四九年拾月拾四日

交航（59）08792

附件4　交通部8792號函

申請書　四十九年十月廿日

受文者：交通部

事由：鈞部四十九年十月十四日交文交航(一四九)一〇八七九二號通知奉悉

特再申請

一、鈞部對於申請人之請求就首開通知所示已承認其爲實承認其應當原案俱任

自無從加以抹殺或置之不理申請人應得之權利

鈞部應爲之給付更不能永久懸擱遲令拖延

二、鈞部通知文中第二項承認船舶補償在還部初期已部分辦理惟申請人迄未領

到任何給付此項責任不在申請人實係　鈞部當時之處理未盡公允周衍所致

此其一又云政府遷台以後對于此類船舶從未辦理賠償云云竊以政府遷台以

後關於政府債務應享之權利應盡之義務并無變更更未終止對國內外債信之

維持較前尤爲確實上開賠償事件爲債信之一種自不應以政府所在地不同而

加以伸縮此其二在台航業同業受　鈞部賠償保證扶持究竟有無其事　鈞部

有案可稽申請人無須舉例亦無庸援例祇知彼　鈞部征用之船舶依法照案應

予賠償爲不爭之事實申請人自應請求　鈞部自應處理此其三來台已十一年

政府一切措施均極修明進步國計民生日趨繁榮　鈞部部長沈接任之始揭示

施政方針首爲發展海洋航業因而對公民營航業正積極輔導加強申請人經營

航業多年爲船舶應征而停業論法論理更應獲得　鈞部之垂注此其四

三、關于本案之法律關係賠償責任及請求期間以前兩度申請均已陳明請予引用

不再贅述就懇

附件 5　申請書四十九年十月二十日 - 交通部 01

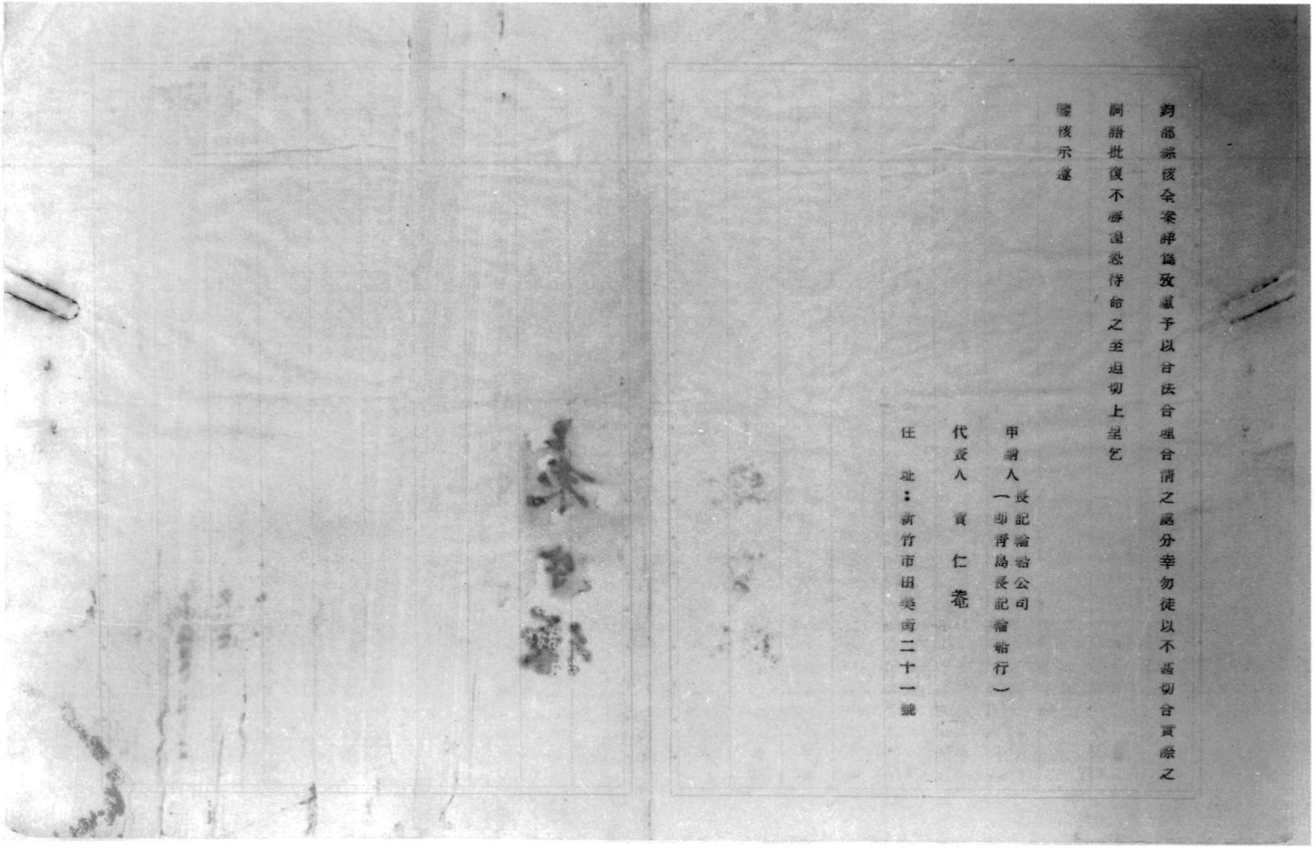

鈞部詳核全案辨偽攷處予以合法合理合情之處分幸勿徒以不甚切合實際之

詞語批復不勝惶恐待命之至迫切上呈乞

鑒核示遵

申請人　長記輪船公司（即青島長記輪船行）

代表人　賀仁菴

住址：新竹市田美町二十一號

附件5　申請書四十九年十月二十日 - 交通部02

附件 6　行政院 076 國防部 213 交通部 1247 函文底片

呈

受文者：行政院

事　由：爲放棄沉船賠償，懇請准予照案扶助購買舊船歉祈核示由

竊查政府應賠償青島長記輪船行輪船四艘一案，迭經呈奉交通部交航(四)四五三五號通知，以目前政府財力困難，俟光復大陸後再行核辦等因；政府在反共復國前提下，對於民間賠償，財力容有未逮，既屬國民之一，自應體念時艱，惟政府應賠者爲美金七十四萬餘元，茲長記輪船行業經積極籌備復業，由　申請人　爲代表人，並經依法呈報主管機關備案，賠償既不能實現，　申請人　受損在前，實無力籌措巨輪之全部價款，爲求兩全之道，懇請鈞院秉歷年來對航商貸款購船之前例，准予抵押貸款　申請人　購買自由輪二艘船價之九成，　申請人　則放棄賠償，即是就政府論，在有船舶爲可靠押品及不妨礙財力之情形下了一懸案，謹分陳如左：

(一)政府已承認賠償及　申請人　放棄賠償之金額

查長記輪船行於抗戰期間被政府征用長寧江寧同寧泰順四輪，沉沒青島港口，阻敵深入，三十四年勝利後該輪船行以船舶已一無所存，僅另籌資本租設長記輪船股份有限公司，嗣政府對戰時征用之商輪，一律賠償，江浙航商，均有所得。獨長記公司之前身長記輪船行一家向隅，經檢齊證件由全國輪船業聯合會呈奉交通部三十七年二月二日部航字七九三號指令：

「長記輪船公司之前身長記輪船行在戰時被征沉沒之長寧江寧同寧泰順四輪准予列入第二批賠償」

附件 7　五十年六月二十四日呈行政院 01

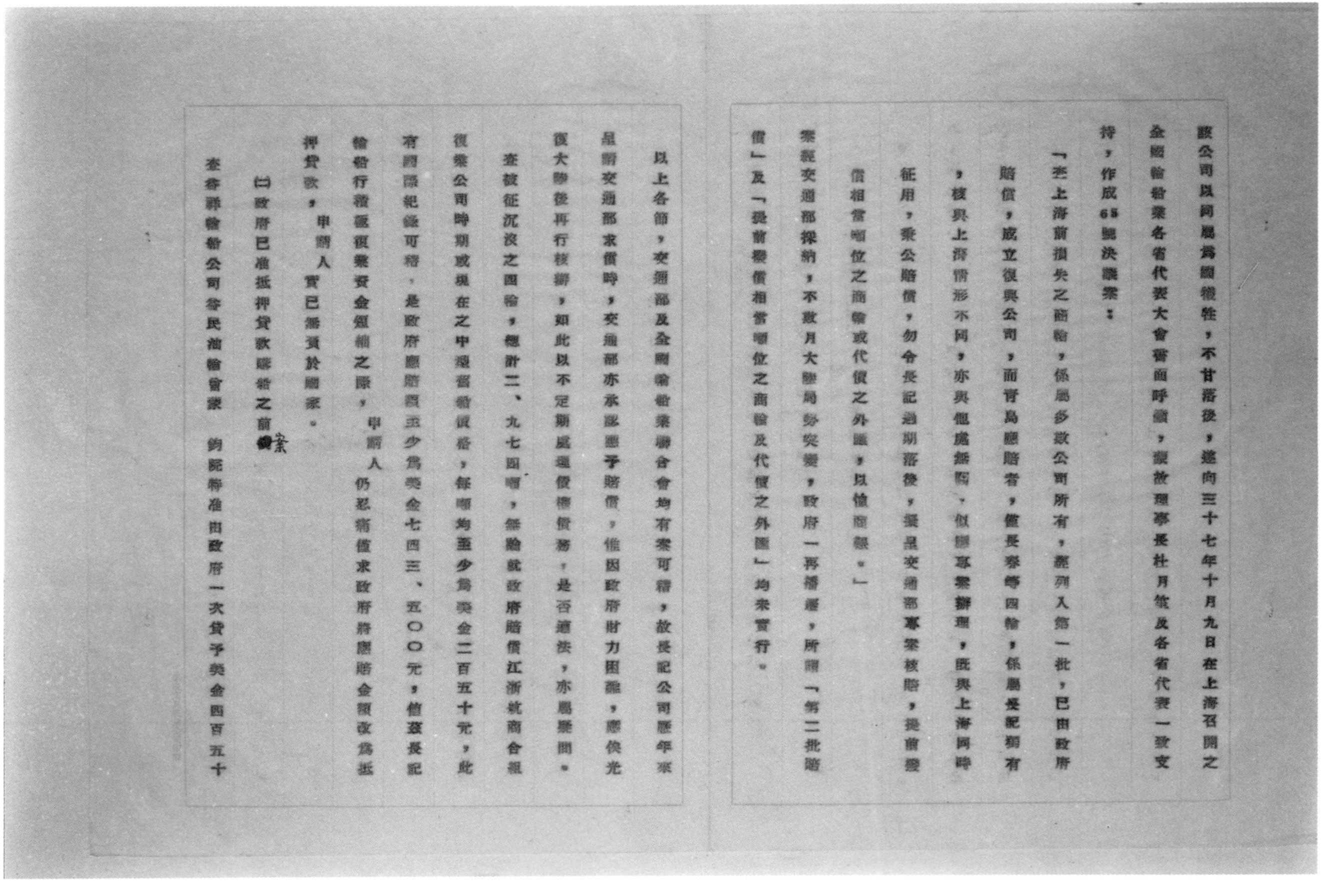

該公司以同屬爲國犧牲，不甘落後，遂向三十七年十月九日在上海召開之全國輪船業各省代表大會審面呼籲，復由理事長杜月笙及各省代表一致支持，作成65號決議案：

「查上海前損失之商輪，係屬多數公司所有，應列入第一批，已由政府賠償，成立復興公司，而青島膠賠者，僅長春等四輪，係屬長記獨有，核與上海情形不同，亦與他處撥歸、似應專案辦理，既與上海同時征用，乘公賠償，勿令長記過期落後，提呈交通部專案核賠，提前發償相當噸位之商輪或代價之外匯，以恤商艱。」

案經交通部採納，不意月大陸局勢突變，政府一再播遷，所謂「第二批賠償」及「提前發償相當噸位之商輪及代價之外匯」均未實行。

以上各節，交通部及全國輪船業聯合會均有案可稽，故長記公司歷年來呈請交通部求償時，交通部亦承認應予賠償，惟因政府財力困難，應俟光復大陸後再行核辦，如此以不定期延遲償債務，是否適法，亦屬疑問。

查被征沉沒之四輪，總計二、九七四噸，無論就政府賠償江浙杭商合組復業公司時期或現在之中國沿海船價格，每噸均至少爲美金二百五十元，此有國際紀錄可稽，是政府應賠償至少爲美金七四三、五〇〇元，但茲長記輪船行清理復業資金短絀之際，申請人仍忍痛僅求政府將應賠金額改爲抵押貸款，申請人實已深負於國家。

㈡政府已准抵押貸款辦船之前案

查香港輪船公司各民治輪會案　鈞院前准由政府一次貸予美金四百五十

附件7　五十年六月二十四日呈行政院02

萬元，貸款爲船價之八成有餘，合安航業公司購買舊船均安油輪，亦由 鈞院准由政府銀行以該輪作抵，貸予鉅款，更另定「停航補貼」，作爲業務不景時之扶助，三十九年被軍方征用沉沒之業興行恩世森機帆船，船位僅二百餘噸，但 鈞院仍於四十八年二月十一日以台四八交字七六一號訓令准由政府銀行擔保其自購萬噸舊輪船價之九成，代付現金美二十餘萬美元，核其性質，該機帆船既非正式輪船，且噸位尚不及 甲爵人 損失之什一，舊船公司在尚未辦理正式登記前， 鈞院即准其將該購之自由輪向政府銀行貸款七成，而最近之泰利輪船公司因抗戰時間曾被政府征沒船舶，茲該公司爲放棄賠償要求政府貸款購買自由輪二艘，亦蒙 鈞院准予在經建第三期四年就業計劃內優先動撥，作爲專案辦理，以上一而再，再而三，三而四五之特准案件，具見 鈞院之扶助航業培植私人航商，已無微不至。

(四)政府銀行受貸船舶無分毫風險

查現在自由輪之售價，僅約三十餘萬美元，視船況之優劣而異，經政府銀行准予抵貸九成，保額至多爲美金三十萬元，無論自營或租賃，政府銀行均可如期收回本息，歷年來民營航商從無例外，且患諸船只，可資證明，又 甲爵人 對保證船只，表面上僅須支付價款一成，實則派船員三十人之接船費用，及接船後之修繕，添購船用物料，非八萬美元莫辦，（如准八成需十一萬，七成需十四萬）無形中亦抵押與政府銀行，尤增貸款之安全。

關所請第二批賠償現值 甲爵人 一案，不必顧慮致尤

附件7　五十年六月二十四日呈行政院03

查抗戰期間征用民間船舶至多，列入第二批賠償者亦夥，但其公司行號撤退來台者，僅有三案，計A、泰利公司。B、申請人之長記及C、另一損失木船者，泰利已蒙　鈞院核准，木船所有人雖提出放棄賠償亦不能要求貸款購買輪船，故眞正未解決者僅申請人一案，實無需起效尤之慮，此點交通部有案可稽。

查申請人代表之長記輪船行始則因抗戰而全部犧牲，另組之長記輪船公司所屬輪船五艘，又於卅八年被軍方征用撤退來台，時值國際航線中斷，軍差運費僅及成本三分之一，終因服務戡亂軍差虧蝕過重而賣船歇業，旣未獲得政府分文補償，亦未獲政府絲毫濟助，而其他航業對抗戰稍有犧牲者均得賠償，曾非合安義興行對抗戰戡亂稍有損失者，反得政府鼎力扶助，泰利公司已蒙核准，若獨對申請人不許放棄賠償，必俟尙不可期之光復大陸後再行核辦，實失事理之平，　鈞院係最高行政機關，一事准駁，全國楷模，爲此呈請

俯鑒申請人已兩度爲抗戰戡亂犧牲之實情，准申請人

(1)購買合於交通部規定之自由輪二艘，在政府應賠償額七四弍五〇〇美元限額內由政府保行貸款九成，其餘船價及裝船費、修繕費、添購物料費由申請人自備。

(2)擬購船只俟購妥後申請人即將應付之船價先交政府保行，以資守信，政府銀行付出全部船價後立即取得抵押權。

(3)自設定抵押權之日起，比照以前航商貸款之期限，申請人負還清本息

附件7　五十年六月二十四日呈行政院04

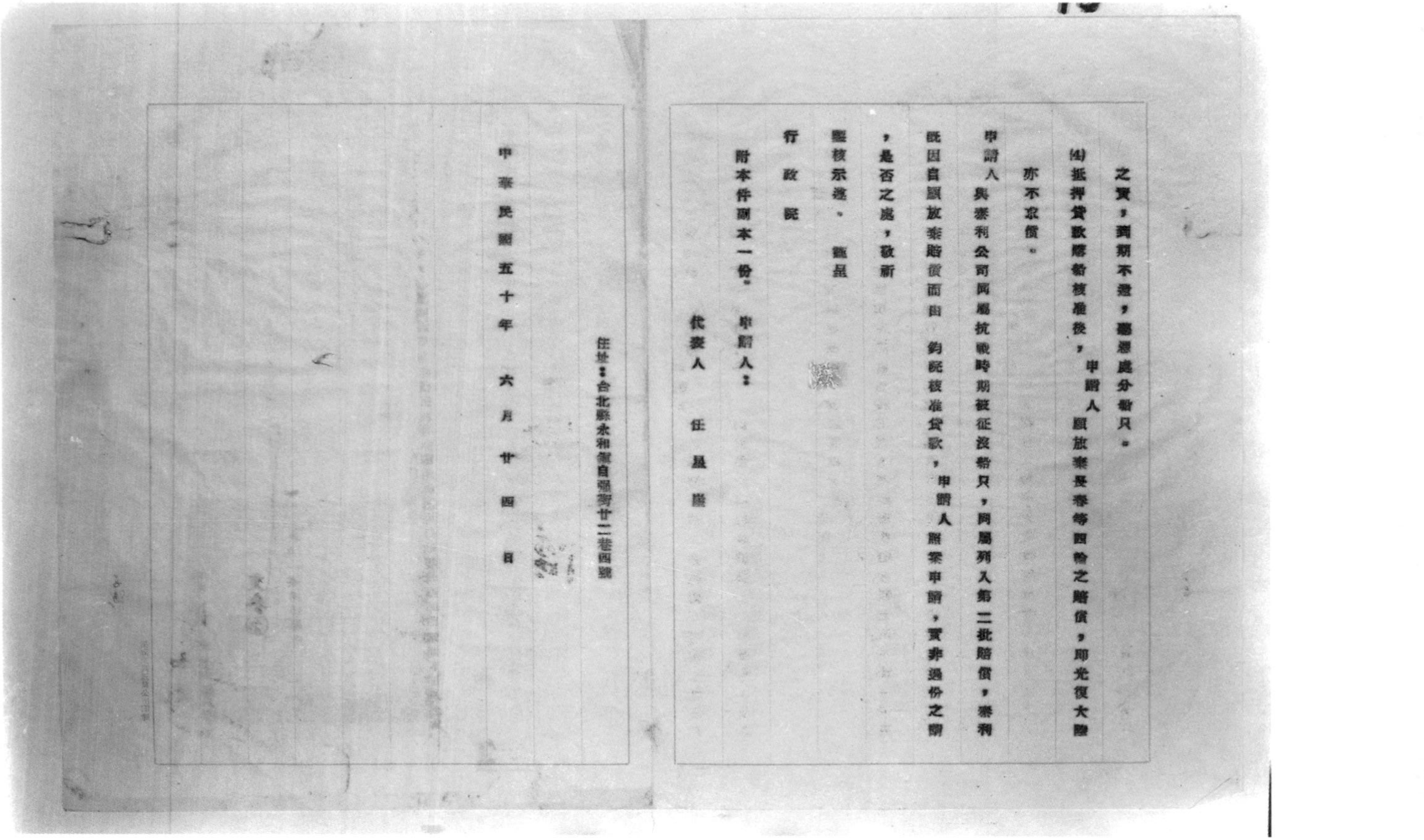

之實，到期不還，聽憑處分船只。

(4)抵押貸款將船核准後，申請人願放棄長春等四輪之賠償，即光復大陸亦不求償。

申請人與泰利公司同屬抗戰時期被征沒船只，同屬列入第二批賠償，泰利既因自願放棄賠償而由鈞院核准貸款，申請人照案申請，實非過份之請，是否之處，敬祈

鑒核示遵。謹呈

行政院

附本件副本一份。　申請人：

代表人　任晨巖

住址：台北縣永和鎮自強街廿二巷四號

中華民國五十年六月廿四日

附件7　五十年六月二十四日呈行政院05

交通部（函）

速件

副本

受文者：行政院秘書處

副本收受者：長記輪船行籌備處

事由：關於長記輪船行呈請放棄沉船賠償改請貸款購船案復請查照轉陳由。

一、五十年十一月廿二日台交字第一五四〇三號交辦案件通知單暨附件均敬悉。

二、長記輪船公司於二十六年抗戰期間，奉令將所有之長春、同春、江春、燕順等四輪（共約二千總噸）作為阻塞港口，經本部令准列入第二批賠償案內，嗣因大陸淪陷，未及結案。

三、四十九年四月間長記輪船公司代表人賀仁菴，檢同前青島市長，山東、浙江省政府主席沈鴻烈之證明文件，迭向本部申請賠償，或以其他方式予以扶植補償，當以目前政府財力困難，已批復俟光復大陸後再行核辦在案，嗣該公司對此種處分，表示不服，復於四十九年十二月三日向 鈞院提出訴願，經由本部答辯，並奉 鈞院五十年一月十四日訴字第三三六號決定書決定駁回，迨五十年三月該公司因擬籌備復業，自願將訴願案撤回，並委託任星崖代表籌備復業，經本部核准成立長記輪船行籌備處有案。

四、查該公司在抗戰期間以船隻四艘沉塞港口，對政府確有貢獻，茲既從新籌備復業，宣告放棄賠償所得籌足約美金十萬元，俾以之購置自由輪一艘，勉可湊合船價三成，至其不足之數，擬以所購船舶向銀行質借，尚無不合，擬請 鈞院准由該公司逕洽有關銀行辦理抵押貸款購船手續，俾利復業。

五、特復請查照轉陳為荷。

部長

08971

附件 8　交通部 8971 號函

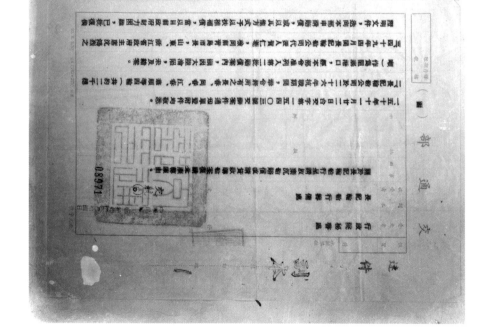

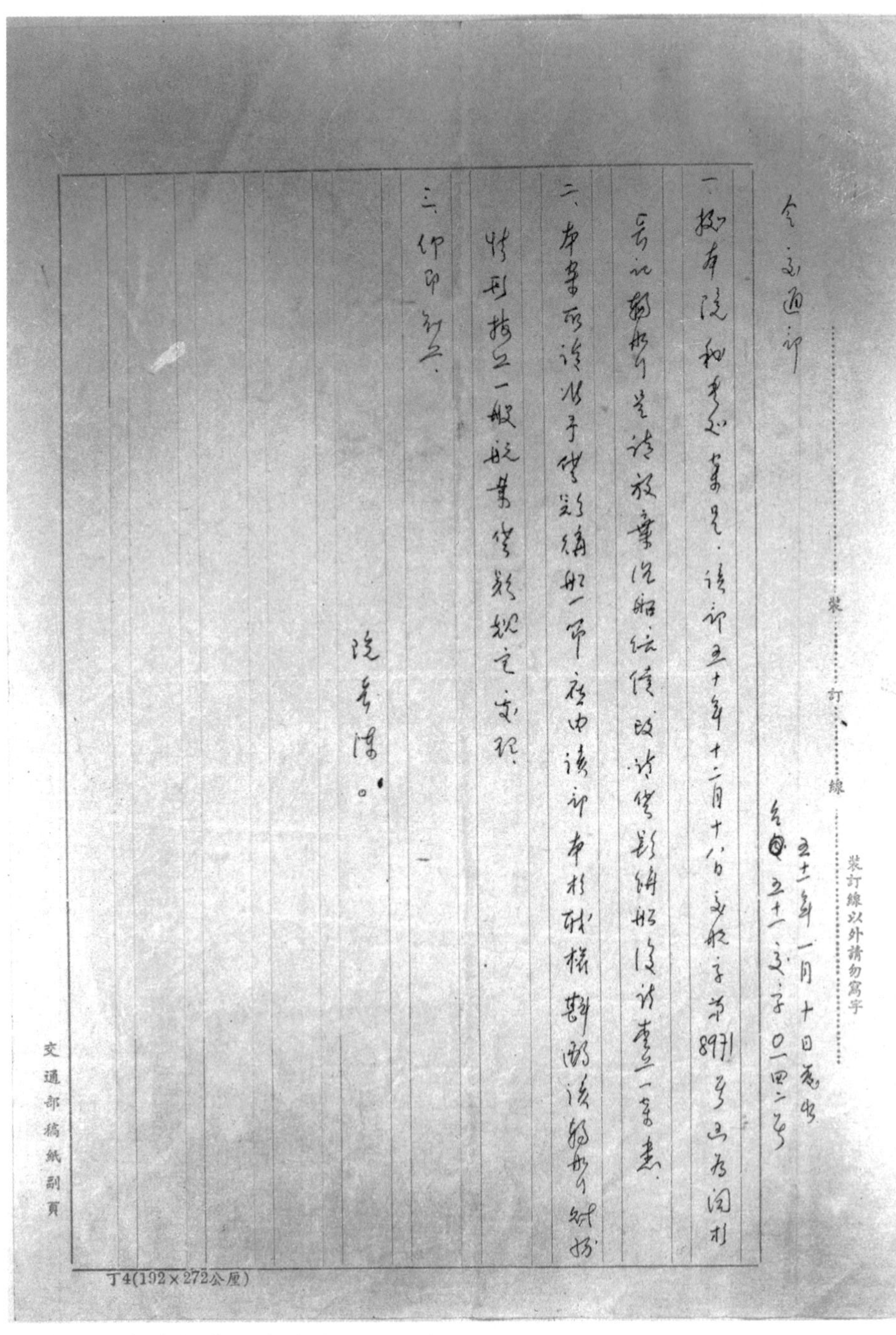

令交通部

一、據本院秘書處案呈：該部五十年十二月十八日交航字第8971號函為關於台北輪船公司呈請放棄依船結債改請償還輪船債款一案悉。

二、本案所請將予償還輪船一節，應由該部本於職權斟酌該輪船公司財務情形，比照一般航業償款規定處理。

三、仰即知照。

院長陳誠。

五十一年一月十日發出

台(五十一)交字〇一四二號

裝訂線

裝訂線以外請勿寫字

交通部稿紙副頁

丁4(192×272公厘)

附件 9　陳誠親筆函文交字 0142 號

呈 五十一年二月八日

受文者：行政院

事 由：再請准照前案貸款購船敬祈核示由

查 申請人 呈請放棄沈船賠償要求貸款購買自由輪一案，

鈞院之決定，應由交通部本於職權按一般航業貸款規定處理等因，經洽詢該部，據稱依照規定購買舊輪不得貸款或擔保，但經 鈞院專案核准如泰利公司等則仍可照貸。

查 申請人與泰利公司同屬戰時被征船舶經交通部列入第二批賠償未及結案者， 申請人之被征原始證件早於勝利後呈部求償，並由執行征用之原青島市長沈鴻烈於三十五年七月在浙江省主席任內製給證明， 申請人撤退來台後，固因長期供應軍差虧蝕歇業，但泰利公司在抗戰後期已無船舶營業，歇業達二十餘年，此點兩者亦無差別，但

鈞院處理同樣案件時，對放棄一艘沈船賠償之泰利公司直接批准在第三期經建計劃內優先酌撥，以專案之方式使不受一般規定之限制而獲得貸款，對放棄四艘沈船賠償且經交通部函復 鈞院秘書處許爲對政府確有貢獻之 申請人則批交交通部依照根本不准貸款之一般規定處理，兩者相較，顯然不同。

查第三期經建計劃內有增加船舶十萬噸一款，正在實施，尚有餘額，本案事關賠償，夙由 鈞院直接處理，爲此再行呈請

鈞院俯鑒本案與泰利公司完全相同准在第三期經建計劃內優先酌撥，以示公允，如何之處，敬祈

附件10　五十一年二月八日呈行政院01

核示。謹呈
行政院

申請人　長記輪船行籌備處
代表人　任　星　崖
地　址：台北縣永和鎮自強街廿二巷四號

附件10　五十一年二月八日呈行政院02

行政院秘書長（函）

受文者：賀仁菴君

發文日期：中華民國64年1月9日
發文字號：台六十四訴 0247
附件：附件如文

主旨：檢送本院台六十四訴字第0246號決定書正本一份，請收受並於所附送達證書填明收受日期及簽名蓋章後繳還。

說明：台端因申請賠償抗戰時期奉令徵用沉塞港口船隻事件，不服交通部之訴願決定提起再訴願一案，業經本院依法決定。

秘書長 費驊

附件 11 64 年第 0246 號行政院決定書

行政院決定書　　台六十四訴字第0246號

再訴願人：賀仁菴君　　住：新竹市田美街二十一號

再訴願人因申請賠償抗戰時期奉令徵用沉塞港口船隻事件，不服交通部交訴(63)字第一〇二九〇號訴願決定，提起再訴願，本院決定如左：

主文

再訴願駁回。

理由

按訴願之受理，應先從程序上加以審核，合於法定程序者，方能進而為實體上之審理，其不合法定程序而無可補正者，即應予以駁回，行政法院四十九年判字第一號著有判例。本件再訴願人於民國二十六年抗戰初期，經政府徵用其獨資經營長記輪船行所有之長春、同春、江春、華順輪船四艘，沉塞青島外港，以阻滯敵人追襲，抗戰勝利後，經於三十七年十月間中華民國輪船商業同業公會全國聯合會決議，依據交通部指令，列入第二批賠償案呈奉交通部核准賠償，正洽辦間，旋以大陸淪陷，未克竣事。政府遷台後，再訴願人即以在台經營航運之同業，多有仰賴政府扶植復業為理由，於四十九年四月間呈請交通部

一

援案賠償，交通部遂於同（四十九）年五月及十月間先後以交航（四九）字第〇四五三五及〇八七九二號通知略以應俟光復大陸，再行核辦。再訴願人如有不服，應依訴願法規定，於法定期間內向交通部提起訴願以為救濟。惟再訴願人竟遲至同（四十九）年十二月三日乃向本院提起訴願，經本院認其既係不服交通部所為之處分，依當時適用之訴願法第二條第六款前段之規定，應向交通部提起訴願始為適法，其逕向本院提起訴願，自與法定訴願管轄等級不合，即於五十年一月十四日以五十年訴字第〇三三六號訴願決定予以駁回。嗣再訴願人復就同一事件向交通部提起訴願，旋於五十年三月二十七日申請撤回訴願，並經該部於同（五十）年四月六日以交參（五〇）字第〇二四一八號通知准予撤回各在案。時逾十餘年，再訴願人又於六十三年間就同一事件向行政法院提起行政訴訟，行政法院則以其既未於法定期間內依法重向主管機關提起訴願及再訴願，自不合訴願及行政訴訟之必要程序當為法所不許為理由，以六十三年度裁字第二一八號裁定駁回再訴願人之訴。再訴願人仍不甘服，遂復於同（六十三）年九月二日向交通部重行提起訴願，該部即認其既已於五十年間就同一事件向該部提起訴願，旋於同（五十）年三月二十七日申請撤回訴願，並經該

附件11　64年第0246號行政院決定書

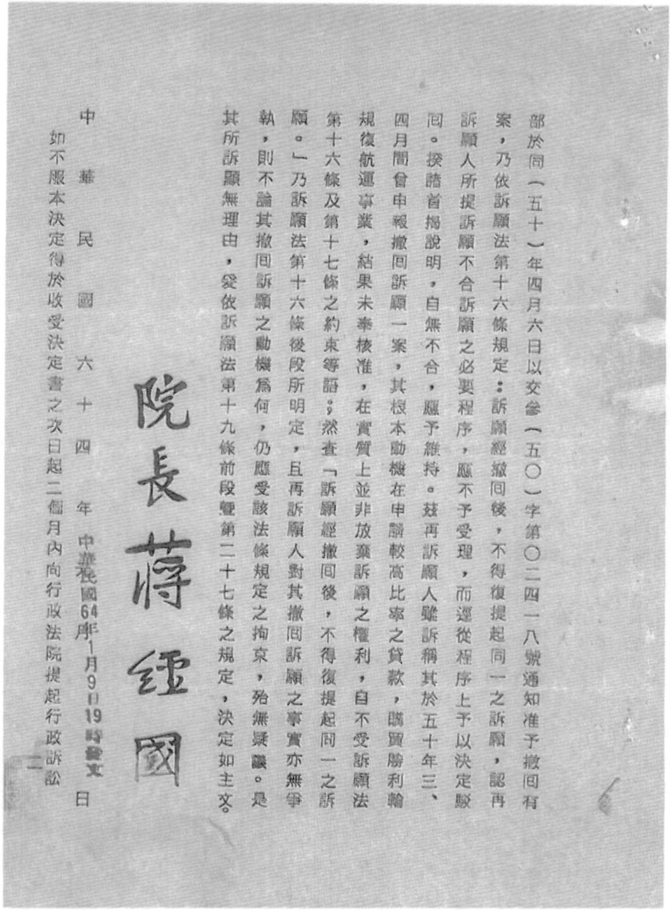

部於同（五十）年四月六日以交參（五〇）字第〇二四一八號通知准予撤回有案，乃依訴願法第十六條規定：訴願經撤回後，不得復提起同一之訴願，認再訴願人所提訴願不合訴願之必要程序，應不予受理，而逕從程序上予以決定駁回。揆諸首揭說明，自無不合，應予維持。茲再訴願人雖訴稱其於五十年三、四月間曾申報撤回訴願一案，其根本動機在申請較高比率之貸款，購買勝利輪規復航運事業，結果未奉核准，在實質上並非放棄訴願之權利，自不受訴願法第十六條及第十七條之約束等語；然查「訴願經撤回後，不得復提起同一之訴願。」乃訴願法第十六條後段所明定，且再訴願人對其撤回訴願之事實亦無爭執，則不論其撤回訴願之動機為何，仍應受該法條規定之拘束，殆無疑義。是其所訴願無理由，爰依訴願法第十九條前段暨第二十七條之規定，決定如主文。

院長蔣經國

中華民國六十四年 中華民國64年1月9日19時發文 日

如不服本決定得於收受決定書之次日起二個月內向行政法院提起行政訴訟

附件 11　64 年第 0246 號行政院決定書

陳情書

一、民前廿六年抗戰開始，遵奉政府命令，征用民獨資創設青島市長記輪船行所有江青、同青、長青、華順客貨輪四艘，總計弍千餘公噸，沉沒青島外港，阻滯敵人進襲。勝利後奉交部（37）京航字第七九一號准列入第二批賠償在案，嗣因大陸陷匪，政府遷台未果。

二、四十九年屢次請求賠償，交部初以因財政困難，批復光復大陸後再行洽辦。後復以交航字第八九七一號函呈行政院秘書處之長記四輪已准令列入第二批賠償，沉船阻塞港口，對我政府貢獻尤殊偉。等語。奉政府指示，仍按一般航業貸款規定辦理。五十二年元月又請求專案貸款，期能重整，因策配合發展航運

附件 12　陳情書

惟未奉諭示

之抗戰期間政府征用民航船隻多而未賠償或未貸款者僅有金同

民紀一家，航通公司等均已先後獲得賠償或巨款貸款或救助

有案，民毀家報國曾蒙政府頒發壹等二級金質獎章

及獎狀有案，彼時犧牲最大獨未獲任何賠償貸款，迭經

陳情迄無下文，殊深惶惑，有不能已於懷，自弱冠創業篳路

藍縷，慘淡經營略具技藝，遭抗戰戡亂損失大半，卅八年大陸

臨[illegible]本公司僅有亨壹等輪九艘隨政府來台，復以經營困[illegible]

海難事累甚多，致已列船舶或已出售或交法院拍賣還債

生活幾臨絕境，幸賴親友資助養雞度日苟延殘喘

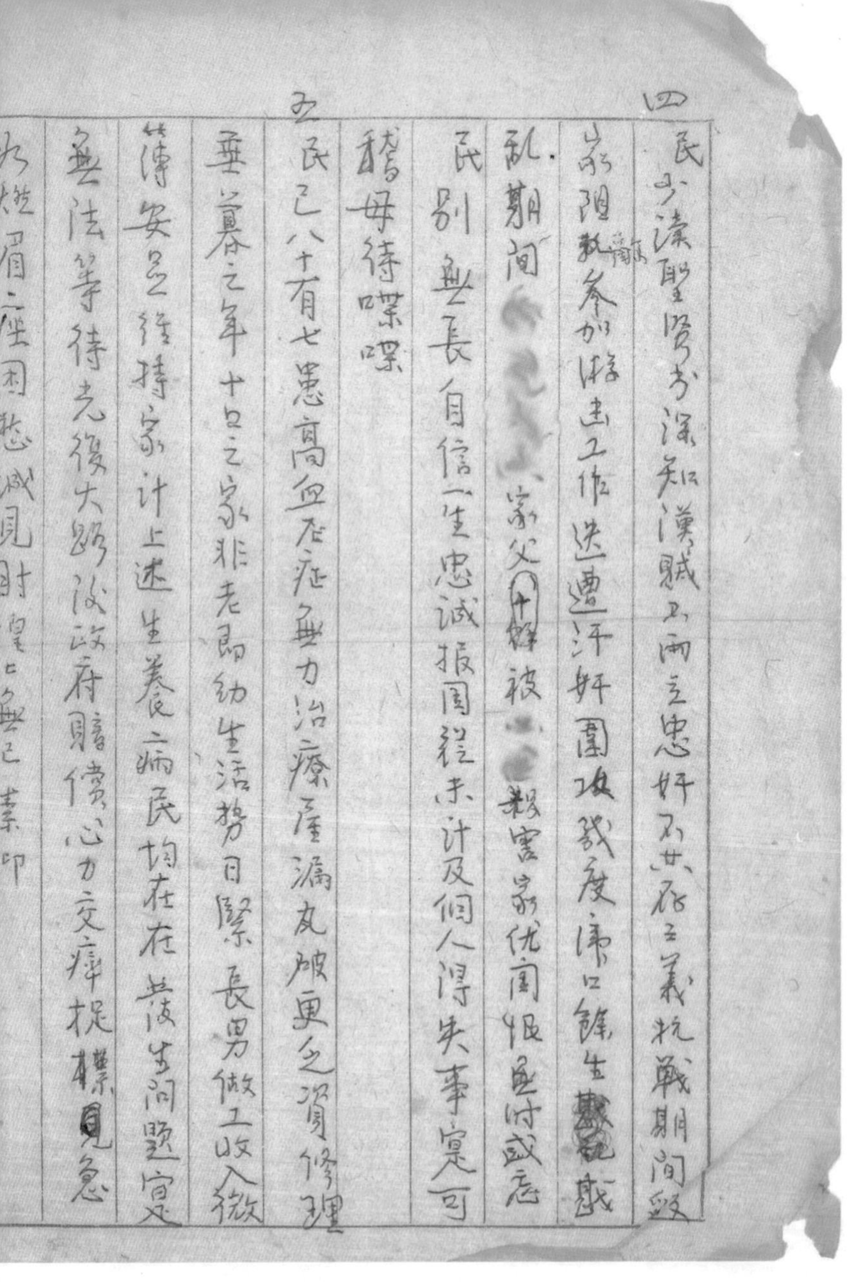

四、民少讀聖賢書，深知漢賊不兩立、忠奸不並存之義，抗戰期間，致
家姐熱衷參加游擊工作，迭遭汗奸圍攻，殺虐虎口餘生，戡
亂期間[illegible]家父[illegible]被[illegible]殺害，家仇恨無時或忘。
民別無長，自信一生忠誠報國，從未計及個人得失，事寔可
稽，毋待喋喋。
五、民已八十有七，患高血壓症，無力治療，屋漏久破，更乏資修理，
垂暮之年，十口之家，非老即幼，生活勢日緊，長男做工收入微
薄，安足維持家計，上述生養二端，民均在在發生問題，寔
無法等待光復大陸後政府賠償，心力交瘁，捉襟見急，
以燃眉之厄，困愁城，見肘捉襟無已，素仰

附件 12　陳情書

鈞座仁慈德愛民痌瘝在抱民敢請俯体審察下隱

鈞座援周忠貞不貳及目前生活艱窘之特殊情況賜仁專

案賠償座民得安度餘年則不獨全家感激民一猶

當結草報恩迫不及得已冒特冒昧陳情叩請

鑒察示遵

謹呈

行政院院長 蔣

陳情人賀仁菴呈

二〇〇六年二月二十八日，陳水扁先生在主持國家安全會議後，以總統身份批示「國家統一委員會」即日起終止運作。而後馬英九總統又於二〇一〇年五月十九日就職二周年時，正式宣布於其未來任期中，絕對不會進行任何有關兩岸統一之談判。此一說法的另一個意義等於公開承認「光復大陸」已成為歷史名詞。

因此，我方認為此求償案之清償期限已至，經與律師商討後，先在國家檔案資訊網詳細查詢相關檔案，將其中由交通部存檔之資料申請調閱，並於民國一〇〇年初順利自交通部取得了所有資料，於是委任律師向交通部提出賠償抗戰時期沉船損失。然交通部卻昧於事實事後否認該部存有相關檔案資料。

交通部先是在民國一〇〇年六月十三日以交航字第1000034991號函回覆：「本件船舶係青島市政府於26年抗戰期間通令徵用，應屬軍事徵用船舶性質，與交通部無關。而交通部於民國49年5月25日交航字04535號通知所稱『關於抗戰期間征用該公司船舶賠償問題，目前政府財力困難，應俟光復大陸後再行核辦』，也僅係陳述當時國家財力困難之事實，並非本部承認須賠償之意思」。（附件：交航字第1000034991號）

更荒唐的是，堂堂一中華民國交通部，在黔驢技窮時，居然引用大陸民間「百度百科」上，不知若干年前又不知由何位民間人士隨意發表之錯誤信息，作為拒絕賠償之證物之一。（附件：百度證物）

面對此一無理可喻的交通部，我方只好向行政院提起訴願，民國一〇〇年十一月二十四日，經「行政院審議委員會」多位委員審議後，聯名作出：「院臺訴字第1000107999號決議書」（附件：行政院決定書第1000107999號），要求交通部撤銷民國「100年6月13日交航字第1000043991號函文」。

內文如下：

事實：

訴願人等略以（一）渠等係賀仁菴君之繼承人，賀仁菴君設立之長記輪船行，於26年抗戰時期，為配合政府對日抗戰，遵照青島市政府之徵收命令，將輪船行所有之迎春、得春、承春、長春、同春、江春、華順等七艘輪船召回，放水沉沒於山東省青島市膠州灣航道，以封鎖航道，阻止日軍進犯，長春、同春、江春、華順等四艘輪船均遭日軍破壞殆盡，迎春、得春、承春等3艘輪船亦遭毀損僅剩空殼，此有當時交通部頒發之獎章執照及證明書、史書山東人在台灣之記載內容可資佐證，已構成個人之特別犧牲，「政府負有合理賠償義務」。

（二）嗣抗戰結束後，政府對於戰時徵用之商輪核定賠償，獨漏賀仁菴君獨資設立之長記輪船行，賀仁菴君乃檢齊證件，申經交通部迭以36年3月15日部航字第1548號函令表示：「准予彙岸核辦」、37年2月2日部航字第793號指令表示：「長記輪船公司之前身長記輪船行，在抗戰時被征沉沒之長春、同資料可證。

春、江春、華順4輪，准予列入第二批賠償。」此有中華民國輪船商業同業公會全國聯合會37年10月9日第二屆會員大會第3次會議紀錄第65號決議案

（三）38年政府遷台後，交通部對此類因公有損害之輪船公司續予補償，賀仁菴君乃多次向交通部求償，該部迄49年5月25日以交航（49）字第04535號通知：「關於抗戰期間徵用該公司船舶賠償問題，目前政府財力困難，應俟光復大陸後再行核辦。」是以，賀仁菴君之船舶徵用補償權於徵用時已存在，前揭交通部函令所稱「光復大陸」，即屬清償約定之承諾。迨至95年2月27日政府終止、裁撤國家統一委員會，現任總統99年5月19日就職2周年記者會中，正式宣布於其未來任期中，絕不會進行任何有關兩岸統一的談判，是以交通部清償期所係之「光復大陸」此一事實約定，至此確定不會發生，參照最高法院87年度台上字第129號判決，本件清償期限已屆至。

（四）……渠等前於100年4月20日向交通部具文申請，該部100年5月6日交航字第1000030806號函復，以本案業進入司法程序，靜待法院判決。嗣臺北高等行政法院100年4月28日100年度訴字第351號裁定。以原告（訴願人等）須向被告（交通部）提出申請，以確定其請求權，逕行提起一須給付訴訟，即屬不備起訴要件，駁回訴願人等之訴等語，於100年5月18日依前

揭臺北高等行政法院100年度訴字第351號裁定向交通部請求於申請日起2個月內，核定發給徵用補償金共計新臺幣29,740,000，及自26年徵用日起至清償日止，按週年利率百分之五計算之法定遲延利息……。

理由：

查交通部100年6月13日交航字第1000034991號函及該部100年8月5日交航字第1000043554號函附訴院答辯書，固以軍事徵用法、國家總動員法、民防法等法規之施行日期及所定徵用機關，交通部並非軍用設施徵用機關，在無相關法令依據及請求權基礎，該部實無具體依據受理此案等語。惟抗戰之初，是否已有徵用民間物資相關法令規定？交通部未據辯明，逕以訴願人等無法確定請求權基礎之法令規定，無法依法核辦，「不無可議」；另參閱本院相關案卷，關於抗戰時期、政府遷臺而與軍事徵用船舶賠償等相關事項，均係由本院交由交通部處理，且參諸卷附交通部49年5月25日交航（49）字第04535號通知及63年2月25日交航（63）字第01674號函影本，亦堪認案關船舶徵用補（賠）償事件向由交通部主政。茲交通部100年6月13日交航字第1000034991號函以該部非本案徵用機關，無具體依據可受理本件訴願人等船舶徵用補償金案，「亦難謂周妥」。

再者，參諸民法第128條規定，消滅時效，自請求權可行使時起算。依交通部代表列席本院訴願審議委員會100年11月16日100年度第44次會議時說明，略以船船徵用行為補（賠）償請求權，以國家總動員法廢止時計算較為明確，而國家總動員法在93年已廢止，本件請求權依行政程序法5年時效規定，若未於98年前請求，應已罹於時效；另依查得資料，當時政府補償政策方向為俟光復大陸後再行核辦，而依嚴格憲法解釋，非謂光復大陸已不能實現，訴願人徵請求權尚非可得行使等語，就訴願人等之補償請求權是否可得行使，「說詞前後不一」。且依上開交通部49年5月25日交航（49）字第04535號通知影本載明，關於抗戰時期船舶賠償俟光復大陸後再行核辦，姑不論是否為補償請求權附停止條件之意，倘逕以國家總動員法廢止即謂該請求權已可得行使，並以訴願人等請求權已罹於時效，「是否符合誠實信用原則？亦非無疑義」。爰將交通部100年6月13日以交航字第1000034991號函撤銷，「由交通部本於職權另為妥適之處理」。

據上結論，「本件訴願為有理由」，爰依訴願法第81條第1項前段決定如主文。

訴願審議委員會主任委員　陳新德

委員　王俊夫

委員　林昱梅

委員　林秀蓮

委員 姚思遠
委員 陳清秀
委員 林明鏘
委員 林素鳳
院長 吳敦義

中華民國 100 年 11 月 24 日

此封令交通部另為妥善處理之函文，是自抗戰勝利後，六十多年來，我方所接獲第一位具有公平正義的行政院長，所出具的「撤銷交通部決定」之函文。但當時之交通部部長素來有所謂「交通幫」之稱。顯然無視於行政院審議委員會所做之決定，更沒把行政院長放在眼裡，因此交通部在收到此份行政院之決定書後並未處理。我方又於民國一〇一年二月十四日呈函交通部，要求依照行政院之決議，本於職權妥善處理。交通部遂於民國一〇一年三月十三日以「交航字第 10100069101 號函文」發文我方（附件：交通部第 10100069101 號函）

主旨：為研議台端所提抗戰時期船舶徵用補償金事件乙案，詳如說明，請查照。

說明：

一、依據行政院秘書長101年2月21日院臺訴字第1010009134號函暨台端101年2月14日未具文號申請函辦理。

二、本案行政院100年11月24日決定書略以，本部100年6月13日交航字第1000034991號函以本部非本案徵用補償機關，無具體依據可受理本件訴願人船舶徵用補償金申請案，亦難謂周妥，爰將本部前開函撤銷，由本部本於職權另為妥適之處理；為此，本部為調查抗戰之初，機關辦理民間船舶徵用及其徵用補償之法令依據，業即函請國史館、國防部、經濟部、內政部、本部各港務局、民航局及公路總局協助調查26年（含）以前徵用民間物資或運輸工具之相關法令規定，為利後續研議本案之參據，請提供或補充說明下列事項：

（一）請提供長春、同春、江春及華順等4艘船舶之徵用通知書、徵用受領證明書、船舶國籍證書、船舶登記證書等文件。

（二）請補充說明系爭船舶建造年月、船舶總噸位、船舶種類、船體材質、主機種類、船舶價值、船舶所有人、徵用機關、徵用受領日期、受徵時船齡。

（三）另訴願書中所指本部36年3月15日部航字第1548號函令及37年2月2日部航字第793號指令，因「本部查無相關檔案」，為利後續研辦，請提供前揭文書資料。

依此函文所言，交通部對此一案件查無相關檔案之說法，顯與事實不符，否則我方方如何能自該部調得所有資料？我方無奈，只好於一〇一年八月二十八日再向行政院提出訴願，行政院審議委員會於收函後再度開會討論，並於民國一〇一年十一月十四日以：

院臺訴第1010149557號函文令「交通部應於2個月內就訴願人等申請事項作成具體處分」（附件：行政院決定書第1010149557號）。

「⋯前略，茲訴願人等以本院上開訴願決定撤銷交通部100年6月13日交航字第1000034991號函後，雖經渠等多次具文催告，交通部迄未另為處分，致渠等申請案懸而未決，顯有怠為處分之情形，損害渠等權益，渠等請求交通部依法核定徵用補償金，核屬有據，又交通部要求提供之船舶徵用通知書、國籍證書、船舶總噸位等相關事證，已詳附於渠等申請書附件，「該部「一再重複要求渠等提供相關資料」，非無「怠於職責」之情，請命交通部應於2個月內速作成核定發給徵用補償金之處分云云」，依訴願法第2條規定提起訴願。

理由

按訴願法第2條規定「人民因中央或地方機關對其依法申請之案件，於法定期間內「應作為而不作為」，認為損害其權利或利益者，亦得提起訴願。前項期間，法令未規定者，自機關受理申請之日起為2個月。」

查本院100年11月24日院臺訴字第1000107999號訴願決定指明「參閱本院相關案卷，關於抗戰時期、政府遷臺而與軍事徵用船舶賠償等相關事項，均係由本院交由交通部處理，且參諸卷附交通部49年5月25日交航（49）字第04535號通知及63年2月25日交航（63）字第01674號函影本，亦堪認案關船舶徵用補（賠）償事件向由交通部主政」，「交通部就訴願人等請求發給徵用船舶補償金29,74,000元，及自26年徵用日起至清償日止，按週年利率百分之五計算法定遲延利息，應本於職權處理」。

本件據交通部101年9月25日交授航港字第10117110205號函附訴願答辯書及該部代表列席本院訴願審議委員會101年11月7日101年度第42次會議時固說明，該部依本院上開訴願決定撤銷意旨，經函請國史館等機關協助調查26年（含）以前徵用民間物資或運輸工具之相關法令，迄仍查無相關法令依據，而該部為估定補償數額，函請訴願人等提供案關船舶登記、徵用資料，訴願人等亦怠於協力提供，致該部難遽為准駁之行政處分，非怠於處分等語。惟訴願人等請求案關船舶遭政府徵用之補償金，須由交通部就所請充分研議作成准駁處分，「要難以「迄查無相關法令依據或船舶資料而延不處理」」。爰命交通部應於2個月內就訴願人等申請事項作成具體處分」。

據上論結，本件訴願為有理由，爰依訴願法第82條第1項決定如主文。

訴願審議委員會主任委員　陳德新
委員　王俊夫
委員　蘇永富
委員　林昱梅
委員　張文郁
委員　林明鏘
委員　蕭長瑞
院長　陳冲

中華民國101年11月14日

這封函文是行政院在事隔一年，換了行政院長也換了部分審議委員後，再一次明確指出交通部之怠忽職守及延不處理。其中提到的重點是：

1、「一再重複要求渠等提供相關資料，非無怠於職責之情」；
2、「迄查無相關法令依據或船舶資料而延不處理」；

3、「應本於職權處理於2個月內就我方申請事項作成具體處分」。

正如行政院審議委員會所言：交通部一而再，再而三的重複要求我方提供相關資料，「非無怠於職責之情」及「應作為而不作為」。

為免交通部找藉口，我方只好再次提供相關證明。但交通部於收到證明後卻仍以各種藉口百般刁難。

如：我方所提證明文件非原本，無法證明確有其事；縱真有其事，也無法證明賀仁菴為船舶所有人；縱賀仁菴為船舶所有人，也無法證明其子女（我方）有繼承等等，前後言詞不但矛盾且反覆不一，實在令人無法苟同！

最後，在律師建議下，我方於民國一〇二年（二〇一三）八月向台北高等行政法院提起訴訟。法院共計開庭四次，第一次在同年十一月二十六日，行準備程序，第二次在一〇三年（二〇一四）年四月十五日，同樣是準備程序，法官同時還要求我方提出國際二手船每噸單價，以資佐證，我方也如數提供。

而後第三次在五月十五日進行言詞辯論，第四次在五月二十九日宣佈判決。

開庭時，交通部答辯重點摘錄如下：

（1）依我方所提的資料，經交通部會同國史館在各行政機關均無法尋獲相關檔案資料，因此無法判定我方所提出的證據資料為真正。

（2）徵收機關為青島市政府，而非交通部，故應向青島市政府求償；

（3）四十九年函文所稱俟光復大陸再行核辦，係指光復大陸後再審核是否補償，而非政府已承諾補償；

（4）長記輪船行的船舶沉沒，係因愛國商人自願為國奉獻；

（5）賀仁菴只是長記輪船公司的總經理，而非系爭四艘船舶的所有權人；

（6）本次事件在光復大陸以前，當時還沒有相關法律規範，至於我方所提的法源依據，都是政府遷台後所訂定，不能作為本案的法源依據。

我方律師反擊：

（1）此案原屬交通部之案件，其他行政機關當然查無任何相關檔案資料，且交通部曾於民國四十九年五月二十五日交航字第04535號發函中詳述：「關於抗戰時期徵用船舶賠償問題，目前政府財力困難，應俟光復大陸後再行核辦」，若當時交通部查無相關檔案資料，何以當時之交通部長袁守謙發此函給賀仁菴？更遑論我方還曾於民國一〇〇年以「著書立傳」為名，向交通部申請調閱相關檔案資料，交通部也全數提供。在在顯示此案所有相關資料均存檔於交通部內，若非交通部已將該檔案銷毀，湮滅證據，就是睜眼說瞎話！否則何來所謂「會同其他機關遍尋相關檔案均無法尋獲」。

（2）此徵用案件發生於民國二十六年，日寇侵華，國家危急存亡之時，長記輪船行奉令沉船，戰後交通部曾二度發函承諾給予賠償，若該部非主管機關，則為何具名發函承諾賠償？

（3）若交通部所謂「光復大陸再行核辦」，非交通部已有賠償之意，則顯然否定戰後二次發函通知長記輪船行沉船已列為第二批賠償案，實為「前是而今非」。

（4）賀仁菴雖為愛國商人，但本次沉船係奉政府機關之命令，非賀仁菴個人一廂情願之行為。

（5）沉船發生於民國二十六（一九三七）年，長記輪船行為賀仁菴於民國十五年（一九二六）獨資成立，一有沈鴻烈須發之奉令沉船證明，二有交通部長俞大維須發之抗日有功獎章及獎章證明，三有史書山東人在台灣均可佐證，因此賀仁菴實為系徵四艘輪船所有權人，此點無庸置疑。

（6）本次事件雖發生於抗戰時期，即便當時並無相關法律規範，但大法官已有諸多解釋，認定政府無論何時徵收或徵用人民之財產，必須予以補償，徵用船舶時縱無法源規範，政府依法仍須給予特別補償；

後交通部又辯稱：

訴願人雖提出本部三十七（一九四八）年所須發之獎章執照及證明書、史書「山東人在台灣」、三十七年 十月八日中華民國輪船商業公會全國聯合會第二屆會議記錄等資料，然該等資料均非原本，已難遽為採信等等。

我方再次答辯：

1. 交通部所頒發之獎章原件目前仍保存於訴願人手中，留底之獎章證明上蓋有交通部大印，我方豈敢偽造？

2. 史書「山東人在台灣」，為前國防部長孫震先生等知名社會賢達所具名出版，目前仍販售於三民書局中，何謂非原本？

3. 民國三十七年十月八日中華民國輪船商業公會全國聯合會第二屆會議記錄，我方亦存有原紀錄正本，因年代久遠，紙質泛黃，一看便知為陳年舊物，可送官方鑑定，何謂非原本？

若依交通部所言：「按行政機關為處分或其他行政行為，應斟酌全部陳述與調查事實及證據結果，依倫理及經驗法則判斷事實之真偽……」。既然我方持有該等證明，則依倫理及經驗法則即可判斷所有資料均為真正，交通部以片面之詞概不承認，試問交通部之說法是否符合其所謂「倫理經驗法則」？

而後第一審法院判決，認定：

（1）徵用事實發生時為民國二十六年，當時確無相關賠償法令；

（2）我方雖提供相關證據資料，但並非官方所出具的正式公函；

（3）《山東人在台灣一書》不是公文書，無法證明此事；

（4）無從證明賀仁菴確實為四艘船舶的所有權人；

（5）交通部尚未承諾賠償，駁回原告之訴。

我方不服此一判決，再次具狀向「最高行政法院」提起上訴

（1）徵用事實發生時縱無相關賠償法令，，但依法政府仍需給予特別補償

（2）我方所提出之獎章執照、獎章、沈船證明書、均蓋有交通部及省政府大印，顯係公文書；中華民國輪船商業同業公會會議紀錄原本，屬公文書。

（3）山東人在台灣叢書為前國防部長孫震等社會賢達所具名發行，屬公文書。

（4）若交通部拒絕承認賀仁菴為長記輪船行所有權人，則為何（一）一九三七年山東省主席沈鴻烈遵中央政府通令下令賀仁菴將長記之輪船沈船？（二）為何戰後青島市政府將原屬長記輪船行之七艘沉船中未遭毀損之三艘輪船發還賀仁菴，而非發還其他交通部所承認之輪船所有權人？且若依照前山東省主席沈鴻烈所頒發之沉船證明已足證賀仁菴為四艘船舶之所有權人。

（5）交通部歷任三位部長（俞大維、袁守謙、沈怡），歷年所有往來公文，均早已將此案列入賠償計畫內；在在證明交通部不但早已承認賀仁菴為船舶所

有人，亦早已承諾賠償之事實。

但交通部對於我方所提上訴，又再次辯稱：

（1）沈鴻烈出具之沈船證明書已不為原審判決所接受；

（2）沒有法源依據可供原告要求被告作成補償的處分；

（3）交通部來函只是表示要核辦，而不是承諾賠償。

而當律師和小妹一同前往開庭時，赫然發現「高等行政法院」之辦公大樓所有權人是「交通部」，因此交通部為房東，高等行政法院為房客。若雙方之間關係如此緊密，是否對此案有私下商議或者官官相護之情事？實在不得不令人懷疑！

最後，最高行政法院於書面審案後，對於我方之主張及原審之判決，均不予審酌。

反逕謂：「自民國七十六年七月十四日起已經解嚴，當時就已知光復大陸無望」。故此，該院主張此一請求賠償權應自民國七十六年起，以十五年效期計算，至民國九十一年（二〇〇二）就已到期，但原告卻遲至民國一〇二年才請求賠償，早已罹於時效，駁回我方上訴（附件：台灣高等行政法院判決１０２年度訴字第１３０５號）。

「解嚴」和「光復大陸無望」到底有何關聯我們實在不解，但若真要說光復大陸無望，恐怕早於民國六十八年（一九七九）一月一日，大陸與美國建交時，或更早於民國六十一年（一九七二）初，美國總統尼克森訪問大陸的若干年前就已經無望了吧？當時政府為何不公開告全國百姓？

且事實上，自一九四五年抗戰勝利，至一九四九年來台，至一九七六年父親過世前為止，父親曾提出無數次的請求賠償，全都遭到駁回。何以當初之求償因國家財力困難無法賠償，而今之求償卻已罹逾時效？

這是一個荒謬的判決，再次證明，即使已過了六十多年，台灣司法界仍然沒有公平正義可言。

若依行政院審議委員會之決定，交通部應賠償長記輪船行新台幣二千九百七十四萬元（美金七十四萬三千五百元），加上自民國二十六年起徵用日起，至清償日為止，若是按法定延遲利息年利息百分之五之「複利」計算，則是一筆天文數字。即使僅按政府規定的單利計算，利息也已達新台幣一億多元，這恐怕才是交通部百般刁難，拒絕賠償的真正原因。而一九三七年的七十四萬多美金，在當時就已經是一筆巨款。

此事也顯示政府機關，為了保障自身利益，寧可不擇手段扭曲事實真相，違背承諾，百般刁難一位曾在國難來臨時，為了保衛國家而遵照命令犧牲自身財產的愛國商人。

面對此一言而無信的政府，讓一生深受黨國教育的我們情何以堪？

而當初中央電令沉船時所給予的承諾：「戰後將以同噸位之全新輪船賠償」，也早已隨著父親的沉船一起墜入了膠州灣底。

前國防部長、台大校長孫震先生在《山東人在台灣》工商篇中曾寫過一篇一針見血序文：《夢醒無處尋覓》

「⋯⋯山東人對政府忠貞，山東在抗日戰爭中成為淪陷區，很多善良的百姓不願做亡國奴，紛紛毀家疏難，揭竿而起，組成抗日武力，與強敵周旋。他們在抗日戰爭期間，既少得到政府的恩澤，戰後所受到的待遇毋寧是歧視和羞辱⋯⋯」。

正本

檔　　號：
保存年限：

交通部　函

機關地址：10052 台北市仁愛路1段50號
傳　　真：23811550
聯 絡 人：涂家瑋
聯絡電話：(02)23492329
電子郵件：cw_tu@motc.gov.tw

受文者：賀郁芬女士

發文日期：中華民國100年6月13日
發文字號：交航字第1000034991號
速別：最速件
密等及解密條件或保密期限：
附件：如說明四

裝

主旨：有關台端請本部依臺北高等行政法院之裁定，儘速核定發給船舶徵用補償金乙案，復如說明，請查照。

說明：

一、復台端100年5月18日AW20100518號申請函。

訂

二、本案據台端來函所稱，略以：「本案船舶係青島市政府於26年抗戰期間通令徵用，賀仁菴因本件徵用事件受有特別犧牲，政府負有合理補償之義務，本部依戒嚴法、軍事徵用法、國家總動員法及民防法等規定給予補償」，應屬軍事徵用船舶性質，惟查我國之全國戒嚴令係於38年7月7日公布；「軍事徵用法」係於26年7月12日制定，27年7月1日施行，徵用機關為軍事單位；「國家總動員法」係於31年3月29日制定，31年5月5日施行；「民防法」係於90年12月26日制定，92年1月1日施行，徵用機關為內政部。是以，本案如依台端所提係發生於26年，自非依據上開法律辦理船舶徵用，本部亦非各該法律所定之徵用機關，先予敘明。

線

1/5

附件13　交航字第1000034991號-01

三、次查本部於 49 年 5 月 25 日交航(49)字第 04535 號通知所敘「關於抗戰期間徵用船舶賠償問題，目前政府財力困難，應俟光復大陸後再行核辦」，僅係陳述當時國家財政困難之事實，並非本部承認補償之意思表示。

四、暫不論本部並非徵用機關，且按「於行政程序法第 131 條第 1 項規定施行前，因公法上請求權之時效期間並無明文規範，故類推適用民法第 125 條規定之 15 年期間」最高行政法院 99 年判字第 640 號判決所揭示，本案縱依台端所述，船舶徵用行為發生於 26 年間，迄今已逾 15 年，其公法上請求權，應已因時效經過而消滅，本部並於 95 年 1 月 12 日交航字第 0950000543 號函答復賀中林先生在案（檢附該函及其附件影本各 1 份），所請確有困難，尚請見諒。

正本：賀中林先生、賀欣林女士、賀雋林先生、賀郁芬女士
副本：

第2頁．共2頁　　100034991

附件 13　交航字第 1000034991 號 -02

translate.google.com.tw/translate?hl=zh-TW&sl=zh-CN&u=http://baike.baidu.com/view/1456133.htm&prev=/search%3

Chrome 現在變得更進步了！歡迎您升級使用新版本。 更新

+Panerai 搜尋 圖片 更多

Google http://baike.baidu.com/view/1456133.htm 翻譯

翻譯 原文是 中文 翻譯成 中文(繁體) 檢視： 翻譯 原文

Bai百科 新聞 網頁 貼吧 知道 音樂 圖片 視頻 地圖 百科 文

贺仁庵 進入詞條 搜索詞條

首頁 分类频道 圖片 數字博物館 核心用戶 百科商城

賀仁庵 求助编辑 编辑词条

賀仁庵(1887—1970) 日照市東港區石臼街道石臼海濱四路居人。航運企業家。

20年代，石臼人費聿堂、王子良租日本船"長春"號在青島創辦"長紀輪船代理行"。

眾股東推舉賀仁庵任經理。經營初期，適逢抵制日貨運動，賀仁庵從大連購進白糖

誤抄之

附件 14　交通部所提之百度百科錯誤訊息 01

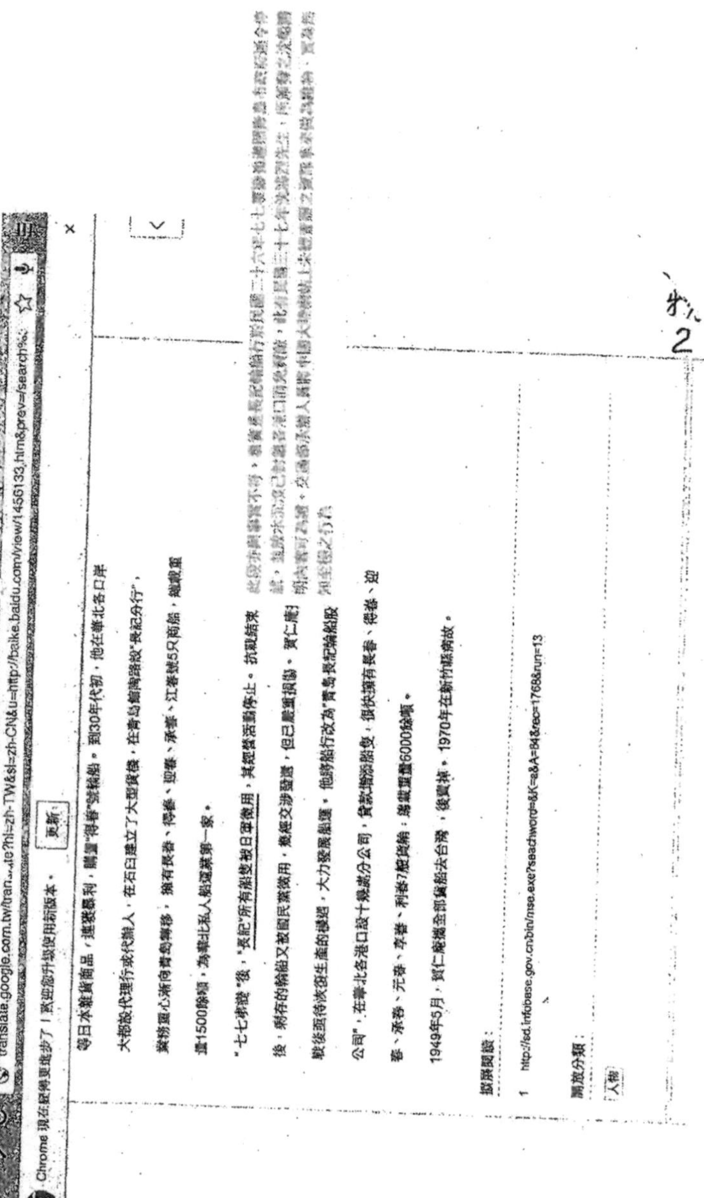

translate.google.com.tw/translate?hl=zh-TW&sl=zh-CN&u=http://baike.baidu.com/view/1456133.htm&prev=/search%...

Chrome 現在變得更進步了！歡迎您升級使用新版本。 更新

等日本雜貨商品，連獲暴利，購置"得春"號輪船。到30年代初，他在華北各口岸大都設代理行或代辦人，在石臼建立了大型貨棧，在青島館陶路設"長記分行"，業務重心漸向青島轉移，擁有長春、得春、迎春、承春、江春號5只商船，總載重量1500餘噸，為華北私人船運業第一家。

"七七事變"後，"長記"所有船隻被日軍徵用，其經營活動停止。抗戰結束後，剩存的輪船又被國民黨徵用，幾經交涉發還，但已嚴重損傷。賀仁庵抗戰後亟待恢復生產的機遇，大力發展船運。他將船行改為"青島長記輪船股份公司"，在華北各港口設十幾處分公司，貸款增添船隻，很快擁有長春、得春、迎春、承春、元春、亨春、利春7艘貨輪，總載重量6000餘噸。

1949年5月，賀仁庵攜全部貨船去台灣，後賣掉。1970年在新竹縣病故。

擴展閱讀：

1 http://sd.infobase.gov.cn/bin/mse.exe?seachword=&K=a&A=84&rec=1768&run=13

開放分類：

人物

此段亦與事實不符，查賀產長記輪船行於民國二十六年七七事變前遭青島市政府通令停航，並放水沉沒已封鎖各港口而免資敵，此有民國三十七年沈鴻烈先生，所簽發之沈船證明內容可為證。交通部承辦人員將中國大陸網站上未經查證之資訊拿來做為[illegible]物，實為無知至極之行為

附件 2

附件 14　交通部所提之百度百科錯誤訊息 02

行　政　院　決　定　書　　　　院臺訴字第 1000107999 號

訴願人：賀中林君

賀欣林君

賀雋林君

賀郁芬君

訴願人等因抗戰時期船舶徵用補償金事件，不服交通部 100 年 6 月 13 日交航字第 1000034991 號函，提起訴願，本院決定如下：

主　文

第1頁

附件 15　行政院決定書第 1000107999 號 -01

交通部100年6月13日交航字第1000034991號函撤銷。

事　實

訴願人等略以（一）渠等係賀仁菴君之繼承人，賀仁菴君設立之長記輪船行，於26年抗戰時期，為配合政府對日抗戰，遵照青島市政府之徵收命令，將輪船行所有之迎春、得春、承春、長春、同春、江春、華順等7艘輪船召回，鑿沉放水沉沒於山東省青島市膠州灣航道，以封鎖航道，阻止日軍進犯，長春、同春、江春、華順等4艘輪船均遭日軍破壞殆盡，迎春、得春、承春等3艘輪船亦遭毀損僅存空殼，此有當時交通部頒發之獎章執照及證明書、史書山東人在台灣之記載內容可資佐證，已構成個人之特別犧牲，政府負有合理補償義務。

（二）嗣抗戰結束後，政府對於戰時徵用之商輪核定賠償，獨漏賀仁菴君獨資設立之長記輪船行，賀仁菴君乃檢齊證件，申經交通部迭以36年3月15日部航字第1548號函令表示：「准予彙案核辦」、37年2月2日部航字第793號指令表示：「長記輪船公司之前身長記輪船行，在抗戰時被徵沉沒之長春、同春、江春、華順4輪，准予列入第二批賠償。」此有中華民國輪船商業同業公會全國聯合會37年10月9日第2屆會員大會第3次會議紀錄第65號決議案資料等可證。

（三）38年政府遷臺後，交通部對此類因公受有損害之輪船公司續予補償，賀仁菴君乃多次向交通部求償，該部迄49年5月25

第2頁

附件15　行政院決定書第1000107999號-02

日以交航（49）字第04535號通知：「關於抗戰期間征用該公司船舶賠償問題，目前政府財力困難，應俟光復大陸後再行核辦。」是以，賀仁菴君之船舶徵用補償權於徵用時已存在，前揭交通部函令所稱「光復大陸」，即屬清償期約定之承諾。迨至95年2月27日政府終止、裁撤國家統一委員會、現任總統99年5月19日就職2週年記者會中，正式宣布於其未來任期中，絕不會進行任何有關兩岸統一的談判，是以交通部清償期所繫之「光復大陸」此一事實約定，至此確定不會發生，參照最高法院87年度台上字第129號判決，本件清償期限已屆至。

（四）渠等前於100年4月20日向交通部具文申請，該部100年5月6日交航字第1000030806號函復，以本案業進入司法程序，靜待法院判決。嗣臺北高等行政法院100年4月28日100年度訴字第351號裁定，以原告（訴願人等）須向被告（交通部）提出申請，以確定其請求權，逕行提起一般給付訴訟，即屬不備起訴要件，駁回訴願人等之訴等語，於100年5月18日依前揭臺北高等行政法院100年度訴字第351號裁定向交通部請求於申請日起2個月內，核定發給徵用補償金共計新臺幣29,740,000元，及自26年徵用日起至清償日止，按週年利率百分之五計算之法定遲延利息。

交通部於100年6月13日以交航字第1000034991號函復，以本件船舶係青島市政府於26年抗戰期間通令徵用，應屬軍事徵用船舶性質，全國戒嚴令於38年7月7日公布、軍事徵用法於27年7月1日

第3頁

附件15　行政院決定書第1000107999號-03

施行，徵用機關為軍事單位；國家總動員法於31年5月5日施行、民防法於92年1月1日施行，徵用機關為內政部，本件發生時點自非依上開法令辦理船舶徵用，該部亦非法律所定之徵用機關。該部49年5月25日交航（49）字第04535號通知所稱「關於抗戰期間征用該公司船舶賠償問題，目前政府財力困難，應俟光復大陸後再行核辦」，僅係陳述當時國家財政困難之事實，並非該部承認補償之意思表示。縱依訴願人等所述，船舶徵用行為發生於26年間，惟迄今已逾15年，其公法上請求權，因時效經過而消滅，該部並曾以95年1月12日交航字第0950000543號函復訴願人賀中林君，所請確有困難等語。

訴願人不服，提起訴願，意旨如下：

（一）交通部100年6月13日交航字第1000034991號函說明四末行稱，所請確有困難，尚請見諒等語，顯係對於訴願人等之賠償請求予以明確拒絕及駁回，自屬對外發生一定公法上效果之行政處分，訴願人等自得依法提起訴願。

（二）訴願人等援引戒嚴法、軍事徵用法、國家總動員法、民防法等法規，僅係為說明我國法律自20年至今，皆一再明揭有徵用即必須補償之法律原則，詎交通部竟以早年法治規範未盡周詳，該部並非依據上開法令辦理徵收為由，逃避補償義務，甚不可取。

（三）依前揭交通部36年、37年、49年間之歷次函文可知，該

第4頁

附件15　行政院決定書第1000107999號-04

部早已就長春、同春、江春、華順等輪船之徵用補償事宜，予以承認並承諾補償，僅係當時財政困難，始另與賀仁菴君約定，改以「光復大陸」此一不確定事實之發生，作為本件徵用補償之清償期屆至之約定，交通部翻異其詞，推稱未曾承認補償，顯有違誤。

（四）於政府未光復大陸前，抑或尚未放棄光復大陸之計畫前，受徵收人之請求權尚無法行使，自無法起算時效，亦未曾罹於時效，迨裁撤國家統一委員會，及現行政府政策不進行兩岸談判，應認清償期已屆至，時效始得起算，交通部以時效消滅為由拒絕補償，顯有不當。

（五）國家總動員法係規範國家於動員時期，得集中運用人力物力加強國防力量之管制方式，此法之存廢與政府是否能光復大陸，及光復大陸是否確定不能實現無涉，亦未因76年頒佈之解嚴令、81年制定之臺灣地區與大陸地區人民關係條例（以下簡稱兩岸人民關係條例）而明確放棄光復大陸之計畫。交通部以該等法令之制定，作為本件清償期屆至之依據，亦屬無理。

（六）賀仁菴君係於14年間獨資設立長記輪船行，此有交通部於抗戰勝利後所頒發之獎章及證明書內容為證，訴願人等請求補償之長春、同春、江春、華順等輪船，均屬賀仁菴君個人財產，訴願人等自得本於繼承關係，向交通部請求補償。

理　由

查交通部100年6月13日交航字第1000034991號函及該部100年8

第5頁

附件 15　行政院決定書第 1000107999 號 -05

月5日交航字第1000043554號函附訴願答辯書，固以軍事徵用法、國家總動員法、民防法等法規之施行日期及所定徵用機關，交通部並非軍用設施徵用機關，在無相關法令依據及請求權基礎，該部實無具體依據受理此案等語。惟抗戰之初，是否已有徵用民間物資相關法令規定？交通部未據辯明，逕以訴願人等無法確定請求權基礎之法令規定，無法依法核辦，不無可議；另參閱本院相關案卷，關於抗戰時期、政府遷臺而與軍事徵用船舶賠償等相關事項，均係由本院交由交通部處理，且參諸卷附交通部49年5月25日交航（49）字第04535號通知及63年2月25日交航（63）字第01674號函影本，亦堪認案關船舶徵用補（賠）償事件向由交通部主政。茲交通部100年6月13日交航字第1000034991號函以該部非本案之徵用補償機關，無具體依據可受理本件訴願人等船舶徵用補償金申請案，亦難謂周妥。

再者，參諸民法第128條規定，消滅時效，自請求權可行使時起算。依交通部代表列席本院訴願審議委員會100年11月16日100年度第44次會議時說明，略以船舶徵用行為補（賠）償請求權，以國家總動員法廢止時計算時效較為明確，而國家總動員法在93年已廢止，本件請求權依行政程序法5年時效規定，若未於98年前請求，應已罹於時效；另依查得資料，當時政府補償政策方向為俟光復大陸後再行核辦，而依嚴格憲法解釋，非謂光復大陸已不能實現，訴願人等之請求權尚非可得行使等語，就訴願人等之補償請求權是否可得行使，說詞前後不一。且依上開交通部49年5月25日交航（49）字第04535號通知影本載明，關於抗戰時期船

第6頁

附件15　行政院決定書第1000107999號-06

舶賠償俟光復大陸後再行核辦，姑不論是否為補償請求權附停止條件之意，倘逕以國家總動員法廢止即謂該請求權已可得行使，進以訴願人等請求權已罹於時效，是否符合誠實信用原則？亦非無疑義。爰將交通部100年6月13日以交航字第1000034991號函撤銷，由交通部本於職權另為妥適之處理。

據上論結，本件訴願為有理由，爰依訴願法第81條第1項前段決定如主文。

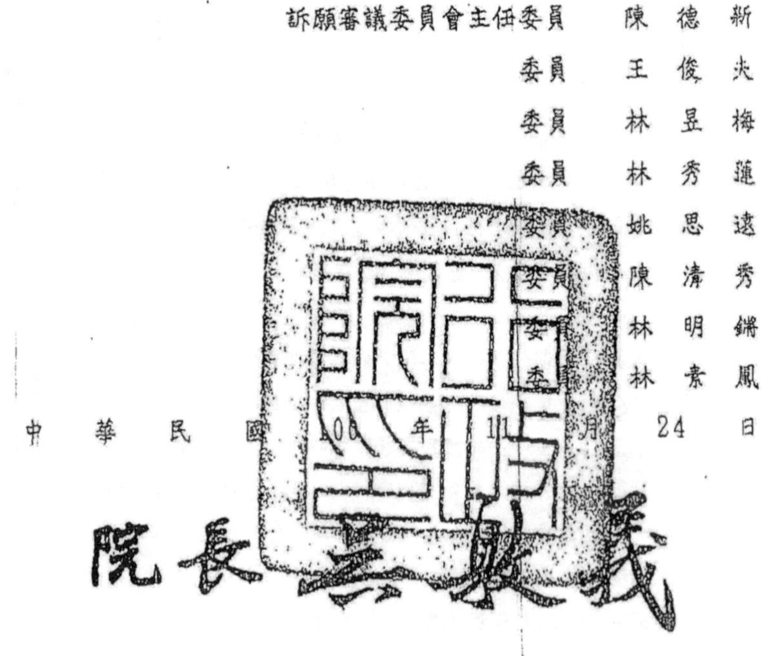

訴願審議委員會主任委員　陳　德　新
委員　王　俊　光
委員　林　昱　梅
委員　林　秀　蓮
委員　姚　思　遠
委員　陳　清　秀
委員　林　明　鏘
委員　林　素　鳳

中　華　民　國　100　年　11　月　24　日

院長　吳敦義

如不服本決定，得於決定書送達之次日起2個月內向臺北高等行政法院提起行政訴訟。

第7頁

附件15　行政院決定書第1000107999號-07

正本

檔　　號：
保存年限：

交通部　函

機關地址：10052臺北市仁愛路1段50號
傳真：(02)2381-1550
聯絡人：涂家瑋
聯絡電話：(02)2349-2329
電子郵件：cw_tu@motc.gov.tw

臺北市復興北路2號B座10樓之8

受文者：賀郁芬君

發文日期：中華民國101年3月13日
發文字號：交航字第10100069101號
速別：普通件
密等及解密條件或保密期限：
附件：

裝

主旨：為研議台端所提抗戰時期船舶徵用補償金事件乙案，詳如說明，請查照。

說明：

一、依據行政院秘書長101年2月21日院臺訴字第1010009134號函暨台端101年2月14日未具文號申請函辦理。

訂

二、本案行政院100年11月24日決定書略以，本部100年6月13日交航字第1000034991號函以本部非本案徵用補償機關，無具體依據可受理本件訴願人等船舶徵用補償金申請案，亦難謂周妥，爰將本部前開函撤銷，由本部本於職權另為妥適之處理；為此，本部為調查抗戰之初，機關辦理民間船舶徵用及其徵用補償之法令依據，業即函請國史館、國防部、經濟部、內政部、本部各港務局、民航局及公路總局協助調查26年（含）以前徵用民間物資或運輸工具之相關法令規定，為利後續研議本案之參據，請提供或補充說明下列事項：

線

(一)請提供長春、同春、江春及華順等4艘船舶之徵用通知書、徵用受領證明書、船舶國籍證書、船舶登記證書等文件。

(二)請補充說明系爭船舶建造年月、船舶總噸位、船舶種類、船體材質、主機種類、船舶價值、船舶所有人、徵

第1頁 共2頁

附件16　交通部第1010069101號函-01

用機關、徵用受領日期、受徵時船齡。

(三)另訴願書中所指本部36年3月15日部航字第1548號函令及37年2月2日部航字第793號指令,因本部查無相關檔案,為利後續研辦,請提供前揭文書資料。

正本:賀中林君、賀欣林君、賀雋林君、賀郁芬君
副本:交通部航港局、本部航政司

第2頁 共2頁

附件16 交通部第1010069101號函-02

附證7

行政院決定書　　　　院臺訴字第1010149557號

訴願人：賀中林君

賀欣林君

賀雋林君

賀郁芬君

訴願人等因抗戰時期船舶徵用補償金事件提起訴願，本院決定如下：

主　文

交通部應於2個月內就訴願人等所請抗戰時期船舶徵用補償金事件作成具體處分。

事　實

訴願人等以（一）渠等係賀仁菴君之繼承人，賀仁菴君設立之長記輪船行，於26年抗戰時期，為配合政府對日抗戰，遵照青島市政府之徵收命令，將輪船行所有之迎春、得春、承春、長春、

第1頁(共5頁)

附件17　行政院決定書第1010149557號-01

同春、江春、華順等7艘輪船召回，鑿沉放水沉沒於山東省青島市膠州灣航道，以封鎖航道，阻止日軍進犯，長春、同春、江春、華順等4艘輪船均遭日軍破壞殆盡，迎春、得春、承春等3艘輪船亦遭毀損僅存空殼，此有當時交通部頒發之獎章執照及證書、史書山東人在台灣之記載內容可資佐證，已構成個人之特別犧牲，政府負有合理補償義務。嗣抗戰結束後，政府對於戰時徵用之商輪核定賠償，獨漏賀仁菴君獨資設立之長記輪船行，賀仁菴君乃檢齊證件，申經交通部迭以36年3月15日部航字第1548號函令表示：「准予彙案核辦」、37年2月2日部航字第793號指令表示：「長記輪船公司之前身長記輪船行，在抗戰時被徵沉沒之長春、同春、江春、華順4輪，准予列入第二批賠償。」此有中華民國輪船商業同業公會全國聯合會37年10月9日第2屆會員大會第3次會議紀錄第65號決議案資料等可證。

（二）38年政府遷臺後，交通部對此類因公受有損害之輪船公司續予補償，賀仁菴君乃多次向交通部求償，該部迄49年5月25日以交航（49）字第04535號通知：「關於抗戰期間征用船舶賠償問題，目前政府財力困難，應俟光復大陸後再行核辦。」是以，賀仁菴君之船舶徵用補償權於徵用時已存在，前揭交通部函令所稱「光復大陸」，即屬清償期約定之承諾。迄至95年2月27日政府終止、裁撤國家統一委員會、現任總統99年5月19日就職2週年記者會中，正式宣布於其未來任期中，絕不會進行任何有關兩岸統一的談判，是以交通部清償期所繫之「光復大陸」此一事實約定，至此確定不會發生，參照最高法院87年度台上字第129號判決，本件清償期限已屆至。渠等前於100年4月20日向交通部具文申請，該部100年5月6日交航字第1000030806號函復，以本案業進入司法程序，靜待法院判決。嗣臺北高等行政法院100年4月28

第2頁（共5頁）

附件 17　行政院決定書第 1010149557 號 -02

日100年度訴字第351號裁定，以原告（訴願人等）須向被告（交通部）提出申請，以確定其請求權，逕行提起一般給付訴訟，即屬不備起訴要件，駁回訴願人等之訴等語，於100年5月18日依前揭臺北高等行政法院100年度訴字第351號裁定向交通部請求於申請日起2個月內，核定發給徵用補償金共計新臺幣（下同）29,740,000元，及自26年徵用日起至清償日止，按週年利率百分之五計算之法定遲延利息。

交通部於100年6月13日以交航字第1000034991號函復，以本件船舶係青島市政府於26年抗戰期間通令徵用，應屬軍事徵用船舶性質，全國戒嚴令於38年7月7日公布、軍事徵用法於27年7月1日施行，徵用機關為軍事單位；國家總動員法於31年5月5日施行、民防法於92年1月1日施行，徵用機關為內政部，本件發生時點自非依上開法令辦理船舶徵用，該部亦非法律所定之徵用機關。該部49年5月25日交航（49）字第04535號通知所稱「關於抗戰期間征用該公司船舶賠償問題，目前政府財力困難，應俟光復大陸後再行核辦」，僅係陳述當時國家財政困難之事實，並非該部承認補償之意思表示。縱依訴願人等所述，船舶徵用行為發生於26年間，惟迄今已逾15年，其公法上請求權，因時效經過而消滅，該部並曾以95年1月12日交航字第0950000543號函復訴願人賀中林君，所請確有困難等語。

訴願人不服，訴經本院 100 年 11 月 24 日院臺訴字第 1000107999 號訴願決定，將交通部 100 年 6 月 13 日以交航字第 1000034991 號函撤銷，由交通部本於職權另為妥適之處理。

茲訴願人等以本院上開訴願決定撤銷交通部100年6月13日交航字第1000034991號函後，雖經渠等多次具文催告，交通部迄未另為處分，致渠等申請案懸而未決，顯有怠為處分之情形，損害渠

第3頁（共5頁）

附件 17　行政院決定書第 1010149557 號 -03

等權益，渠等請求交通部依法核定徵用補償金，核屬有據，又交通部要求提供之船舶徵用通知書、國籍證書、船舶總噸位等相關事證，已詳附於渠等申請書附件，該部一再重複要求渠等提供相關資料，非無怠於職責之情，請命交通部應於2個月內速作成核定發給徵用補償金之處分云云，依訴願法第2條規定提起訴願。

理　由

按訴願法第 2 條規定「人民因中央或地方機關對其依法申請之案件，於法定期間內應作為而不作為，認為損害其權利或利益者，亦得提起訴願。前項期間，法令未規定者，自機關受理申請之日起為 2 個月。」

查本院 100 年 11 月 24 日院臺訴字第 1000107999 號訴願決定指明「參閱本院相關案卷，關於抗戰時期、政府遷臺而與軍事徵用船舶賠償等相關事項，均係由本院交由交通部處理，且參諸卷附交通部 49 年 5 月 25 日交航（49）字第 04535 號通知及 63 年 2 月 25 日交航（63）字第 01674 號函影本，亦堪認案關船舶徵用補（賠）償事件向由交通部主政」，交通部就訴願人等請求發給徵用船舶補償金 29,740,000 元，及自 26 年徵用日起至清償日止，按週年利率百分之五計算之法定遲延利息，應本於職權處理。

本件據交通部 101 年 9 月 25 日交授航港字第 1011710205 號函附訴願答辯書及該部代表列席本院訴願審議委員會 101 年 11 月 7 日 101 年度第 42 次會議時函說明，該部依本院上開訴願決定撤銷意旨，經函請國史館等機關協助調查 26 年（含）以前徵用民間物資或運輸工具之相關法令，迄仍查無相關法令依據，而該部為估定補償數額，函請訴願人等提供案關船舶登記、徵用資料，訴願人等亦怠於協力提供，致該部難逕為准駁之行政處分，非怠

第4頁(共5頁)

附件 17　行政院決定書第 1010149557 號 -04

於處分等語。惟訴願人等請求案關船舶遭政府徵用之補償金，須由交通部就所請充分研議後作成准駁處分，要難以迄查無相關法令依據或船舶資料而延不處理。爰命交通部應於 2 個月內就訴願人等申請事項作成具體處分。

據上論結，本件訴願為有理由，爰依訴願法第 82 條第 1 項決定如主文。

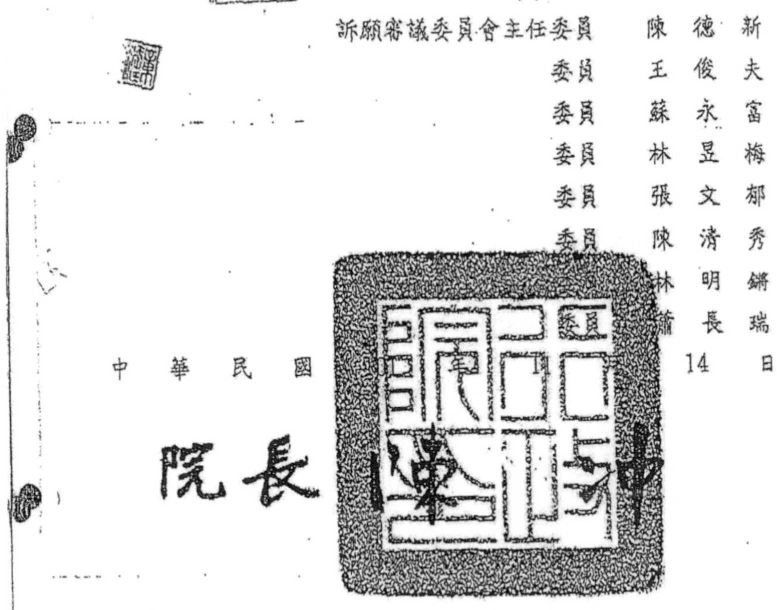

訴願審議委員會主任委員　陳德新
委員　王俊夫
委員　蘇永富
委員　林昱梅
委員　張文郁
委員　陳清秀
委員　林明鏘
委員　蕭長瑞

中華民國 [illegible] 年 [illegible] 月 14 日

院長　陳冲

如不服本決定，得於決定書送達之次日起 2 個月內向臺北高等行政法院提起行政訴訟。

第5頁(共5頁)

附件 17　行政院決定書第 1010149557 號 -05

臺北高等行政法院判決

102年度訴字第1305號
103年5月15日辯論終結

原　　　告　賀中林
　　　　　　賀欣林
　　　　　　賀雋林
　　　　　　賀郁芬
共　　　同
訴訟代理人　羅豐胤　律師
　　　　　　廖學能　律師
被　　　告　交通部　　　設臺北市中正區仁愛路1段50號
代　表　人　葉匡時（部長）住同上
訴訟代理人　陳忠儀　律師
　　　　　　陳家祥　律師

上列當事人間徵用補償事件，原告不服行政院中華民國102 年7月10日院臺訴字第1020140458號訴願決定，提起行政訴訟，本院判決如下：

主　文

原告之訴駁回。

書記官
樓琬蓉

訴訟費用由原告負擔。

書記官
樓琬蓉

事實及理由

一、事實概要：

原告以被繼承人賀仁菴於民國26年抗戰期間，配合政府之徵用命令，將其開設之長記輪船行之迎春、得春、承春、長春、同春、江春、華順等7 艘輪船，鑿沉放水沉沒於山東省青島市膠州灣航道，以封鎖航道，阻止日軍進犯。抗戰勝利時，長春、同春、江春、華順等4 艘總重2,974 噸之輪船，均

1

愛股

附件18　台灣高等行政法院判決102年度訴字第1305號-01

遭日軍破壞殆盡；迎春、得春、承春等3 艘輪船，亦遭毀損至僅剩空殼，乃以100 年5 月18日AW20100518號申請函，請求被告核定發給原告有關長春、同春、江春、華順等4 艘輪船（下稱系爭4 艘輪船）之徵用補償金共計新臺幣（下同）2,974 萬元，及自26年徵用日起至清償日止，按週年利率百分之5 計算之法定遲延利息。經被告以100 年6 月13日交航字第1000034991號函否准所請，原告不服，提起訴願，訴願決定撤銷被告上開函文，由被告本於職權另為妥適之處理。嗣原告再以被告怠為處分為由，提起訴願，訴願決定命被告應於2 個月內就原告所請作成具體處分，被告遂以102 年1 月11日交授航港字第1021710014號函（下稱原處分）否准所請。原告不服，提起訴願，遭決定駁回，遂提起本件行政訴訟。

二、原告主張略以：（一）依司法院釋字第400 號、釋字第425 號、釋字第440 號意旨，政府因抗戰所需，徵用賀仁菴之船舶放水沉沒於膠洲灣航道，以阻止日軍進犯，造成賀仁菴鉅額之財產損害，衡情確已對其構成個人之「特別犧牲」，政府本負有合理補償之義務。且無論係於戒嚴法第11條、軍事徵用法第29條、國家總動員法第28條、民防法第17條，皆已明文規定政府徵用人民財產致生人民損害時，依法應給予合理之補償或賠償。（二）抗戰後，政府對於戰時徵用之商輪逐一核定補償，獨賀仁菴所獨資設立之長記輪船行一家遺漏向隅，故賀仁菴檢齊證件，向被告提出補償申請，業經被告以36年3 月15日部航字第1548號指令（下稱36年指令）表示：「准予彙案核辦。」又經被告以37年2 月2 日部航字第793 號指令（下稱37年指令）表示：「長記輪船公司之前身長記輪船行，在抗戰時被徵沈沒之長春、江春、同春、華順四輪，准予列入第二批賠償。」足見被告當時已就長春、江春、同春、華順四輪之徵用補償事宜，予以承認並承諾補償。又38年政府遷台後，賀仁菴先生多次代表長記輪船行向被告求償，皆未獲得妥善回應，直至49年，被告始以49年5 月25日交通部交航字第04535 號通知函（下稱49年函）再次承諾：「關於抗戰期間徵用該公司船舶賠償問題，目前政府財力困難，應俟光復大陸後再行核辦。」綜觀前述歷次函文內容可知，被告無論係於遷台前抑或遷台後，皆已一再確認與承諾其確實負有本件徵用事件之補償責任。受徵人賀仁菴之補償請求權於徵用當時即已存在，並非基於被告49年函內容所創設，職是，該函所謂之「光復大陸」，即屬國家補償責任之「清償期約定」，惟兩岸局勢一直處於曖昧不明之階段，政府持續企圖光復大陸，被告與賀仁菴所約定之清償期尚有可能屆至，因此賀仁菴或其繼承人尚無法行使本件之徵用補償請求權，請求權時效亦未起算。直至95年2 月27日「國家統一委員會」經前任總統陳水扁之令，予以終止、裁撤；而現任總統馬英九亦於99年5 月19日就職兩週年記者會中，正式宣布於其未來任期中，絕不會進行任何有關兩岸統一的談判。從而，被告49年函文中，清償期所繫之「光復大陸」此一事實約定，至此始確定不會發生，依最高法院相關見解，本件清償期期限已然屆至。（三）本件前經本院審理後，已於100 年4 月28日作成100 年度訴字第351 號裁定，認定「被告僅允諾將行核辦所徵用船舶之賠償問題」等語，嗣經最高行政法院審理後亦同為認定，是本件被告已承諾將核辦徵用賀仁菴船舶之補償問題，已無疑義。再者，本件前於訴願過程中，行政院曾於100 年11月24日作成訴願決定，已認定被告確為船舶徵用補償的主管機關，被告不得以法令不備為

3

附件 18　台灣高等行政法院判決 102 年度訴字第 1305 號 -03

由，拒絕原告船舶徵用補償之申請，而漠視原告的依憲法請求財產補償之請求權基礎。又行政院復於101 年11月14日作成訴願決定，命被告應「訴願人等請求案關船舶遭政府徵用之補償金，須由交通部就所請充分研議後作成准駁處分，要難以迄查無相關法令依據或船舶資料而延不處理」，明證原告請求確有所本。（四）被告於37年5 月頒給賀仁菴之獎章執照，已證明賀仁菴確在抗戰期間因奉令沉船有功，而執照及獎章正本現仍由原告保存。該執照乃被告所核發，獎章執照上面蓋有被告之大印，原告絕無可能擅自偽造；又時任浙江省政府主席沈鴻烈於35年7 月出具之證明書，已證明原告主張之事實，如有必要原告亦能隨時提出正本供參；再查史書「山東人在台灣」亦將賀仁菴生前之事蹟列於其中；另37年10月8 日中華民國輪船商業公會全國聯合會第二屆會議，被告指派代表黃慕宗出席並擔任指導，目前原告仍存有完整之會議記錄原件。又被告理應保有上開相關文件，若因被告疏漏以致滅失，或刻意隱匿上開事證，卻又片面主張無法尋獲相關檔案資料，顯然已有可歸責之情事。（五）賀仁菴係於14年獨資成立長記行，復於15年將長記行改制為長記輪船行，長記輪船公司係於35年抗戰勝利後，賀仁菴方將長記輪船行改組而成立的。長記輪船行若非賀仁菴所有，賀仁菴如何能僅以公司經理之身分在抗日戰爭報發時，接受青島市政府所下達之沉船命令將非屬於個人所擁有之7 艘輪船予以放水鑿沉？賀仁菴如何能僅以公司經理之身分於34年9 月抗日戰爭勝利後，接受青島市政府於第一時間發還尚存之船隻，並經其緊急搶修後，做為戰後政府運送接收中國東北及華北地區之軍公人員之用？（六）被告援用對岸之網路資料，表示長記輪船行於抗戰期間所有船隻被「日軍」徵用，復於抗

4

附件18　台灣高等行政法院判決102年度訴字第1305號-04

戰勝利後由「國民黨」徵用剩餘船隻，進而主張被告並非本件徵用機關，而無補償之義務。然而，對岸網路資料早已經修正。再依行政院100 年11月24日訴願決定所示，縱然被告並非系爭船舶之徵用機關，按行政機關內部之權責劃分，被告仍有辦理本件船舶賠償之行政義務。（七）依被告上開36年指令、37年指令，已能證明被告對於本件船舶徵用事件，已經作成補償之行政處分。從而賀仁菴暨原告對於被告之行政處分，自然得以主張信賴保護原則，縱使被告於作成處分時並無相關實定法可茲適用，仍不影響被告依該等處分應當給付原告相關補償之法律效力（八）系爭4 艘輪船，噸數總計共2,974 噸，就當時政府補償江浙航商合組「復興輪船公司」之中型舊船價格折算，每噸至少為美金250 元，故政府當時就本件之補償金額至少為美金743,500 元，因此，依據49年台幣對美元之平均匯率40.0折算，被告就本件徵用船舶事件，自應補償賀仁菴或其繼承人共計2,974 萬元（743,500 × 40.0＝29,740,000）。惟若本院審理後，認為船舶徵用每噸補償費並非美金250 元，而有函請專業機構進行鑑定之必要，原告亦尊重等語。爰聲明求為判決：⑴訴願決定、原處分均撤銷。⑵被告應作成准予核付原告賀中林、賀欣林、賀雋林、賀郁芬船舶徵用補償金2,974 萬元，暨自26年12月31日起至清償日止，按週年利率百分之5 計算之法定利息之行政處分。

三、被告則以：（一）本件並無原告所舉司法院釋字第400 號、第425 號、第440 號適用之餘地。且經被告暨會同國史館及其他行政機關遍閱相關檔案資料，仍無法覓得關於原告所述補償之法源依據。另原告所引用之戒嚴法、軍事徵用法、國家總動員法及民防法等規定，於原告所稱之26年事件發生時，該等法令均尚未施行或制定，故原告亦不得依該等法律請求被告給付補償金。（二）依被告現有之檔案資料，無法覓得上述36年及37年二函文之正本。據原告陳述之事件始末，本件係發生於26年七七事變之時，通令停航者為青島市政府，放水沉船者為長記輪船行或長記輪船公司，將船打撈出水並沒收全部財產，繼而破壞無存者為敵（日）軍。凡此均與被告無涉，被告不曾對原告為任何徵用行為，既非徵用機關，自無補償之義務。又縱如37年10月8 日中華民國輪船商業公會全國聯合會第二屆會議記錄所載云云，該二函文及被告49年函文亦僅表示「彙案核辦」、「彙辦」、「再行核辦」等情，並非被告確認、承諾受理本案補償。況徵收補償為法律保留事項，則本件既無徵收補償之實定法存在，則縱因過去法制觀念尚非成熟致被告錯誤作成准予補償之行政處分云云（被告仍不承認），該行政處分亦屬無效，原告仍不得為本件請求，且原告並未因信賴該意思表示的效力而展開具體信賴行為，故原告亦不得主張信賴保護原則。再者，所謂「清償期約定」僅有契約關係適用，於行政處分並無此種附款適用餘地（行政程序法第93條參照），則原告既主張被告已作成准予補償之行政處分，又主張該行政處分附有「清償期約定」之附款云云，已有矛盾。況原告主張「光復大陸」已確定不會發生，惟其對於為何確定不會發生亦未予以證明。（三）行政院100 年11月24日訴願決定，至多僅係令被告機關彙整收案，並無使被告對原告負有補償或賠償之義務。（四）又原告所述之前開事實，經被告暨會同國史館及其他行政機關遍尋相關檔案資料，均無所獲，已難確認其所述事實之真正。原告所提出被告核發之獎章執照等相關資料，除無法證明原告所述事實之存在外，亦未就長記輪船行屬誰所有

6

附件18　台灣高等行政法院判決102年度訴字第1305號-06

予以記載，故仍無法作為抗戰期間被告曾向賀仁菴徵用其個人所有物資之佐證。另據原告檢送資料所載，系爭4 艘船舶由長記輪船行放水沈海，係出於愛國心之私人作為，並非國家以強制力徵收或徵用所致。（五）依被告職權調查網路搜尋結果，有資料記載「20年代，石臼人費聿堂、王子良租日本“長春”號在青島創辦“長記輪船代理行”。眾股東推舉賀仁庵任總經理」等情。從而，系爭4 艘輪船究竟屬「長記輪船代理行」抑或「長記輪船公司」所有？「長記輪船代理行」究為獨資商號或合夥事業？實有疑義，原告並無從證明賀仁菴有系爭4 艘輪船之所有權。況依原告提出之資料，被告獎章執照記載「……青島長記輪船公司總經理賀仁菴……」、37年10月8 日中華民國輪船商業工會全國聯合會第二屆第一次會議紀錄記載「……長春等四輪，係屬長記公司獨有……」；被告於49年函記載「受文者前長記輪船公司代表人賀仁菴」；賀仁菴於49年間向被告機關提出之申請書，亦係署名「申請人長記輪船公司代表人賀仁菴」等情，則系爭船舶既屬長記輪船公司所有，而長記輪船公司與賀仁菴之法律人格互異，原告並無其所述之補償請求權存在。（六）原告迄今亦未提出系爭4 艘輪船之徵用資料（如徵用通知、徵用受領證明書、船舶國籍證書、船舶登記證書等）及船舶資料（船舶建造年月、船舶總噸位、船舶種類、船體材質、主機種類、船舶所有人、修繕資料等），其宣稱4 艘船舶噸數總計2,974 噸云云是否真正，亦非無疑，尚難直接援引以其他航商之舊船價值，作為本案船舶價值計算之依據，其主張應無理由等語資為抗辯。並聲明求為判決駁回原告之訴。

四、本院之判斷：

（一）按行政訴訟法第5 條第2 項規定：「人民因中央或地方機

關對其依法申請之案件，予以駁回，認為其權利或法律上利益受違法損害者，經依訴願程序後，得向高等行政法院提起請求該機關應為行政處分或應為特定內容之行政處分之訴訟。」所謂「依法申請」，係指有依法請求行政機關作為的權利之謂，具體而言，即有請求行政機關作成授益處分之法律上依據。

（二）本件依原告主張徵用之事實發生於26年抗戰期間，而我國之全國戒嚴令係於38年7 月7 日所公布，系爭事件發時並未進入戒嚴狀態；軍事徵用法係於26年7 月12日制定，27年7 月1 日施行；國家總動員法係於31年3 月29日制定，31年5 月5 日施行；民防法係於90年12月26日制定，92年1 月1 日施行。因此，原告所稱之26年徵用事實發生時，該等法令均尚未施行或制定，自無依戒嚴法第11條、軍事徵用法第29條、國家總動員法第28條、民防法第17條等規定請求被告徵用補償之餘地。另關於特別犧牲之應予補償，亦僅為國家立法及施政之指針，是原告所舉司法院釋字第400 號、第425 號、第440 號解釋，亦非逕賦予原告得依該解釋為其公法上請求權之依據，原告援引上開規定主張被告依法應給予合理之補償或賠償云云，已屬無據。

（三）又原告主張之上開事實，固據提出37年5 月被告頒發之獎章執照；35年7 月前青島市市長、前山東省政府主席、浙江省政府主席沈鴻烈證明書；史書「山東人在台灣」之節本；37年10月8 日中華民國輪船商業工會全國聯合會第二屆第一次會議記錄節本影本等件資為佐證。惟查：⑴原告所提37年5 月被告頒發之獎章執照，其上記載「查青島長記輪船公司總經理賀仁菴在抗戰期間從事航業功績昭著」等語，乃係對賀仁菴抗戰期間從事航業功績之鼓勵，並無

8

附件18　台灣高等行政法院判決102年度訴字第1305號-08

敘及原告所主張賀仁菴於26年間受政府徵收沉船抗敵之有關事實，尚無從執為有利原告之證明。⑵37年10月8 日中華民國輪船商業工會全國聯合會第二屆第一次會議記錄節本，核其性質僅係人民團體組織之會議紀錄，並非屬公文書，且其上第65號議案雖記載：青島長記輪船公司所屬系爭4 艘輪船，在抗戰時期沉塞港口請求賠償一案，經層奉交通部36年指令准予彙案核辦；又層奉交通部37年指令業經列入第二批賠償案彙辦等語。惟對於抗戰時期長記輪船行之誰屬、徵用之事實經過及依據亦無相關記載。⑶35年7 月前青島市市長、前山東省政府主席、浙江省政府主席沈鴻烈證明書，雖記述26年七七事變後長記輪船行配合青島市政府通令，將系爭4 艘輪船停航並放水沉沒以封鎖港口而免資敵等語。然該證明書並非徵用機關出具之徵用證明，且內容雖敘及「該行總經理賀仁菴深明大義即隨同市府及山東省政府參加抗戰工作，而該行所沉輪船則經敵軍打撈出水將全部財產沒收，迨至抗戰勝利時長春……等4輪已被敵軍破壞無存，迎春……等3 輪亦被損壞甚鉅僅剩空船，經青島市主管機關將3 輪查明發還交賀仁菴具領改組為青島長記輪船股份有限公司」等語，惟就長記輪船行誰屬亦無相關記載。⑷另所提史書「山東人在台灣」並非公文書，作者於書中記述之相關內容，亦無從逕引為原告主張之佐證。⑸況原告迄今仍未能提出關於長記輪船行確係賀仁菴獨資設立；以及系爭4 艘輪船所有權人確為賀仁菴之相關證明。從而，原告所提相關證據，尚無法證明26年抗戰期間，政府確有向賀仁菴徵用屬於其個人所有系爭4 艘輪船之事實及依據。

（四）至原告另主張被告業以36年指令、37年指令及49年函等，

9

附件18　台灣高等行政法院判決102年度訴字第1305號-09

對於系爭4 艘輪船之徵用補償事宜，予以承認並承諾補償，並提出50年12月18日被告致行政院秘書處函文、50 年6月24日長記輪船行致行政院函文、51年11月6 日長記輪船行致行政院及行政院轉呈被告函文、53年1 月25日被告致行政院函文、被告49年函影本等件資為佐證。惟查原告並未能提出被告36年指令、37年指令之文本供核，且被告亦迭經陳明依現有之檔案資料及會同他機關查詢後，均查無該2 函文可參，則原告之主張能否逕認為真實，已非無疑。縱依37年10月8 日中華民國輪船商業工會全國聯合會第二屆第一次會議記錄節本所載內容，亦僅敘及青島長記輪船公司所屬系爭4 艘輪船，在抗戰時期沉塞港口請求賠償一案，被告以該2 函文表示「彙案核辦」、「彙辦」等語，業如前述；另被告49年函係回覆申請人長記輪船公司、代表人賀仁菴於同年4 月28日之申請書，內容略以：關於抗戰時期徵用船舶賠償問題，目前政府財力困難，應俟光復大陸後再行核辦等語。由上開函文內容觀之，尚無從逕認為被告已承認並承諾賀仁菴有關長記輪船行於26年間沉船阻敵之補償事宜。換言之，被告仍須審查本件有無徵用之事實存在及其法律依據、原告之被繼承人賀仁菴是否為得請求補償之權利人等相關適法性之要件，非謂依該等函文已足認賀仁菴對被告具有補償之請求權存在，而得由原告繼承後，向被告請求補償。

五、綜上所述，原告之主張尚難憑採，原處分否准所請，於法並無違誤，訴願決定予以維持，核無不合，原告訴請判決如聲明所示，為無理由，應予駁回。

六、本件事證已臻明確，兩造其餘主張及陳述，經核於判決結果不生影響，爰不逐一論列，附此敘明。

10

附件18　台灣高等行政法院判決102年度訴字第1305號-10

據上論結，本件原告之訴為無理由，爰依行政訴訟法第98條第1項前段、第104 條，民事訴訟法第85條第1 項前段，判決如主文。

中　華　民　國　103　年　5　月　29　日

臺北高等行政法院第二庭

審判長法　官　胡方新

法　官　蘇嫊娟

法　官　李君豪

一、上為正本係照原本作成。

二、如不服本判決，應於送達後20日內，向本院提出上訴狀並表明上訴理由，如於本判決宣示後送達前提起上訴者，應於判決送達後20日內補提上訴理由書（須按他造人數附繕本）。

三、上訴時應委任律師為訴訟代理人，並提出委任書。（行政訴訟法第241條之1第1項前段）

四、但符合下列情形者，得例外不委任律師為訴訟代理人。（同條第1項但書、第2項）

得不委任律師為訴訟代理人之情形	所　需　要　件
㈠符合右列情形之一者，得不委任律師為訴訟代理人	1.上訴人或其法定代理人具備律師資格或為教育部審定合格之大學或獨立學院公法學教授、副教授者。 2.稅務行政事件，上訴人或其法定代理人具備會計師資格者。 3.專利行政事件，上訴人或其法定代理人具備專利師資格或依法得為專

11

（續上頁）

	利代理人者。
㈡非律師具有右列情形之一，經最高行政法院認為適當者，亦得為上訴審訴訟代理人	1.上訴人之配偶、三親等內之血親、二親等內之姻親具備律師資格者。 2.稅務行政事件，具備會計師資格者。 3.專利行政事件，具備專利師資格或依法得為專利代理人者。 4.上訴人為公法人、中央或地方機關、公法上之非法人團體時，其所屬專任人員辦理法制、法務、訴願業務或與訴訟事件相關業務者。
是否符合㈠、㈡之情形，而得為強制律師代理之例外，上訴人應於提起上訴或委任時釋明之，並提出㈡所示關係之釋明文書影本及委任書。	

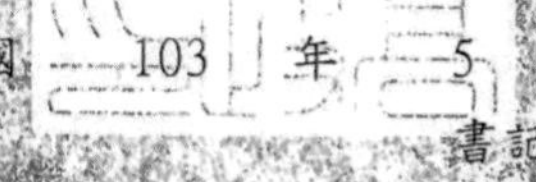

中　華　民　國　103　年　5　月　30　日

書記官　樓琬蓉

12

附件 18　台灣高等行政法院判決 102 年度訴字第 1305 號 -12

第廿二章 天無絕人之路

一九五二年九月，亨春輪尚未遭法院拍賣，但長記輪船公司已將結束營業，家中生計也早就無以為繼，全靠典當度日。偏偏此時一位保密局的大官，看上了我們家廈門街九十九巷十七號的房子，這是一戶建材十分考究的日式房子，房子的樑柱全都是用最上等的檜木打造而成，而且還是檜木中的極品，一般行家稱其為「柾」，主要是用來做棋盤的高級木料，取材十分不易。庭院裡除種植了許多花木之外，還種了五棵價值不斐的「真柏」。

這處房子是父親於一九四九年初到台灣時，向一位梁友泉先生以七十二兩黃金「頂」來的，當時一兩黃金約可換五十美元，而美元和新台幣的匯率是40：1，因此換算新台幣為十四萬四千元，是當時公教人員三百六十個月的薪資。此屋原為日產，日本人走了以後，被國民政府接收，產權歸國有財產局，由台北市政府代管，市政府僅可代為頂讓，無權出售。

父親不敢得罪這位大官，衹好把房子讓給他，由國防部先墊付了五千元「修遷費」（如附），之後又付了一萬五千元，一共新台幣二萬元給父親。房子裡面還有父親名下的一具電話，號碼是「五七〇一一」。當年電話十分稀有，且非房屋所有權人不得申請。這具電話是父親花了新台幣一萬多塊錢裝設的，國防部和大官沒另給電話錢，父親也不敢再要。多年後，我打開台北市的電話簿，父親的名字還在上面，當初我們沒給他在電信局蓋章，所以沒法過戶，他祇好在賀仁菴的名字下面加了一行「劉幼甫同線」。

除了廈門街的房子外，還有開封街五號的房子，此處房子當初頂入時也花了五十兩黃金，由於房子裡住了太多和長記公司的人，後來父親手頭實在拮据，於是把房子頂讓給了「基督教女青年會」。頂了多少錢父親沒說，不過房子頂讓後，為了讓住在此處的長記公司協理徐國傑，上海分公司經理賀茂林，沈鴻烈的前秘書長徐冠羣、姪子沈紹宗，以及長記基隆分公司經理黃爵臣等人搬離此處，還各撥一筆搬家費給他們，剩下的錢拿去還債後，也所剩無幾了！

在台北生活，物價高昂，父親拿著這兩萬塊錢，在新竹市田美街物色到一戶日式帶庭院的房子，花了八千元頂了下來。此地有五排背靠著背的房子，每戶人家的後院和別家的後院相連著。

這處房子比台北的房子略小，但仍有一百二十坪，當時的田美街四周仍是稻田，還有些池塘和小河。這戶房子本來是有木板圍牆的，日本人走了以後，許多鄉下人把木板給拆了拿回家用，甚至連窗子上的玻璃，屋頂的瓦片也偷走，最絕的是連馬路上的柏油路面也偷挖了去，不是因為他們恨日本人，而是挖去的一塊一塊柏油路面可以放在廚房的大灶上當煤塊燒，還有人直接搬進來住著，等政府的管理單位來趕人再說。

我們家的房子是父親向一位羅敦偉立法委員頂來的，這一帶住了五位立委，三位國大代表，以及當時仍姓章的蔣氏兄弟二人和他們的舅舅和舅媽，可謂臥虎藏龍。

由於立法院經常得開會，所以電信局奉上級之令給這位羅立委裝了一具電話在家裡，這具電話每個月得付三十元給電信局，我還得三不五時去這幾位立委家通知他們來接電話，約莫過了三個月後，我索性向電信局申請退還電話不用了，後來才知道那具電話可以轉讓給作生意的的商家，轉讓費大約可拿到四、五千元。

這是一戶坐北朝南的房子，我們住進去以後，用竹子圍了籬笆當作圍牆，在籬笆上種滿了金葵花。東邊籬笆外是一條六米寬的馬路，路邊還有一條人行道，這個人行道被最初搬來的住戶闢成菜園，面積是二米寬、十二米深，種滿了空心菜和地瓜，再外面是條清澈的水溝，水溝裡甚至還有小魚在游來游去，這個水溝給菜澆水很方便，其他的住戶每家也都有自己的菜園，除了立法委員和國大代表。

在這段期間，台灣興起了養雞熱潮，養的都是來亨種的生蛋雞，這種雞非常會生蛋，有些優良的品種甚至第一年可以生出三百五十粒以上，此時恰好父親以前的秘書張蒇先生在我國駐日本大使館任職，我便託他回國時幫忙代購五十粒優良品種的來亨種雞卵。

新竹市大同路上有一家飼料行，除了賣養雞用的飼料外，也代客孵卵，費用是每孵出一隻小雞一元，那時蓬萊米的價格每台斤一元二角，所以每隻一元的孵卵費算是很貴的，可是當時台灣從南到北，所有代客孵卵都是這個價格，好像是大家都商量好了似的。

我把種卵拿到這家店孵卵時，第一次看到孵卵機的構造，這件事對我家往後的生活發生了很大的影響。這家飼料行的孵卵機是向桃園農業學校的一位周老師買的，一次可以孵化五百粒的種卵。顧客拿種卵來孵化時，店家會將不同客戶拿來的卵分別放在小鐵籠內，並註明是何人何時拿來孵化的，以免搞混。

這台機器售價二千四百元，從置入種卵到孵化成雛雞需要廿一天，若孵化率是百分之八十，每二十一天可收入四百元，這樣大約四個多月就可回收機器的成本，但公務員或老師除非六個月不吃不喝，才能買到這台機器，一般老百姓是買不起的。

除了正常孵出的每隻小雞可取一元孵化費外，一般種卵在孵化到第五天就可檢查出有無胚胎，沒有胚胎的稱為無精卵，無法孵出雛雞，這種無法孵化雛雞的卵每粒也得付他二角孵化費，所以五百粒卵中約有一百粒無精卵可收二十元，這二十元剛好付他營業用的電費。

張蒧先生幫我從日本買回來的五十粒種卵，我拿到這家飼料行來孵化，成功的孵出了四十二隻小雞，我半個月來買一次小雞吃的飼料，每次都仔細觀察這台孵卵器的構造，窺探到內部還有兩個鯖魚罐頭盒，不知作用是什麼，也不知裡面裝了什麼玩意兒？

這台孵卵器是一個木製的箱子，以內外兩層木板合釘起來，我猜測這兩層木板當中可能是填充著棉花之類的東西以便保溫。內部距離頂蓋約一寸許裝著用玻璃管套著的電熱絲二組，以串連方式使電熱絲只會發熱但不發會發紅。這台機器長約五台尺，寬約二點五台尺，高度二台尺，下面有六隻腳架，三個門，三個孵卵盤，二組溫度控制調節器，每組各有兩個如乒乓球大小般紅色和綠色五瓦的燈泡，做為指示燈。當紅燈亮起時，表示內部正在加溫，綠色燈亮時表是溫度已達標準不需再加溫，兩個燈泡大約每三到五分鐘輪流亮一次，使人望之即知內部有個控溫的機器在自動操作，這樣的科技在當時可是十分吸引我的。

由於那時養雞風氣十分興盛，所以各個書店的架上都有很多關於養雞的書籍，從事任何一種行業都得明瞭相關知識和資訊，不是有本錢就可以盲目投資的，我一開始養雞，就到處搜集資料，每天都花四、五個小時消磨在各家書店，因為沒錢買書，所以都是厚著臉皮光看不買。當時像我這樣的人其實還真不少，不過他們都是看些小說之類的書，我則是專看有關養雞的書，每當看到重要的資訊，我就再三重複讀好幾遍，回家後趕緊記下來，以便在養雞過程中做為參考，特別是有關雞的疾病，發現竟有二十多種，當時我對養雞方面的知識可說已經了解很透徹了，我唯一缺少的就是錢。

我從養雞的書上看到，小雞養到十天時，得在飲水中加入一種預防「球蟲病」的藥「速而美」，再過一周就得換上「利爾素」，否則小雞會因便血而死去。一個月大時小公雞的雞冠已經長得很大了。我的四十二隻小雞中有廿二隻是公雞，賣人沒有人會要，因為只會消耗飼料，所以我保留了三隻強健的作為種雞，其餘的等到一個半月，每隻大約一台斤重時就陸續殺來吃，算是加菜，吃起來和一般的雞肉沒兩樣，沒有傳說中的會發酸不好吃這回事。

我也曾有個想法，將小公雞閹掉，育肥後當肉雞賣，可能也是個好生意，那時街上常有個吹著一隻小笛子的閹雞人，閹一隻雞三元，我一次閹十隻，問他能不能算便宜一點，我問了三個人，沒人肯減價。最後一個人告訴我，他們每年都齊集在城隍廟發誓，誰敢私自破壞行情，就被汽車撞死，所以沒人敢降價拉生意。

那時的木工、水泥工算是技術工人，每天的工資是五十元，小工（雜工）是廿五元，所以三塊錢算是很大的錢，可以買到二斤多的蓬萊米，而養雞用的混合飼料（內有魚粉、豆餅、骨粉等）每斤不過八角，可以買到將近四斤。五花豬肉每斤五元，一斤帶毛秤重的雞是十二元，以三到四斤的飼料換算，每斤雞肉成本不過四、五元，利潤算是滿高的，但是那時還沒有人專門飼養肉雞來賣。

小母雞五個月大時，已經到了能生蛋的時候了。父親先前頂讓廈門街房子剩下的一萬兩千塊錢，加上後來頂讓建國北路房子剩下的錢也花得差不多了，而父親又因連日去台北處理事情病倒了。高血壓飆到二百二十度，看了幾次醫生，家中已經沒錢，最後一次的醫藥費還欠著，也不好意思再去看病。那間醫院叫做「民生醫院」，其實只是一間小診所，位於新竹市中正路和中央路的轉角，院長就是醫生，請了一位護士兼打雜。父親兩天沒去看醫生，只能躺在家中客廳的榻榻米上靜養，實在令人著急。我去找了一位日照老鄉李伯昂商借一百元應急，給父親看病。這位同鄉的父親在家鄉時和父親是好友，那時我家非常富有，他都跟我稱兄道弟，經常來家裡找我拉呱。但此時卻盯著我，看了大約一分鐘，沒吭氣，也沒借錢給我。我無話可說，心中感嘆：「世態炎涼，人情薄如紙！」。

回程的路上我思索著，如果我先賣掉兩、三隻生蛋的雞（雖然實在難以割捨），每隻能賣多少錢呢？想著、想著，忽然遇見了另外一位陳姓日照同鄉，他在縣政府當課員，我隨口跟他說了一些目前碰到的難關，他建議我去縣政府的收發室問問有沒有臨時雇員的工作，我去問了，結果正缺寫鋼板的人手，薪資每月二百元。當時公務員一個月薪水是四百元，還加上柴米油鹽等配給品，只給二百元又沒配給品給臨時工是很刻薄的，除非是遇到極大困難，走頭無路的人才會去幹，但我還是答應了這個差事，原本說好次日去上班，雖然二百元無濟於事，但總算有點收入。

回到家我仍然愁眉苦臉，因為想到必須做到月底才能領薪水，幸好飼料是半個月配一次，大約還能維持一周，大妹在台北金甌女中念書住校，二弟在桃園省立中學念書也住校，小弟二歲，家裡院子圍了兩個雞欄，空地都種了菜。媽媽炒了一大盤自家種的豆莢和一盤空心菜，煮了七、八個地瓜，還挖了兩株地瓜葉準備下一餐上桌，菜園裡還有一百四十多株。

此時突然雞欄裡傳來了咯、咯、咯、咯、答…的聲音，這是母雞要下蛋時才會發出的聲音，我頓時精神一振，我的來亨雞要開始生蛋了，吃了幾天的地瓜，終於見到了曙光！

初次生的蛋只有乒乓球大小，但是卻給我帶來了無比的希望，從此家中的生活將不再困頓。父親此時精神也好起來了，接下來的四、五天，每天都有十來顆蛋，雖然小一點，但是可以拿去賣給早上在街頭賣豆將的，當時賣豆漿的都是把較大的蛋放在玻璃缸的前面給客人看，客人要喝加蛋的豆漿時再把放在下面較小的雞蛋先打在碗內，濾掉蛋清只留蛋黃，然後打散再澆上燒開的豆漿，反正客人也分不清蛋的大小。這樣的蛋和土雞蛋的價格差不多，一台斤九元，大約有十四、五粒，正常的來亨雞蛋一台斤是九到十粒，當然不受歡迎。

大約過了一星期後，所有的雞都開始產卵，個頭也變大了，有時一天居然可以撿到二十粒的蛋。我把賣了雞蛋的錢拿去還了父親的醫藥費，又帶父親去看了醫生，父親的病也好多了！

既然我飼養的雞開始產卵了，我應徵縣府雇員的工作就沒去做，大約過了四、五天後，我收到一張明信片，說我既然答應了差事，為何不去做？延務了許多公事，「殊屬非是」等等。我也回敬了一張，說他們既受國家俸祿，就該盡忠職守，不應將辛苦的差事讓可憐之人去頂替。

半個月後，我買了一張紅紙，裁成三十二張（大約書本大小），用毛筆以兩公分見方的字寫著：「日本進口純種來亨雞種卵出售，每粒三元」，左下方再用鋼筆以較小的字寫上「田美街21號洽」，貼在市場和住宅區的電線杆上，眷村沒貼，因為我想他們沒錢買也沒地方養。大約一星期的時間，一個月內的種卵全都被訂購一空，訂貨得先交三成訂金，逾期五天未取訂金沒收，若到期無貨，定金加倍退還。

來亨雞的產卵期有三年，第一年是多產期，每隻雞可產卵約三百五十粒，第二年減半為一百七、八十粒，第三年就只剩下七、八十粒，雖然還是夠飼料成本，但是佔著雞舍很浪費，所以進入第三年時得以便宜的價格當成肉雞賣掉，二十隻母雞在盛產時每天都能撿到二十粒卵，三塊錢一粒的種卵，換算每天可賣六十元，一個月就是一千八百元，是公教人員薪水的四倍半，怎不令人心動？而且估計這個養雞風潮至少能持續個兩年，結果沒想到後來盛行了將近十年還未衰，而且還越養越多，甚至傳到越、南、泰國、馬來西亞、印尼等地大規模的飼養。

由於在此之前我曾在一本香港出版的養雞書中找到了孵卵器的構造，以及如何控制孵卵時的溫度。其實原理很簡單，是用一個兩面都壓著凸紋的圓形銅片模盒，內中灌滿了乙醚蒸氣，因為乙醚在36度C時就會蒸發，所以得密封著，當孵卵器中的溫度升高時，就會膨脹將開關頂開而斷電，此時溫度開始慢慢下降，開關又會接通而恢復供電。原來周老師製作的孵卵器是利用鯖魚罐頭盒面的凸紋當作模盒使用，並非內部裝著什麼精密的儀器。他把罐頭從邊上開一個洞，把魚肉挖出來，把洞口先以鐵皮焊補起來，留個小洞把乙醚灌進去，再焊接起來，就成了一個不十分敏感的模盒（因為鐵盒太硬，所以並不靈敏，但是溫差仍在0.5度C，所以仍然可以使用，而且不必另買作模盒的材料，可節省成本）。唯一不同的是書上找到的資料上面所繪製的孵卵器僅有一個指示燈，電熱絲加熱時指示燈會同時跟著亮起來，不加熱時自動熄滅。並沒有周老師的孵卵器紅燈亮時綠燈熄滅的花樣。

其實這種兩個燈相互明滅不是什麼機械上的原理，而是把電源線接在控制溫度的調節器的兩端，當調節器的供電接觸點接通電流之後，和電熱絲並聯的紅色指示燈就亮了起來，當溫度已經達到孵卵需要的溫度時，模盒就會略為膨脹，把電路上的接觸點頂開，電熱絲的電流就斷了電，紅色指示燈也因電源斷絕而熄滅；而跨接在溫度控制器兩端的綠燈則因一端是和控制器接在同一電源上，另一端是接在控制器的另一邊，由於控制器的接觸點是離開的，因此會將另一條電源的電流通過電熱絲供給綠燈，而燈泡祇有5瓦，電阻很高，所以祇會讓綠燈發亮，這樣就會讓兩個指示燈相互明滅，使人知道這個孵卵器的內部溫度是自動控制的。

賣種卵一個三元價錢固然很好，若孵成小雞一隻可賣六元，不是更好嗎？如果我可以自己製造孵卵器把種卵孵成小雞來賣，肯定能賺更多的錢。因此我打算把我在各個書店所看來的資料實際執行起來，先制作一台二百粒的孵卵器試試看。

不久後，我手頭上有了一些錢，於是我到台北市太原路買了薄銅片和手動沖床機，又到木材行買了兩張三夾板，用手動沖床機把銅片壓成凸紋作為模盒，做成溫度調節器，以便控制溫度上、下差在0.1度C內。開始做第一台二百粒的孵卵器，接著又到木材行買他們鋸木材剩下的下腳料，價格很便宜。恰好有一位張姓友人在新竹台元紡織廠任職，廠裡每天都會有許多飄落的廢棉絮掃成一堆丟掉，我就每周去收，不用錢。還買了三百瓦的電熱絲，我把兩條電熱絲串連起來，這樣電阻會增加一倍，所以變成一百五十瓦。串連的目的是只讓它發熱，但不會發紅，再用玻璃管套起來，這個熱度不會使玻璃管軟化，但可以保護電熱絲不會外漏而觸電。我做的第一台孵卵器是三尺長、二尺寬、一尺半高，四邊先釘上木條，再釘上頂部和底層，然後再釘上背面和左、右兩面，前面做一個一尺高的門，加上一個五吋的門框，外殼以三夾板釘上，左右兩邊和後面都是雙層，中間塞滿棉絮，再釘上一層三夾板，這樣能有保溫作用，然後再按照內部尺寸釘一個五分厚、一吋半寬的木框，底下再釘上細鐵絲網做為蛋盤，最下層放了一個請板金師傅做的水盤，先接上會自動控制的溫度的調節器，再接上電源線就完成了。（附件：孵卵器手繪示意圖）

大概花了一個月的時間，我終於做好了這台二百粒的孵卵器。我把自家的種卵拿來孵化，結果非常成功，二百粒卵順利孵出了一百九十五隻小雞，孵化率比周老師的機器還高出許多。

於是我決定除了賣種卵和雛雞外，也做孵卵器來出售。用的還是老方法，把一張紅紙裁成32張，以毛筆字寫上「孵卵器出售，品質保證，一年內免費維修，可分期付款」，意者洽田美街21號」，仍然貼在市場和公務員宿舍附近的電線杆。

大約半個月之後，我接到第一張訂單，要求我做一台五百粒的，售價一千二百元，是桃園周老師一半的價格。但分期付款得有保證人，訂貨時先付三成訂金，交貨時再付兩成，剩下的六百元可分六個月付清；如果沒有依約如期付款，得由保證人負責，或者我把孵卵器搬回，買方放棄先訴抗辯權，但僅限於可以當天來回的桃、竹、苗地區，再遠就得交貨時付清尾款，因為我付不起車資、旅社和出門在外的吃飯錢。而我提供的保證是：加熱和停熱時溫差不會大於正負0.2度C，否則無條件更換一台或原價收回。兩年之內我賣了大約三百多台，從來沒有一台在一年內有過需要維修的紀錄（精密的電路設計和裝配以及溫度控制是最基本的條件）。

由於我賣的孵卵器孵化率可達九成以上，也就是每一百粒種卵能孵出九十隻以上的雛雞出來，因此頗受好評。

當時有許多公務人員或是教員，因為住的都是公家宿舍，可用免費的電來孵卵，宿舍也沒有電表，因此許多人都買來當作副業，放在家中臥室（避免被電力公司發現）。當時台灣電力公司除了營業用電的店家裝有電表外，一般老百姓家裡都沒裝電表，老百姓家的電費是按家中燈泡的盞數收取的，電力公司的人只看客廳不進臥室，家裡也沒有插座，跟我買機器的買主就把孵卵器的電源接到臥室照明燈的燈口上，要照明時再把孵卵器上的紅、綠指示燈換成燈泡即可，也不必多付電費。

由於平面孵卵器必須每隔八小時將原來向前傾斜四十五度放置的種卵翻成向後傾斜，還得將原置於中間的種卵輪流平均調換至四邊，讓每個種卵所受到的溫度平均，實在太過麻煩，於是我開始設計立體的自動翻蛋孵卵機，從最小型的一千五百粒到大型的三千粒，再大的一般人家的房間就放不下了。這些來跟我買孵卵機器的公教人員後來發覺孵卵的收入竟比「正業」還多，因此有些客源多的客戶甚至還來買第二、第三台。

一九五四年陰曆二月初二，這是中國民間傳統的一個敬龍祈雨，祈求老天保佑風調雨順、五穀豐收、國泰民安的節日，也就是所謂的「二月二龍抬頭」。那天清晨五點鐘左右，父親把我叫了起來，要我到街上喊車子，把母親送到省立新竹醫院，大約上午七點，母親生下了我的小妹郁芬，離大弟離世七個多月。小妹整整小我二十四歲，那一年父親已六十八歲，母親也已四十四歲，而我雖然只有二十四歲，但已深刻體會到我的責任更加重了，除了得奉養父母外，還得扶養大妹、二弟和小妹長大成人。

此時家裡院子裡已經不再種菜，全都改成了雞舍，我從二十隻母雞養到一百二十隻，後來實在容納不下了，一九五五年一月，我在距離田美街二十一號不遠的北大路一號，租了一塊面積七百坪，新竹市政府公開放領的農地，開起了「恆新種雞場」。

由於地方寬敞了，因此我向日本「岩谷養雞場」空運了一百五十隻雌雛雞和十二隻雄雛雞，都附上了第一年可產三百五十卵的血統證明書，又向日本「國際種雞場」訂購了紐漢西、洛島紅、蘆花雞等卵、肉兼用的種雛雞各一百五十隻，我從一百二十隻雞養到六百多隻，這是我養雞數量最多的時候。同時也出售高產卵量的雛雞、以及大大、小小的平面孵卵器和立體孵卵機（裝有馬達，可全自動控制溫度、濕度，並設有自動故障警告和可四十五度自動翻卵的機器）。

一般初生的小雞稱作day old chick，肚子裡有蛋黃，可以維持四十八小時不必餵食，所以雛雞孵出後，買主前來購買回到家前不必擔心雛雞會餓死。

這段時間台灣各地的中型養雞場也如雨後春筍般的多了起來，前來向我購買孵卵機的人也越來越多，我的生意越做越大，不得不將雞舍縮小，擴大製造孵卵機器的場地。

當時有許多從新竹飛機場退役下來的機械士來幫我做鉗工、電工、板金工、油漆工、電焊工等，水田街還有一個空軍工程連隊，有些士官長下班後也來幫我做木工兼差賺外快，已退役的是整天來作工，尚未退役的工兵平日每天五點下班來做到晚上十點，假日則是整天來做。我自己做溫度調節器和一些機械上的新發明設計，這些發明在當時都是可以申請專利的，但我沒有申請，因為我隨時會有更新的設計發明，而這些全都是我自己動腦想出來的。但我的工廠所用的工具除了有四支手鑽床、油壓機、折角機、自動刨木機、其他的手工具全都是最克難的。那時台灣還買不到電起子，而手電鑽因為鑽速太快無法當作起子使用，所以我就用手搖鑽代替電起子來鎖螺絲，至於油壓機和折角機都是我用最少的錢買材料來自己做的。

我的孵卵機越做越新式，孵卵的數量也越來越多，連現在的「大成長城集團」也在那時跟我買了一台六千三百粒的孵卵機。不久後，開始流行一萬五千粒和三萬粒的大型孵卵機，幾經考慮後，我決定不再養雞，也不再孵雛雞出售，將全部雞舍都改成製造孵卵機的工廠，以便有更多的時間來製作應接不暇的訂單。

此時泰國、越南、馬來西亞、印尼等地的養雞廠也透過貿易商前來向我訂購孵卵機，要做外銷得有工廠設立登記。一九六二年，我把工廠更名為「恆新機械廠」，並向經濟部設立登記，所生產的孵卵機孵化率都在百分之九十八以上，但訂價比台灣其他工廠便宜兩成，因此銷路很好，訂單紛沓而至，也非常受到老主顧的歡迎。甚至新竹關西有一家「大新養雞場」，前前後後一共跟我訂購了三十台三萬粒的孵卵機。

由於我的機器和日本同型的孵卵機相較，孵化率差不多，但價格只有一半，在構造方面也不斷進步，不再使用模盒來調節溫度，全都改成水銀溫度計調控。我將水銀溫度計在三十八度C的地方接了一條白金的接觸點，通過靈敏的繼電器使電路放大以維持恆溫，這在當時甚至比日本的還先進，號稱是「電腦控制」的孵卵機。

那時電晶體才剛萌芽使用在電路上，一般市面上還找不到積體電路的零件。而我生產的孵卵機上有著一個電子運轉的顯示器，這個顯示器可以讓跟我購買孵卵機的人除了可向同業炫耀他用的是電腦控制的孵卵機外，也可以向跟他購買雛雞的客戶證明，他所孵出來的小雞是經過電腦科學控管，依照種卵最適合的條件所孵化出來的，所以是最健康的。

此時我每月的收入已達到新台幣數十萬元，一九七〇年，我將頂來的北大路一號這塊土地，花了新台幣四百萬元買了下來，繼續經營孵卵機內、外銷生意。（附件：50多年前寄給國外客戶的孵卵機構造圖、民國58年農牧旬刊和國內養雞場向我購買的，從第一代的到最新型的孵卵機圖片）。

養雞以及製造孵卵機器內、外銷，使得家中的經濟又寬裕了起來，我也不再愁父親的醫藥費了，我除了沒幫父親請個聽差的以外，家中生活也差不多回復到從前的光景。但工作使得我必須南北奔波，十分忙碌。父親的高血壓和心臟病又得定期看診，而我又無法定期陪父親去看醫生，於是我跟民生醫院的院長商量，請他每隔一天到我家出診，乘坐三輪車來，車費由我出。因為父親是老毛病了，所以醫生也答應了，其實他的醫院生意十分清淡，每次我陪父親去看病，除了我們以外，幾乎很少遇到其他病人，醫生是新竹的富戶，並不需要靠行醫維生。

而每回醫生來我家出診時，我經常不在家，母親就跟醫生商量，等我回來再給他送醫藥費去，醫生知道我的生意做得很好，不怕收不到錢。後來我又跟醫生商量，每次看診的醫藥費等到每年三節（春節、端午、中秋）前才去醫院結算，他也同意了，這樣前前後後來看診大約有二十年的時間。

一九七三年，民生醫院改為綜合醫院，由一位王外科接手經營，我只好改帶父親到新竹市大同路上的郭內科看診，看了幾次後，郭醫生估計沒掌握好父親的病情，由於心臟病的藥多半是由中藥「麻地黃」提煉而成，郭醫生投藥過量，造成父親藥物中毒而昏迷，我再去請他來看診，他都三推四阻不肯再來。我沒法可想，只好到中正路上的何內科請醫生出診，我把郭醫生開的藥拿給何醫生看，何醫生說是下藥太猛，當時我們也不知如何去追究法律責任，後來就改請何醫生來家裡出診。父親的病雖是好了，但卻不能站立行走，據何醫生說是因為躺太久了，腿部關節久未彎曲，加上肌肉萎縮所致。

一九七六年國曆十一月十一日父親因高血壓、心臟病、腎臟病併發，午夜時分在家中辭世，享壽八十九歲。去世時母親和我及妻子、二弟、大妹、妹夫、小妹以及兩個孫子（照維、照綱），兩個孫女（庭芳、怡芳），兩個外孫（伯群、仲群）和一外孫女（婉玲）等均隨侍在側，可謂福壽全歸。

父親去世後，我幫他辦了一個隆重的喪禮，堂哥藩林沒來，只有堂姊玉琴帶著堂弟紀林來，劉家來了幾位表兄、表姊。我們沒要收奠儀，但仍有親戚朋友送來，喪禮辦完後，我把奠儀依照父親生前的樂善好施，捐給了新竹市家扶中心，大約有新台幣五萬元之譜。

同時我也幫父親在新竹市郊青草湖邊的山坡地，選了一塊二百坪，坐北朝南，面眺青草湖，環境清幽的風水寶地，作為父親長眠之所和家族墓園。

父親去世前，二弟雋林和小妹郁芬都已訂婚，隔年二弟和徐翠珠小姐結婚，自行創業，開設了建築公司，育有三子。小妹也於一九七七年與曾任大台北地區衛戍師司令的陸軍十七師師長，武子初[3]將軍的二公子武揚先生結婚，婚後二人白手起家，創業有成，育有二子。

父親一生給我們的庭訓是：「為人處事當往高處立，向闊處行」並以自身言行身教教導我們，我們雖未曾繼承父親留下來的任何財富，但也都沒有辜負父親的期待，堂堂正正做人，實實在在做事，成為社會的中間份子。

父親過世三年多後，母親小中風，看了醫生，病情並無改善，後來情況越發嚴重，既無法進食也沒法說話，最後住進了台北榮民總醫院長青樓，長青樓除了母親以外，住的幾乎都是名人，鄰床住的是在抗戰期間獻旗給四行倉庫守軍的楊惠敏女士[4]。

但榮總並非療養性質的醫院，因此屢次趕人，後來大妹欣林求助新竹市立委黃秋榮，經黃委員協助後，民國七十一年七月一日，退輔會以（71）輔陸字第八四〇一號函（附件：（71）輔陸字第八四〇一號函），發文給榮總，以父親在抗日期間毀家紓難，有功於政府，要求榮總讓母親可在此長期療養，並在允許範圍內給予醫藥費折扣，由於當時尚無健保，醫藥費十分驚人，榮總也照辦。但每月仍須支付新台幣二十萬元左右，費用由我和二弟、小妹三人分攤，小妹也幫母親請了看護照料，母親在榮總前後住院十四年多，母親一生健康時沒花過多少錢，但生病住院後，醫藥費總金額超過新台幣三千萬元，若非我們兄妹都經商，恐無力負擔如此龐大之費用。

民國八十五年國曆七月六日午夜，母親因多重器官衰竭，於榮總去世，享壽八十六歲。

母親雖然在十六歲時嫁給了一個既富有又成功的商人，但也僅過了十年餘安穩的日子，就開始歷經八年抗戰的顛沛流離。抗戰期間前後約有三年多的時間父親不在身邊，戰後短暫享受了三、四年多父親風光的人生，隨即面臨來台後父親遭不白之冤坐牢，公司陷入困境及喪子之痛的種種災難，人生精華歲月中曾經享有榮華富貴的時間十分短暫。大媽過世時，母親也不過才三十八歲，但已歷經世事滄桑。然而雖面臨各種突如其來的打擊，生活陷入困境，但從無怨尤。晚年父親多病，母親又得全心全力照顧父親和一雙年幼的兒女，或許命運就是如此多舛！

父親過世二十多年之後，二〇〇〇年六月，前國防部長、台灣大學校長孫震，中央研究院院士于宗先和台大國企業學系主任暨研究所長陳希沼等，主編了一套《山東人在台灣》系列叢書。該叢書之《工商篇》中也闡述了父親一生為國家、鄉親所做出貢獻的事蹟：「目前可能很少人知道賀公，但一九四九年六月，追隨劉壽公撤退來台的十五萬山東軍民以及從其他港口撤退來台的軍民，很多人是乘坐賀公的五艘輪船來台的。賀公在台灣的事業並不順利，但一九四九年跨海來台的山東人，對賀公熱愛國家，熱愛鄉親，見義勇為與救苦救難的美德，我們將銘諸肺腑，並表示崇高的敬意！

……先生個性慷慨豪邁，仗義疏財，凡有公益之事，無不出錢出力，鼎力相助。其在台事業雖未成功，但其美德懿行，將永為我山東人所懷念！」

3 武子初將軍，生於民國六，年安徽省合肥市名門世家，民國二十四年考上安徽大學化學系，二十六年七月抗日戰爭爆發，基於青年愛國心，於國家民族存亡之際，嚮應　蔣公「十萬青年十萬軍」之號召，投筆從戎，參與抗戰行列，二十八年進入黃埔軍校十六期，並加入由戴笠將軍成立的國民政府軍事委員會「忠義救國軍」行列。自民國二十九年一月起至三十四年八月止，陸續參與抗日桂南會戰、諸紹戰役、皖南戰役、浙江孝豐杭西隔戰役、天目山戰役及浙江昌化戰役。民國三十二年被派至「中美合作所」（Sino-American Cooperative Organization, 二次世界大戰期間中國和美國合作建立的戰時跨國情報機構），接受美式訓練。抗戰勝利後，民國三十五年調交警第十四縱隊第三大隊任少校大隊長。三十七年參與徐蚌會戰；三十八年參與福建永泰戰役及福建海安水頭戰役；後奉調廣東潮汕掩護胡璉上將十二兵團作戰，轉守金門。民國三十八年擔任陸軍第十八軍四十三師一二八團中校團長，參與古寧頭大戰；四十七年調金門防衛司令部任砲兵上校指揮官，參與八二三砲戰。為第一線作戰猛將，戰功彪炳。民國五十二年晉升陸軍第二十六師少將副師長，五十七年晉升陸軍第十七師（海鵬部隊）師長，擔任首都台北衛戍任務。民國六十一年於陸總部作戰研究督察委員會少將退伍。六十二年執筆撰寫【交通警察總局誌】，對交警總局在抗戰及國共內戰期間，情報工作撰述甚詳，貢獻至偉。將軍一生馳騁沙場，身經百戰，人生精華歲月均奉獻給國家，民國四十八年蒙　蔣公召見並賜字「中和」同志，軍旅生涯共榮獲忠勤一星勳獎章等三十六枚，功在黨國。

4 楊惠敏：民國26年（1937年）7月7日發生蘆溝橋事變，楊惠敏加入上海童子軍戰地服務團。10月26日爆發四行倉庫保衛戰，當時由第八十八師第524團團長謝晉元中校所率領的該團第1營死守與上海公共租界僅有一條蘇州河之隔的四行倉庫。10月28日夜間，楊惠敏將一面12尺長的中華民國國旗裹在身上所穿著的童軍服底下，冒著戰火危險自公共租界出發成功泳渡蘇州河，並獲得謝晉元的接見將國旗送至四行倉庫，楊惠敏所送至的國旗隔天在四行倉庫屋頂升起，大大的鼓舞振奮了守軍士氣與隔岸觀戰的民眾，並獲得當時駐紮在租界內的世界各國媒體之讚揚。事後楊惠敏與謝晉元的事蹟被編寫入中華民國各級學校的歷史教科書中，使得他們成為家喻戶曉的人物。

二〇一三年夏天，小妹郁芬接到一通陌生女子的來電，讓我們又得知了一件父親生前未曾向家人透露的事蹟，也讓我們感慨萬千！更體認了上述文章中描述父親的「凡有公益之事，無不出錢出力，鼎力相助……」

來電者是一位作家蹇小姐，來電的原因是因為她將為旅居美國，任職於北卡農工州立大學(North Carolina A&T State University)土木系教授的張守玉博士寫一本紀念其父母的書。由於書中有些內容和父親有關，於是透過友人輾轉連繫到小妹。

張博士在一九五〇年，才一歲時就和他的父母隨著一群日照鄉親輾轉逃難到了定海，之後搭上了一艘名為「茂利號」的小船來到台灣。

這艘船上的日照鄉親、老弱婦孺約有三百餘人，當時台灣已規定須持有入台證才能登岸，因此他們在取得入台證之前只能待在船上，生活陷入困境。此時父親雖剛自獄中出來，但在得知消息後，仍然親自上船，發給每人五塊銀元的救助金，後來又多方奔走協助，這群鄉親終於順利登岸。

由於他們初抵台灣，不但生計困難，又無處可居，縱使上了岸，依然前途茫茫。此時父親又將長記輪船公司抵押給「大陸救災總會」，並以申請下來的貸款大約新台幣五萬元，給他們買了建材，在基隆市東明路上一塊「台肥公司」的土地上，由他們自己動手蓋了大約二百戶，每戶不到十坪大小的房子，並命名為「懷魯一、二村」。

如今雖已事隔六十多年，但懷魯一、二村仍矗立於原處，彷彿是為了見證那段滄桑的歷史。

知名骨董鑑定家秦嗣林先生，也出身於其中的一戶人家。秦嗣林先生從小在懷魯一、二村長大，回憶小時候在村子裡聽到的事：「我讀小學的時候，家裡每天都高朋滿座，大家都喜歡談談當年發生過的事情，也經常提起賀仁菴先生，當然，我們都受到了他的恩澤！」

父親一生，是國家民族航運業的先驅，更是抗日愛國的商人，除了為自己開創了一番轟轟烈烈的事業之外，也為國家民族做出了巨大的犧牲和貢獻，其熱血愛國之舉，可歌可泣，讓身為子女的我們引以為榮，是我們心目中永遠的英雄！

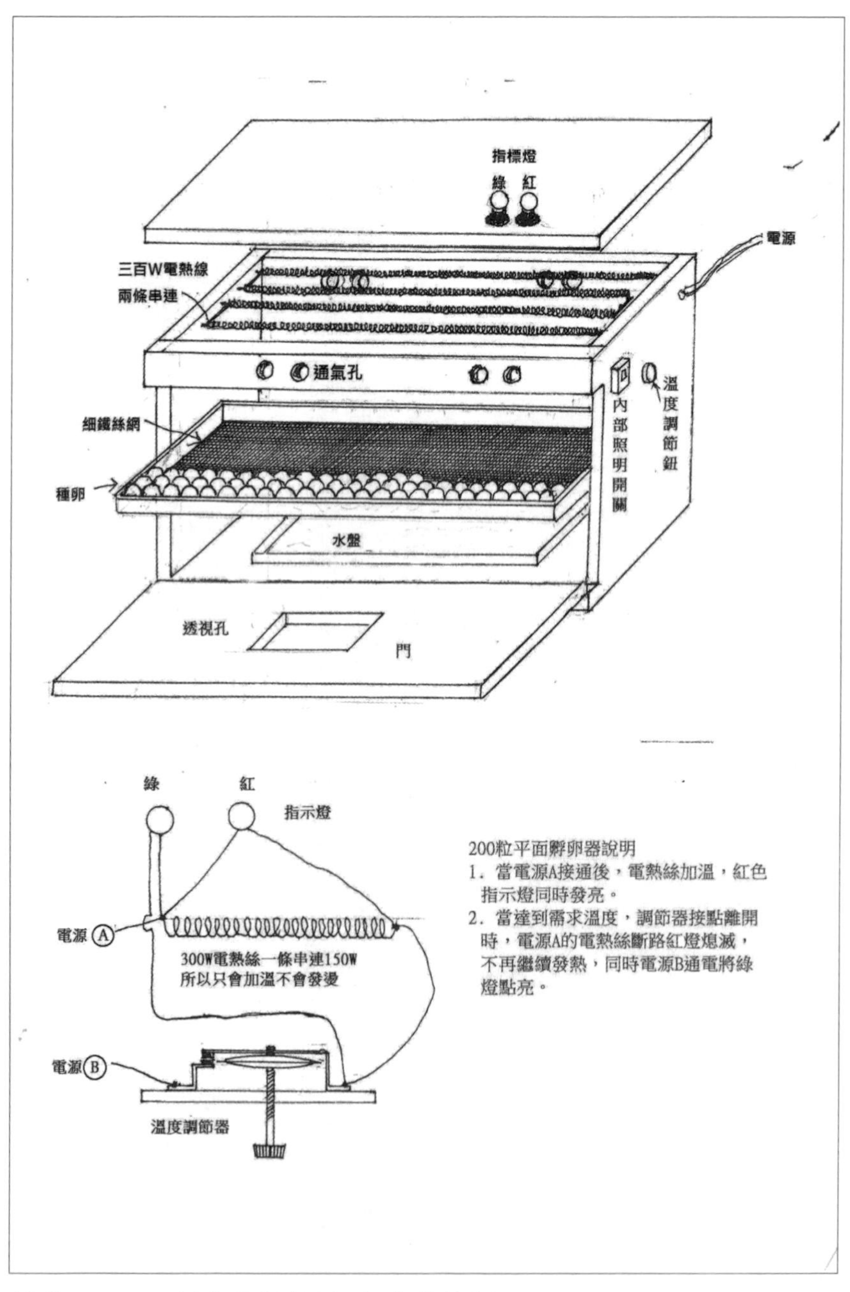
指標燈
綠 紅
電源
三百W電熱線
兩條串連
通氣孔
內部照明開關
溫度調節鈕
細鐵絲網
種卵
水盤
透視孔
門
綠 紅
指示燈
電源Ⓐ
300W電熱絲一條串連150W
所以只會加溫不會發燙
電源Ⓑ
溫度調節器
200粒平面孵卵器說明
1．當電源A接通後，電熱絲加溫，紅色指示燈同時發亮。
2．當達到需求溫度，調節器接點離開時，電源A的電熱絲斷路紅燈熄滅，不再繼續發熱，同時電源B通電將綠燈點亮。

附件 1　平面孵卵器解說圖 賀中林繪圖

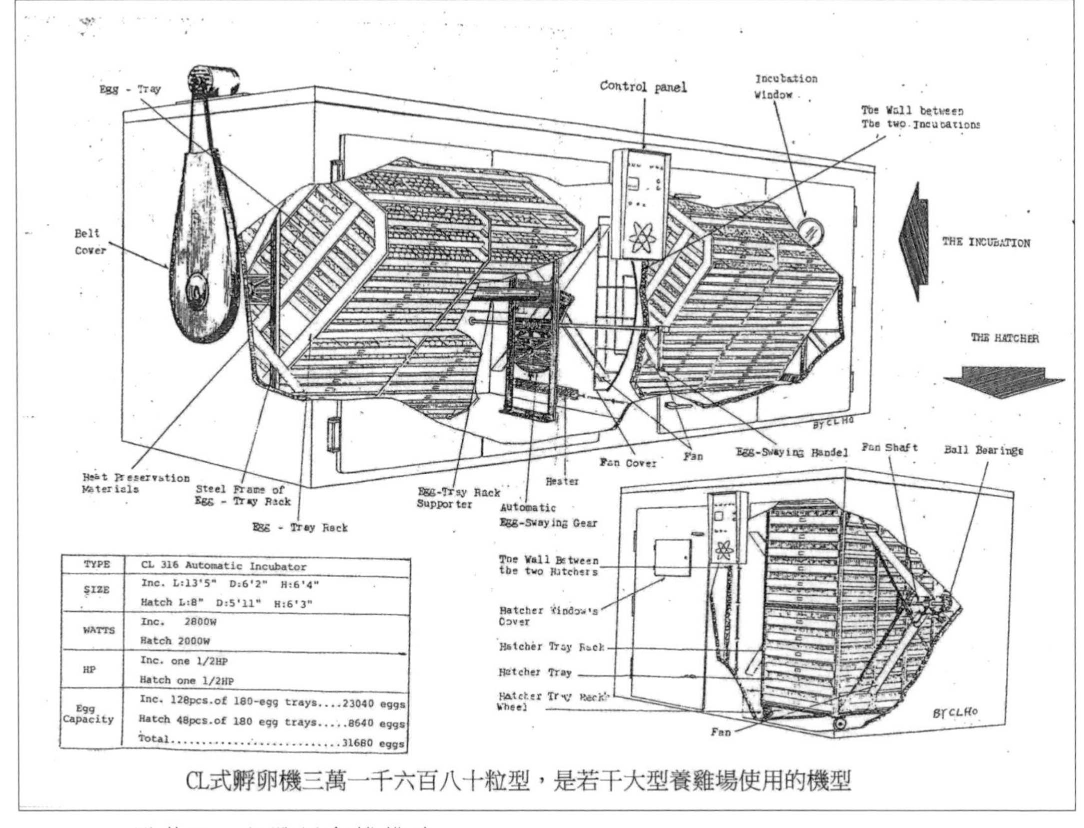

TYPE	CL 316 Automatic Incubator
SIZE	Inc. L:13'5" D:6'2" H:6'4"
	Hatch L:8" D:5'11" H:6'3"
WATTS	Inc. 2800W
	Hatch 2000W
HP	Inc. one 1/2HP
	Hatch one 1/2HP
Egg Capacity	Inc. 128pcs.of 180-egg trays....23040 eggs
	Hatch 48pcs.of 180 egg trays.....8640 eggs
	Total...........................31680 eggs

CL式孵卵機三萬一千六百八十粒型，是若干大型養雞場使用的機型

附件 2　立體孵卵機構造

50 多年前寄給國外客戶的孵卵機構造圖，最新型的孵卵機圖片 賀中林繪圖

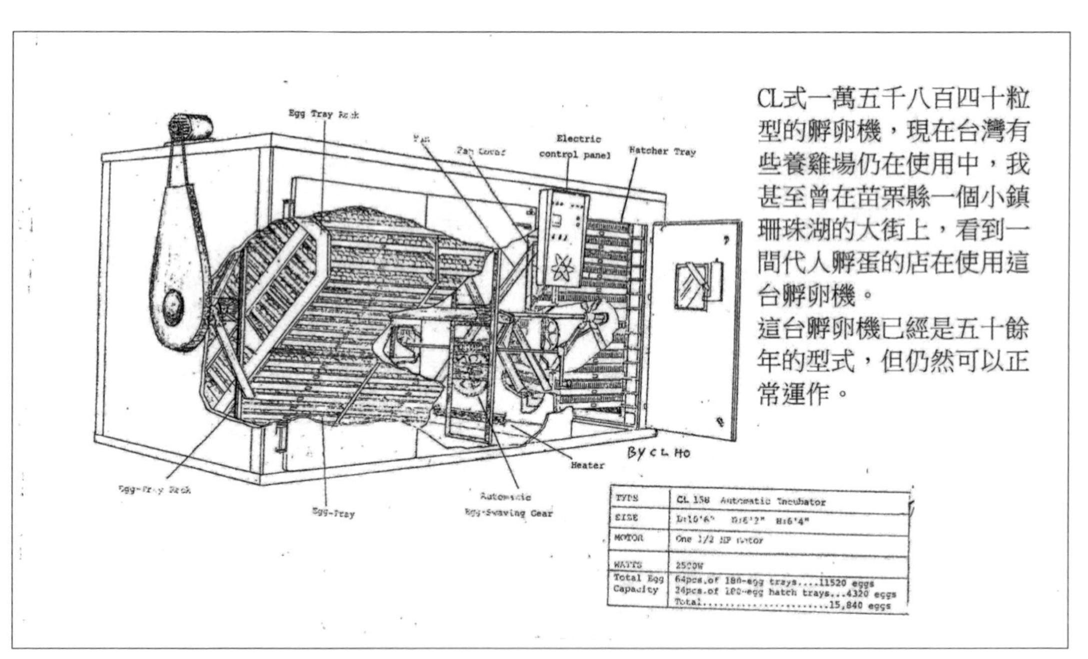
Egg Tray Rack
Electric
control panel
Hatcher Tray
Heater
Egg-Tray
Automatic
Egg-Swaving Gear
BY CL HO
CL式一萬五千八百四十粒型的孵卵機，現在台灣有些養雞場仍在使用中，我甚至曾在苗栗縣一個小鎮珊珠湖的大街上，看到一間代人孵蛋的店在使用這台孵卵機。
這台孵卵機已經是五十餘年的型式，但仍然可以正常運作。

TYPE	CL 158 Automatic Incubator
SIZE	D:10'6" W:6'2" H:6'4"
MOTOR	One 1/2 HP motor
WATTS	2500W
Total Egg Capacity	64pcs.of 180-egg trays....11520 eggs 24pcs.of 180-egg hatch trays...4320 eggs Total............................15,840 eggs

附件 3　CL 式 15800 粒型孵卵機
50 多年前寄給國外客戶的孵卵機構造圖，最新型的孵卵機圖片 賀中林繪圖

家禽家畜
飼料畜藥
農事業界
綜合報導

每逢五、十五、二十五日出版

農牧旬刊

STOCK-FARMING OF TENDAYS

總號：第一六〇期（第十四卷第四期）

本期特別記事

家禽的營養需要……………………周光宇
動物用藥品簡介……………………鄭森淵
Tetramisole（Ripercol 20）對猪內寄生蟲之驅蟲效果……………………張聯欣
中日養鷄座談會……………………本社錄音

圖片說明：
（上）恒新孵卵機廠出品最新全部自動化CL式一五、〇〇〇粒孵卵機（詳看內文）。
（下）外銷CL式孵卵機以卡車裝箱起運途中之情景。

唯一旬刊農牧業界雜誌
報導迅速翔實，立論公正

中華民國五十八年一月十五日
發行

附件 4　民國 58 年農牧旬刊 P.1

恒新孵卵機廠的近況及其優秀出品CL式孵卵機

廠商介紹

出品CL式孵卵機的恒新孵卵機廠，設在新竹市北大路一號，係賀中林先生的創設經營。

該廠設立於民國四十二年，前身為恒新養鷄場，經十數年來，不斷地研究改進，CL式孵卵機的性能信用良好已有定評，不但省內各孵化場，養鷄場樂意採用，亦外銷東南亞，聞名中外，貢獻養鷄事業之發展。

恒新孵卵機廠的沿革

恒新孵卵機廠主賀中林先生，今年卅九歲，原籍山東省日照縣，青島商業職業學校畢業，家住新竹市田美街二十一號，其父賀仁菴先生今年八十二歲，為我國航業界鉅子，在大陸曾任航業公會理事長，長記輪船公司董事長，青島商業公會常務理事，來臺後擔任黃海水產公司常務董事，全國商船聯合會理事，中華民國仲裁協會仲裁員等。賀中林先生的夫人陳秀甘女士，臺南人，嘉義商職畢業，其二弟賀錦林，三弟欣林，尚在高中就讀，大妹郁芬畢業於銘傳商專。

大陸淪陷前，他們在上海、連雲港、烟臺、天津、營口、福州、汕頭、基隆等地設有分公司，民國卅八年五月二十日，原為觀光乘自己輪船來臺，適逢大陸變色，歸家不得，於是住下基隆、臺北兩處，本省光復後，

恒新孵卵機廠主賀中林先生全家福

在民國四十年前後航業遭逢極端的不景氣，部份輪船又在曼谷、新嘉坡發生事故，因此結束海上事業。

由養鷄開始再造孵卵機

賀氏之製造孵卵機與養鷄界接下不可解之緣份是在此閒住期間開始的，先是注意到養鷄，那時有船員們由日本帶回的少數來亨種蛋及十多隻種鷄，本省各地正在流行養鷄，種蛋鷄的售價甚高，賀氏一家移居新竹後，則設立恒新養鷄場開始養鷄，同時家有輪船所留下的各種機械及技術人才，而賀中林氏本身對於電氣機械發明等極感興趣，認為發展養鷄必須要有優良的種鷄及孵化設備，賀氏之開始製造孵卵機的動機是在此情況之下發軔的。

本省製第一臺一萬五千粒之全自動式的孵卵機

民國四十年至民國五十年的約十年期間，賀氏以恒新養鷄場的名稱，一面養鷄，一面製造孵卵機，供應全省各鷄場之需要，其第一臺立體三千粒孵卵機，民國四十六年供應誼潭牧場使用，甚博佳評，爾來接受各鷄場訂購，每年製造很多孵卵機，供應各鷄場之用，貢獻本省鷄業之盛大發展，雖說初期出品多半仿造世界名牌，但在構造性能方面，尚堪令人滿意，至今各地使用該項舊出品孵卵機，照樣生產者

民國58年農牧旬刊 P.2

大有其人。

CL式孵卵機的一大躍進

民國五十年以後，賀氏基於十年來的豐富經驗，一再改進，技術提高進步，正式以恒新孵卵機廠名義出品高水準最新各種全部自動孵卵機，其主要出品計有：六千卵、一萬卵、一萬五千一百二十卵或一萬六千三百八十卵、三萬三千七百六十卵各種，內有自動三接點式調溫、自動給濕給水、自動警示、自動轉卵、自動換氣、空氣預熱、冷風裝置設備。

LC式電子型孵卵機

CL式孵卵機的製作，因有十五、六年的洗鍊，產品精益求精，溫度準確，無上下差異之現象，其CL式三接點自動溫度調節器乃是不斷改進出來的獨特創造品，非常靈敏，非是模仿，而又不能透徹的仿製品。

恒新孵卵機廠之一角

CL式孵卵機的孵卵率高，經常達九十八%、少數量之種卵亦有達到一〇〇%之記錄者（六〇〇〇粒中一二〇無精四八〇粒全出），例如該場最近供應聯與畜牧公司的六臺（一萬六千粒），經常保持肉雞雛孵化九三・五%以上，非常穩定，其他各地報告均在九八・六%至一〇〇%之高。又新出品金屬外型的CL式孵卵機構造堅固，式樣新穎美觀，並有許多養雞場清一色愛用該廠出品者——例如集集養雞場等。

至於外銷也是該廠的重要業務對象，民國五十四年外銷泰國第一次兩臺（一萬五千粒）之後，陸續接受越南、馬來西亞、北婆羅洲、泰國、新加坡、香港等地之訂購，每年供應平均四十臺左右。

該廠邁於本省的孵卵機製造技術已達國際水準，與外貨比較毫無遜色，價格且便宜，為加強服務、大量生產，現已增加工作人員，常時準備大批器材，即乾燥木料二十臺份，同時可以裝配一五、一二〇粒的十臺或三三、七六〇粒的五臺，交貨迅速，到期決不拖延，並歡迎顧客參觀比較。

附件5　民國58年農牧旬刊 P.3

附件 6　恆新機械廠工人正在趕工中

附件 7　恆新機械廠房

附件 8　恆新機械廠出貨

副本

行政院國軍退除役官兵輔導委員會書函

保存年限	檔號

速別：最速件

受文者：榮民總醫院

副本收受者：賀欣林女士

主旨：前青島長記輪船行賀故總經理仁菴先生，抗日期間毀產紓難曾有助政府。其遺孀賀夫人境遇不佳。如因病前來貴院求醫時。請依義診方式免費門診檢診，如需住院，則給無償實用之優待（住副食費及輸血費不減免）請查照。

說明：依行政院第七組六月廿三日(71)組興字第一六八八號函轉賀欣林女士陳請函辦理。

七十一年七月一日
(71)輔陸字第八四一〇號

行政院國軍退除役官兵輔導委員會

看病時帶此副本

70, 12, 500本

附件9　退輔會致榮民總醫院函
(71)輔陸字第八四０一號函

訪 秦嗣林先生 談船王賀仁菴

Q：請談一下您所知道的賀仁菴先生

秦：我們山東日照有一個家族是最有錢的，那就是賀仁菴先生的賀家，賀家在我們日照那可是鼎鼎有名的，清末的時候，賀家開始做南北貨交易，他是我們山東日照第一個做航運的。以前的航運，用的是風船。什麼叫風船呢？就是沒有動力的帆船。

當年石白所在賀家工作的這些夥計們人數大概有一、兩千人，全都靠賀家吃飯。很多成功的人都有一些傳奇的故事，賀仁菴先生本身有一種很恢弘的志氣，他不是一般我們這種大老粗。在我們北方，一般就是種地、賣點什麼雜糧之類的，頂多就是說販牛、販豬、販羊，幹這麼個活而已，要說做大買賣，基本上沒這個人才。可是賀仁菴先生從很小的時候就有這個胸襟，想要做大買賣，賀先生在很年輕的時候就到了上海，見過大世面。見過世面對於一個人在事業上的啟蒙是很重要的。他覺得說：「哇！原來人家是這麼做買賣的，日照那些小生意哪稱得上是什麼買賣，那是『擺攤兒』而已。」

賀先生後來到青島、上海不斷去接觸航運界之後，發現他父親從事的那個帆船，不行了！落伍了！第一：載重量不夠，第二：速度很慢。人家已經跑了三趟了他才跑一趟，就覺得必須要改做輪船。我們以前山東人稱輪船叫做火輪，會冒火的。所以賀仁菴先生決定必須改做火輪，不能再用風船了。

Q：這些事情您是聽長輩說的嗎？

秦：是的。我的長輩有好幾位是在長記輪船幹活兒的，有幹輪機長的，有幹伙伕頭兒的，有幹水手的，這些人後來都到台灣來了。民國三十六年日照縣解放了。共產黨來了，共產黨一來，就先鬥指標性的人物。第一個就是賀仁菴先生的父親，「福春行」的老闆賀金錕先生，這個首要人物要是鬥不下來，共產黨沒有辦法在日照生根，為什麼這樣說呢？因為賀家世世代代在日照都是非常有名的一個家族。

以前在我們老家，只要家裡有個二十畝、三十畝的地，那是不得了的了，這種富戶人家，家裡面都在抽鴉片。什麼原因呢？就是叫家裡年輕人不要出門，出門容易發生危險，抽了鴉片就出不了門了。

賀仁菴先生的父親，賀金錕先生犯了什麼罪呢？因為他是企業家，在共產黨來講他是資本主義，八路軍要求他認錯，然後要求他把壓榨工人的錢吐出來，賀金錕先生當然不承認，我是老闆，你是夥計，我付你工資合情合理，什麼我還欠你工資，哪有這回事？你願意你就幹，你不願意就拉倒，不能到頭來說我少你的，共產黨為了要鬥爭他，就要求他認錯，然後呢？就在公審大會裡面當場判他死刑，接著馬上就叫人把他用亂棍、石頭活活打死了。這位在日照最有錢的人，就這樣被幹掉了，這是一個悲劇。

那賀仁菴先生呢？那時候他在青島，聽說自己的父親被打死了，親情、血濃於水的那種感情，就逼著賀仁菴先生，只能跟著蔣介石了。國共內戰時，你必須要選邊站，賀仁菴先生就只能站在了蔣介石這邊了。

站在蔣介石這邊就很慘了，被稱為「敗方」，只能跟著跑。比如說他的輪船公司，從青島來到了上海，從上海又回了青島，後來又到了基隆，他的船就這樣一艘一艘的被徵用，徵用去載部隊、難民，徵到後來所有的船都廢了。

當初從山東到台灣來的難民有好幾萬人，應該都是搭長記輪船公司的船來的，而且都沒買船票，為什麼沒買票呢？我講幾次撤退情形，從上海撤退到舟山，這一次撤退，很多山東的難民，就要求賀仁菴先生一定要想辦法，把船弄出來，要跟著部隊到舟山，留在上海大概都沒活路，那個時候上海還沒有淪陷，如果共產黨進了上海，查出你是外鄉來的，就把你解送，解送回家大概命也沒了，共產黨會覺得你為什麼要跑？為什麼不好好留在家鄉？肯定是在家裡幹了什麼壞事兒，一定不外乎是什麼國民黨的餘孽、地主或是富農，所以呢？你也跑不了！

當時難民們就要求賀仁菴先生一定要想辦法弄出船來，賀仁菴先生那時候的船都被國民黨徵用了，難民也不管，只要是長記輪船公司的船，二話不說先上船，上了船就霸船，反正就是要跟著船走！就這樣跟著長記輪船公司的船到了舟山。舟山後來守不住了，又到了定海，也都是坐長記輪船公司的船。所以長記輪船公司的船，在最後國共內戰的尾聲裡面，基本上就是替蔣介石做撤退用的。所以說，幾次撤退的軍民同胞，坐長記的船來到台灣基隆和高雄的，前前後後加起來應該有好幾萬人。

我們山東日照難民的人數，大約有兩千多人，有的人是跟著部隊來，有的是跟著難民潮一路逃到台灣來，定海到台灣的這一段，很多難民搭的就是長記輪船公司的船到基隆，因為那個時候的軍艦是不載難民的，賀仁菴先生的船一到基隆以後，馬上又被國民黨徵用去運海南島和其他各地的難民跟部隊。

我們這一批難民大約有三百多人，後來好不容易上了岸，一開始是擠在基隆三十二號碼頭的倉庫，那簡直是人間煉獄，但也沒辦法，因為沒地方去，後來基隆市政府找了一塊地，就是現在東明路，這裡原來是台灣肥料公司二廠旁邊的一塊土地，於是把難民往裡面一塞，大家就拿著竹子、相思樹的木頭，在裡邊搭了棚子住了下來，基隆時常下雨，雨一下就稀哩嘩啦的，大家是哀鴻遍野，根本沒法過日子。

這時候就有人找了幾個念過書的、識字的，重要的是認識賀仁菴先生的人，派了代表請賀仁菴先生想辦法，把難民的情形跟他一說，賀仁菴先生一聽，二話不說，告訴代表：「我多沒有，我給五萬塊錢新台幣，給大家買些材料自己蓋個房子。」，然後賀仁菴先生又特別帶著代表去找山東省省主席秦德純先生，大家跪在秦德純先生家院子裡，要求主席想辦法安置難民，秦主席沒話講，也捐了五萬塊錢，這樣就十萬了，然後就用這兩筆錢，蓋了懷魯一、二村。

這個懷魯一、二村怎麼蓋呢？就是用這十萬塊錢買了材料，工人自備，每個人家裡出一、兩個壯丁，就這樣一棟一棟的蓋，就把齊魯新村一間、一間的蓋起來了，然後開始分房子，你家人口多的就多分一間，人口少的就少分一間，所以這裡並不是眷村，因為裡面沒有一個是當兵的，全部都是難民。

這些難民在這裡生根落戶，就這樣也六十多年了。裡面的難民也包括了我祖父、父親、母親全家人。所以說，這幾百位的難民，都受到了賀仁菴先生的照顧，才能有一個棲身之地，也是懷魯一、二村創造跟發源的一個原因。

後來賀仁菴先生出事了，人家說：「樹倒猢猻散」，所以大家也不敢再跟他聯絡，也沒人敢去跟他請安問好，再後來賀先生就搬去了新竹。事實上，賀仁菴先生是被國民黨的一些有權勢的人士所陷害的，這些人基本上都是想要從長記輪船公司弄點錢。

Q：這些人怎麼知道長記公司有多少錢？

秦：這些東西都很清楚，長記輪船公司裡面的會計、夥計等等，在戰亂的時候，大家就開始有了貳心了。老闆雖然很仁慈，很大方，還是難保下面的人是否同樣忠心耿耿，有沒有人會出賣老闆，公司有多少財產？放在哪裡？這些事情裡面的人都很清楚，並不是賀仁菴先生不忠誠，而是因為賀仁菴先生後來不得志了。所謂人情冷暖啊！以前是赫赫有名，在我們山東日照是響噹噹的大人物，到台灣後居然發生了這種匪夷所思事情。我從小就聽鄉親們常常提到賀老先生的這一段故事。

Q：你的父親和懷魯鄉親們是如何形容賀仁菴先生的？

秦：他們都說賀先生是一個行俠仗義，是一個有胸襟、聰明的企業家。非常得到鄉親們的尊敬，當然我們也都受到了他的恩澤，比如說我們懷魯新村能夠蓋起來，我們從大陸來，誰有帶一毛錢？基本上都是要飯逃命來的。最近我出的新書裡也寫到，為什麼有這麼多人家裡不好好的待著，要到台灣來，台灣的同胞也覺得你們這些人跑到台灣來吃我們的、喝我們的、用我們的，就跟蝗蟲一樣，這樣就很矛盾了！就像我兒子說：你是山東人，你跑到台灣來幹嘛？我說我也不知道啊！但因為我從小就聽故事長大，雖然我是在台灣出生的，但我知道我爸爸媽媽為什麼來台灣。在那個時代裡，往往有時候你不得不表態，或者是你在前面的時候跟國民黨比較靠近，或者替國民黨做事，或者是地主、富農，諸如此類的，那你就不得不走，否則你的性命就難保。

Q：懷魯新村有特別紀念賀先生嗎？

秦：抱歉！沒有。因為他後來變成政治犯了，政治犯沒人敢立碑啊！那豈不是自找麻煩嗎！大家嚇都嚇死了！那是談都不敢談的事情，怎麼立碑？那是不可能的。

我大概民國五十幾年讀小學得時候，常常聽老人家講賀仁菴，我爸爸沒事就找一群人來家裏吃吃喝喝，大家談談過去的事情，我在一旁聽久了，就知道賀仁菴先生的故事了，因為口耳相傳，大家經常提到這個事兒。我小時候就在想，這個人到底是誰啊？為什麼大家都不斷地提到這個人？而且是很神祕的提，還不能公開的提，也就是所謂被高層打入冷宮的人，當時沒有動手害死他已經很不錯了，當年有多少人莫名奇妙就被白色恐怖搞死了？可能也是因為賀仁菴先生他是抗日英雄，所以不大能夠給他戴這種帽子，不然可能早就被做掉了，白色恐怖有多恐怖阿！人只要被帶走了，連哪個單位都不曉得，甚至屍首在哪兒都不知道，所以說賀仁菴先生後來還算是不錯了，還可以安享晚年，還有兒女成群。

我跟我日照的表哥談過賀仁菴先生跟國民黨和共產黨的恩怨情仇，國民黨真的是做的過分了，也就是說在亂世裡面，忠臣烈子基本上都是悲劇英雄。他是忠心耿耿的人，可是因為這樣可能就妨礙到了別人的利益了，又比如說賀金錕先生，幹嘛把他鬥死、打死呢？因為在共產黨來講，他是樣版，這個樣板不除，別的除不了，先把他鬥死了，別人就不敢講話了，那這個鬥爭活動才做的成，不然的話，開不成啊！一開始開鬥爭會，是沒人敢鬥的。

第一、大家沒信心，萬一共產黨跑了呢？我們那時候不叫共產黨，叫土八路，手上拿把棍子，拿槍的還真沒幾個。土八路今天來了難保他明天就走了，所以今天如果你鬥爭了別人，那明天後台走了就糟了啊！

第二、中國人講論理，清算自己的老闆、清算自己的鄰居，這做不出來啊！沒有這種傳統嘛！所以沒人敢這麼做，要把這個氣氛營造出來，就一定要培養一群人，這群人敢造反。那這些人哪來的呢？就是社會低層的人，窮人、不識字的、耍無賴流氓的或要飯的，把這群人弄出來，去鬥爭這些有錢的資本家或讀書人，那他們鬥爭起來就不手軟了，所以這也形成了政治立場的壁壘分明，這是中國近代歷史上的一個悲劇。

所以我說，賀小姐家，在過去山東日照，其實是一個「貴族」世家。

Q：那有沒有聽長輩提到在長記輪船行工作時公司有沒有一些比較特別的制度？所以讓員工的穩定性很高或向心力很強？

秦：我們石臼所是個海港，至少有十分之一的人都在長記的船上、碼頭或倉庫工作，所以很多鄉親都是靠長記輪船公司吃飯的。賀仁菴先生為人講義氣、重誠信，把員工都當成自家人看待，又經常做善事接濟窮苦鄉親，所以員工的向心力當然是很強的。而且賀先生還把長記公司的股票分給員工，這在當年是沒有任何老闆會做的事。一個公司要發展壯大，員工的向心力當然是很重要的。

總而言之，賀仁菴先生的長記輪船公司當年在山東是一家很大的公司，當年山東這麼大的公司基本上沒有，都是一些農業型的企業或是做小買賣之類的，只有賀先生的公司是數一數二的大公司，是真正股票上市的公司。

以上這些就是我記憶裡所了解的關於賀仁菴先生的一些事情。

賀仁菴親筆手稿 摘錄

賀仁菴 年表

1887年陰曆11月23日出生於山東日照石臼所

1893年入私塾讀古書

1903年秋入青島禮賢書院

1905年畢業於禮賢書院，同年進入福春行學生意

1907年娶第一任妻子劉氏

1911年任福春行大掌櫃

1913年至1925年於大連、青島、上海等地坐莊，經營福春行各項買賣業務

1925年秋天，於山東日照石臼所成立「長記行」

1926年春，經營「平糶」發跡，同年改「長記行」為「長記輪船行」

1926年秋天赴日購買第一艘客、貨兩用輪船，取名「長春輪」

1927年春天赴日購買第二艘客、貨兩用輪船，取名「同春輪」

1927年自日本人手中奪回我國青島↓石臼所↓西南口沿岸淪喪多年之航權

1927年秋赴日購買第三艘輪船，取名「承春輪」

1927年娶第二任妻子顧淑蘭

1928年春赴日購買第四、第五，取名「迎春輪」、「得春輪」

1928年夏任石臼所和日照商會會長

1928年秋赴日購入第六艘客貨輪「永春輪」

1929年資助石臼小學辦學經費

1930年夏於青島市館陶路15號成立「長記輪船行」總行，並於營口、天津、煙台、威海、連雲港、上海設立分行、倉庫、煤廠

1930年陰曆閏6月19日長子賀長林（中林）出生

1930年秋於上海購入第七、第八艘輪船，取名「申春輪」、「盛春輪」

1933年興建完成「石臼燈塔」，並裝設青島→石臼所→燕尾港沿岸長途電話

1934年春於浦口購入第九艘法國製造之輪船，取名為「江春輪」

1934年秋於南京購入第十艘輪船，取名「宜春輪」

1934年陰曆6月30日次子賀澤林（華林）出生

1934～1935年於石臼所東門外修建賀氏宗祠並重修賀氏譜牒

1936年接收天津友人之「華順輪」（第十一艘）

1936年聘請專家於蘇北射陽河測量河道，設立航行標誌，修建三座碼頭及倉庫，並打造長寧一號至十號，十艘平底江輪。

1937年8月（1）奉山東省主席沈鴻烈之令將六艘輪船沉塞於膠州灣航道，延滯

日軍進攻山東半島（2）奉國軍57軍于學忠之令將華順輪沉於燕尾港

1937年陰曆12月於石臼所長記輪船行賑災

1938年陰曆正月初十，日軍至石臼所擬封為「日照地區濱海司令」遭拒，後遭縣長拘留

1938年陰曆正月19日軍轟炸日照城，開始逃難

1938年春於日照絲山自費成立游擊隊（編制為國民政府第八戰區第二縱隊第十九總隊）

1938年陰曆4月3日長女賀欣林出生

1938年秋接受沈鴻烈聘為山東省府任高級參議至山東省府曹縣就職

1940陰曆7月12日年長子、次子遭綁票

1941年正月，於花溝贖回二子，繼續逃難，躲避日軍及偽軍

1943年春至河南商丘開設運通糧行

1945年9月自商邱返回青島，接收青島市政府發還遭日軍打撈出水僅存之得春、承春、迎春三輪

1945年10月20日長記輪船行復航，至上海負責運送赴東北接收復員之軍公大員

1946年初收購黃海水產公司兼營漁獲捕撈業務

1946獲選為青島航運公會理事長

1946年陸續購入元春輪、亨春輪、利春輪投入營運，並於福州設立長記鋸木廠，又在營口、天津、煙台、上海、福州、台灣等地設立分公司及倉庫、碼頭

1946年3月「長記輪船行」改組為「長記輪船股份有限公司」

7月獲前山東省主席沈鴻烈頒發抗日沉船證明書

1946年12月23日正式登記為長記輪船股份有限公司，成為華北地區最大私人航運公司

1947年3月15日交通部發文（航字部一五四八號）將長記抗戰沉船列入第二批賠償案彙辦

1948年2月2日交通部再次發文（航字部七九三號）將長記抗戰沉船列入第二批賠償案彙辦

1948年3月1日發行股票，資本額為國幣四十八億元

1948年5月獲交通部長俞大為頒發抗日有功獎章及獎章證明

1948年10月7、8、9日中華民國輪船商業同業公會全國聯合會於上海召開第二屆會員大會

1948年10月下旬長記所有輪船均奉令參予國軍東北地區撤退工作

1949年5月20日亨春輪奉青島市政府令載運中紡公司白布來台換煤供青島電廠發電

1949年6月1日參與青島大撤退，長記五艘輪船遭青島十一綏靖區司令劉安祺將

軍徵用，載運青島地區公務人員及眷屬撤退來台

1949年至1950年參與：福州、定海、廣州、乘泗列島、海南島等地撤退工作

1949年11月協助載運浙江反共救國軍赴敵後工作，遭白色恐怖誣陷為匪諜，又遭非法逮捕、監禁，並遭黨警政人士勒索公司營運金十四萬美元

1949年至1951年所有輪船均遭國民政府反覆徵用

1950年6月遭前中紡公司誣告背信、訛詐，賠錢了事

1950年7月大房妻子賀劉氏過世

1950年夏亨春輪至日本大阪修船取得國際航運執照

1950年春至基隆外海發放救難金給日照來台之難民約三百人

1951年陰曆11月21日年三子賀雋林出生

1952年秋亨春輪自泰國載運鹽運至韓國，航行至南中國海時推進軸斷裂，救援無門

1952年秋公司結束營業

1953年國曆7月30日次子賀華林20歲罹患日本腦炎過世

1953年長子賀中林開始創業

1954年陰曆2月2日么女賀郁芬出生

1949至1976年持續請求行政院、交通部賠償沉船損失或給予貸款購船

1960年交通部發函通知：有關抗日時期沉船賠償應俟光復大陸再行核辦

1976年11月11日逝世於台灣新竹，享壽89歲

1996年7月6日二房妻子賀顧淑蘭過世

2001年4月6日子女獲白色恐怖冤獄賠償金新台幣89萬

2011年至2014年子女重啟求償官司，遭最高行政法院以已逾時效拒絕賠償

國家圖書館出版品預行編目(CIP)資料

華北船王賀仁菴 / 賀中林口述；賀郁芬撰文. --
初版. -- 臺北市：匯總實業, 民 105.11

624 面； 17x23 公分

ISBN 978-986-93812-0-8(精裝)

1. 賀仁菴 2. 臺灣傳記

783.3886 105019214

作 者 賀中林 口述 賀郁芬 撰文

出 版 者 匯總實業有限公司

負 責 人 賀郁芬

地 址 台北市中山區復興北路2號B座10樓-8
TEL：(02)2776-5656 分機 128
FAX：(02)2740-3038

經 銷 商 白象文化事業有限公司
402 台中市南區美村路二段 392 號
TEL：(04)2265-2939
FAX：(04)2265-1171

I S B N 978-986-93812-0-8

出版日期 2016 年 11 月 11 日

定 價 新台幣 600 元

法律顧問 育群國際法律事務所 羅豐胤 律師
台中市西區綠川西街2之7號